U0062507

古籍整理學導論

劉琳　吳洪澤　著

上海古籍出版社

圖書在版編目（CIP）數據

古籍整理學導論 / 劉琳, 吳洪澤著. —上海：上海古籍出版社, 2023.5
ISBN 978-7-5732-0635-0

Ⅰ. ①古…　Ⅱ. ①劉…②吳…　Ⅲ. ①古籍整理　Ⅳ. ①G256.1

中國國家版本館 CIP 數據核字（2023）第 038946 號

古籍整理學導論

劉　琳　吳洪澤　著

上海古籍出版社出版發行

（上海市閔行區號景路 159 弄 1-5 號 A 座 5F　郵政編碼 201101）

（1）網址：www. guji. com. cn
（2）E-mail：guji1@guji. com. cn
（3）易文網網址：www. ewen. co

啓東市人民印刷有限公司印刷

開本 850×1168　1/32　印張 12　插頁 2　字數 291,000
2023 年 5 月第 1 版　2023 年 5 月第 1 次印刷
ISBN 978-7-5732-0635-0

G · 743　定價：68.00 元

如有質量問題，請與承印公司聯繫

自　序

劉　琳

　　我很早就想寫這樣一本書，但前幾年忙於編《全宋文》，抽不出時間，拖到現在，總算了却了一椿心願。

　　我之所以想寫這本書，主要有兩條理由。一條是自己搞了幾十年的古籍整理，或與古籍整理相關的教學與科研，雖然説不上有多大成就，但體味過其中的酸甜苦辣，也積累了一些經驗與心得，算得上老馬識途。我想，把這些經驗和心得整理出來，或許可供對古籍整理有興趣、想了解這方面知識的年輕同志參考，同時也便於向專家學者請教。

　　另一條理由是，中國人搞古籍整理少説也有兩千多年的歷史，經驗之豐富在“國學”之中無與匹敵，但歷來只偏重於實踐，而很少有理論性的概括與總結，像王念孫、引之父子及俞樾那樣概括校勘規律的已是寥若晨星。20世紀以來有了很大進步，梁啓超在《中國近三百年學術史》等著作中就曾對一些古籍整理方法作過概括，其後不少學者寫過校勘、標點、今譯等方面的專著和論文。其中我最佩服的是陳垣先生的《校勘學釋例》。此書對古籍校勘規律與方法的精密總結不但前無古人，至今也無人能夠超過。但總的來看，前人對古籍整理學的研究還不是很系統、很深入，已出的著作都只是討論古籍整理的某一種方式、某一個方面，從來沒有人寫過一本綜合性的《古籍整理學》，甚至沒有“古籍整理學”這樣一個詞。人們對“古籍整理”的理解也非常模糊、非常混亂，往往把一切有關古文獻的研究、整理等學術工作都統統稱之爲"古籍整理"，似乎從來没有人對"古籍整理"下過一個嚴格的、明確的定義。新出的《中國大百科全書》就没有"古籍整理"這一條。正是這種狀況，引起了我寫一部《古籍整理學》的興趣。

本書雖然比較全面地論述了古籍整理學的理論、古籍整理的各種方式與方法，但它不是一部面面俱到的教材，而只是着重寫我自認爲多少有一點心得，自認爲在前人的基礎上多少有所開拓、有所前進的那些方面。

在本書第一章中，我給"古籍整理""古籍整理學"作了一個明確的界定，確定了古籍整理學的研究對象與範圍，並理清了中國古文獻學的學科體系。我認爲，嚴格意義上的古籍整理，是指對古書和其他古代文獻的原文，進行某種形式的整理加工，以便於人們閱讀與研究。所謂古籍整理學，就是研究古籍整理的理論、歷史、方式、方法等各個方面、各個環節的規律的一門科學。古籍整理學是一門獨立的學科，它與書籍形制發展史（"書史"）、古文獻學史、古籍目録學、古籍版本學、古籍斷代辨僞學、古籍檢索學、專科文獻學等，都是中國古文獻學下面的兄弟學科，它們之間有着非常緊密的聯繫，但又有各自不同的研究對象與範圍，不可混爲一談。目録、版本、斷代、辨僞、檢索等是古籍整理必須掌握的基礎知識或基本工具，但嚴格地説，它們並不屬於古籍整理本身。弄清這些關係，有助於澄清我們在有關"古籍整理"方面的種種混亂認識。

根據上述的定義，本書將古籍整理的方式確定爲六種，即校勘、標點、注釋、今譯、輯佚、抄纂。書中對每一種整理方式的功用、規律、整理方法、基本要求等，都作了比較詳細的論述。在這些整理方式中，校勘、標點、今譯、輯佚，古今學者研究得較多，本書盡可能地吸取前人的經驗與研究成果，但不是簡單復述，而是結合自己的經驗與體會，進行歸納、闡發、補充、修正，使之進一步得到升華，使之更具有規律性、理論性，使我們對這些領域的認識更加全面、更加系統、更加深入、更加正確。關於古籍的注釋，前人很少作過系統深入的研究。關於古籍抄纂，雖然《四庫提要》曾提到過"抄書之學"，古今的古籍整理者也在不斷地從事這項工作，但是從來沒有人把它作爲古籍整理的一種方式進行過研究。本書在這兩個方面的論述，屬於我自己的創獲要更多一些。

　　除了注重理論的概括，本書也注意到了實用性。因爲古籍整理學畢竟是一門實踐性極強的學科，空談理論是沒有用處的，理論最終也是爲實踐服務的。爲此，本書在論述古籍整理的方式方法時，着重講每一種整理方式在實踐中的重點、難點，也就是最容易出問題的地方。本書從古今的古籍整理著作，特別是近年出版的古籍整理著作中列舉了大量的反面例子，這絕非是要出誰的醜，而是爲了更好地説明問題，同時提醒古籍整理者：專家尚且在這些地方出錯，因此我們更應該在這些地方特別小心！

　　本書不但論述古籍整理的方法，同時特別强調古籍整理者的學術素質，在好幾章中都用很大篇幅結合實際反復闡述這個問題。所謂學術素質，主要包含兩個方面：一是要有深厚的文史功底（學識），二是要有嚴謹的科學態度（學風）。根據著者的經驗，這一點非常重要。古籍整理質量的高低，從根本上取決於整理者學術素質的高低。古籍整理者只有經過長期的學習與訓練，具有較廣博的文史知識和較深厚的功底，同時注意培養嚴謹踏實的治學作風；在此基礎上，再讀一點古籍整理學方面的書，掌握有關的理論和方法，這樣才有可能把古籍整理搞好。學一點理論和方法固然重要，但平時的工夫更重要。這就好比學習語法，語文表達能力主要是靠平時訓練出來的，有的人沒有專門學習語法也可以説得很好，寫得很好；但如果再學一點語法，説話寫文章就會更加準確流暢。

　　時代在進步，科學技術在日新月異地發展，我們古老的古籍整理這門學問也得隨時代前進，不能固步自封。特別是計算機的使用，爲古籍整理手段的現代化打開了前人夢想不到的嶄新天地，展現了廣闊的前景，同時也向古籍整理工作者提出了挑戰。我們必須努力學習與研究這一全新的課題。爲此，我特別邀請四川大學古籍整理研究所的青年專家吳洪澤同志撰寫《古籍整理手段的現代化》一章，對這個問題作初步的論述。

　　本書定然還有不少缺點錯誤，尤其是其中的很多看法只是著者的一己之見，未必正確。凡此，我誠懇地希望得到專家學者和廣大讀者的批評指正。

目　錄

第一章　古籍整理學的理論

第一節　古籍整理學的研究對象及其學科體系

　　中國有幾千年有文字記載的、延續不斷的歷史，歷代形成的古籍之豐富舉世無匹。爲了使古書和古書中涵容的古代文化能更好地傳播，就需要對它們進行整理。從孔夫子整理六經以來兩千多年，不知多少學者孜孜從事於古籍整理工作，不知多少人爲此耗費了畢生心血。古籍整理的內容越來越豐富，古籍整理的方式和方法也在不斷發展。從一代又一代的實踐中積累了極爲豐富的經驗，學者們逐漸地將這些實踐經驗加以概括總結，對古籍整理中的各種規律進行研究，或有所論述，或寫成專著。由此便形成一門學問——古籍整理學。這門學問包含兩個方面，即實踐和理論。如果從它的實踐算起，它可說是中國最古老的學問之一。

　　這門學問儘管歷史如此悠久，但迄今並沒有形成一門獨立的學科，前人也似乎還沒有使用過"古籍整理學"這個詞。過去有所謂"校讎學"的說法，有的學者實際上把它看成關於古籍整理的學問，這種看法並不科學。"校讎"一詞最初只是指校勘（見於劉向《別錄》），後來鄭樵寫《通志·校讎略》，章學誠寫《校讎通義》，擴展了"校讎"的含義，但也主要是講目錄的編製，並沒有包含古籍整理的各個方面。因此用"校讎學"來稱呼古籍整理這門學問是不明確、不全面的。

　　著者認爲這門學問應當成爲一門獨立的學科，因爲它有自己

特有的、區別於其他學科的研究對象和範圍，其名稱應當稱之爲
"古籍整理學"。

　　什麼是"古籍整理"？什麼是"古籍整理學"？應當給出一個
明確的定義。

　　這裏説的"古籍"，包括古書和古書以外的、未形成"書"
的其他古代文獻，如甲骨刻辭、金石刻辭、簡牘帛書、敦煌卷子
等。所謂古籍整理，有廣義的古籍整理，有狹義的古籍整理。現
在一般人把有關古籍各方面的學術工作都統統稱之爲古籍整理，
這可以叫作廣義的古籍整理。而我們所説的古籍整理，是指狹義
的、嚴格意義上的古籍整理。嚴格意義上的古籍整理，就是對古
籍的原文進行某種形式的整理加工，以便於人們閲讀與研究。比
如校勘以是正文字，標點以分清句讀，注釋以闡明文義，翻譯以
通達古今，輯佚以摭拾遺文，抄纂以採其菁華，等等。

　　古籍整理學，就是研究有關古籍整理的各個方面、各個環節
的規律的一門科學。它研究的範圍包括古籍整理的理論，歷史，
相關學科及其與古籍整理的關係，整理的方式和方法，甚至於古
籍整理工作的組織管理，等等。其中，古籍整理的方式與方法是
古籍整理學研究的重點。

　　古籍整理學是一門實踐性很強的科學，但它並非僅僅研究整
理古籍的具體方法，它也包含了很多值得研究的理論問題，比如
古籍整理學的對象、範圍、意義、宗旨，它與現實的關係，提高
與普及的關係，選題的原則，整理與研究的關係，等等。這些問
題不但古人沒有研究過，直到今天，我們從事古籍整理的學者
（包括著者自己）也往往只注意於實踐，而對這門學科的理論問
題很少進行深入的研究，應當説這還是一個薄弱環節。

　　關於中國古籍整理的歷史，古書中記載很多，現代學者的不
少著作中也都有所論述（如孫欽善《中國古文獻學史》），但並

非題無剩義，很多問題還值得進行更深入的研究，特別是古籍整理的歷史規律和經驗教訓還需要作進一步的概括和總結。

古籍整理學的相關學科與知識主要有四類：一、古漢語語言文字學，即古人所謂"小學"，包括文字、音韻、訓詁、語法等；二、古文獻學中除古籍整理學以外的其他學科，如書籍形制發展史（有人稱爲"書史"）、目録學、版本學、斷代與辨僞學、古籍檢索學，等等；三、歷史學，主要指中國古代史、古代地理以及古代文化知識。以上三類是整理一切古籍都必須掌握的基礎學科或基本知識；換句話說，就是一切古籍整理工作者必須具備的基本功。四、有關專科知識，即整理各專門學科的古籍，還需要具備該門學科的知識，如哲學、古典文學、醫學、農學，等等。

古籍整理的方式有校勘、標點、注釋、今譯、輯佚、抄纂等，每一種方式都有自己的一套道理和方法，因此它們之中的很多内容又可以形成獨立的學問，如校勘學、注釋學等。古籍整理的方式方法是在不斷發展、不斷進步的，並非一成不變。有的方式古代僅有萌芽，後代才正式形成，如輯佚到宋代才成爲專門學問，標點、今譯則形成於現代。原有的方式方法需要我們進一步去總結，新的方式方法則有待我們去創造。現代電子計算機的出現，是科學技術史上的一大革命，它可以應用於人類社會生活的各個方面，也可以應用於古籍整理。這更是古籍整理工作者面臨的一個全新的課題，需要我們去認真探索。

以上就是我們對古籍整理學的研究對象和範圍所做的一個概略的說明。根據這個說明，就可以進一步討論有關古籍整理學的學科體系。

古籍整理學是古文獻學的一個分支學科。古文獻學是研究和整理古代文獻的一門學問。它研究的範圍包括古文獻的種類、源流、形制、版本、功用、斷代、辨僞、編目、整理、收藏、傳播等。其中的很多方面又可以形成獨立的學問或分支學科，例如研究古書形制發展的"書史"，研究版本的古籍版本學，研究古書編目的古籍目錄學，研究古書斷代與辨僞的文獻斷代辨僞學，等等。古籍整理乃是着重研究古文獻學中的"整理"這個方面，它是古文獻學的一個重要組成部分。

現在我們將有關古籍整理學的學科體系列表於下：

文獻學——中國古文獻學 {
書籍形制發展史（"書史"）
古文獻學史
古籍目錄學
古籍版本學
古籍斷代辨僞學
古籍整理學
古籍檢索學
專科文獻學
……
}

古文獻學所屬的各個學科、各門知識之間有着非常密切的、甚至很難分割的關係，正因此，學術界對於這些學科的學科體系從來沒有統一的、明確的看法。比如一般人將古籍目錄學、版本學的研究與實踐都視爲古籍整理，《中國大百科全書》"圖書館學·情報學·檔案學"卷的"條目分類目錄"更將古籍形制、版本、辨僞等都歸入"中國古籍整理"類，這是不够確切的。誠然，古籍整理學離不開這些學科，但它們都有各自不同的研究對象和範圍，不可混爲一談。根據我們前面的定義，嚴格意義上的"古籍整理"乃是對古籍的原文本身進行某種形式的整理加工。而書史是研究古書形制的發展，目錄學是研究古書的分類與編目，版本學是研究古書的版本，斷代辨僞學是研究古書的真僞及其年代，古籍檢索是檢索古書内容的方法。它們都是整理古籍必須掌握的基本知識和工具，但它們畢竟不是對古籍的原文本身進行整理。因此，古籍整理學與目錄學、版本學等乃是古文獻學中的兄弟學科，而不是同一學科，也不是父子學科。

順便指出，目前在我國由國家擬定的學科體系中沒有"古文獻學"這一個學科，卻在"文學"之下有"古典文獻學"（實際上是專指文學古籍的研究），在"歷史學"之下有"歷史文獻學"。其實這是不太科學的，在實踐中已經造成了很多混亂。"古典文獻"與"古文獻"是同義詞，它包括了所有的古代文獻，爲什麼僅用"古典文獻"來指文學古籍呢？按理，應當將"古文獻學"作爲一門獨立的學科，與圖書館學、檔案學等平行。古文獻學是一門綜合性的學科，它研究的對象包括了文、史、哲等各科的古代文獻；文學古籍、史學古籍、哲學古籍、醫學古籍等的研究都是屬於古文獻學下面的專科文獻學。當然，爲了操作的方便，把它們附在文學、史學等各科之下也是可以的，但應當明確它們的學科體系，至少把"古典文獻學"歸屬於文學是不妥當的。

第二節　古籍整理的指導思想

古籍整理是一項學術工作，從事任何一種學術工作，首先都必須明確一個"爲誰服務"的問題，這是一條最根本的指導思想。

整理古籍的目的，是爲了便於人們更好地閱讀與研究古代文獻，從而促進古代文化的傳播。傳播古代文化不是爲了古人，而是爲了今人，因此古籍整理從來都不是爲古人而整理古籍，也不是爲整理古籍而整理古籍，而是爲現實服務的。孔子刪定《詩》《書》，編纂《春秋》，是爲了宣揚儒家的思想，實現儒家的社會政治理想。漢儒注經是爲了實現"獨尊儒術"，爲鞏固中央集權的封建專制制度服務。宋朝的理學家注經，是爲了印證與宣傳道學的理論。清朝修《四庫全書》，是爲了實行文化專制，統一思想，泯滅漢族的民族意識，鞏固滿族貴族的統治。各個時代的古籍整理都有不同的時代特徵，但歸根結底都是爲現實服務的。

我們時代整理古籍同樣是爲現實服務，爲中國的四個現代化服務，爲建設社會主義物質文明和精神文明服務。實現現代化需要學習西方先進的科學技術和管理方法，吸取全人類的優秀文化成果，但首先是要繼承和發揚中華民族自己的優秀文化傳統。"建設中國特色社會主義"，"中國特色"就包含了中國固有的文化傳統。而古籍乃是傳統文化的主要載體之一，我們整理古籍的目的和任務，就是要使人們能夠更好地閱讀與研究祖先留下來的豐富古籍，從中汲取傳統文化的精華，作爲建設社會主義物質文明和精神文明的營養。

這是古籍整理的第一條，也是最根本的一條指導思想。

與此相聯繫的第二條指導思想是批判繼承，"取其精華，去其糟粕"。這是我們對待傳統文化的總方針，也是古籍整理應當遵循的總方針。古籍整理工作者有義務通過自己的整理工作向廣大讀者介紹我們民族傳統文化中最優秀的東西，有義務盡可能地幫助讀者分辨精華與糟粕。近年來，在市場經濟大潮的衝擊下，有的出版商、書商甚至少數學者爲了迎合某些不健康的社會心理，片面追求經濟效益，不惜從故紙堆中將一些久已被人遺忘的壞書，黃色的，迷信的，等等，重新翻出來整理出版，流毒社會。嚴肅的古籍整理工作者、古籍出版工作者應當鄙棄這種做法，抵制這股濁流，堅持批判繼承的旗幟。

怎樣在古籍整理的實踐中來體現這一方針呢？主要是通過兩個方面來體現，一是選題，二是整理的内容。

中國現存的古籍有十多萬種，不可能也不需要全部進行整理，而必須有所選擇。選擇的總原則就是"取其精華，去其糟粕"。但在實行這一原則的時候決不能簡單化，即是説不應當簡單地以是否精華或糟粕作爲標準，來決定哪種書該整理，哪種書不該整理。什麽是精華？按理説應當是正確的東西。但在古籍中，正確的東西與錯誤的東西、精華與糟粕往往混雜在一起，很難分開。比如《周易》，作爲古代的哲學，它有很多正確的東西，是中國傳統文化中的精華；但作爲預卜吉凶的占卜術，它又是糟粕。道教的很多書，其目的是修煉神仙、長生不老，其方法有的近於巫術，荒誕不經，這當然是糟粕；但其中又包含着許多古人世代積累的養生延壽的寶貴經驗，包含着許多醫藥、衛生、體育、化學等科學的道理與方法，這是中華民族古代文化的精華。其他大量經史子集的名著也都不同程度地精華與糟粕並存。如單純以精華糟粕作爲選題的標準，那麽幾乎所有古籍都無整理的必要。況且整理古籍一般是整理整部書，不能説只整理其精華部分，不整理其糟粕部分。

著者認爲古籍整理的選題應以是否有價值或價值大小作標準。所謂價值，可以概括爲以下五類：

一是學術價值。這主要是指古代哲學、史學、語言文字學、文學、藝術、教育學、政治學、軍事學、科技、宗教等各個領域的學術著作，它們反映了古人在學術文化和科學技術領域的思想、主張和達到的成就。

二是文藝價值。這是指古代的文學藝術作品。

三是資料價值。這類著作大都是述而不作，主要以記録或收集資料爲己任，它們包含較大的信息量，可以爲後人提供豐富的研究資料。很多史書、類書、總集等都屬於這一類。此外，像甲骨刻辭、金石刻辭、帛書、簡牘、敦煌文書、吐魯番文書之類的出土文獻，它們之中，有的本身就很有價值，有的在當時未必有多大價值，但對後人來説，它們是當時人的原始記録，是新發現的、古籍中未有記載、未經後人加工或篡改的第一手材料，而且時代久遠，因此即使是殘篇斷簡，一鱗半爪，也彌足珍貴。

四是教育價值。即具有愛國主義教育、思想品德教育、文化知識教育、童蒙教育等方面的價值。

五是實用價值。指古代科學技術中有的現在還可以使用或可供參考者，如醫藥學著作之類。

以上幾類價值往往是交叉的，而不是截然分開的，但所有的古書都可以用這幾種價值標準來衡量，有的價值大，有的價值小，有的幾乎毫無價值。一般說來，價值與"精華"成正比，價值大的也意味着精華多，價值小的也意味着精華少，毫無價值的也就是糟粕；但有時也並不完全一致，如資料價值大的未必就是精華。我們在選題的時候，價值很大或較大的書應當率先整理；相反，沒有價值或價值甚小的書則可以不整理。當然，有無價值是相對的，對於學者來說，幾乎沒有全無價值的書，所謂"開卷有益"。譬如宣揚迷信的書，從中也可窺見古代的社會心理或社會習俗；但對整個社會來說，傳播這類書有害無益，學者可以去研究，但不應當整理出版。

除了選題而外，還可以通過整理內容來體現批判繼承的原則。例如選本，也應按以上幾種價值標準來衡量，選擇那些正確的、好的、有價值的內容，剔除其錯誤的、不好的、無價值的部分。如果是注本，則可以在注釋中進行適當的評析批判，以幫助讀者分清精華與糟粕，好的東西與不好的東西。

不過在這裏必須指出，古籍整理是整理和介紹古人的著作，因此就其基本性質來說，古籍整理是"述"而不是"作"。不論原書的內容正確與否，也不管它寫得好寫得壞，那都是古人的著作，而不是整理者的著作，整理者只有整理的權利，而無權把自己的看法強加給古人。因此古籍整理必須堅持客觀性的原則，這是古籍整理的第三條指導思想。

　　根據這條原則，第一是不能竄改古人原著。過去有的學者，或由於學術上的無知，或爲了名利上的目的，或出於政治上的需要，隨意竄改古書。例如清朝所修《四庫全書》，凡被認爲對清朝統治者不利的文字，一律加以改換删削（參見第三章）。這樣作，破壞了古書的原貌，造成"整理古書而古書亡"，這是應當吸取的教訓。雖然《四庫全書》中把"夷""狄""胡""虜"之類對少數民族的侮辱性字眼換成中性詞，從民族平等、民族團結的觀點來看未嘗不對，但作爲古籍整理，這是不允許的。即使是古書中有明顯的文字錯誤，整理者加以改正，也應當作必要的説明。第二是不能歪曲古人原意。整理者應當盡可能按古人的原意進行整理。有時由於理解上的偏差而造成與原意不符，這是難免的；但有意歪曲古人的原意來遷就自己的看法，像宋代有的學者所謂"六經注我"，這就不是古籍整理的科學態度了。在注釋時，整理者在客觀介紹了古書的原意之後，可以（有時甚至應該）闡明自己的看法，但必須明確，是"我注六經"，而不是"六經注我"。

　　客觀性的原則與批判繼承的方針並不矛盾，前者是認識與介紹傳統文化的原則，後者是對待傳統文化的原則。只有在客觀地認識與介紹傳統文化的基礎上，才能談得上批判繼承傳統文化，才能真正分清精華與糟粕。

　　古籍整理的第四條指導思想是普及與提高相結合。

　　爲現實服務，爲中國的四個現代化服務，歸根到底也就是爲廣大人民群衆服務。我們整理古籍的目的不是爲了給自己看，也不是僅僅爲了給研究古代文史的學者提供研究的材料，而是爲了讓更多的人們能讀懂古籍、理解古籍。這裏不但包括中國的廣大幹部和群衆，以及非文史專業的學者，同時也包括世界上一切希望通過閱讀中國古籍了解中國傳統文化的人們。在現階段，中國的廣大幹部和群衆，特別是青年，由於讀不懂古書，對祖國傳統文化知之甚少，我們古籍整理工作者有責任引導和幫助他們接觸一些有益的古書，從中受到民族文化的教育，這是社會主義精神文明建設的一個重要方面。隨着改革開放和中國的强大，世界各國對中國傳統文化感興趣的人越來越多，通過古籍讓世界了解中國，傳播中國文化，也是古籍整理工作者的一項任務。總之，古籍整理不但要面向學者，還要面向群衆；不但要面向中國，還要面向世界。因此，古籍整理工作不但需要提高，還需要普及，要把普及與提高結合起來，二者缺一不可。只重視提高而忽視普及，不符合古籍整理的宗旨，既限制了古籍整理的社會效益，從而也限制了古籍整理的經濟效益，這對古籍整理事業的發展是不利的。與此相反，只重視普及而忽視提高，也是錯誤的，因爲這樣做就不能保證古籍整理的質量，提高古籍整理的水平，最終也不利於普及。像當前圖書市場上一些不健康的、整理質量低劣的古書泛濫，這種不講質量的"普及"不是我們所需要的普及，這不叫普及，而叫害人。

　　普及與提高相結合的問題實際上就是一個爲讀者對象服務的問題。讀者對象有各種各樣的層次，有文化水平較高的，有文化水平較低的，有專業學者，有普通讀者。由於讀者對象不同，就決定了整理的課題、方式、内容甚至文筆等也應當有所不同。如果讀者對象是古文水平不高的普通群衆或一般知識分子，那就不應當選擇那些很艱深的、很乏味的古籍，而應當選擇比較通俗易懂的、可讀性較强的、群衆比較感興趣的古籍；在整理方式上就可以考慮採用標點、注釋、今譯、選編等方式，而無需很精細的校勘；注釋的内容就應該比較詳細而淺顯易懂；文筆就應該比較生動活潑。相反，如果讀者對象是文史專業學者，那麼情況又當有所不同，而要求有更强的學術性與更高的學術水平。總之，整理者在整理古籍之前就必須明確，你整理此書主要是給誰看；然後在整理的全過程中，都必須處處爲你心目中的讀者對象着想，做到有的放矢。這是決定整理質量高低的一條重要標準。

　　古籍整理是文化建設中一個不可缺少的部分。像許多文化事業一樣，它很難看到立竿見影的效果，更不能立即産生很好的經濟效益，甚至要賠本；但它是發展學術文化，提高民族文化素質，教育人民的一種重要手段，是關係子孫後代的一件重要事情。我們必須認真地做好這項工作。當然，位置要擺得恰當，搞古籍整理的人不宜太多，但也不能看作是可有可無。

　　近年出現了一種幼稚而有害的看法，即認爲經過這幾十年整理古籍已經够了。這實際上是要取消古籍整理。科學是永無止境的，古籍整理作爲一門科學也是永無止境的。這幾十年，特別是近二十年，由於政府的重視，由於廣大古籍整理工作者的努力，古籍整理的確取得了很大成績，但中國浩如烟海的古籍迄今已經整理的只是很少一部分；就是同一種書或同一性質的書，不同的整理者可以用不同的觀點、不同的方式、從不同的角度來進行整理，誰也不敢説已經到了頭，這就是爲什麽古來有的書會出現幾十種甚至成百種不同的整理本。例如唐詩選本，從唐代到今天不計其數，現存的即有五百餘種。從繼承和發揚民族傳統文化的需要來衡量，古籍整理工作不是已經够了，而是還遠遠不够，還需要進一步加强。

第二章　古籍整理學的相關學科

我們在上一章已簡略地談到了古籍整理學的幾類相關學科。這個問題關係到古籍整理的基本功問題。

做任何一門學問都必須具有堅實的基本功，對於整理古籍，這一點尤其重要。

有的外行人把古籍整理看得很簡單，似乎只要讀得懂古文就行了。其實有時整理一部古書比自己著一本書還難。清代大學者段玉裁就說過："著書難，注書尤難。"這是深知甘苦的經驗之談。因爲自己著書，懂得的、有心得的我就寫，不懂的、沒有心得的我可以不寫。整理古籍就不行，古人走到哪裏，你就得跟到哪裏，一字一句都得徹底弄懂，躲避不開，取巧不得。而古書的內容又是無所不包的，上自天文，下至地理，大至宇宙，微及草木鳥獸蟲魚。而且古人著書，往往文史哲經種種學科熔爲一爐，不像今天分科那樣細密。因此古籍整理是一種綜合性的、交叉性的學科，它要求整理者具有廣博的知識面，深厚的文史功底。這就是基本功。可以說古籍整理者整理的質量如何，水平如何，一半看基本功。這種基本功不是一天兩天、甚至不是一年兩年能夠掌握的，它需要較長時期的學習和實踐，所以要成爲一個合格的、水平較高的古籍整理工作者，是很不容易的。

在古籍整理需要掌握的各種知識中，有三類知識是最要緊的基礎知識：一是古漢語語文知識，二是古文獻知識，三是古代歷史、地理、文化知識。這三種知識分別歸屬於三類學科，即古漢語語言文字學、古文獻學、中國古代史。這就是古籍整理學相關學科中的基礎學科，不管整理哪一類古籍，都需要具有這幾類學科的知識。下面我們着重談談古漢語語言文字學以及古文獻學中的目録學、版本學、文獻斷代辨僞學這四種學科與古籍整理的關係。在後面論述具體整理方式的各章中我們也還要談到這類問題。

第一節　古漢語語言文字學

古漢語語言文字學，古代又稱爲"小學"，包括文字學、音韻學、訓詁學、語法學、修辭學等。

古書是用"文言文"即古代漢語的書面語言寫成的，要讀懂古書，首先必須攻克語文關，讀懂文言文。對於古籍整理者來說，不僅要一般地懂得，而且要通曉，因爲整理者不但要自己懂得，還要使別人懂得；掌握古書中的語言文字既是整理的基本功，而語言文字本身又是整理的對象（標點、校勘、注釋、今譯第一個要解決的對象就是語言文字）。因此，古籍整理者對文字、音韻、訓詁、語法等都必須有較深的功底。清代整理古籍的成就之所以超越前代，關鍵之一就在於清代"小學"的巨大發展，學者們又將"小學"運用於古籍整理。

文字學

讀古文先須識字。光靠查字典是不行的，要懂一點文字學，包括古文字學。傳統文字學主要研究字形及其與字音、字義的關係。《説文解字》就是中國文字學的經典，這部書古籍整理者不可不讀。讀了《説文解字》，知道"六書"——象形、指事、會意、形聲、轉注、假借，就可以懂得漢字的構造原理及形、音、義的關係，對漢字就可以理解得更深更準確，掌握得更牢固，整理古籍也就可以更加精確，避免錯誤。清代以來，特別是清末甲骨文發現以來，學者們用甲骨文、金文等古文字與《説文》互相參證發明，使古文字學又有了極大的發展。作爲古籍整理工作者，如果是整理漢代以前的古籍，必須懂得古文字學，充分利用古文字學者研究的成果；即使是整理漢代以後的古籍，也應當盡可能增加這方面的知識。

　　學習文字學，還可以使我們懂得漢字字體和字形的演變歷程——從殷周的甲骨文、金文、大篆，到秦代的小篆、漢代的隸書，到漢以後的楷書、行書、草書。這種知識對於整理古籍，特別是校勘古書，有很大的益處。因爲歷代抄書刻書，都是用當時通行的字體、字形，因此書中由於字形相近而造成的訛誤既可能是篆書形近而誤，也可能是隸、楷、行、草各體之形近而誤。葛洪《抱朴子·遐覽》引諺曰：“書三寫，魚成魯，帝成虎。”① 之所以把“帝”字誤寫成“虎”，就因爲草書“虎”字字形與“帝”相近。王引之《經義述聞》卷三二《形訛》篇中就舉了很多各種字體形訛的例子。如果不懂得歷代字體、字形的變化，就不容易發現此類訛誤及其訛誤的原因。此外，俗字、異體字也不可不知。這裏舉一個例子。1985 年中山大學出版社版《南海康先生口説》校點本，是以傳世手鈔本爲底本。原鈔本主要是用行書寫成，也有個別古字、草字。其中很多字整理者不認識，又缺乏歷史文化知識，因此轉錄錯了的字比比皆是，如“曹操”誤作“曹摻”，“陶弘景”誤作“陶寵景”之類②。這説明古籍整理者需學會認識各種字體的字。

---

　　① 此據《意林》所引，今本“帝”作“虚”。

　　② 參見王潔玉《〈南海康先生口説〉校點芻議》，《古籍整理研究學刊》1987 年第 3 期。

音韻學

音韻學主要研究古漢語語音（實際上是文獻語音）。語音是語言的外殼，是表達語意的工具，而文字是語音語意的符號。三者緊密聯繫，而以語音爲其樞紐。欲通文字、訓詁之學，關鍵在於通音韻。清代諸語言學、文獻學大師如戴震、段玉裁、王念孫父子等人都反覆強調這一點。如段玉裁説：

> 聖人之制字，有義而後有音，有音而後有形。學者之考字，因形以得其音，因音以得其義。治經莫重於得義，得義莫切於得音①。

這就是説，不通古音，就不能懂得字詞的古義。比如六書中有所謂"假借"，就是説音同或音近的字可以互相借用。這種情況在先秦兩漢古書中大量存在。如果不通音韻，也就不知假借；而不知假借，也就讀不通漢代以前的古書，更不用説甲骨文、金文的文獻。王引之引述他父親王念孫的話説：

> 詁訓之指，存乎聲音，字之聲同聲近者，經傳往往假借。學者以聲求義，破其假借之字而讀以本字，則渙然冰釋；如其假借之字而強爲之解，則詁籒爲病矣②。

舉個例子，《尚書·堯典》："湯湯洪水方割。"僞孔傳解爲"大水方方爲害"，按字面去解釋"方"字，望文生義。王念孫説："方"讀爲"旁"，遍也，謂遍害下民也。這才是正確的解釋。由此可見學習音韻學對於古籍整理的重要性。

漢代以後，文字的使用逐漸固定化，文獻中假借字越來越少

---

① 段玉裁《廣雅疏證序》，王念孫《廣雅疏證》，上海古籍出版社1983年版。

② 王引之《經義述聞序》，江蘇古籍出版社1985年版。

了，但這並不是説音韻學對整理漢代以後的古籍就没有用了。因
爲第一，漢代以後，音韻學發展起來，歷代産生了一大批音韻學
著作，它們本身就是古籍整理的對象。第二，詩、詞、曲以及箴
銘讚頌之類的韻文是要講究聲律的，不懂聲韻就無法整理好這類
文學古籍或作品。第三，就是在用散文寫的著作中也常常夾雜韻
文或引用韻文（例如墓誌銘當中的銘），整理這類著作也需懂點
音韻。試舉一例。范仲淹《宋故乾州刺史張公神道碑》銘：

> 天生張侯，維穎之濱。星萃於上，炳爲哲人，儀兹聖
> 辰。維侯之德，柔文剛武。弗無矜寡，弗有强禦，猶仲山
> 甫。維侯之言，乃宣聖謨，於彼西北。西北有孚，邦家之
> 樞。維侯之功，克顯克大。攘彼戎寇，禦彼灾害，吾民是
> 賴。我生既勤，我年斯臻。乃懷故園，乃謀嘉賓。鼓缶而
> 嬉，以休厥身。帝錫我侯，歸牧於鄉。錦裘煌煌，鸞衡鏘
> 鏘。故老飲歌，吾閭之光。我侯爲何？四方是力。誠加於
> 物，心竭於國，始終一德。侯斯往焉，帝用惻然。遺烈在
> 人，史其舍旃，垂千萬年[1]。

此文或兩逗爲一句，或三逗爲一句；或兩句一韻，或三句一韻；
或兩逗一句之中兩逗自爲韻，或三逗一句之中後兩逗又各自爲
韻。有一位青年學者却按大多數墓銘的句讀習慣，一律點作兩逗
一句，既失其義，又失其韻。如果他懂得一點音韻學，又注意推
敲文義，就不會造成這種錯誤了。類似的例子很多。

訓詁學

訓詁學主要研究語義。"訓"就是解釋語詞的意義，"詁"就

---

[1]　范仲淹《范文正公文集》卷一一，上海古籍出版社 1983 年版。

是以今語通古語。凡是從語言的角度來解釋古書中的字詞語句乃至篇章的含義，都屬於訓詁。訓詁之學先秦就有，像《易傳》《春秋公羊傳》《穀梁傳》就是大量通過訓詁來解釋《易經》《春秋經》。到了漢代，訓詁學大大發展，成爲專門之學，不但出現了大批運用訓詁方法注釋古代文獻的著作，而且產生了《爾雅》《方言》《說文》《釋名》等訓詁專著。至清代，訓詁學伴隨着文字學、音韻學發展到一個新的高峰，爲現代訓詁學奠定了基礎。

讀古書首先要明白文義，整理古籍的首要目的也是要讓讀者明白文義，因此訓詁學對古籍整理的重要意義是顯而易見的。整理漢代以前的古書，必須精通訓詁學；整理漢代以後的文獻，也要懂訓詁學。古代訓詁學的成就和材料主要保存在訓詁專著和古書注釋之中，因此要學訓詁學，應當讀一些有代表性的訓詁專著和古注（特別是漢代經師的著作），如《爾雅》、《廣雅》、《詩經》毛《傳》鄭《箋》等。清代學者阮元主編的《經籍籑詁》將漢唐間的訓詁材料（主要是單音詞的訓詁）匯集起來，編爲詞典，對了解字詞古義、閱讀和整理古書很有用處。但這類書只能作備查之用，不能代替直接讀古書和古注，因爲離開原文，很難準確掌握詞義，更學不到古人訓詁的方法。除了讀古訓詁書和古注之外，還應當讀一些清代學者訓詁方面的代表作，如郝懿行《爾雅義疏》、段玉裁《說文解字注》、王念孫《廣雅疏證》《讀書雜志》、王引之《經義述聞》同，等等。

傳統的訓詁學也同音韻學一樣，存在着重遠忽近的偏向，對漢代以前的語言研究得多，漢代以後的研究得少。漢代以後，雖然作爲書面語言的文言文相對凝固，沒有緊隨口語而變化，但它絕不可能完全不受口語發展的影響，因而魏晉以來各個時代的文獻中都會有該時代的特殊用語或俗語（還有一些著作是純用俗語寫成）。這一類特殊用語或俗語詞彙有的在一般詞典中可以查到，但絕大多數都查不到。這就給閱讀這一時期的古籍造成了不小困難，而這一時期古籍的點校本、校注本也往往因此在校勘、標點、注釋等方面造成錯誤①。現代學者在詮釋魏晉以來的俗語方面作了很大努力，寫出了不少專著和論文，如張相《詩詞曲語辭匯釋》、蔣禮鴻《敦煌變文字義通釋》、王瑛《唐宋筆記語辭匯釋》等。這些著作對古籍整理很有用處，古籍整理者應當吸收其研究成果，同時自己也應當注意收集和考釋此類語辭。

語法學

要掌握古代漢語，整理古籍，還必須通曉文言語法。中國過去沒有專門的語法之學，而是把它附屬於訓詁學之中（修辭學也一樣）。直到 20 世紀，在西方語言學的影響下，中國的語言學家才逐步建立起了古漢語語法學，這方面有不少著作。學習古漢語語法，要讀一點這類著作，但更主要的還是要在閱讀古書的實踐中隨時注意總結，才能真正掌握。

學習古漢語語法，有幾個方面要特別留心：

一是古代漢語語法和現代漢語語法不同的地方。古今漢語語法基本相同，但也有不同之處，如詞類的活用、某些情況下動賓的倒裝等。相同的部分較好掌握，不同的部分則容易弄錯。

二是虛詞及其用法。虛詞在句子中起中介、連接、輔助、表達語氣等作用。古漢語中的虛詞數量衆多，用法複雜，而且很少與現代漢語相同。不弄懂虛詞的用法，就不能準確理解古書文義，整理古籍也容易出錯。中國系統研究虛詞最有成就的學者是

---

① 參見郭在貽《俗語詞研究與古籍整理》，《社會科學戰綫》1983 年第 4 期。

清代王引之，他寫的《經傳釋詞》是這方面的一部經典著作，這本書不能不讀一讀。

三是古人行文中的特殊表達方式。古書中，特別是兩漢以前的古書中，常常由於修辭或叶韻等原因而使用一些與一般語法不同的特殊表達方式，如《左傳》昭公十九年引諺"室於怒市於色"（即"怒於室色於市"之倒裝）之類。清代學者俞樾在其名著《古書疑義舉例》中收集了大量這類例子，分類加以詮釋，對讀古書極有用處。後來劉師培等學者相繼爲之續補，1956 年中華書局集印爲《古書疑義舉例五種》，可以參看。

第二節 目錄學

古籍整理學是古文獻學的一個分支學科，它同古文獻學中的其他兄弟學科有着緊密聯繫。其中，目錄、版本、斷代辨僞這三方面的知識對古籍整理關係尤爲密切，也特別重要。

先說目錄學。

目錄學是關於編製圖書目錄的理論和實踐的一門學問。從漢代以來，歷代目錄學家和目錄工作者們編製了各種各樣的書目，很多流傳到現在；現代學者和圖書館工作者也編了很多古籍目錄。他們的成果爲我們指示了讀書治學的門徑，也爲古籍整理提供了不可或缺的工具。治學不知目錄，好比盲人騎瞎馬；整理古籍不知目錄，也好比航海無指南。

目錄學對古籍整理有什麼作用？茲略舉數端：

查著者生平。整理古籍必先確定著者，查明其生平。目錄書都要著錄著者，很多目錄書還簡略介紹著者生平事迹，其中有很多重要的、甚至是其他書所沒有的資料。例如《鶡冠子》一書，舊題鶡冠子著，關於鶡冠子其人，記載極少，《漢書·藝文志》

於該書下注："楚人，居深山，以鶡爲冠。"這條材料就很重要。晋常璩著《華陽國志》，我們想知道常璩還有什麼著作，查《隋書·經籍志》就可知道他還著有《漢之書》十卷。宋陳振孫《直齋書錄解題》於每一書下均略述著者字號、籍貫及事迹，往往可以補他書之缺或糾他書之誤。如此書卷一七《樂静集》下云："起居舍人鉅野李昭玘成季撰。元豐二年甲科。所居有樂静堂，故以名集。其侄邴漢老爲書其後。"按李昭玘，《宋史》卷三四七有傳，而誤作"濟南人"，又不著其擢進士第之年，亦不云與李邴爲叔侄關係（卷三七五《李邴傳》亦同），可見目錄書可訂補史傳。四川大學古籍整理研究所編纂《全宋文》，所撰作者小傳取材於《直齋書錄解題》者甚多。此外如《四庫全書總目》，其提要對作者生平也往往有所考述。

查本書源流。如宋晁公武《郡齋讀書志》於《册府元龜》下云："皇朝景德二年，詔王欽若、楊億修《君臣事迹》，惟取六經子史，不錄小説雜書。至祥符六年，書成上之。凡三十一部，有總序，千一百四門，有小序。同修者十五人（以下列十五人姓名，略）。初撰篇序，諸儒皆作，帝以體制不一，遂擇李維、錢惟演、陳彭年、劉筠、夏竦等，付楊億竄定。賜今名，爲序冠其首。其音釋，又命孫奭爲之。"這就幫助我們明白了這部書的編纂過程和編纂人員。不僅於此，通過目錄書還可以使我們了解古書歷代的流傳情況。例如北魏崔鴻所撰《十六國春秋》，《隋書·經籍志》著錄爲一百卷（按：不計《序例》《年表》），《舊唐書·經籍志》《新唐書·藝文志》均作一百二卷（按："二"下原衍"十"字），可見隋唐尚存完本。至宋，司馬光修《資治通鑑》只看到一個節鈔本。《玉海》卷四一引《國史藝文志》云："鴻書世有二十餘卷，《舊志》乃五十卷，蓋獻書者妄分篇第。"《崇文總目》僅著錄《十六國春秋略》二卷。可見宋代此書已只有殘本。

此後迄明代中期未見著錄，至徐𤊻《紅雨樓書目》（成於萬曆三十年）乃又載該書四十三卷，蓋亦殘本。這樣，我們就可以知道此書的全本唐末已佚（清初毛扆《汲古閣珍藏秘本書目》雖記載有一種舊鈔本，說是崔鴻真本，從宋版抄出，但此本沒有傳下來，未知真假）。如果沒有目錄書的幫助，我們就不可能知道這些情況。

查古今版本。查歷代曾有的版本離不開目錄書，上述《十六國春秋》即其例；查現存版本及其收藏情況也要靠目錄書，如《中國叢書綜錄》、國內外圖書館的館藏目錄等。目錄書中還有一類版本目錄，特別是善本目錄，如《天祿琳琅書目》《增訂四庫簡明目錄標注》《藏園群書經眼錄》，以及現今的《中國善本書目》《北京圖書館古籍善本書目》之類，對查版本極有用處。

查內容體例。有的書已經亡佚，或者我們未能見到，而要想知道該書的內容和體例，首先就要查目錄書，看它的歸類大體就可以知道該書的性質。像《直齋書錄解題》《四庫全書總目》之類的解題目錄，更是對各書的內容、體例有所介紹。

查前人評價。欲知一書的價值、優劣，解題目錄中一般都有所評論。還有一些書目，專收各書的序跋，如馬端臨《文獻通考・經籍考》、朱彝尊《經義考》、陸心源《皕宋樓藏書志》等，從中也可以看到前人對此書的評價。

查本書真偽。在目錄書中有不少前人對古書真偽的看法。如《西京雜記》，舊云漢劉向、劉歆父子撰，晋葛洪抄出。《直齋書錄解題》於本書下辨云：“按洪博聞深學，江左絕倫，所著書幾五百卷，本傳具載其目，不聞有此書。而向、歆父子亦不聞其嘗作史傳於世，使班固有所因述，亦不應全沒不著也。殆有可疑者，豈惟非向、歆所傳，亦未必洪之作也。”又如今本《竹書紀年》，《四庫全書總目》云：“反覆推勘，似非汲冢原書。”“豈亦明人抄合諸書以爲之，如《十六國春秋》（按指明屠喬孫《十六國春秋》）類歟?"還舉了很多證據。

　　查研究動態。要整理某種古籍，必須先要了解前人及今人是否整理過此書，對此書有過哪些研究成果。這也只能藉助於各種目錄，包括清代以前的書目和 20 世紀以來新出的圖書與論文目錄，如現今的《全國新書目》《全國總書目》《全國期刊聯合目錄》等。

　　以上幾個方面雖然還不能完全反映目錄學的作用，但已可以看出它的重要性。古籍整理者一定要熟習目錄書，並以之爲向導熟習古代文獻，這樣，整理與研究古書才能做到得心應手。余嘉錫在《四庫提要辨證》自序中説："余之略知學問門徑，實受《提要》之賜。"陳垣先生也説過，他的學問是"從研究目錄學、掌握目錄學知識開始的"。前輩學者的經驗值得我們學習。

第三節　版本學

版本與版本學

　　所謂"版本"，是指書籍在製作和流傳過程中所形成的各種特徵，如書寫或印刷的形式、年代、版次、字體、行款、紙墨、裝訂、内容的增删修改，以及藏書印記、題識、批校等。研究各種版本的特徵和差異，鑒别其真僞優劣，稱爲版本學。一般的古籍都有多種版本，我們整理任何一部古書都必須首先查明它有哪些版本，而後選取其中一種作底本，並參考其他本子。因此古籍整理必須講求版本，懂得版本之學。版本學的最高境界是版本鑒定，這是一種專門之學，作爲一般的古籍整理者，不要求能成爲版本鑒定專家，但要求能具有版本學的知識，能利用版本學家的研究成果，能從內容（文字）上鑒別真偽優劣。

各種版本可以從不同的角度分成很多類，有種種習用名稱。比如按顯現文字的方式稱，有寫本、刻本、活字本、鉛印本、影印本等。按刻、寫、印的時代稱，有宋本、元本、明本、清本、三朝本、嘉靖本、康熙本等。按刻書單位稱，有官刻本、家刻本、坊刻本等；官刻本中又有監本（國子監本）、公使庫本、殿本（武英殿本）、書局本等。按刻書地點稱，有浙本、閩本、蜀本、麻沙本（福建建陽麻沙鎮刻）、高麗本等。按版本特點稱，有百衲本、書帕本、巾箱本等。……古籍整理者要熟悉並正確使用這些術語。

還要懂得刻本的版式及其術語，如版心、魚尾、白口黑口、單邊雙邊、天頭地腳、書耳，等等。

什麼是善本

對於古籍整理和學術研究來說，最重要的、最有實際意義的是如何選擇善本。因為無論採取哪一種方式整理古書，都必須在多種本子中選一種最好的本子即"善本"作底本，其他的參校本也應先選善本。

什麼是善本？學者們的看法並不完全一致。例如張之洞在《輶軒語》中說："善本之義有三：一、足本：無闕卷，未刪削；二、精本：一精校，一精注；三、舊本：一舊刻，一舊抄。""足"與"精"乃就其文字、內容而言，"舊"乃就其時代而言。這個定義還不很準確，例如"精注"是指注的質量很高，但注得很精而刻得很糟算不算善本？又"舊"到什麼程度？近年一些學者在討論《中國善本書目》的選書標準時，總結前人看法，提出"三性"："即對任何一部古書，都應從歷史文物性、學術資料性、藝術代表性等多方面進行考察。在現存古籍中，凡具備這三方面特點，或具備其中之一二者，均可視爲善本。"這"三性"的含義大致是：歷史文物性指"時代較早而具有文物性"，或"古書可作爲歷史人物、歷史事件的文獻實物見證而具有某種紀念意義"。學術資料性指文字脫訛較少，或學術價值、資料價值較高。藝術代表性指能反映我國古代造紙、印刷技術發展水平，或在裝訂上能反映古代書籍制度的演變①。這"三性"的概括似乎反不如張之洞的足、精、舊三字科學。某書學術價值或資料價值的高低，這已不屬於版本學的範疇，同版本的善不善無關。所謂"藝術代表性"實際上已包括在歷史文物性之中。而且這套標準界限不清，因此也很難實行。從已出的《中國善本書目》來看，實際上並沒有嚴格按"三性"來選書，其"善本"標準其實還是一"古"二"稀"；一些圖書館更覺得"稀"不"稀"弄不清楚，於是把乾隆以前的古書一律劃爲善本。

古文獻學家黃永年先生提出了另一種標準。他把"善本"區分爲兩種涵義：一種是"成爲文物的善本"，意即稀有的古籍；另一種是"校勘精審的善本"。這兩類善本各有一部分互相涵蓋，即既是前者又是後者；而另一部分則互不搭界，只是前者或只是後者②。我們認爲這種區分比"三性"更能抓住本質，而且簡明扼要，界限清楚，容易掌握。前一種善本也可稱爲"文物性的珍本"（這裏用"珍"字比"善"字似更恰當）；後一種善本也可稱爲"學術性的善本"。文物性者，指其一"古"二"稀"；學術性者，指其一"精"（校勘精審，文字訛誤少）二"全"（是足本，

---

① 以上詳見李致忠《"善本"淺論》，《文物》1978 年第 12 期。

② 詳見黃永年《古籍整理概論》，陝西人民出版社 1985 年版，第16—17 頁。

無缺卷，未刊削）。

圖書館收藏的善本都是指前一種善本。只要它古舊或稀有，就不必管它學術價值、資料價值、藝術價值如何，也不必管它校勘是否精審，都可以列入善本（如很多舊抄本就屬於這一類）。學者進行學術研究，則主要看重後一種善本。可見這兩類善本的區分，乃在於視角的不同。

如何選擇底本

古籍整理者選擇底本當然是選擇第二類善本，首先看它校勘精不精，文字全不全；其次才看它是不是古本、稀有本。既是精本、足本，又是古本、稀有本，那就最好。

選擇底本，判定版本的優劣，最要緊的是要親自對勘，反覆比較，全面衡量，然後實事求是地作出結論，擇善而從，切忌迷信盲從。須知實踐才是檢驗真理的唯一標準。

要重視古本，但不可迷信。古本之所以可貴，除了它的文物價值之外，還在於它離原書寫作的時代較近，因此它可能更多地保持原貌；此外，宋、元、明初刻書一般校勘較精，亂改古書較少，因而文字錯誤較少。不過也不盡然。宋人就曾批評當時的刻本特別是麻沙本校勘不精，甚至妄改古書。清代校書家盧文弨也說：“今之所貴於宋本者，謂其屢寫則必不逮前時也。然書之失真亦每由於宋人，宋人每好逞臆見而改舊文。”從傳世的一些宋本來看，情況的確如此。如《四部叢刊》影印的宋刻本《皇朝文鑑》應該說是一個比較好的本子，但錯字也不少，例如卷一四九所收司馬光《文中子補傳》，以《邵氏聞見後錄》卷四所載此文校之，錯漏多達二十餘字。此外，由於古本年代久遠，現存者多殘缺不全。可見古本固然可貴，但也有它的缺點。

　　後世的版本由於距原書寫作年代更遠，輾轉翻刻傳抄，錯字就可能更多；還有的人率意竄改古書，更失去原書的本來面貌。但另一方面，後來居上、後刻轉精、後出更全的例子也比比皆是。例如《名公書判清明集》，存世的宋刻本只有一個殘本，錯漏字也不少；而上海圖書館所藏明刻本是從《永樂大典》輯出的，內容較完整，篇幅約爲宋本的四倍，文字也有勝於宋本之處①。因此近年中華書局新出的校點本《名公書判清明集》以明刻本爲底本，這是正確的。又如范仲淹的集子《范文正公集》，現存有北宋刻本，校刻極精，但只有正集二十卷。次有元天曆、至正間范氏歲寒堂刻本，除正集外，還有別集四卷、政府奏議二卷、尺牘三卷、遺文一卷，其他附錄十二卷。至清康熙四十六年歲寒堂刻本又補以《補編》五卷（其中四卷爲遺文），此本不僅內容最完備，校刻也精善。因此若要整理范仲淹集，還應以康熙本爲底本。清代以來，在樸學風氣的影響下，出現了很多精校精刻本，校勘精審，內容也較完備，反優於前代的版本。著者曾經調查了數十種近年出版的宋人著作整理本，其中絕大多數選用的底本都是清代乃至民國的精校本，這不是偶然的。

　　要重視善本書目，但不可輕信。前面說了，一般圖書館館藏目錄中的所謂"善本"乃是"文物性的善本"，其中既有又珍又善的，也有大量珍而不善的。比如舊抄本，既是手抄的，因而都是孤本，都成了文物；但正因爲是手抄的，一般說來，其校勘就不如刻本審慎，因此一般不能用作底本。有的抄本更糟糕。舉個例來說，上海圖書館有個舊抄本叫《審是集》，八卷，題爲"宋葉夢得著"。查《直齋書錄解題》卷一八，葉夢得的著作確有

<hr />

①　詳見陳智超《宋史研究的珍貴史料——明刻本〈名公書判清明集〉介紹》，中華書局 1987 年點校本《名公書判清明集》附錄七。

《石林審是集》八卷，以後未見著録，如果上圖此本確是葉夢得
著作，那當然是極其珍貴的海内孤本。但細查其内容，却全是宋
劉敞的文章，其中絶大部分見於現存劉敞《公是集》，原來此本
乃是僞書。"公是""審是"僅一字之差，作僞者遂從《公是集》
中抄出百餘篇，又從他處抄得幾篇劉敞之文，凑够八卷，冒充葉
夢得《審是集》。從學術的角度來看，這個本子毫無價值。

　要重視專家學者的意見，但不可盲從。例如很多專家都説：
《四部叢刊》的版本好，《四庫全書》的版本糟。從總體來看，這
話是對的，不過也要具體分析，不能一概而論。《四部叢刊》據
以影印的都是古本珍本，但它選書的角度主要還是選"文物性的
善本"，而且主要是涵芬樓的藏本；其中大多數固然也是學術性
的善本，但也有一些實在不敢恭維。例如《范文正公集》，《四部
叢刊》影印的是明覆元刻本，錯誤極多，在現存范仲淹文集的各
種主要版本中，以此本爲最劣。又如宋尹洙的《河南先生文集》，
《四部叢刊》選用春岑閣鈔本，蘇轍《欒城集》選用明蜀藩活字
本，也都是文字錯訛極多的本子。《四庫全書》在校勘上的最大
錯誤是有時不加注明而亂改古書、亂補缺字，特別是出於政治原
因而竄改古書（主要是在涉及民族問題的地方），但儘管如此，
其中仍然有不少好的或比較好的本子。特別是四庫館臣從《永樂
大典》中輯出的 375 種佚書，後來由於《大典》散失，四庫本成
爲祖本或孤本。20 世紀 30 年代中央圖書館籌備處從文淵閣本
《四庫全書》中選出 232 種珍本，題爲《四庫全書珍本初集》，由
商務印書館影印出版；前些年臺灣地區又出了二集、三集。這都
是較好的版本。近年我們編纂《全宋文》，也發現《四庫全書》
中有不少本子優於他本。例如尹洙《河南集》，四庫本遠優於四
部叢刊本，有的地方甚至勝於明鈔本及清張位、吳翌鳳抄校本。
文彦博《文潞公集》，四庫本也遠勝於明嘉靖本，更勝於民國年

間的山西叢書本。杜範《清獻集》，四庫本訛誤極少，勝於同治間王棻校勘孫氏刻本。劉弇《龍雲集》今有弘治本、四庫本、豫章叢書本，而以四庫本最善。

總而言之，版本好不好，校後才知道，他人的意見只能作爲參考。古籍整理者必須牢牢記住這一點。

第四節　文獻斷代辨僞學

古代文獻年代不明的需要確定年代，真僞不明的需要辨別真僞，這是古文獻學的一個重要方面，也是整理古籍的一個重要前提。斷代與辨僞這兩件事有緊密的關係，爲了叙述方便，我們先談辨僞，再説斷代。

什麽是僞書

中國古代文獻中有不少僞書或僞作。什麽叫"僞書"？凡一書，其作者與年代名與實不符的都叫僞書。換句話説，某書本後代所寫而假稱前代的古籍，或本某甲所造而題爲某乙的著作，都叫僞書。僞書的"僞"有多種情況：

有的是借古書之名而僞造古書。例如漢成帝時張霸僞造"百二篇"冒充《古文尚書》；魏晉人又僞造《古文尚書》五十八篇，並僞造"孔安國傳"。《竹書紀年》，晉代出於汲冢，宋代已亡佚，明人採摭諸書，僞造《竹書紀年》（即《今本竹書紀年》），並題梁沈約注。

有的是假托撰人而造作僞書。例如《本草》托之神農，《内經》托之黄帝，緯書多托名孔子，占卜之書多托名東方朔、郭璞。《史記》載老子出關爲關令尹喜著書，後人遂僞造《關尹子》；古有寧戚飯牛的故事，後人遂僞造寧戚《飯牛經》。

有的是將原書改頭換面而成僞書。葉德輝《書林清話》卷七云：“明人刻書有一種惡習，往往刻一書而改頭換面，節删易名。如唐劉肅《大唐新語》，馮夢禎刻本改爲《唐世説新語》；先少保公（按：指宋葉夢得）《巖下放言》，商維濬刻《稗海》本改爲鄭景望《蒙齋筆談》；郎奎金刻《釋名》，改作《逸雅》，以合‘五雅’之目。全屬臆造，不知其意何居！”我們在前邊説的把《公是集》删節改易而題爲《審是集》，也是一個典型例子。

有的是誤題撰人或年代而成爲僞書。如誤認《周禮》爲周公作，誤認《左傳》爲與孔子同時的左丘明作，誤認《管子》爲管仲作。

有的是真僞雜糅。如《莊子》中有莊周作品，也有其後學的作品；《韓非子》中有的篇非韓非所作；張仲景《傷寒論》有後人羼入的成分；文集之中也常有誤收和僞作。

可見“僞書”有兩類：一類是有意的——故意作僞或妄題作者；一類是無意的——由於作者或時代不明而誤認。有意作僞或假託古人又有多種目的，其中主要有兩種：一種是藉助古代名人以抬高本書、本派的身價。《淮南子•修務》説：“世俗之人多尊古而賤今，故爲道者必托之於神農、黃帝而後能入説。”不僅道家如此，儒家之書多托名周孔也是同樣道理。魏王肅爲與鄭玄爭勝，便僞造《孔子家語》《孔叢子》爲自己的觀點製造根據。道教徒爲增强本教的神秘性，以便吸引信徒並壓倒佛教，造作大量道書，托爲某某神仙所著所傳。家譜、族譜中多僞造祖宗的著作，是爲了增添本族的光榮。另一種是爲了牟取利禄。張霸造《尚書》“百二篇”，漢成帝便用他爲博士；隋朝獎勵獻書，劉炫便僞造《連山》《歸藏》《魯史》等百餘卷，領賞而去。後世書賈造作僞書，更是爲了牟利。

辨僞的方法

既有僞書，便需辨僞。歷代學者都做過辨僞的工作，至清初學者閻若璩著《古文尚書疏證》，判定流行一千多年的儒家經典《古文尚書》及"孔安國傳"爲僞作，震動了學術界，由此辨僞成風，至現代以顧頡剛先生爲代表的"古史辨派"而達於頂峰。現代學者張心澂集古今辨僞之説，著《僞書通考》；近年臺灣地區又有《續僞書通考》。

前人對古書的辨僞和斷代已取得很大成績，很多古籍的真僞及時代已成定論，但也還有不少書或作品，學者們的看法並不一致（例如著名的諸葛亮《後出師表》、岳飛《滿江紅》等）；有的書或作品至今還没有人作過研究。因此辨僞和斷代仍然是擺在古籍整理和研究者面前的重要任務。

辨僞的方法，前代學者作過總結。如明代學者胡應麟在《四部正訛》一書中提出"八核"之法。梁啓超在《中國歷史研究法》中列舉十二條識別僞書的公例；後來又在清華大學講課，解放後經其弟子整理成書出版，題爲《古書真僞及其年代》，總結更爲詳密。

歸納起來，辨僞的方法主要有三個方面：

第一，根據古書的直接記載。如上述張霸僞造《尚書》，劉炫僞造《連山》《歸藏》，《漢書》《隋書》中都有明文。

第二，根據該書傳授或流傳的情況來辨別。如某一書，前代書目都未曾著録，亦未見他書引用，而在後代某一時期忽然出現，就有可能是僞書。如《亢倉子》，題周庚桑楚作，而《漢書·藝文志》《隋書·經籍志》都未著録，唐代忽然出現，唐玄宗册封爲《洞靈真經》，實爲唐人取《莊子·庚桑楚》附益而成。

《宋史·藝文志》著録有《武侯十六策》《將苑》《心書》等書，都題爲諸葛亮撰。考陳壽編《諸葛亮集》，其篇名具載陳壽所上表中，並没有以上諸書；宋以前的目録書和其他書也没有記載，其爲僞托無疑。有的書前代雖曾著録，但中間已亡佚，後世忽又出現，亦有可能爲僞書。如《關尹子》，《漢書·藝文志》曾著録，早佚，《隋書·經籍志》《舊唐書·經籍志》《新唐書·藝文志》均未著録，宋代忽然出現，實爲僞書。前面所述《十六國春秋》，宋代已無全本，明萬曆間又出屠喬孫刊本百卷，實非崔鴻原本。此外，若後世流傳之本與前代著録卷數、撰者不合，也當注意是否僞作。

第三，根據内容鑒別。這是辨僞最主要的方法。這裏又可分爲幾個方面：從内容抵牾處辨別；從抄襲舊文處辨別；從佚文辨別；從語言、文風辨別。

從内容抵牾處辨別。如某書題爲某時代某人的著作，而其内容與該時代特有的名稱、制度、史實等不合，或與其人的思想不合，或於情理不合，則往往是僞作，或有後人羼入的文字。如《水經》一書，舊題漢桑欽撰。按桑欽乃西漢成帝時人，而《水經》中却有漢代以後的地名。例如書中説"涪水……至小廣魏"，酈道元注説"小廣魏即廣漢縣"。因爲漢代有廣漢郡，下面又有廣漢縣，爲了區別，俗稱廣漢縣爲小廣漢。至曹魏代漢，改稱小廣魏。到了晋初，又恢復原來的名稱叫廣漢。《水經》中還有魏寧縣，也是如此。清代學者戴震由此得出結論，説《水經》一書上不至漢，下不至晋初，爲曹魏人所作無疑[①]。這就是從地名上來鑒別。又如《三國志·蜀志·諸葛亮傳》裴注引《漢晋春秋》載諸葛亮《後出師表》，學者多疑是僞作。理由主要是：（一）裴

---

① 　見戴震《水經酈道元注序》，官本《水經注》卷首。

松之説："此表《亮集》所無，出（吳人）張儼《默記》。"這已經很可疑。（二）《前出師表》對北伐很有信心，而此表却極其悲觀，與諸葛亮的思想不合。（三）《蜀志·趙雲傳》記載趙雲卒於後主建興七年；而據此表，趙雲卒於建興六年春，時間不合。上面這三條，第一條就是前邊説的"從流傳情況來辨别"，第二、三條是從内容抵牾處來辨别。

　　從抄襲舊文處辨别。僞書多抄襲他書，拼湊成書，可據其抄襲的痕迹判定其僞。如僞《古文尚書》五十八篇，除了與《今文尚書》相同的三十三篇（其中一些篇是將《今文尚書》一篇分爲兩篇）而外，其餘二十五篇是根據前人所引《尚書》佚文和其他材料割裂拼湊而成。例如《荀子·解蔽》引《道經》説"人心之危，道心之微"，《論語·堯曰》説"允執厥中"，作僞者將這三句話改二字，加四字，拼湊成僞《大禹謨》的"人心惟危，道心惟微，惟精惟一，允執厥中"十六字。閻若璩《古文尚書疏證》一一查出此類剽竊出處，遂徹底揭穿了僞《古文尚書》的假面具。還有更明顯的作僞，則是直接抄襲某書的一部分而改换書名和作者，如北京圖書館藏清鈔本馮静《止齋先生文集》乃抄自李之儀《姑溪居士後集》；又一清鈔本馮淵《韋齋類稿》乃抄自陳淵《默堂集》；前面説的上海圖書館藏舊鈔本《審是集》係抄自劉敞《公是集》；等等。只要抓住了它們抄襲的證據，這類僞書便無所遁形。

　　從佚文辨别。古代某書，當其未佚時，他書曾引用其文，而今本却無此等佚文或與此等佚文不同，則有可能是僞書或僞作。偶有一兩句脱漏或許尚不足以説明問題，但大量與他書引文不合，定是贋品。如今本《竹書紀年》與晉唐間人所引《竹書紀年》多不合。《晉書·束晳傳》《史通·疑古》等篇並引《竹書》云夏啓殺伯益，而今本云夏啓二年伯益出就國，六年伯益薨。《水經注》引《竹書》七十餘條，都以晉國紀年（因此書爲晉史），而今本均用周王之年。如此之類，不勝枚舉①。這就無可辯駁地證明今本《竹書紀年》乃明人僞造（此書宋代的目録書中都未著録，説明宋代已佚，今本出於明代，則僞造者乃明人）。

從語言、文風辨别。各個時代的語言文章，其詞彙、語法、音韻和文風，都有其不同於其他時代的特點，可作爲辨僞的根據。如《列子》一書，題爲周列禦寇撰，經很多學者研究，此書絶非先秦著作，蓋魏晋間人僞造。現代學者楊伯峻更從語言上分析，也發現此書用詞與語法不類先秦。如用"都"作爲表全稱的副詞，起於漢末以後，而《列子》多處都作全稱副詞用。《周穆王》篇"積年之疾，一朝都除"，即是一例。這就更證明此書爲魏晋人僞造。《今文尚書》二十八篇，古奧難讀，所謂"周《誥》殷《盤》，詰屈聱牙"，而僞《古文尚書》則大都淺顯易懂，這也是其爲僞書的一個證據。又如駢文起於魏晋，如某書某文用駢文寫法，則大致可斷定它不是魏晋以前的作品。

這以上就是辨僞的基本方法。

斷代的方法

古文獻的斷代也是用類似的方法，由已知求未知。簡述如下：

一、查書目及其他書。若本書爲已知時代之某書所著録或稱引，則可定其時代必在該書之前；如某書未見於某一時代或該時代以前之書目，則有可能在該時代之後。

二、考本書之内容。若本書中出現某時代特有之人名、地名、事物、史實、制度、思想等，或引用某時代之著作，則可確定此書出於該時代或晚於該時代。

----

① 詳見張心澂《僞書通考》"竹書紀年"條。

三、看本書之用語及文風。若本書中使用某時代特有之語詞、語法、聲韻，或具有某時代特有之文風，則可確定其爲該時代之著作或不早於該時代。

在辨僞與斷代中有兩點特別值得注意：

一是忌主觀片面。舊日一些儒家學者以某書内容是否合於孔孟之道作爲判斷真僞的標準，這就不能準確地辨僞。如清代崔述《考信録》是一部名著，但一切以"經"爲準，是不够科學的。又有的學者抓住某條似是而非的孤證，就輕易判斷某書爲僞書，這也容易錯判，"古史辨派"就有這種毛病。前面我們説的種種辨僞斷代方法都得全面運用，不能只攻其一點，不及其餘。比如查書目，不能説《漢書·藝文志》未著録的都不是漢代和漢代以前的著作，清代姚振宗著《漢書藝文志拾補》就補了三百多種漢志未著録的古書。事實上任何一部書目都不可能把天下之書包羅無餘。又如内容與時代不合也要看是全書僞還是部分僞。據抄襲舊文辨僞，要看是誰抄誰。據文風判斷更得慎重，如《六韜》《尉繚子》，前人多謂其"詞意淺近""文氣不古"，定爲秦漢以後的僞書，但1972年山東臨沂銀雀山漢墓出土先秦古書中就有此二書。可見辨僞須慎重，要全面、客觀，實事求是。

二是僞書不等於無價值。剥去其僞的外衣，還其本來面目，就可能成爲重要的歷史文獻。説《周禮》是周公的著作，這就成了僞書；但作爲戰國時期的古籍，它是研究先秦歷史的極重要的文獻。明屠喬孫《十六國春秋》乃抄集十六國史料編成，而題爲北魏崔鴻撰，這就成了僞書，但《四庫提要》一方面指明其僞，另一方面又肯定其價值，説："然其文皆聯綴古書，非由杜撰。考十六國之事者，固宜以是編爲總匯焉。"這是正確的態度。清姚際恒《古今僞書考》辨《文中子》之僞，説："總不若火其書之爲愈也！"這種看法就太偏激了。

第三章　古籍校勘

第一節　古書訛誤之嚴重性及訛誤的類型

古書在長期流傳過程中，經過多次傳抄翻刻，原來的文字難免會出現這樣那樣的訛誤，這就需要通過校勘發現並改正這些訛誤。校勘，古人又稱爲"校讎"。劉向《別錄》說："讎校，一人讀書，校其上下，得繆誤，爲校；一人持本，一人讀書，若怨家相對，爲讎。"[①] 校勘是古籍整理的最基本的方式，是其他各種整理方式的基礎，因爲不首先校正文字，就談不上進一步整理。

古書訛誤的嚴重性

古書訛誤的情況是相當嚴重的，例如：清戴震以《永樂大典》所引《水經注》校近刻本，發現闕漏者 2128 字，妄增者 1448 字，臆改者 3715 字[②]。近人章鈺以宋刻本及他本《資治通鑒》校清代胡克家翻刻的元刊胡三省注本，得胡刻本脱、誤、衍、倒四者蓋在萬字以上，其中脱文 5200 餘字關係史事尤大[③]。

---

① 蕭統輯《文選·魏都賦注》引，四部叢刊影印《六臣注文選》本。

② 永瑢等《四庫全書總目》卷六九《水經注》提要，中華書局 1965 年版，第 610 頁。

③ 章鈺《胡刻〈通鑒〉正文校宋記述略》，中華書局 1956 年校點本《資治通鑒》卷首。

陳垣以元刻本及其他各本《元典章》校補通行的清沈家本刻本，發現沈刻本的訛誤、衍、脱、顛倒諸處 12000 餘條①。

這些訛誤使得古代文獻面貌失真，輕則造成文理不通，文義不明，使人不知所云；重則完全改變了古書的原意，使人產生誤解；如果使用此種錯誤的材料去進行研究，更可能扭曲歷史，鑄成大錯。試舉幾例。

《説文解字》“易”字下云：“秘書説：日月爲易。”段玉裁、桂馥、王筠等人注《説文》，都説“秘書謂緯書”。按許書之例，凡引書都用“曰”字，引各家之説乃用“説”字。《大般若經音義》卷六引《説文》此文作：“賈秘書説：日月爲易。”賈秘書也就是許慎的老師賈逵，賈逵官至侍中，兼領秘書近署（見《後漢書》本傳），所以許慎稱之爲“賈秘書”，又稱“賈侍中”。今本《説文》“秘書”上脱一“賈”字，致使段玉裁等大學者也不得其解，因而臆説爲“緯書”。

《資治通鑑》卷五《周紀五》赧王五十年之後胡克家刻本脱“五十一年，秦武安君伐韓，拔九城，斬首五萬。五十二年”，共二十一字，這就不僅脱去了赧王五十一年這一年的大事，而且無“五十二年”四字，遂使人以爲下文也都是赧王五十年的事。幸好還有兩種宋殘本和明孔天胤本在，可補此二十一字之脱文。

《魏書·食貨志》記載孝文帝太和九年下均田令，中有：

> 諸男夫十五以上受露田四十畝，婦人二十畝……所授之田率倍之……老免及身没則還田。……諸桑田不在還受之限，但通入倍田分。於分雖盈，没則還田，不得以充露田之數；不足者以露田充倍。

---

① 陳垣《沈刻元典章校補緣起》，勵耘書屋叢刻本《沈刻元典章校補》卷首。

此處"於分雖盈"下"沒則還田"四字與上句"諸桑田不在還受之限"顯然矛盾，令人費解。按《通典》卷一、《册府元龜》卷四九五引此令均無此四字，當是衍文。但也有的學者認爲《通典》《册府元龜》誤删。可見有無此四字牽涉到北魏均田制的内容，對歷史研究關係甚大。

《續資治通鑑長編》卷四八四：

> （元祐八年五月壬辰）三省同進呈董敦逸四狀言蘇轍，黃慶基三狀言蘇軾。吕大防奏曰："敦逸言轍，應三省同簽文字，皆以爲轍之罪。"

按《太平治迹統類》卷二三載此事，吕大防奏："敦逸所言，三省皆以爲非轍之罪。"可見《長編》"皆以爲"下脱了一個"非"字，這就使文意恰好相反。

陳垣《校勘學釋例》有《一字之誤關係全書例》一項。如沈家本刻本《元典章》謂此書"頒行四方有年矣"，則似爲中央所頒；然按元刻本作"板行四方"，板行即雕板印行，由此知此書爲當時地方政府所纂，非中央所頒。一字之差，謬以千里。

古書的訛誤關係如此重大，因此就需要校勘。校勘的任務就在於盡可能發現並糾正古代文獻在流傳過程中所造成的文字訛誤，恢復其本來面目（如係原書本來的訛誤，當然也要校勘，但這種情況極少，也很難斷定是原書之誤）。

古書訛誤類型之一：文字的訛誤

要搞好校勘，須掌握古書訛誤的規律，包括古書訛誤的類型，造成古書訛誤的原因。

先看古書訛誤有哪些類型。古書訛誤的情況很複雜，但不外乎兩大類：一是文字的訛誤，二是行款的錯誤。

文字的訛誤又可歸納爲五類：訛、脱、衍、倒、移。

訛：是指字抄錯、刻錯了，或被人妄改了。一般是一二字、三四字，但有時整句、幾句甚至成段文字被改換了，也都屬於這一類。

字誤之中最多的是"形近而訛"，即因字形相近而誤爲另一字。"魯魚亥豕"，"魚"誤成"魯"，"亥"誤成"豕"，就是形近而誤（古文"亥""豕"二字近似）。王念孫《讀淮南子雜志書後》歸納的"因字不習見而誤""因古字而誤""因隸書而誤""因草書而誤""因俗書而誤"等條，都屬於形近而訛。王引之《經義述聞》卷三二《通説》有"形訛"一條，共列舉百餘例。陳垣《校勘學釋例》也有"形近而誤例"，如"流民聚衆"，"民"誤"戈"；"劉瑞哥懷孕"，"孕"誤"朶"，等等。

古書中還常有一字誤分爲二字，或二字誤合爲一字，實際上也是屬於形近而訛。如《史記·蔡澤傳》"吾持粱刺齒肥"，"刺齒"爲"齧"一分爲二之誤；《孟子·公孫丑》"必有事焉而勿正心"，"正心"爲"忘"一分爲二之誤；《戰國策·秦策》"今者義渠之事急"，"今者"爲"會"一分爲二之誤。《左傳》襄公九年"閏月"當作"門五日"，"門五"二字誤合爲"閏"，"日"又被妄改爲"月"；尹洙《河南先生文集》卷四《書禹廟碑陰》"（崔）巨，他文猶見一二"，"一二"兩字四部叢刊本誤合爲"五"；又卷一七《張宗誨墓誌銘》"公分兵爲二，一鼓破之"，"二一"兩字四部叢刊本、明鈔本等均誤合爲"三"，四庫本不誤。

其次較多的是"音近而訛"，即因讀音相同或相近而誤。抄書者讀其音，而筆下誤寫作另一同音之字。例如沈刻《元典章》"官吏"誤作"官例"，"奔喪"誤作"搬喪"，等等。

脱：抄漏或刻漏一兩字是常事，但往往有脱數字、數十字乃至更多者。這裏有兩種情況特別值得注意：

　　一是所脱之一二字多與上文同，抄者很容易誤認爲已經抄過，因而漏抄。陳垣先生在《校勘學釋例》中最先指出了這種情況，這裏再舉二例。今本《華陽國志》卷一〇中犍爲人士楊洪讚注："忠公清亮，甚信任之。""甚信任"之前脱去主語"亮"字，指諸葛亮。抄者抄了前一個"亮"字，誤以爲後一個"亮"字已抄，所以抄漏了。宋石介《徂徠石先生文集》卷五《怪説（中）》批評楊億"使天下人耳聾，不聞有周公、孔子、孟軻、揚雄、文中子、韓吏部之道"，以下接着説："俟周公、孔子、孟軻、揚雄、文中子、韓吏部之道……耳，惟聞周公、孔子、孟軻、揚雄、文中子、韓吏部之道。"四庫本脱去"俟周公"以下145字，就因爲上文之末是"周公孔子……韓吏部之道"，此段之末又全同，抄書者遂以爲這一段已抄過了，因而漏抄。

　　二是脱簡。因原本斷爛脱落，抄者未察，以至有脱幾行、十幾行乃至幾頁、幾十頁者。例如明崇禎十一年刻本《淳熙三山志》，其中卷二六第21頁左人物類科名門熙寧六年諸科進士"鄭×"以下，校之四庫本，脱去三十八行。蓋此本所據之底本脱二葉，刻印者不察，徑與第三葉之文連刻。近年中華書局影印《宋元方志叢刊》，用此本作底本，又未曾覺察，一仍其誤。又如，陳垣校《元典章》，發現沈刻本脱簡最多者爲"吏部"卷三，脱去倉庫官等六門凡三十六葉，估計是缺一册。

　　有時爛板脱簡很明顯，校書人、刻書人也看到了，但他們不是實事求是地加以注明，而仍然連抄連刻，使人不覺其脱；甚至有意添改字句以彌縫其脱漏之迹，於是造成又脱又訛又衍。《四庫全書》中就不乏這種極其惡劣的例子。如四庫本宋黃榦《勉齋集》係以康熙刻本爲底本，康熙本實出自元刻元修本《勉齋先生黃文肅公文集》。元刻本多處壞板缺字，康熙本、四庫本以意補之；若缺文太多不可補，就乾脆連刻；若脱漏的痕迹太明顯，就自造文句，使其略可銜接。如元刻本卷二一有一葉下部斷缺，其文爲《通江東柴漕啓》之後半及《謝史丞相啓》之前半。首行作"（下繫）群心之屬望，上寬當宁之顧（下缺）"，末行作"坑倅脱，縣譜重尋，六十歲衰疲（下缺）"。四庫本卷二三把首行"顧"字改爲"憂思"，中間十八行全捨去，又妄添一句"皆足庇民，均之體國"，而後作"若斡者火坑倅脱，縣譜重尋，六十歲衰瘁之餘，宜聞招而"，然後接下頁原文"裏足……"捨去的十八行中連原有的《謝史丞相啓》之題也删了，致使以下文字全變爲《通江東柴漕啓》之文，真是荒唐之極！

　　衍：是指由於誤添或妄添而多出了一些字。有的是已抄的字又重寫因而誤衍；有的是錯抄入上下文字句因而誤衍；有的是將旁批的字錯寫入正文因而誤衍；有的是誤以爲原文有脱字因而妄添；有的是原文有訛誤因而隨意添改，以至又衍又訛；等等。王引之《經義述聞》卷三二《通説》中有"衍文"一條，搜集了經傳中衍文的例子。

　　倒：即鄰近的一二字互易位置。如"江浙"誤作"浙江"，"河南江北"誤作"河北江南"，等等。

　　移：指位移、錯位，不是鄰近一二字的互倒，而是原來的一些文字甚至整段整頁誤移到了其他地方。如傳世各本《華陽國志》卷一〇（中）伍梁讚注："儒學雅尚，州選迎牧諸葛亮爲功曹。""選迎"二字應在"諸葛亮"後。又卷一二梓潼士女目録："益州太守景毅，字文堅。梓潼人也。/政事：有道景鸞，字漢伯。梓潼人也。"這是相鄰的兩行，其中"政事"二字爲標目，應在前一行之首，誤移於後一行之首。

　　比這更嚴重的稱爲"錯簡"，即古代寫書的簡策由於編繩朽斷而造成竹木簡次序錯亂，或後世册葉書雕印時頁碼錯亂或裝訂時頁次錯亂，後人不察，而造成整頁位移。例如《四部叢刊》影

印宋乾道本《豫章黃先生文集》卷一六，其第 21 葉與第 22 葉頁
碼互易，因而文字亦互倒。又如有一宋刻元印本《國朝諸臣奏
議》，其卷一二〇范鎮《上仁宗論益兵困民》第一篇中"知用兵
之難"至"李憲之師復"共一葉二面，審其文義與下文不連貫。
又卷一二一張方平《上神宗諫用兵》有"臣嘗言方今……征而不
復"一大段，也是一葉二面，與上下文義也不相屬。經查，此二
葉實乃裝訂之誤，應互換位置。而傅增湘《宋代蜀文輯存》卷七
收范鎮文時未加細審，誤收此錯簡之文。近年臺灣文海出版社編
"宋史資料萃編"叢書時，其中影印之《諸臣奏議》蓋即傅增湘
所見本，此二葉之錯簡一仍其舊。惟北京圖書館所藏同一版本之
另一本，此二葉裝訂次序不誤。又宋黃榦《勉齋先生黃文肅公文
集》元刻元修本卷一五第 1～4 葉版次錯亂，第 1 葉背面與第 4
葉背面互倒，第 2 葉正面與第 4 葉正面互倒，以至造成多篇文字
不可通讀。四庫本已見及此，曾試移正，然未加深考，反又妄
移，造成新的錯誤。此類錯簡數量不少，對古文獻的破壞性極
大，而且除非細讀，很難發現。

古書訛誤類型之二：行款的錯誤

行款的錯誤，是指文字本身並沒有錯，但行款錯了。陳垣
《元典章校補釋例》有"行款誤例"一卷，列出"有目無書有書
無目""條目訛爲子目""非目錄誤爲目錄""誤連上文""空字誤
連及不應空字""正文訛爲小注小注訛爲正文""表格誤"等十一
條（其中有幾條不應屬行款之誤）。從其他古籍來看，正文與小
注互訛、前後段首尾誤連最需注意，因爲這兩者最易造成文理不
通或文義改變。

宋代以前抄書，正文與小注往往不分（字體大小相同而且連

寫），因此最容易混淆。王念孫《讀書雜志》、王引之《經義述聞》中舉出此類例子甚多。王念孫校《廣雅疏證》，發現正文誤入注音、注音誤入正文共有 76 處（《廣雅疏證序》）。《三國志·蜀志·譙周傳》：“周長子熙。熙子秀，字元彥。”這十個字乃裴松之注闌入正文。《水經注》一書，有《水經》正文，有酈注，注中又自有小注，後世的本子，這三者混淆不清。宋代以後的書，此類例子也不少。四庫本《穆參軍集》卷中《送崔伯盈序》：“將自潁以之伊洛，走秦中都”。按“中都”指宋汴京，加“秦”字不可通。查四部叢刊本，走下有小字“奏”，置右側。此乃後人注“走”之音讀，四庫本訛作“秦”又闌入正文。宋陸佃《陶山集》卷四《辭免修哲宗皇帝實錄劄子》，其下一篇題爲《又尋準尚書省劄子》，題下有小注“奉聖旨，修史事先朝已自辨明，更不許辭免”云云。按此題不成題，細審此劄子內容，乃是再次辭免修《哲宗實錄》，由此可悟此篇原題只作《又》字，實即辭免修實錄之第二劄子，“尋準尚書省劄子”七字爲題下小字注，下接“奉聖旨……”今本乃四庫館臣輯自《永樂大典》，蓋《大典》誤將題下小字抄爲大字，四庫館臣不審，又誤以爲題。

　　前後段首尾誤連，例如：《華陽國志》卷四《南中志》永昌郡：“章武初，郡無太守，值諸郡叛亂，功曹呂凱奉郡丞蜀郡王伉保境。　　六年，丞相（諸葛）亮南征……”按“六年”之上原空二字，乃另分一段。“六年”，承上文則當指章武六年，但劉備章武年號僅三年，顯誤。原來此二字乃上段之尾，“保境六年”連讀（從章武元年到後主建興三年諸葛亮南征正好六年，所以説“保境六年”）；“丞相”以下乃另一段。又如：嘉靖本《豫章黃先生外集》卷八《有宋君子李正夫墓誌銘》，光緒刻本《山谷全書·外集》卷二二誤將此題“有宋君子”四字移於上篇《胡府君墓誌銘》正文之末。在古書中，兩段誤合爲一段或一段誤分爲兩段的例子則更多。

以上就是古書訛誤的基本類型。

在這些類型中哪一種訛誤較多，哪一種訛誤較少？著者曾經就陳垣《元典章校補》校出的沈刻本訛誤數量和比率作過統計，茲列爲下表：

訛誤類型	訛誤數	佔訛類％	佔總數％
訛	5939	100.00	54.63
形近而訛	3043	51.24	27.99
音近而訛	1161	19.55	10.68
其他訛誤	1735	29.21	15.96
脱	2354		21.65
衍	1723		15.85
倒	521		4.79
移	32		0.29
行款之誤	303		2.79
總計	10872		100.00

從上表可以看到，"訛"在訛誤總數中佔了一半多，而其中形近而訛特別多，佔了"訛"類的一半以上，佔訛誤總數的1/4以上。音近而訛也不少。形近而訛與音近而訛加起來，幾乎佔了"訛"類的3/4。"脱"僅次於"訛"，佔了訛誤總數的1/5。訛、脱二者加起來則佔到訛誤總數的76％。這個統計應該説具有一定的代表性，一則因爲陳垣先生是用祖本（元刻本）校清刻本，祖本訛誤極少，可以看清後世訛誤的由來；二則沈刻本的訛誤，幾乎古籍中的各種訛誤類型都有，比較典型；三則陳先生校勘極其精細而準確。

　　王念孫作《廣雅疏證》，他在自序中對他所校出的傳世曹憲音釋本的各種訛誤有一個統計，也可供我們參考。列表如下：

訛誤類型	訛誤數	佔總數%
訛	580	44.3
脱	490	37.5
衍	39	3.0
倒、移*	123	9.4
行款**	76	5.8
總計	1308	100.0

　　*原文作"先後錯亂者"，兹歸入倒、移二類。
　　**原文作"正文誤入音内者十九，音内字誤入正文者五十七"。

　　由此表可見，訛、脱二者佔總數的82％，略高於前表。

　　調查各種訛誤所佔的比重，這對我們搞校勘很有用處。例如我們既知道形近而訛、音近而訛佔那樣大的比重，我們在校字時就可以多從形近或音近去推斷誤字，其成功的概率是比較高的。例如金代張從正所著醫書《儒門事親》，中有："然《禮記·曲禮》及玉符潛訣論所云，天下皆不知。"又云："玉符潛訣論云：嬰兒之病，傷於飽也。"遍查諸書目，未見有"玉符潛訣論"一書，但從字形我們可以聯想到東漢王符《潛夫論》，及查此書《忠貴》篇，果有"嬰兒常病，傷飽也"之語，由此可斷定"玉符潛訣論"乃"王符《潛夫論》"之訛。

第二節　古書訛誤的原因

　　古書之所以會出現上述種種訛誤，不外乎兩種原因：一種是

無心的誤寫，一種是有意的竄改。王念孫《讀淮南子雜志書後》
說："推其致誤之由，則傳寫訛脫者半，憑意妄改者亦半也。"陳
垣《元典章校補釋例·序》也説："其間無心之誤半，有心之誤
亦半。"若單從數量上來看，恐怕還是無心之誤爲多，比如前面
説的形近而訛、音近而訛，因上下文有相同的字而抄脫、錯簡，
乃至行款之誤等，一般都是由於視覺之誤、聽覺之誤或"走神"
之誤，並非有意。但是有心之誤，即任意妄改古書，其危害性却
遠遠超過無心之誤。

　　顧炎武在《答李子德書》中説："三代六經之音，失其傳也
久矣，其文之存於世者，多後人所不能通，以其不能通，而輒以
今世之音改之，於是乎有改經之病。始自唐明皇改《尚書》，而
後人往往效之，然猶曰'舊爲某，今改爲某'，則其本文猶在也。
至於近日鋟本盛行，而凡先秦以下之書，率臆徑改，不復言其舊
爲某，則古人之音亡，而文亦亡，此尤可嘆者也。"① 顧炎武説
的是明人亂改古書的情況，其實這種情況歷代都有，只不過明代
後期最爲嚴重罷了。

　　校書、刻書的人爲什麼要妄改古書呢？主要有以下幾種情況：
　　一、由於無知武斷而妄改（包括妄删、妄增、妄補，下同）
　　所謂"無知"主要是缺乏古代語文知識和歷史文化知識。王念
孫《讀淮南子雜志書後》列舉的因字不習見而妄改、不識假借之
字而妄改、不審文義而妄改、改字以合韻而實非韻等條，陳垣
《元典章校補釋例》列舉的妄改、妄添、妄删、妄乙以及不諳元
代用字而誤、不諳元代用語而誤諸例，都屬於不熟悉古代語言文
字而妄改。《元典章校補釋例》中又專門有一卷《元代名物誤
例》，列舉因不諳元代名物制度（包括年代、帝號廟號、部族、

① 顧炎武《亭林文集》卷四，四部叢刊本。

地名、人名、官名、物名、專名、體制）而錯改原文之例，這就是缺乏歷史知識而妄改。既缺乏知識，就應當老老實實地照原文抄、照原文刻；但往往越是無知的人就越是主觀狂妄，於是自以爲是，率意亂改，甚至把本來不錯的反而改錯了。顧炎武《日知錄》卷一八"別字"條說："山東人刻《金石錄》，於李易安《後序》'紹興二年玄黓歲壯月朔'，不知'壯月'之出於《爾雅》，而改爲'牡丹'。"這就是無知妄改的典型例子。

在古書中我們常常會見到一種情況，即舊本文字缺失，抄書者或刻書者率意妄補缺字，因而造成訛誤。例如蔡襄文集，明清各本缺字甚多，萬曆四十四年蔡善繼雙甕齋刻本《宋蔡忠惠文集》於此等空缺之處均以意妄補。幸好至今還有宋刻本在，足以戳穿其騙局。如《杭州謝上表》，宋本"俯循孤遠之甚，已驚涯分之逾"，"甚""已"二字明陳一元刻本及四庫本均空缺，而此本妄補作"士""殊"二字；宋本"儒學未優，天資尤拙"，後四字陳本、四庫本空，而此本妄補作"才猷實歉"；宋本"於時益疏，以道自信"，"以道"二字陳本、四庫本空，而此本妄補作"於心"。如此等等，就像猜謎，十無一中，如果沒有宋刻本，讀者就很容易上當受騙，認爲原文如此。在《四庫全書》中，像這樣的例子也多得很。我們發現一條規律：凡是某字其他本都空缺，惟獨四庫本不缺者，大體上都是四庫館臣妄補，都靠不住，讀者切不可輕信。

二、由於迷信名著而妄改　校書者、刻書者迷信經典或名著，凡與經典名著不合者，便妄加竄改。例如今本《華陽國志》卷四《南中志》敘莊蹻入滇事云：

> 周之季世，楚威王遣將軍莊蹻泝沅水，出且蘭，以伐夜郎。植牂柯繫船。於是且蘭既克，夜郎又降，而秦奪楚黔中地，無路得反，遂留王滇池。蹻，楚莊王苗裔也。以牂柯繫

船，因名且蘭爲牂柯國。

按此段，《太平御覽》卷七七一引《華陽國志》大不相同，作：

楚頃襄王遣將軍莊蹻泝沅水，出且蘭，以伐夜郎王。椓牂柯繫船於且蘭。既克夜郎，而秦奪楚黔中地，無路得歸，遂留王之，號爲莊王。以且蘭有椓船牂柯處，因改其名爲牂柯。

查《北堂書鈔》、《漢書地理志》顔注、《史記正義》、宋葉夢得《玉澗雜書》等所引均略同，是古本如此，今本之文蓋南宋李𡌴校刻《華陽國志》時所妄改。爲什麽要這樣改？因爲《華陽國志》的記載與《史記·西南夷列傳》《漢書·西南夷傳》不同：《史記》《漢書》説是楚威王遣莊蹻、莊蹻留王滇池、蹻爲楚莊王苗裔，而《華陽國志》説是楚頃襄王遣莊蹻、莊蹻留王夜郎、蹻自號"莊王"（夜郎莊王）。李𡌴迷信《史》《漢》，認爲《華陽國志》錯了，於是據《史》《漢》妄改《華陽國志》。

又如清萬廷蘭校刻本《太平寰宇記》卷五八貝州序："（漢）文帝又分鉅鹿地置清河郡……理清陽。後漢改爲清河國。"此下萬氏有校記云："按原本'理清陽'下訛'景帝中改爲清河國，至後漢復爲郡'，考《漢書·地理志》無景帝中改爲清河國語，後漢清河亦不爲郡，今據兩《漢書》改正。"這是據兩《漢書》妄改《太平寰宇記》。

按校勘的任務只是校正古書的文字訛誤，至於原書的内容，不管它是正確或錯誤，都絶對不能改動（可以加校記，但不能徑改原書）。像上面的兩條例子，《華陽國志》《太平寰宇記》的記載與《史記》、兩《漢書》不同，當是别有所本；即使它們都錯了，那也是原書之誤，如果亂加改竄，那就違背了古籍整理的客觀性，犯了校勘的大忌。

三、爲了欺世惑人而妄改　清代著名校書家顧廣圻説："南宋時，建陽各坊刻書最多。惟每刻一書，必倩雇不知誰何之人，任意增删换易，標立新奇名目，冀以衒賣，而古書多失其真。"①
這是說的書賈，他們改竄文字以偽造"新"的版本，換易書名以
冒充未見之書，其目的是爲了衒賣牟利。不僅麻沙本如此，其他
時代的書商也常常如此。還有的人妄改古書則是爲了博取名聲或
取悦於人。像上節所舉的萬曆雙甕齋刻本《宋蔡忠惠文集》，其
刻書人蔡善繼是興化府知府，他刻書本是爲了表示他重視文教，
但若所刻的書缺字很多，就會有損"政聲"，所以他要妄補缺字，
冒充足本；當然也可能是他手下具體負責刻書的人這樣做以取悦
於他。《四庫全書》之所以有那種亂接脱文的荒謬可笑的做法，
不僅僅是由於四庫館臣的無知，大概還因爲皇帝命令要選"善本"
"足本"，他們便將非足本加以掩飾，冒充足本，以取悦於皇帝。

　　四、由於"正""邪"之見而妄改　有時古書中的某些内容
與校書者或刻書者的觀點不同，他們爲了表示崇"正"黜"邪"，
便妄加改易删削。如宋李覯不喜孟子，其集中有《常語》一篇，
其中批評孟子之文十餘條，見於宋余允文《尊孟辨》所引。明成
化中左贊刻《直講李先生文集》，將這十餘條全部刊落。《四庫提
要》指出："蓋贊諱而删之。"這是爲了尊孟子而删古書。清萬廷
蘭校刻本《太平寰宇記》卷七〇涿州人物門，萬氏有校記云：
"按原本王商下載劉備范陽人，非是。昭烈帝承炎漢正朔，稱帝
於蜀，不宜與王商並列，今删去。"這是由於尊蜀漢而删古書
（按尊蜀黜魏是清朝皇帝的旨意，見下條）。宋釋契嵩《鐔津文
集》元刻本卷二《廣原教》："古之有聖人焉，曰佛、曰老、曰
儒，其心則一，其迹則異。"《四部叢刊三編》影印明弘治刻本將
"曰佛曰老曰儒"改作"曰佛曰儒曰百家"。元本"中古之後，其

----

　　①　顧廣圻《思適齋集》卷一〇《重刻古今説海序》，清道光二十九年
刻本。

世大漓，三者其教，相望而出"，明本"三者"改作"佛者"。元本"方天下不可無儒，不可無老，不可無佛"，明本將"不可無老"改作"無百家者"。很明顯，這都不是無心誤抄，而是有意竄改。契嵩雖爲佛徒，但不貶斥儒、老，而弘治本刻書者以派別之見而黜老，故作如是改竄，也不管改得通不通。

五、由於政治原因而妄改　古代統治者出於政治的需要，對於不利於他們的古籍，或是銷毀，或是竄改，尤以清代爲甚。清朝以少數民族而統治中國，加之清代前期實行文化專制的高壓政策，因此民族問題、改朝換代問題特別敏感。刻書的人遇到夷、狄、胡、虜之類的文字，害怕觸犯忌諱，引來滅族之禍，不敢不加以改易刪削（例如康熙五十五年石鍵刻本《徂徠石先生全集》，凡可能犯忌之字、句、段皆空，形成多處"開天窗"）。雖然雍正十一年曾嚴令禁止改換夷、狄之類的字，但没有人敢於以身試火。乾隆中修《四庫全書》，皇帝下令說：明末人寫的書除大量銷毀外，其中可以録存的書也不許保留"觸礙字樣"，"須削去數卷，或削去數篇，或改定字句"；"他如南宋人書之斥金，明初人書之斥元，其悖於義理者自當從改"。此外，古書中那些關乎"綱常名教""順逆是非""世道人心"的文字也要一一斟酌改定。爲了尊崇"關帝"，於是下令把《三國志·關羽傳》中的"壯繆"謚號改爲"忠義"；爲了貶黜曹操，於是把宋人穆修《穆參軍集》中頌揚曹操的《亳州魏武帝帳廟記》一文刪去；説宋人文集中的青詞"迹涉異端"，於是命令所有青詞一律削除；如此等等。至於涉及民族問題的文字，乾隆四十二年雖又重申夷、狄之類的字面不許改易，但顯然與以上詔旨的精神自相矛盾，四庫館臣並未遵守。不僅如此，乾隆還命令將遼、金、元三史以及有關古籍中的人名、官名、地名、國名、族名等譯名，通通分別換成索倫語、滿洲語、蒙古語的漢字音譯①。這樣一來，《四庫全書》對古書的妄改妄删不計其數，有的書改得面目全非。昔陳垣先生曾以四庫館臣所輯《舊五代史》的幾種版本以及《册府元龜》互校，摘出其中因民族問題之忌諱而改竄原文的例子194條，寫成《舊五代史輯本發覆》三卷。其中歸納爲忌虜、忌戎、忌胡、忌夷狄、忌犬戎、忌蕃、忌酋、忌僞、忌賊、忌犯闕、忌漢等類，可見其禁忌之嚴密而荒謬。光緒三十四年許涵度得修《四庫》時用作底本之《三朝北盟會編》舊鈔本，據以刻印，並將四庫館臣删改之處附注於有關字句之下，讀者從此本便可看到修《四庫全書》時篡改古籍之形形色色及其良苦用心。由於在上者的無理提倡，在下者不敢不遵，這就給清代的古籍整理造成了極惡劣的影響。直到清代後期，此風才逐漸松弛。

第三節　校勘的方法（上）

　　古今學者所用、所説的校勘方法很多，其中以陳垣先生校《元典章》總結的“校法四例”最爲全面、最爲精闢（見《元典章校補釋例》卷六《校例》或《校勘學釋例》）。原文僅數百字，今節引於下，並略加發揮。

對　校

　　一爲對校法。即以同書之祖本或別本對讀，遇不同之處，則注於其旁。……此法最簡便、最穩當，純屬機械法。其主旨在校異同，不校是非，故其短處在不負責任，雖祖本

---

　　① 　以上參見《四庫全書總目》卷首所録“聖諭”。

或別本有訛，亦照式録之；而其長處在不參己見，得此校本，可知祖本或別本之本來面目。故凡校一書，必須先用對校法，然後再用其他校法。

按所謂對校法，也就是版本校。這是最基本的校勘方法。正如陳先生所説：“有非對校決不知其誤者，以其文義表面上無誤可疑也。”如《元典章》元刻本“延祐四年閏正月”，沈刻本訛作“延祐四年正月”，表面上並没有錯，若不校元刻本，決不可能知道漏了“閏”字。又“有知其誤，非對校無以知爲何誤者”，如沈刻本“每月五十五日”，顯然有誤，但若不校元刻本，誰也不可能知道爲“每五月十五日”之誤。

但陳先生把對校法等同於“只校異同，不校是非”的“死校”，似乎不妥。對校與下面説的本校、他校，在校了之後，都可以有兩種做法：一種是列出異同就算完成任務，而不判斷是非；一種是既列出異同，又判斷是非。所以“對校”不等於“死校”。

只校異同、不校是非的“死校”，其長處短處陳先生已説得很清楚。這種校法還是需要的，特別是一些重要的、版本很多的古籍，客觀地列出各本的異同，提供給別人研究，讓別人來判斷是非，這是一種慎重的態度；而且學者得此校本，等於是看到了很多版本，非常方便。像清李調元輯《函海》本之校《華陽國志》、日本學者山井鼎之《七經孟子考文》、民國間章鈺的《胡刻通鑑正文校宋記》，對進一步整理與研究這些書都很有用處。但是我們更提倡既校異同又校是非。因爲校勘的根本任務就在於通過比較異同來判斷誰是誰非、誰真誰僞，以便恢復古書的本來面目。對校各本，列出異同，這只是手段，而不是目的。

在作版本校之前，要對所校之書曾有的和現有的各種版本及其版本源流進行過細的調查研究。弄清著者或編者的生平，本書著作、編纂的緣起和經過，最早版本的情況，後來有過哪些版本，現今還有哪些版本，各本的大概情況如何，各本之間的關係如何，前人對各本有何評論，等等。搞清楚這些問題，有助於我們初步確定工作底本，尋求校本，不致造成重大的失誤與遺漏；也有助於在校勘的過程中正確地判斷各本文字的是非、優劣與真偽。

用於對校的版本自然是多多益善。因爲版本越多，校勘的準確性也就會越大。如果没有條件遍校各種版本，則應該參考版本目録或按照學者的一般看法先求善本。但正如我們在第二章第三節已經指出的，版本之善與不善，還是要校過才知道，目録書上說的或學者說的不一定靠得住。别人說是善本的不一定就善，别人忽視甚至貶低的也不一定就不善。而且任何一種善本也免不了有謬誤；相反，再劣的本子也往往會有一二可取之處。校勘者應當樹立一條座右銘：不迷信任何版本！

陳垣先生說對校法“最穩當”，這是相對而言，有時也不是很穩當。我們前邊談到了種種妄改古書的花樣，其中有一些隱蔽的花樣，如不保持警惕，就會會上當。比如妄補缺字，就是一個陷阱，要特别小心。某書的某些文字，其他本子包括較早的本子都缺，只有某本不缺，當然也可能它别有所據，但也很可能並無所據，而是率意妄補，這種地方就不能輕易信以爲真。《四庫全書》就經常如此。某些文字，各種本子都相同，也許各種本子都錯了；各種本子都不同，也不一定有一種是對的。所以必須仔細地、全面地考察。

本　校

　　二爲本校法。本校法者，以本書前後互證，而抉摘其異同，則知其中之謬誤。……此法於未得祖本或别本以前，最宜用之。

　　按本校法，即劉向所謂"一人讀書，校其上下，得謬誤"是也。以本書前後互證，主要有以下方面：

　　以目錄與本書互校：例如《華陽國志》目錄有"卷九　李特雄期壽勢志"，則原書本有《李勢志》，而今本正文無此志，可知有脱文。

　　以標題與正文互校：例如《四部叢刊》影印宋刻本《豫章黄先生文集》卷二七有《跋東坡畫石》一篇，而其文乃全論介之推逃賞事，與畫石了不相涉，則可知文與題必有一誤。核之《國朝二百家名賢文粹》卷一九二、《蘇門六君子文粹》卷三九，二書亦全載其文，而題作《跋〈晉世家〉後》，與文相合，可證本集之誤。乾隆、光緒刻本《山谷全書》未經校勘，不以文不對題而致疑，反而加按大談介之推逃賞與畫石之關係，殊爲可笑。由此也可見本校法的作用。

　　以正文與注文互校：例如《禮記·檀弓》："望反諸幽，求諸鬼神之道也。"孔穎達《正義》云："復魄之時，冀望魂神於幽處而來，所以望諸幽者，求諸鬼神之道也。"據此可知，今本正文"反"字爲衍文。——這是以注文校正文。《穆天子傳》："道里悠遠，山川諫之。"今本郭璞注："間音諫。"按正文無"間"字，不應如此注，原注應作"諫音間"，意即"諫"爲"間"的假借字，今本誤倒。——這是以正文校注文。清代學者校勘經籍，最善於使用此法。

　　以前後文互校：例如《華陽國志》卷二《漢中志》：武都郡，"蜀平，屬雍州。太康六年還梁州"。按本書卷一云元康六年割武都、陰平屬梁州；本卷下文亦云元康六年陰平還屬梁州。可證此處"太康"爲"元康"之誤。《宋會要輯稿》選舉二之七有"試御令""試御判司簿尉""試御簿尉"，按宋代未聞有此等官；及觀後文各條，均作"試銜"，乃知"御"乃"銜"之誤。

他　校

　　三爲他校法。他校法者，以他書校本書。凡書有採自前人者，可以前人之書校之；有爲後人所引用者，可以後人之書校之；其史料有爲同時之書所並載者，可以同時之書校之。

　　按此段若改寫爲："凡書有採自他書，或爲他書所引用，或其史料爲他書所並載者，均可以他書校之。"似乎更確切。某書的史料爲他書所並載，不一定是同時之書，也可以是以前之書，也可以是以後之書，只要它記載同一内容，都可以用來校本書。例如《華陽國志》，它所記載的西南史地，其中不少内容，在它之前的《史記》《漢書》等有記載，因此可以用《史》《漢》來校；在它之後的范曄《後漢書》、《晋書》等許多文獻中也有記載，因此也可以用這些文獻來校。

　　陳垣先生説："此等校法，範圍較廣，用力較勞，而有時非此不能證明其訛誤。"的確，他校比對校、本校費力得多，也難得多，因爲對校、本校範圍較狹窄而且明確，他校涉及的文獻可以説漫無邊際。這就要求校勘者書要讀得多，如果書讀得不多，就不知道該找什麽書來校。舉個例子。宋洪邁《容齋四筆》卷二"傳抄文書之誤"條載，周必大校刻蘇頌《蘇魏公集》，其中《東山長老語録序》有一句説："側定政宗，無用所以爲用；因蹄得兔，忘言而後可言。""側定政宗"不知何意，周必大寫信問洪邁，洪邁從"無用所以爲用"這句話想起《莊子》説："地非不廣且大也，人之所用容足爾。然而厠足而墊之致黄泉，知無用而後可以言用矣。"於是悟出"側定政宗"當是"厠足致泉"，抄書的人四個字都以形近而抄錯了。如果洪邁没有讀過《莊子》，或對《莊子》不熟，他就不可能産生這樣的聯想。周必大也是一個博學的人，史稱著書八十餘種，這個問題連他也解決不了，可見他校之難。

不僅如此，他校不但是校書，有時甚至要用文物考古材料來校。例如《顏氏家訓·書證》用開皇二年出土的秦朝鐵秤權上的銘文校《史記·秦始皇本紀》，證明"丞相隗林"爲"丞相隗狀"之誤，就是有名的例子。自宋代以來，特別是清代以來，很多學者用金石乃至甲骨文獻校正古書之訛誤，解決了不少用其他校法無法解決的問題。這說明，用於他校的文獻越廣博，校勘的質量也就越高。

用他書校本書，有一個問題特別值得注意：古人引用前人之書並不很嚴格，往往不是一字一句照錄，而是時有增刪改動。《太平寰宇記》卷四一汾州引《水經》及《注》，卷末有宋人校勘云："按今《水經》及《注》與此皆小異。大抵今《（寰宇）記》所引古書，但取其意而增損其文，務要通俗，不盡與古書合。他皆類此。"其實不僅《太平寰宇記》如此，其他古書也往往如此。因此在使用他校法時，決不能輕易據他書改本書。高郵王氏父子校勘學的成就前無古人，但他們有一個最大的毛病，即過於迷信類書，常常根據類書所引以改古書，這一點應當引以爲戒。清代學者朱一新說得好：

> 國朝人於校勘之學最精，而亦往往喜援他書以改本文。不知古人同述一事、同引一書，字句多有異同，非如今之校勘家一字不敢竄易也。今人動以此律彼，專輒改訂，使古書皆失真面目。此甚陋習，不可從。凡本義可通者，即有他書顯證，亦不得輕改[①]。

此外，他校所用之書，其版本也必須是善本，否則以誤校

---

① 朱一新《無邪堂答問》卷三，清光緒二十一年刻本。

誤，其誤愈甚。例如《晏子春秋·内篇諫上》："寡人欲少賦斂以祠靈山，可乎？""祠靈山"，盧文弨《群書拾補》據《太平御覽》卷八七九引作"招靈山"，謂作"招"是。按《御覽》有宋本傳世，此字正作"祠"而不作"招"，盧氏根據誤本，得出了錯誤的結論。

第四節　校勘的方法（下）

理　校

四爲理校法。段玉裁曰："校書之難，非照本改字不訛不漏之難，定其是非之難。"所謂理校法也。遇無古本可據，或數本互異，而無所適從之時，則須用此法。此法須通識爲之，否則鹵莽滅裂，以不誤爲誤，而糾紛愈甚矣。故最高妙者此法，最危險者亦此法。

按所謂理校，就是通過推理以校正訛誤。所謂"理"，包括文理、事理、義理；而文理又包括文字、音韻、訓詁、文法、文例、文體，等等。

以文理校勘，兹舉三例：

《宋會要輯稿》兵一一之二〇載仁宗慶曆四年三月二十三日詔：

其論官吏，凡有申報（盜賊），並仔細體諒徒黨人數、行徑次第，的實關報，鄰近州縣遁相關報。不得便憑虛聲，張皇賊勢，鹵莽行遣，關報鄰州，驚優人情，別致失事，走透姦賊，必重行朝典。

這一段裏有好幾個錯字，直接根據文義及字形、字音就可以判斷："體諒"爲"體量"之誤，"行徑"爲"行經"之誤，"遁相"

爲"遞相"之誤，"驚優"爲"驚擾"之誤。

《老子》第三十一章："夫佳兵者不祥之器，物或惡之，故有道不處。"王念孫校此條云：

> 《釋文》："佳，善也。"河上云"飾也"。念孫按：善、飾二訓皆於義未安。古所謂兵者，皆指五兵而言，故曰"兵者不祥之器"。若自用兵者言之，則但可謂之不祥，而不可謂之不祥之器。今按"佳"當作"隹"，字之誤也。隹，古"唯"字也。唯兵爲不祥之器，故有道者不處。上言"夫唯"，下言"故"，文義正相承也。（下文又引《老子》書中多處用"夫唯"之例，略）①

這裏先是引古注解釋"佳"字的含義，又解釋"兵"字的古義，從而説明"佳兵者不祥之器"這話從文理上説不通；然後才根據"形近而誤"的常例和本文的文法、本書的文例，推斷"佳"字乃"隹（唯）"字之誤。這是以訓詁與文例校書之例。

《淮南子·兵略》："天化育而無形象，地生長而無計量，渾渾沉沉，孰知其藏。"王念孫校云："沉當爲沆。渾渾沆沆，廣大貌也。《爾雅》：'沄，沆也。'《説文》：'沄，轉流也。讀若混，一曰沆。'沄、混、渾古同聲，渾渾沆沆即沄沄沆沆，沄之轉爲沆猶渾之轉爲沆也。且沆與象、量、藏爲韻，若作沉沉，則義既不合，而韻又不諧矣。"② 這是以文字、訓詁、音韻校書之例。

以事理校勘，兹舉二例：

《墨子·耕柱》："駕驥與羊。"王念孫校云："按羊不可與馬並駕，羊當爲牛。《太平御覽》地部五引此已誤作羊，《藝文類

---

①　王念孫《讀書雜志·餘編》卷上，江蘇古籍出版社 1985 年版。

②　《讀書雜志·淮南內篇》卷二。

聚》地部及《白帖》五並引作牛。"① 羊不可與馬並駕，這就是事理。

《華陽國志》卷一二巴郡人士目録："降虜都尉馮元，字公信，緄弟。"按《後漢書·馮緄傳》："緄弟允……拜降虜都尉。"一作馮元，一作馮允，到底誰對呢？按古人的名與字都有聯繫，王引之曾爲此著《春秋名字解詁》二卷（在《經義述聞》中）。《爾雅·釋詁》《説文》等都説："允，信也。"故馮允字公信，作"元"誤。——這既是他校，又是據事理校。

以義理校勘，兹舉一例：

《史記·秦始皇本紀》載賈誼《過秦論》："秦離戰國而王天下，其道不易，其政不改，是其所以取之守之者異也。"王念孫校云："'異'上當有'無'字。上文言'取與守不同術'，今秦以不仁取天下，而又以不仁守之，則其所以守之者無異於其所以取之者矣，故曰'是其所以取之守之者無異也'。脱去'無'字，則義不可通。"② 這就是以義理校。

理校是校勘當中使用得最廣的一種校法。陳垣先生説這種校法是在"無古本可據，或數本互異，而無所適從之時"才須用，這樣説是不够全面的。事實上可以説，理校之法貫穿於從始至終的整個校勘過程之中。

第一，人們在讀書的時候，往往先是感覺文字不通，或不合道理，産生了疑問，並初步判斷可能有訛誤，這才使用對校、本校、他校等方法來解决問題。這就是説，理校是發現問題的方法。這裏可以舉錢大昕校《後漢書》的一個著名例子。

《後漢書·郭太傳》末有一段文字：

---

① 《讀書雜志·墨子》卷四。
② 《讀書雜志·史記》卷一。

> 初，太始至南州，過袁奉高，不宿而去；從叔度（按：
> 黃憲字），累日不去。或以問太，太曰：……已而果然，太
> 以是名聞天下。

錢大昕《廿二史考異》卷一二云：

> 予初讀此傳，至此數行，疑其詞句不倫：蔚宗（按：
> 《後漢書》作者范曄字）避其父名，篇中前後皆稱林宗（按：
> 郭泰字），即它傳亦然，此獨書其名，一疑也。且其事已載
> 《黃憲傳》，不當重出，二疑也。叔度書字而不書姓，三疑
> 也。前云"於是名震京師"，此又云"以是名聞天下"，詞意
> 重沓，四疑也。後得閩中舊本，乃知此七十四字本章懷注引
> 謝承書之文……今本皆儳入正文，惟閩本獨不失其舊。

可見錢大昕先是在讀書的過程中根據文理、事理，發現了問題，
提出四疑，最後由其他版本得到證實。這是用理校發現問題，然
後用對校以解決問題的典型例子。

　　當然，有時先用對校、本校、他校也可以發現問題（上面的
例子，第一、二、四疑同時也是本校），但有時對校、本校、他
校並不能發現問題。當各種版本都相同，但各種版本都錯了的時
候，對校就發現不了問題。當本書上下文都相同，但上下文都錯
了的時候，本校也發現不了問題。當他書與本書相同，但本書、
他書都錯了的時候，他校也發現不了問題。在這種時候，只有理
校才能發現問題。

　　第二，就是在用其他三種校法校了之後，也同樣需要理校，
需要通過推理以判定是非，作出結論（除了"只校異同、不校是
非"的"死校"而外）。試以陳先生校《元典章》所舉的例子爲
例。用對校法校出沈刻本作"每月五十五日"，元刻本作"每五
月十五日"。若是"死校"，列出異文也就完事；若需定出是非，
則需要推理。經過推理，我們斷定元刻本是對的，沈刻本是錯

的，因爲每個月不可能有五十五日。這儘管是最簡單的推理，但仍然是理校。又如本校：沈刻本及他本均作"未滿九個月不許預告遷轉"，但本書上下文均作"九十個月"。那麼誰對呢？我們判斷"九十個月"是對的，因爲上下文都如此，不至於上下文均誤。這又是理校。又如他校：沈刻本"蓴麻林納尖尖"，元刻本亦作"納尖尖"；另一處沈刻本作"納失失"，元刻本亦作"納失失"。校以《元史》，《元史·祭祀志》兩處均作"納失失"，同書《輿服志》則幾處均作"納石失"。於是我們判斷作"納失失"是對的，"納尖尖"是錯的，因爲《元史》幾處都如此，而"納石失"顯然是"納失失"的另一種音譯。這又是理校。可見不論對校、本校、他校，都需要配合理校，才能判斷是非。

前邊我們舉的錢大昕校《後漢書·郭太傳》一例，似乎只是用對校法就可以作出判斷，而不需要理校，事實上並非如此。因爲先已有前面的理校，才可能判斷閩本是對的；如果沒有前面的理校，就不能下結論説那一段文字必定是章懷太子的注。

第三，若無別本可校，不能用對校法；上下文均同或上下文無同樣字句，不能用本校法；他書也無同類記載，不能用他校法——當此之時，自然更只能純用理校法去發現問題並判定是非。

總而言之，在校勘的過程中，發現問題常常要靠理校，最終解決問題也要靠理校。理校不只是簡單地對比同異，而是要進行嚴密的，有時甚至是很複雜的推理考證，這就要求具有更高深的、更廣博的學識。因此也可以説，理校是各種校勘方法當中最高級的一種校法。我們常常看到，有的校勘者校書很認真，仔細地列出了異文，但就是不敢判斷誰是誰非；或者明明是有問題的地方，就是發現不了問題。這就是由於學識還不足。所以古籍整理工作者應當注意鍛煉理校的本領。不過另一方面，正因爲理校是一種推理，所以正如陳垣先生所説："最高妙者此法，最危險者亦此法。"這就要求使用此法必須審慎，不可鹵莽滅裂。

第五節　校勘古籍的基本要求

校勘古書是一件很不容易的事情，除了要掌握古書訛誤的一般規律和校勘方法，還有幾點基本要求值得注意：一是要有廣博的知識，二是要有嚴密的方法，三是要有審慎的態度。

要有廣博的知識

古書中涉及的知識面很廣，如果沒有廣博的知識，就不容易發現並改正其中的文字訛誤。所謂廣博的知識，主要是我們在第一章中談到的三方面的知識，即古漢語語文知識，古文獻學知識，古代歷史、地理、文化知識。下面舉一些例子。

清代許多學者之所以在校勘學上有高度的成就，其中一個最重要的原因就是因爲他們在文字、音韻、訓詁學方面有精深的造詣。王引之說他的校勘方法是"以小學校經"；孫詒讓說清代學者校書是"以聲類通轉爲之鈐鍵"。例如《讀書雜志·逸周書》卷三"淫佚甲蟲"條：

"雷不始收聲，諸侯淫佚；蟄蟲不培戶，民靡有賴；水不始涸，甲蟲爲害。"盧文弨云：《御覽》佚作汏，或洗字之訛。念孫案，盧說非也。汏、賴、害三字於古音屬祭部，轉入聲則入月部；佚字屬質部，轉去聲則入至部。至與祭、質與月古音皆不相通（見段氏《六書音韻表》，此唯精於周秦之音者乃能辨之）。下文"母后淫佚"，自與一、疾爲韻，不得與賴、害爲韻也。昭元年《左傳》注曰：汏，驕也。"諸侯淫汏"猶言諸侯放恣耳。今本作"淫佚"，即涉下文"母

　　后淫佚”而誤。

這就是以古音韻校書的一個例子。盧文弨也是一個校勘學大家，但他不精於古音韻，所以他在校勘學上的成就就略遜一籌了。

　　不但要懂得古漢語語文的普遍規律，有時還要懂得各個時代語文的特殊規律，才能校好那個時代的古籍。如陳垣《校勘學釋例》中所舉訛誤之例，除了通常字句的訛誤外，還有“元代用字誤例”“元代用語誤例”。包括“不諳元時簡筆字而誤例”“以爲簡筆回改而誤例”“不諳元時譯音用字而誤例”“用後起字易元代字例”“元代用字與今不同例”“不諳元時語法而誤例”“不諳元時用語而誤例”“用後代語改元代語例”“元代用語與今倒置例”等。這説明，不懂得元代用字用語的習慣，就不可能校好元代的書。

　　缺乏古代歷史文化知識也校不好古書。如《校勘學釋例》專有《元代名物誤例》一卷，其中列舉的訛誤類型有：“不諳元時年代而誤”“不諳元朝帝號廟號而誤”“不諳元時部族而誤”“不諳元代地名而誤”“不諳元代人名而誤”“不諳元代官名而誤”“不諳元代物名而誤”“不諳元代專名而誤”“不諳元時體制而誤”。這説明刻書人因爲缺乏歷史知識因而造成訛誤，那麼校書人就必須具有豐富的歷史知識，才能發現刻書人的錯誤。

要有嚴密的方法

　　校勘古書，要發現和改正一般明顯的文字訛誤也許不太困難，但是要校得很精審，就必須搜求充分的證據，經過嚴密的考證，才能作出正確的結論。陳垣先生提出的四種校法實際上就是從四個方面去尋找證據。而在實際校勘的過程中，這四種方法常常是配合使用，而很少只用一種校法。幾種方法同時並用，就可以使證據更爲充足，判斷更爲準確，從而減少失誤。這一點非常重要。我們上面所舉的錢大昕、王念孫等大師校勘的一些例子就說明了這一點。他們哪怕只是校一個字，也往往旁徵博引，幾種校法並舉，因而證據確鑿，無可辯駁。下面再舉兩個例子。

例一，《戰國策·趙策（四）》：

> 趙太后新用事，秦急攻之。趙氏求救於齊，齊曰："必以長安君爲質，兵乃出。"太后不肯，大臣强諫。太后明謂左右："有復言令長安君爲質者，老婦必唾其面！"左師觸讋願見太后，太后盛氣而揖之。

王念孫《讀書雜志·戰國策》卷二校此節，認爲"觸讋"應作"觸龍言"，"龍言"二字誤合爲一字。他的證據是：

其一："太后聞觸龍願見之言，故盛氣以待之；若無'言'字，則文義不明。"——這是從文義上看，也就是理校。

其二："據姚（按指宋姚宏）云：'一本無言字。'則姚本有'言'字明矣。而今刻姚本亦無'言'字，則後人依鮑（按指宋鮑彪）本改之也。"——這是版本校，即對校。

其三："《漢書·古今人表》正作'左師觸龍'，又《荀子·議兵篇》注曰'《戰國策》趙有左師觸龍'，《太平御覽》人事部引此《策》曰'左師觸龍言願見'，皆其明證矣。"——這是他校的本證。

其四："又《荀子·臣道》篇曰：'若曹觸龍之於紂者，可謂國賊矣。'《史記·高祖功臣侯者表》有臨轅夷侯戚觸龍，《惠景間侯者表》有山都敬侯王觸龍。是古人多以'觸龍'爲名，未有名'觸讋'者。"——這是他校的旁證。可見僅僅是一個字，王念孫就用了三種校法，舉了八條證據。由於他推理嚴密，舉證確鑿，因而得出了正確的結論。馬王堆帛書中的古鈔本正作"觸龍言"，證明了他校勘的精確。

例二，宋范祖禹《范太史集》卷四〇《郭公（逵）墓誌銘》，其銘曰："惟郭之先，受氏自號。世有顯庸，以踐邦伯。"細讀此文，"受氏自號"文義不通；又此銘有韻，而"號"與"伯"不叶韻，可知"號"字必有誤。但查各種版本，均無不同，是對校法不能解決問題。於是我們試在與"號"形近、又與"伯"押韻之字內思之，初步判斷爲"虢"之誤。繼查蔡邕《郭泰碑》云："其先出自有周，王季之穆有虢叔者，實有懿德，文王咨焉，建國命氏，或謂之郭，即其後也。"是郭氏受氏自虢。又本書卷五二《永安縣君郭氏墓誌銘》云："郭本姬氏，二虢之後。"尤可確證"號"爲"虢"之誤。這個例子也僅僅是校一個字，但四種校法全都用到了，才能作出結論。

要有審慎的態度

北齊顏之推在《顏氏家訓·勉學》中說："校定書籍，亦何容易！自揚雄、劉向，方稱此職耳。觀天下書未遍，不得妄下雌黃。"這話雖然似乎有點過分，因爲任何校書人都不可能觀遍天下之書，但他的意思是說，校書當慎之又慎，這個意見無疑是正確的，前代的很多學者也都提出了類似的警告。

宋彭叔夏在《文苑英華辨證·序》中說："叔夏嘗聞太師益公先生（按指周必大）之言曰：'校書之法，實事是正，多聞闕疑。'叔夏年十二三時，手抄《太祖皇帝實錄》，其間云'興衰治□之源'，闕一字，意謂必是'治亂'。後得善本，乃作'治忽'。三折肱爲良醫，信知書不可以意輕改。"

清王念孫在《讀淮南子雜志書後》中說："嗟乎！學者讀古人書，而不能正其傳寫之誤，又取不誤之文而妄改之，豈非古書之大不幸乎！"

我們今天校書，必須牢記這些教訓，切忌鹵莽滅裂，決不可輕下結論，更不可妄改古書。須知妄改古書對古籍的破壞性極大。一般無心造成的字誤還比較容易發現和改正，而有意竄改又不加説明，如果沒有未被竄改的版本可校，則很不容易發現，就是發現了也不容易恢復原貌（參看本章第二節）。晚明人最愛亂改古書，所以後世有的學者説"明人刻書而書亡"。從這個角度説，校勘是一柄雙刃劍：既可以砍掉錯誤的東西，也可能砍掉正確的東西；一方面可能改正了古書的一些訛誤，另一方面又可能造成新的（也許是更大的）訛誤。前人妄改古書，已經貽害於我們，我們決不能再蹈覆轍，貽害後人。

大凡校勘的結果，不外乎四種情況：一是不可不改，二是可改可不改，三是疑不能決，四是必不可改。第一種是確知其誤、不可不改者，當然要改，但必須注明原作某。第二種兩者皆通，最好不改，或列出異文；如覺得其中某字較好，可表明己見。第三種疑某字有誤而不能肯定，或肯定有誤而不知爲何者之誤，可注明存疑，也不可率意輕改。第四種是原文本不誤，更不能以不誤爲誤而妄改。總而言之，沒有確證就不要亂動。

我們試看近年出版的古籍整理著作，很多整理者在這方面還是比較注意的，但也不乏不該改而改的例子。比如中華書局香港分局 1971 年出的一個校點本《臨川先生文集》，此書以《四部叢刊》影印明嘉靖撫州刻本爲底本，校以他本，校者往往據他本的異文輕改底本，其中有許多是毫無道理的。如頁 447，原文"起於三代丘甲"，校者據清本改"丘"爲"邱"，不知"丘"才是正字，"邱"是清代避孔丘諱而改。頁 672 "巽乎水而上水，故爲井"，此本《周易》《井》卦之文，而校者不知，反據誤本改作"巽乎木"。頁 833 "實先慶抃"，"抃"即鼓掌，不誤，而校者反據誤本改"抃"爲"汴"。頁 841 "按臨州部"，改爲"州郡"，不知"州部"意指州所轄的地區，按文義長於"州郡"。頁 855

“辭闊義風，累更元曆”，反據清本改“曆”爲“歷”，不知“曆”爲本字，“歷”乃清人避清高宗弘曆之諱而改字。這都是以不誤爲誤而輕改古書的典型例子，説明校者知識不足，而且太不審慎；幸好出了校記，説明某字原作某，讀者自己還可以鑒别，否則豈非害人？

第四章　古籍標點

第一節　標點是整理古籍的第一關

現代人作文都要加標點符號，用來表示語言的停頓、語調以及語詞的性質、作用，標點符號已經成爲現代書面語言的一個組成部分。但是古人作文，不加標點符號。古人也知道斷句的重要性，稱之爲“句讀”。“句”即句子中間和句子末尾的停頓，相當於現代用逗號、句號的地方（現代用逗號的地方古人也稱之爲句）；“讀”即並列詞和詞組中間的小停頓，相當於現代用頓號的地方。古代學童入學讀書，首先要求分清句讀。《禮記·學記》説“一年視離經辨志”，這“離”也就是斷句、分清句讀的意思。古人有的時候也曾經用過一些簡單的句讀符號對古書進行標點，稱爲“點書”“點句”。例如宋代皇帝讀書，所用的本子就是先由學者點句。范祖禹《范太史集》卷一四《點〈論語〉劄子》：“臣等昨進講《論語》，伏見舊本點句差誤不少。臣等雖逐受改正，尚未能盡。竊慮御前見用本亦有誤點，欲乞降付講筵所，臣等參詳改正進入，以備溫覽。”這就説明講筵的教本要點句。館閣所藏的書，在校勘的同時也要點句。宋毛晃《增修互注禮部韻略》：“今秘省校書式，凡句絕則點於字之旁，讀分則微點於字之中間。”《南宋館閣錄》卷三《校讎式》也説：“諸點語斷處，以側爲正；其有人名、地名、物名等合細分者，即於中間細點。”可見宋時點書只有兩種符號：“句”則在字旁加較粗的點，“讀”則在兩字的中間加細點。據岳珂《刊正九經三傳沿革例》說，南宋建陽的·些刻本也仿館閣校書式加了點。有的讀書人，一邊讀書，一邊也加點。《宋史·何基傳》："凡所讀，無不加標點，義顯意明，有不待論說而自見者。"這大概是"標點"一詞最早的來源。這裏說，加了標點，便"義顯意明，有不待論說而自見者"，說得對極了！這正是標點最大的好處。可惜古人沒有把這種做法加以發揚，所以幾千年間人們都只能讀沒有標點的書。

直到清朝末年，西方的新式標點符號傳入中國，學者們逐漸將它移植於中文，並加以改造，才有了中文的標點符號，其後又才逐漸用於標點古書。有了現代的標點符號，讀古書就方便得多了。比起舊式的句讀來，由於它的符號多、分工細，它可以更精確地顯示出句子之中不同情況、不同程度的停頓，文句的語調，以及詞語的性質和作用，因而它能幫助讀者更準確地理解古書的文意甚至古人的語氣，還有利於大大加快閱讀速度。試舉一例。

《資治通鑑》卷一○漢高帝三年：

　　韓信曰善從其策發使使燕燕從風而靡遣使報漢且請以張耳王趙漢王許之

這幾句沒有標點的文字，古文水平較低的人讀起來就比較困難。若加上斷句符號，成爲：

　　韓信曰。善。從其策。發使使燕。燕從風而靡。遣使報漢。且請以張耳王趙。漢王許之。

這樣，文句的停頓出來了，意思也大致顯示出來了，讀起來就方便得多了。但韓信的話到哪裏爲止？不清楚。而且"燕從風而靡"一句很容易連下讀，從而誤解爲燕遣使報漢，請以張耳王趙；而實際上遣使報漢、請立張耳王趙的是韓信。如果換成新式標點：

　　韓信曰："善！"從其策，發使使燕，燕從風而靡。遣使報漢，且請以張耳王趙；漢王許之。

這樣，韓信的話到哪裏就很清楚了，語氣也出來了，遣使報漢的主語是誰也明確了，讀者也就能很快、很準確地讀懂了。

這就是新式標點的好處。因此，給古書加標點，乃是我們今天整理古籍的一項基本任務。呂叔湘先生説："標點是整理古籍的第一關。"[①] 這不但對於一般想讀點古書的讀者來説是絕對需要的，就是對於從事古代研究的專家學者來説也是十分必要的。換句話説，不但是"普及"的需要，也是"提高"的需要。

但是我們説標點古書很重要、很有用，乃是指正確的標點；如果標點錯了，那就不但沒有用，反而很有害。因爲標點一錯，就會導致文理不通，或文義不明，或前後抵牾，或不合情理，或不合事實，甚至意思剛好相反。這樣，不但不能幫助讀者正確地理解古書，反而造成誤導，使讀者誤解古人的意思。如果做研究工作的人承襲此種錯誤，用來作爲根據，錯上加錯，問題就更大了。拿新式標點與舊式句讀來比較，如果點錯了，其誤導讀者的危害也比句讀更大。還是以上面所舉《資治通鑑》那一段引文爲例，中華書局 1956 年初版標點本點作：

> 韓信曰："善！"從其策，發使使燕。燕從風而靡，遣使報漢，且請以張耳王趙；漢王許之。

如此標點，就斷定了遣使報漢、請立張耳爲趙王的是燕。如果説舊式句讀只是有可能使讀者誤解原文文意，那麼這種錯誤的新式標點則是由於標點者誤解原文文意，從而誤導讀者。與其如此，反不如用舊式句讀爲好。

從古至今，有很多例子説明，有時一個標點的正誤關係甚大。下面我們再舉二例。

中華書局標點本《宋詩話輯佚》頁 187《古今詩話》"徐凝

---

① 呂叔湘《整理古籍的第一關》，《出版工作》1983 年第 4 期。

題牡丹詩"條：

> 白樂天初到杭州，令訪牡丹……徐凝自富春來謁，公先題牡丹云："唯有數苞紅蕚在，含芳只待舍人來。"

照此標點，題牡丹詩的是白居易。這就大錯特錯了！實際上題詩的是徐凝，詳見唐范攄《雲溪友議》卷中，從這一條的標題也可見。此處"謁"字後面的逗號應當移到"公"字後。

中華書局1962年標點本《漢書·食貨志（上）》載董仲舒上疏，其中說到秦漢徭役之重：

> 又加月爲更卒，已復爲正，一歲屯戍，一歲力役，三十倍於古。

這一段話是非常重要的史料，但歷來有兩種不同的標點法，上面這種點法乃是根據顏師古注，另一種點法是：

> 又加月爲更卒，已復爲正一歲，屯戍一歲，力役三十倍於古。

參照《漢書·昭帝紀》如淳注及《漢舊儀》的記載，後一種點法才是對的。更卒就是在本地方服役，一年之中服役一個月。正即正卒，是到京都服役，每人一生中服役一年。屯戍即戍守邊疆，也是一生中服役一年。總起來說，力役爲古代的三十倍。這就是後一種讀法的意思。若按前一種點法，"已復爲正"，不清楚正卒服役多久；"一歲力役"，似乎在更卒、正卒、屯戍之外還有一年的力役，這"力役"又是指什麼？還有，"三十倍於古"，缺少主語。所以這一種讀法是不對的。

這兩個例子說明，標點不同，意思大變，關係非淺。同時也說明，要正確標點古書，很不容易。顏師古是唐代著名的學者，但他注《漢書》這一段就讀錯了，以致後世很多人都跟着他讀錯。魯迅先生說："標點古文，不但使應試的學生爲難，也往往害得有名的學者出醜。"這是深知甘苦之言。魯迅對中國古代文學有極深的研究，但他自己所輯錄的《古小説鈎沉》，在標點上仍有不少錯誤。中華書局出版的標點本二十四史集中了全國最有名的歷史學者進行標點，但仍然有不少錯誤（按：這是指初版，後來的重印本已多加改正）。著名語言學家呂叔湘先生非常重視古籍標點，近年寫了不少文章批評古籍標點的錯誤，還集成一本書叫《標點古書評議》。他的意見很正確，體現了老一輩學者淵博的學識、嚴謹的學風，但他自己也難免有千慮之一失。中華書局 1962 年標點本《揮麈録》頁 43 載李壆寫給王明清的信："壆拜手。昨日辱下顧，殊恨不款。經夕伏惟台候客況萬福。"呂先生認爲第二句應作"殊恨不款經夕。"意思是"很遺憾您没能留宿"①。按文言文中，"款"固然可以講作款留，但留宿决没有説成"款經夕"的。蘇軾《與文玉帖》一開頭就説："經宿，伏惟尊候萬福。"② 與這裏的"經夕"一句意思及句式都相同，可見"經夕"與"款"字不能連讀。其實"款"字還有另外一個意思，即由"誠懇"引申爲衷情，再引申爲細説衷情，與"款曲"同意。在宋人的書信中常常可以看到"不款"或"不款曲"一詞，例如蘇軾《與林天和長官書》："近辱過訪，病中恨不款。"③ 又《與蒲誠之書》："向經由時，甚恨不款曲。"④ 朱熹《答范文叔》："去歲相見不款，未得盡所欲言。"⑤ 又《與章侍郎》："向來從游不款，至今抱恨。"⑥ 這些例子中的"不款"或"不款曲"都是

---

①　呂叔湘《標點古書評議》，商務印書館 1988 年版，第 66 頁。

②　魏齊賢、葉棻同編《五百家播芳大全文粹》卷六四，上海古籍出版社 1987 年版。

③　蘇軾《東坡全集》卷七八，文淵閣四庫全書本。

④　同上，卷七九。

⑤　朱熹《晦庵集》卷三八，文淵閣四庫全書本。

⑥　同上《續集》卷三。

未能暢叙衷情的意思。由此可見上引王明清的信，在"不款"後斷句沒有錯，只是還應該在"經夕"後加一個逗號。原信意爲："昨日有勞您來看望我，很遺憾没能細説衷情。又過了一夜，想來您旅居中一切都好。"

　　我舉這幾個例子，不過是要説明，標點古書决不是一件容易的事。有的人把標點古籍看得輕而易舉，某些出版社甚至專業的古籍出版社，以爲這件事情很容易，在找人校點古籍時，輕率地拉一些連古文都還不大讀得懂的人來校點。這也就是我們現在所出的大量古籍整理本標點問題很多的一個重要原因。例如某出版社出的一種《明清小説序跋選》，標點者凡遇"之乎也者矣焉哉"之類字樣，幾乎不問内容，一律用逗號、句號或問號點斷[①]。某出版社出的王國維《水經注校》標點本，這本來是一部好書，但很可惜標點錯得一塌糊塗。所以不要以爲標點古籍只是圈圈點點的小技，從這圈圈點點之中就可以反映出一個人的學識水平。正如唐人李匡乂所説："學識何如觀點書。"[②]

第二節　正確標點的基本要求

　　怎樣才能標點好古書？這不是一個單純的技術問題、方法問題，從根本上來説，它取决於標點者是否有良好的學術素質，即廣博的學識和嚴謹的學風。

　　要正確標點古籍，首先要分清句讀，就是説要正確斷句。正確斷句乃是正確標點的基礎。只要斷句不錯，即使只標句讀符號，不用新式標點，也説明標點者正確理解了或基本上正確理解

---

　　①　參見陳新《請提高質量》，《讀書》1983 年第 11 期。

　　②　李匡乂《資暇集》卷上，文淵閣四庫全書本。

了文意，同時也能讓讀者比較順利地讀通原文。

正確斷句，反過來說就是不要破句。

什麼叫破句？就是當斷而不斷，不當斷而斷。有時表現爲複雜的情況，但歸根到底不外乎這兩類。我們在後邊還要舉到很多例子，這裏先抽出幾條來看看：

"罷平州、寧州刺史三年一入奏事。"——"寧州"後當斷而不斷。

"太祖拔漢中，諸軍還長安。"——"漢中"後不當斷而斷。

"有酒肆在其側。號仁和酒。有名於京師。"——"仁和"後當斷而不斷，"酒"後不當斷而斷。

"公生於洛中，祖第正寢至易，簀亦在其寢。"——"洛中"及"至易"後不當斷而斷，"正寢"後當斷而不斷。

至如《水經注》卷一一《滱水》："徐水屈，東北徑郎山；又屈，徑其山南岑。山岑競舉，若豎鳥翅，立石崭巖，亦如劍杪，極地嶮之崇峭。"上海人民出版社 1984 年標點本《水經注校》點作："徐水屈東北徑郎山，又屈徑其山南，岑山岑競舉，若豎鳥翅立，石崭巖亦如劍杪，極地嶮之崇峭。"此則多處當斷而不斷，又多處不當斷而斷。

這都是破句。破句乃是古籍標點的頭號硬傷。因此標點古籍者的首要任務就是避免破句。

怎樣才能正確斷句、避免破句？這就要求標點者必須讀懂古書。不是一般地讀懂，而是要完全地、真正地讀懂，準確地、徹底地領會古人的意思。要百分之百地做到這一點是很困難的，有時甚至是不可能的，但必須要求盡可能地做到這一點。

怎樣才能做到這一點？這就必須具備必要的知識，主要是古漢語語文知識、古代歷史文化知識以及標點專業書籍所需的相關專業知識。

因此，具有廣博的知識，這是正確標點古籍的根本前提，是對古籍標點者的第一個基本要求。

　　另一個基本要求，就是要有嚴謹的學風，要認真、仔細。沒有這一條也不行。

要有廣博的文史知識

　　下面我們舉一些例子，說明學識不足是造成標點錯誤的根本原因。

不識文字而誤例

　　中華書局 1984 年標點本《五燈會元》頁 378：“師曰：‘只如適來左邊一圓相作麼生？’曰：‘是有句。’師曰：‘右邊圓相，撋。’曰：‘是無句。’”按：撋字音你，用於疑問句末，現代寫作“呢”。上面一句應該點作“右邊圓相撋？”識字是讀書的根本，字且不識，哪裏談得上正確標點？

不明詞義而誤例

　　中華書局 1984 年標點本《徂徠石先生文集》：“真宗章聖皇帝，於是成二祖之基，以格於可；大隆二祖之業，以臻於富有。”“以格於可”不成文義，分號應該移到“大”字之後。《易·繫辭》：“有親則可久，有功則可大。可久則賢人之德，可大則賢人之業。”標點者不知“可大”是一個詞組，以致標點錯誤。

　　中華書局 1982 年版《蘇軾詩集》頁 1827：“臨川黃揆，以公真迹刻於婺倅，‘聽事’作‘小飲’，‘西湖懷歐陽叔弼兄弟，贈趙德麟，陳履常’。”這裏的關鍵在於標點者不懂得“聽事”是一個詞，意即廳堂，以致標點全都錯了，使人不知所云。應標點作：“臨川黃揆以公真迹刻於婺倅聽事，作《小飲西湖，懷歐陽叔弼兄弟，贈趙德麟、陳履常》。”

　　同上，頁 1939：“南泉云，汝道空中一片雲爲復釘，釘住爲

復藤攬著。"標點者不知"爲復"是連接詞，意爲"還是"。應標
點作："南泉云：'汝道空中一片雲，爲復釘釘住，爲復藤攬
著？'"意思是：你説空中一片雲，是被釘子釘住了呢，還是被
藤繫住了呢？

　　中華書局 1981 年標點本《歸田瑣記》頁 43："食有脱粟飯，
出無款段、馬。""段""馬"二字旁標有專名號，中間加頓號，
是以爲二人之姓，不知"款段"乃是形容馬緩緩而行的樣子。應
標作"出無款段馬"。

　　中華書局 1981 年標點本《桯史》頁 146—147："趙履常 崇憲
所刊四説堂《山谷范滂傳》，余前記之矣。……及履常登朝，以
真迹呈，似。"這兩句中，除了"《山谷范滂傳》"應作"山谷
《范滂傳》"（意即黄山谷所書《范滂傳》）而外，"呈"字後的
逗號應該去掉。此處"似"是給、與的意思，這是唐宋人的習慣
用詞。從這個例子可見，標點者不僅要懂得文言文的通用詞語，
還要懂得各個時代的特殊用語。

　　不通語法而誤例

　　上海人民出版社標點本《水經注校》頁 206："得石棺，銘
曰：帝令處父，不與殷亂，賜汝石棺，以葬死，遂以葬於。霍太
山有岳廟……"按"葬"字若作及物動詞，其賓語只能是名詞，
"死"是動詞，"葬死"不合語法。又"葬於"也不合語法，"於"
是介詞，其後只能接名詞、代詞或名詞性詞組，組成介詞結構，
不能至此斷句。此段標點當作：

　　　　得石棺，銘曰："帝令處父：'不與殷亂，賜汝石棺以
　　　葬。'"死，遂以葬於霍太山。有岳廟……

　　中華書局標點本《歷代詩話續編》頁 510："陳後山亦有此
論，甚矣。其妄議人也。"標點者不懂"甚矣其妄議人也"是主
語謂語倒裝，本當作"其妄議人也甚矣"，爲了加強語氣，所以

將謂語"甚矣"移到前邊。標點當改爲："陳後山亦有此論。甚矣，其妄議人也！"

不識古韻而誤例

《淮南子·氾論》："昔者齊簡公釋其國家之柄，而專任大臣將相。攝威擅勢，私門成黨，而公道不行。"東漢高誘注讀至"大臣"斷句，"將相"屬下。王念孫《讀淮南內篇雜志》引王引之說，認爲"大臣將相"四字當連讀，此文以柄、相、黨、行四字爲韻（柄古讀若方，行古讀若杭），讀"大臣"絕句，則失其韻矣。按王引之的意見是對的。古人於散文之中也往往夾雜韻文，如果不知古韻，便容易斷錯句。楊樹達《古書句讀釋例》中有"因不識古韻而誤讀"條，可以參看。

上海古籍出版社標點本《兩般秋雨盦隨筆》頁 397："錢竹汀宮詹云：'古人以二字命名者，多取雙聲叠韻，與夷犁、來濤涂、彌明、彌牟、滅明、由余、於姚，皆雙聲也。'"按古韻，犁與與夷、來與濤涂聲母不同，不得爲雙聲，當點作"與夷、犁來、濤涂"。

唐宋以後的音韻雖然要好掌握一些，但如果不懂音律，還是容易點錯。我們在本書第二章第一節中所舉范仲淹《宋故乾州刺史張公神道碑》銘文的標點就是一例。又如，《桯史》卷一〇"紫巖二銘"條：

墨之銘曰："存身於昏昏，而天下之理因以昭昭。斯爲瀟湘之寶，予將與之歸老而逍遙。"杖之銘曰：……

中華書局標點本"予將"以下點作"予將與之歸老。'而逍遙杖之銘曰：……"。標點者大概以爲"老"與"寶"押韻，所以在"老"字後斷句。但按照韻文的音律，"斯爲"句與"予將"句不一定要押韻，而"予將"句與"而天下"句必須押韻，因此不能在"老"字後斷句（"老"是仄聲皓韻，"昭"是平聲宵韻，不押韻），而應當在“遙”字後斷句才對，“遙”與“昭”叶韻。

不知用典而誤例

《顏氏家訓·勉學》有一個故事，說《三輔決録》記載，漢靈帝時的殿柱上有題詞曰：“堂堂乎張，京兆田郎。”“堂堂乎張”出自《論語·子張》篇，乃是曾子讚美子張的話，這裏引用這個成語，配上四個字，用來品評京兆人田鳳。有個秀才竟然讀成：“堂堂乎，張京兆、田郎！”說張京兆與田郎都“堂堂”。這就是不知用典而鬧出的笑話。

中華書局 1981 年標點本《歸田録》頁 43：“公生於洛中，祖第正寢至易，簀亦在其寢。”這裏兩處逗號都錯了，當作：“公生於洛中祖第正寢，至易簀亦在其寢。”關鍵在於標點者不懂“易簀”這個典故。《禮記·檀弓（上）》記載：季孫曾送給曾子一牀華美而光滑的“簀”——竹蓆，曾子墊在牀上。但按照當時的禮制，只有大夫才能用這樣的簀，曾子不是大夫，因此他心中不安，臨死時對兒子曾元說：“元，起易簀！”意即把簀換了。後人便用“易簀”表示臨終的意思。

中華書局版《歷代詩話續編》頁 1302：“芋栗，木果也，莊子所謂‘狙公《賦芋》’者。”標點者誤認爲“狙公”是人名，“賦芋”是一篇文章，所以如是標點。其實這是《莊子·齊物論》中的一則寓言，“狙公”意爲管猿猴的老人，“賦芋”即給猿猴發橡子，成語“朝三暮四”就出自這裏。當標點作：“芋，栗木果也，莊子所謂狙公賦芋者。”

不諳文體而誤例

上海人民出版社《水經注校》頁 297：

（清水）南流西南屈瀑布，垂巖懸河，注壑二十餘丈，雷扑之聲震動山谷，左右〔石〕壁層深，獸迹不交，隍中散水霧合，視不見底，南峰北嶺，多結禪栖之士，東巖西谷，

又是刹靈之圖，竹柏之懷，與神心妙達仁智之性，共山水效
深，更爲勝處也。

《水經注》一書的文字多用駢體，顯然標點者對這種文體甚爲生
疏，又不仔細推敲文義，所以亂點。當改作：

> （清水）南流，西南屈。瀑布垂巖，懸河注壑二十餘
> 丈，雷扑之聲，震動山谷。左右〔石〕壁層深，獸迹不交；
> 隍中散水霧合，視不見底。南峰北嶺，多結禪栖之士；東巖
> 西谷，又是刹靈之圖。竹柏之懷與神心妙達，仁智之性共山
> 水效深。更爲勝處也。

書目文獻出版社版《萬首唐人絕句》附録洪邁謝表：

> 臣即時出城迎拜，還家望闕謝恩。祗受訖，膚使馳輅蕃
> 錫曜綸章之渥，精鏐製器，寶蔪兼貢茗之珍。光塞門闌，歡
> 傾里社。臣邁中謝伏念，臣愚無所用，老宜自休……頃，因
> 心好於唐文，輒爾手編於詩律，嘗蒙宣索，每恨疏蕪。比歲
> 旁搜，遂及萬篇之富，成書上奏。幸塵乙夜之觀，敢覬華
> 褒，更加異寵。……允謂非常之賜，真爲不朽之榮，兹蓋恭
> 遇至尊。壽皇聖帝陛下……坐令謏瑣，沐此恩暉，臣拜舞以
> 還，怔營自失。……臣無任感天荷聖，激切屏營之至，謹録
> 奏謝以聞謹奏。

此篇標點錯得很厲害，主要也是由於標點者既不熟悉駢文的文
體，更不懂得宋代“表”的體例。當點作：

> 臣即時出城迎拜，還家望闕謝恩祗受訖。膚使馳輅，蕃
> 錫曜綸章之渥；精鏐製器，寶蔪兼貢茗之珍。光塞門闌，歡
> 傾里社。臣邁中謝。伏念臣愚無所用，老宜自休。……頃因
> 心好於唐文，輒爾手編於詩律。嘗蒙宣索，每恨疏蕪。比歲
> 旁搜，遂及萬篇之富；成書上奏，幸塵乙夜之觀。敢覬華
> 褒，更加異寵。……允謂非常之賜，真爲不朽之榮。兹蓋恭

遇至尊壽皇聖帝陛下……坐令謏瑣，沐此恩暉。臣拜舞以還，怔營自失。……臣無任感天荷聖、激切屏營之至，謹錄奏謝以聞。謹奏。

還有一些古書，例如訓詁、注釋之類的書，有自己特殊的體例，標點者如果不懂，也容易點錯。如中華書局標點本《後漢書‧班彪傳》李賢注：“《爾雅》曰：觀，指示也。”又《黨錮傳》：“董，督正也。”按《爾雅》一書的體例，是將同義詞或近義詞歸在一起，然後用一個詞來解釋，所以這兩句應該標點作“觀、指，示也。”“董、督，正也。”又如標點本《水經注校》頁527：“《公羊》曰：成周者，何東周也。何休曰：名爲成周者，周道始成王所都也。”《春秋公羊傳》一書多用問答的形式注釋《春秋》經，“……者何？”是它常用的提問方式。此處當點作：“《公羊》曰：成周者何？東周也。何休曰：名爲成周者，周道始成，王所都也。”

不明史實而誤例

中華書局標點本《漢書‧蘇武傳》：

> 後（李）陵復至北海上，語武：‘區脫捕得雲中生口，言太守以下吏民皆白服，曰上崩。’武聞之，南鄉號哭，歐血，旦夕臨。數月，昭帝即位。數年，匈奴與漢和親。

按據《漢書》，武帝死的第二天昭帝即位，此處點作“數月，昭帝即位”，誤。當作：“……旦夕臨數月。昭帝即位數年，匈奴與漢和親。”

中華書局1959年標點本《三國志‧魏書‧曹休傳》：“劉備遣將吳蘭屯下辯，太祖遣曹洪征之……進兵擊蘭，大破之……太祖拔漢中，諸軍還長安。”按末句標點誤。建安二十年，曹操已得漢中。二十三年，劉備乃率軍爭漢中，分遣吳蘭入武都。曹操西征，魏軍不利。二十四年，操自至漢中，拔出諸軍還長安。因此"漢中"之後不應加逗號。

又《三國志・蜀書・霍峻傳》："子弋。……（諸葛）亮卒，爲黃門侍郎。後主立，太子璿以弋爲中庶子。"如此標點，似諸葛亮卒在前，後主立在後；又似後主即位，太子璿即以霍弋爲中庶子。而事實是，後主立十二年諸葛亮乃卒，又四年乃立劉璿爲太子。所以標點應改爲："亮卒，爲黃門侍郎。後主立太子璿，以弋爲中庶子。"（中華書局新標點本已改正）

不明制度而誤例

程樹德《九朝律考・北齊律考》"强盜長流"條引《北齊書・蘇瓊傳》："并州嘗有强盜長流參軍推其事……"程氏將"强盜長流"連讀，並作爲標題，把"流"講作流放，於其後讀斷，大誤，不知"長流參軍"乃是官名。這裏應點作"并州嘗有强盜，長流參軍推其事"（中華書局新標點本已改正）。

中華書局 1974 年標點本《晋書》頁 1633："時孫秀亂關中，（解）結在都，坐議秀罪應誅，秀由是致憾。"按此標點，解結因爲議論孫秀的罪而應當殺頭，這就錯了。"都坐"乃魏晋南北朝間大臣議政事的朝堂，此處應讀作"結在都坐議秀罪應誅"。

中華書局標點本《遊宦紀聞》頁 58："單路分煒字炳文"。此標點在"單路""分煒"旁各加專名號，似以"單路"爲姓名，不知"分煒"又是什麼。其實"路分"乃宋代官名，全稱"路分都監"，掌一路軍政。當標作"單路分煒字炳文"（新標點本已改正）。

不知人名而誤例

中華書局 1974 年標點本《魏書》頁 548："高祖曰：'朕昔置此官，許三年考績，必行賞罰。……自非釋之於公，何能盡其至理。雖不可精其微致，且望粗有殿最。"標點者大概將"釋之於公"理解爲"用公心來解釋"，不知"釋之"即張釋之，"於公"即于定國，是西漢兩個很有名的司法官。應點作"自非釋

<u>之</u>、<u>於公</u>，何能盡其至理"。

中華書局版《三曹資料匯編》頁286："（<u>陸</u>）<u>士衡</u>之頌<u>愍</u>、<u>懷</u>，宜也；以頌<u>賈謐</u>則悖矣。"按"<u>愍懷</u>"乃指<u>晉愍懷</u>太子，中間不當有頓號。

不知族名而誤例

中華書局1959年標點本《三國志・魏書・夏侯淵傳》："轉擊<u>高平</u>、<u>屠各</u>，皆散走，收其糧穀牛馬。"按<u>高平</u>乃縣名，<u>屠各</u>乃部族之名，意謂<u>高平</u>縣內之<u>屠各</u>人，中間不應加頓號。

不知年號而誤例

《水經注校》頁435："<u>祁夷水</u>……又逕<u>昌平郡</u>，<u>東魏太和</u>中置，西南去故城六十里。"按標點者不知<u>太和</u>乃是<u>北魏孝文帝</u>的年號，不是<u>東魏</u>年號。此處標點應作"……又逕<u>昌平郡</u>東。<u>魏太和</u>中置……"

中華書局1959年版《顧亭林詩文集》頁7："<u>太武帝太延</u>元年冬十一月丙子，幸<u>鄴</u>。十二月癸卯，遣使者以太牢祀<u>北嶽太平真君</u>。四年春正月庚午，至<u>中山</u>。"標點者誤以爲"<u>太平真君</u>"是個神名，而不知此乃是<u>北魏太武帝</u>的另一個年號。此處"君"字後的句號應移至"<u>北嶽</u>"後。

不明地理而誤例

中華書局1983年標點本《春渚紀聞》頁47："<u>河朔</u>雄霸與<u>滄棣</u>皆邊塘濼。"按<u>雄</u>、<u>霸</u>、<u>滄</u>、<u>棣</u>乃四州之名，"塘濼"非地名，應標作"<u>河朔</u>、<u>雄</u>、<u>霸</u>與<u>滄</u>、<u>棣</u>皆邊塘濼"。

同書頁150："有歙客經於<u>潛山</u>中。"按"<u>潛山</u>"標專名號誤，當標於"<u>於潛</u>"旁，<u>於潛</u>縣屬<u>杭州</u>。

中華書局1974年校點本《明史・地理志》（頁1150）："<u>富川</u>……西南有<u>鍾山</u>縣，舊治於此。"按<u>鍾山</u>乃山名，非縣名，"縣"後逗號當移至"山"後。

不熟文獻而誤例

中華書局 1975 年標點本《新唐書·藝文志》（頁 1505）："<u>魏聘</u>《使行》記五卷。"當作"《<u>魏聘使行記</u>》"（新標點本已改正）。又頁 1511："《文禮通語》十卷。"當作"<u>文禮</u>《通語》"。上海古籍出版社標點本《兩般秋雨盦隨筆》頁 349："螽斯振振兮，振振，多也。麟趾振振，公子振振，仁厚也。殷其雷振振，君子振振，信實也。"如此標點，不知所云。標點者不知"螽斯""麟趾""殷其雷"都是《詩經》篇名。當標點作："《螽斯》'振振兮'，振振，多也。《麟趾》'振振公子'，振振，仁厚也。《殷其雷》'振振君子'，振振，信實也。"

上海人民出版社 1982 年版《章太炎全集》第二卷《春秋左傳讀》"緩也"條："僖十五年：'爰田。'服注：'爰，易也。'《小爾雅·廣詁》同書：'般庚既爰宅於茲。'義亦同。"標點者不知"書"指《尚書》，"般庚"乃《尚書》之一篇。當點作："服注：'爰，易也。'《小爾雅·廣詁》同。《書·般庚》'既爰宅於茲'，義亦同。"

缺乏文化常識而誤例

中華書局版《歷代詩話續編》頁 1170："子美五言絕句，皆平韻，律體景多而情少。太白五言絕句平韻，律體兼仄韻，古體景少而情多。二公各盡其妙。"標點者不懂得中國古代詩歌中，五言絕句分爲律體、古體，律體押平韻，古體則可平可仄。所以這段應標點爲："子美五言絕句皆平韻律體，景多而情少。太白五言絕句平韻律體兼仄韻古體，景少而情多。二公各盡其妙。"

《水經注校》頁 278："其水北流，徑歷城東，又北引水爲流，杯池州僚，賓宴公私，多萃其上。"標點者不知古代三月曲水流觴的風俗，以致誤標。當作："其水北流，徑歷城東。又北，引水爲流杯池，州僚賓宴，公私多萃其上。"

缺乏專門知識而誤例

上海古籍出版社 1987 年版《夢溪筆談校證》卷二四，頁 772："……天竺以剎利、婆羅門二姓爲貴種；自餘皆爲庶姓，如毗舍、首陀是也：其下又有貧四姓，如工、巧、純、陀是也。"季羨林先生糾之云：古代印度没有工、巧、純、陀這四個貧四姓。所謂"工巧"，又稱"工師"，是古代印度的手工業工人。至於純陀，則是一個人名，《大般涅槃經》卷中："彼城之中，有工巧子，名曰淳陀。"淳陀就是純陀。標點應作："其下又有貧四姓，如工巧純陀是也。"[①] 這是缺乏佛教知識而誤標的例子。

中華書局標點本《遊宦紀聞》頁 43："按《本草》，薏苡仁上等上上之藥，爲君主養命，多服不傷人。"按中醫用藥有"君、臣、佐、使"之分，此句當點作："按《本草》，薏苡仁，上等上上之藥，爲君，主養命，多服不傷人。"這是缺乏中醫知識而誤標的例子。

嶽麓書社版《中國古代科學家傳記選注》中的《疇人傳・秦九韶》："其率爲徑一百，周三百一十六，奇與古率、徽率、密率不同。"按此句意爲：求環田圓周率，如果直徑爲一百，則周長就是三百一十六有餘，與古代的圓周率、劉徽的圓周率、祖冲之的密率不同。當標點爲："其率爲徑一百，周三百一十六奇，與古率、徽率、密率不同。"這是缺乏古代算學知識而誤標的例子。

以上例子說明，標點古籍没有深厚的功底、廣博的學識是不行的。而這種功底與學識不是一朝一夕所能獲得，要靠長期的學習與積累，主要是多讀古書。經驗證明，古書讀多了，不僅能增長各方面的知識，而且會自然而然地對文言文形成一種"語感"。

①　季羨林《對於〈夢溪筆談校證〉的一點補正》，《古籍整理出版情況簡報》1986 年總第 154 期。

所謂語感，是由長期積累的知識、經驗所產生的一種對語言的直覺，一種條件反射，只要一聽或一讀，便會覺出某者對，某者不對。這種語感對古籍的校勘與標點都很重要。如中華書局 1959 年標點本《三國志·魏書·管輅傳》載輅與弟辰語："然天與我才，明不與我年壽，恐四十七八間，不見女嫁兒娶婦也。""天與我才，明不與我年壽"，一念便覺不順，一則句式不對稱，二則"明不見……"不可通。有了這種語感，即使不知"才明"爲何意，也可判斷"明"字必屬上。繼查工具書，他處也有"才明"一詞，如《後漢書·馬援傳》："才明勇略，非人敵也。"證明"才明"當連讀（新標點本已改正）。

中華書局 1986 年版《宋宰輔編年録校補》頁 1256 周必大右丞相制："天下之務，惟幾深究。英謀之秘，儒者之效。已試寖更，歲華之多。"一讀也覺不順。此制詞爲駢體，而此三句失對；"惟幾深究""已試寖更"，不知所云。應點作："天下之務惟幾，深究英謀之秘；儒者之效已試，寖更歲華之多。"

《山谷全書·別集》卷一七《與郭英發帖》："荐辱惠詩句益清壯竊深嘆仰"。某君點作"荐辱惠詩句，益清壯，竊深嘆仰"。這樣點，似乎没有錯，但若古文讀得多的人來讀，便會感到彆扭。三句的字數作五、三、四，讀起來没有鏗鏘之美，古人很注重修辭，不會這樣寫。應當點作："荐辱惠詩，句益清壯，竊深嘆仰。"

要有嚴謹的學風

標點古書，除了要有廣博的知識，還要有嚴謹的學風。這裏又包含兩個方面的意思：一是要勤，二是要細。

勤，就是對於自己不懂或似懂非懂的東西，要勤查、勤思、勤考、勤問，不要偷懶。我們試看近年所出的書中古文標點的錯誤，固然標點者學識不足是根本原因，但有相當一部分是由於偷懶。本來只要認真查一查詞典等工具書和其他有關書籍，問題就可以解決的，而標點者却不願去查。例如上舉"不識文字而誤例"的撳字，查一查《辭源》或《康熙字典》即可。"不明詞義而誤例"中第五例"以真迹呈似"，查查《辭源》，"似"字下就有"與、給"一義，明乎此，就決不會點成"以真迹呈，似"。"不知用典而誤例"例一，不懂"易簣"爲一詞，那就試查一查《辭海》或《辭源》，"易"字下都有此詞，那就不會在二字之間加一個逗號了。例二"狙公賦芧"，查查《辭源》，"狙公"條下就引有《莊子·齊物論》"狙公賦芧"的典故，就不會點作"狙公《賦芧》"了。"不諳文體而誤例"中引《爾雅》"觀指示也"及《公羊》"成周者何"二條，只要查一查《十三經索引》，再反查原書，也就解決了。"不知年號而誤例"之例一，翻翻年表，就不會點成"東魏太和中"了。"不明地理而誤例"中的地名，查查《中國地名大辭典》之類工具書或其他有關地理書就不會點錯了。"不熟文獻而誤例"第一例，《魏聘使行記》，《隋書·經籍志》《舊唐書·經籍志》都著録有此書；文禮《通語》，《舊唐書·經籍志》也有。標點《新唐書·藝文志》而不查查《隋書》《舊唐書》，豈非偷懶？（標點本《新唐書·藝文志》標點之誤不止這一例，多由於未查書。）

　　有的問題並非查查工具書就可以很容易地解決，還需要勤思、勤考。例如《晋書·武帝紀》：太康三年"秋七月罷平州寧州刺史三年一入奏事"。這一句可以有兩種點法：一是"秋七月，罷平州、寧州刺史三年一入奏事"。中華書局1974年標點本就是這樣點的。第二種點法："秋七月，罷平州、寧州。刺史三年一入奏事。"哪一種點法對？考《通典》卷三二云："晋制：刺史三年一入奏。"沒有說在何年。然以文理推之，《晋書·武帝紀》太康三年以前並未載此事，而此處忽云"罷平州、寧州刺史三年一入奏事"，史筆不應如此突兀。由此我們對第一種標點產生懷疑，但還沒有證據否定它。於是我們再考察第二種標點對不對。試查《晉書·地理志》，平州下並未記載何時罷；再查寧州，其下云："太康三年，武帝又廢寧州入益州。"這就證明，第二種標點是對的，第一種是錯的（中華書局新標點本已改正）。

　　細，就是在標點的時候，要仔細推敲，反復斟酌。事實證明，很多錯誤並非由於學識不足，而是由於馬馬虎虎，粗心大意。特別是那種似是而非，似乎可以這樣點也可以那樣點的地方，標點者不去深究，最容易出錯。像前面所舉的"不明史實而誤例"中之例一，蘇武聞漢武帝死，"且夕臨。數月，昭帝即位。"標點者以爲"且夕臨"語氣已完，加個句號沒錯，殊不知錯了！若果仔細一點，推敲一下下句是否可通，查一查是否武帝死後數月昭帝才即位，也就不會出錯了。呂叔湘先生寫《〈資治通鑑〉標點斠例》，舉了130餘條標點錯誤，這當中有很多就是由於沒有過細推敲而致誤。如例（1）："嶺南嘗獻入筒細布一端八丈。"這一句如果不注意看，不會覺得有什麼不對；呂先生讀得很細，便發現標點有問題。他說："應於'細布'後加逗號。如無逗號，則所貢者一端而已，不近情理。有逗號則'一端'作'每一端'講。'端'之長有一丈六尺、二丈、六丈諸說，八丈而仍'入筒'，極言其細。"又例（2）："悉棄其器甲爭投水死者十餘萬，斬首亦如之。"呂先生說："應於'投水'後加逗號。投水是爲了逃命，不是爲了尋死，淹死不是出於自願。"老一輩學者這種讀書一絲不苟、字斟句酌的學風，是整理古籍者的榜樣。

　　反復斟酌，主要是斟酌：是否合於文理；是否合於事理；是否合於事實；上下文是否可通；是否符合原文的脈絡與層次；等等。下面也舉一些例子。

斟酌是否合於文理

中華書局版《蘇軾詩集》頁 1212："雪竇師，諱仲顯，字隱之。遂州李氏子出家。參隨州智門祚和尚，後住四明之雪竇。"中間孤零零的一句"遂州李氏子出家"，這和雪竇有什麼關係？又下文"參隨州……"主語是誰？標點當改作"字隱之，遂州李氏子。出家，參隨州智門祚和尚"。

中華書局 1982 年斷句本《東京夢華錄》頁 72："有酒肆在其側。號仁和酒。有名於京師。"酒肆怎能號仁和酒？主語謂語不搭配，文理不通。當作："有酒肆在其側。號仁和。酒有名於京師。"

中華書局 1980 年標點本《水東日記》頁 233："宋理宗朝巨璫有侮吾夫子者，令馬遠畫一佛，中坐老子，側立孔子問禮於前，俾江古心子遠讚之，子遠立成曰：'釋迦趺坐，老耼傍睨，惟吾夫子，絕倒在地。'"稍稍推敲一下，就會發現這樣標點不合於文理："畫一佛"，此佛是站是坐？在何位置？既然孔子是側立，又如何"問禮於前"？而且佛、老、孔三人的姿式也與下面的讚不相應。如此便知當點作："令馬遠畫一佛中坐，老子側立，孔子問禮於前。"

斟酌是否合於事理

《孟子·滕文公（上）》："人之有道也，飽食、暖衣、逸居，而無教，則近於禽獸。"前人乃至現代的一些標點本多讀作："人之有道也，飽食暖衣，逸居而無教，則近於禽獸。"這樣讀，將"飽食暖衣"與"逸居而無教"作爲兩事平列，那麼飽食暖衣也是一種"近於禽獸"的行爲了，這太不盡情理！其實孟子的意思是，一個人若只是吃得飽、穿得暖、住得舒服，却沒有教養，則近於禽獸。所以第一種標點法才是對的。

中華書局 1977 年標點本《宋史》頁 13683—13684："吳敏、李綱請誅（王）黼，事下開封尹聶山，山方挾宿怨，遣武士躪及於雍丘南輔固村，戕之，民家取其首以獻。"武士既然殺了王黼，爲什麼不自己取其首以獻，而讓民家白白佔有這份功勞？因此"戕之"後的逗號應移至"民家"後，"戕之民家"即戕之於民家。

中華書局版《蘇軾詩集》頁 1665："王十六秀才將歸蜀，云：子華宣德蔡丈見托，求詩夢中，爲作四句，覺而成之。"求人夢中作詩，豈有此理！當作"見托求詩，夢中爲作四句"（新標點本已改正）。

在斟酌事理或文理時，應特別注意弄清主語，即行爲、狀態等的主體。弄清了主語，就等於抓住了衣之領、網之綱，標點就不容易出錯。有很多標點錯誤，就是由於沒有分清主語，例如：

中華書局標點本《漢書》頁 295《元帝紀》："四年春正月，以誅郅支單于告祠郊廟。赦天下。群臣上壽置酒，以其圖書示後宮貴人。"按置酒、以圖書示後宮的都是元帝，群臣沒有這個資格，所以"上壽"後應加句號。

上海古籍出版社 1978 年標點本《國語·魯語（下）》："仲尼在陳，有隼集於陳侯之庭而死，楛矢貫之，石砮其長尺有咫。"按砮即石頭做的箭鏃。咫是八寸。雖然周代的尺寸比現代短，但一尺八寸也有 40 厘米左右，哪有那麼長的箭鏃？實際上這裏"長尺有咫"的主語是矢而不是砮，所以"石砮"後應加逗號。言此楛矢以石爲砮，楛矢之長尺有咫。

中華書局 1990 年標點本《張耒集》頁 879《商屯田墓誌銘》：

　　　始君爲包孝肅公知，韓忠獻公器公，見必訪以世務。而公無所苟合貴人，終不肯出氣力引掣之。

如此標點，則是商屯田不肯出氣力引掣貴人；而原意恰恰相反，乃是貴人不肯出氣力引掣商屯田，"貴人"後的逗號應移至"苟合"後。

斟酌是否合於事實

中華書局標點本《後漢書》頁 2087："昌邑王賀，武帝孫昌邑哀王子也。"照此標點，昌邑王賀乃武帝曾孫，而實際上是武帝孫，"孫"字後當加逗號。

中華書局 1959 年標點本《三國志・吳志・孫綝傳》：

> 朱異帥三萬人屯安豐城，爲文欽勢。魏兗州刺史州泰拒異於陽淵。異敗退，爲泰所追死，傷二千人。

如此標點，則似朱異已死；然下文明云"綝於是……復遣異率……五萬人攻魏"，則異實未死，"死"後的逗號應移至"追"字後（新標點本已改正）。只要稍稍注意一點，何至出現這樣的錯誤！

中華書局 1956 年標點本《資治通鑑》頁 5394：

> 周主從容問（鄭）譯曰："我腳杖痕，誰所爲也？"對曰："事由烏丸軌。"宇文孝伯因言軌捋須事。

如此標點，也不合於史實。如果標點者細心一點，應當查一查《周書》王軌（烏丸軌）、宇文孝伯的傳。從《王軌傳》可知，周宣帝爲太子時，王軌、宇文孝伯等曾向其父周武帝告發他"失德"之事，周武帝打了他一頓，以致落下"腳杖痕"，可見這裏該點作"事由烏丸軌、宇文孝伯"（新標點本已改正）。再查《宇文孝伯傳》，更是明白記載鄭譯回答說："事由宇文孝伯及王軌。"這樣就不致出現上面的錯誤了。

斟酌上下文是否可通

標點古籍必須有全局觀念，不能只注意某一句是否可通，還要注意上下文是否都可通；不能只注意局部是否可通，還要注意全段、全篇乃至全書是否可通。這一點非常重要，很多標點錯誤都是由於只顧上句，不顧下句；只顧此處，不顧他處。前邊舉的很多例子都是這樣。再舉兩例：

中華書局 1981 年標點本《澠水燕談錄》頁 36："丞相王荆公誌其葬，博士梅聖俞表其墓。尤悉所棄女，予子採婦也。"標點者只顧了前兩句，而沒有注意第三句"尤悉所棄女"不可通。

"尤悉"二字應屬上句。

中華書局 1982 年版《蘇軾詩集》頁 1433：

> 東坡母成國太夫人程氏，眉山著姓。其侄之才，字正
> 輔；第二之元，字德孺；第六即楚州之邵，字懿叔；第七正
> 輔。初娶東坡女兄……

這也是顧頭不顧尾。前邊説了"其侄之才字正輔"，後面又説
"第七正輔"，正輔究竟是第幾？又，"初娶東坡女兄"，是誰娶？
只要細讀，就不難判定該這樣標點："其侄之才，字正輔，第二；
之元，字德孺，第六，即楚州（按：意即官爲知楚州）；之邵，
字懿叔，第七。正輔初娶東坡女兄……"（新標點本已改正）

中華書局 1959 年標點本《三國志》頁 210 裴注引《九州春秋》：

> 司隸馮方女，國色也，避亂揚州，（袁）術登城見而悦
> 之，遂納焉，甚愛幸。諸婦害其寵，語之曰："將軍貴人，
> 有志節，當時時涕泣憂愁，必長見敬重。"馮氏以爲然，後
> 見術輒垂涕，術以有心志，益哀之。

"將軍貴人"以下幾句，孤立來看，句句可通，但"貴人，有志
節"，爲什麼就喜愛馮氏涕泣憂愁？講不通。實際上"將軍貴人
有志節"應作一句讀（新標點本已改正），"貴"是動詞，意即看
重，"人有志節"是其賓語。這就是只顧局部，不顧全體。

斟酌是否符合原文的脈絡與層次

認清文章的脈絡與層次對於正確標點很重要。層次不清，即
使斷句不錯，還是使人讀了不得要領。所以需要反復斟酌。例如
中華書局 1959 年標點本《史記·伯夷列傳》：

> 堯將遜位，讓於虞舜，舜禹之間，嶽牧咸薦，乃試之於
> 位，典職數十年，功用既興，然後授政。示天下重器，王者
> 大統，傳天下若斯之難也。

細讀此段，其層次是：試之於位→典職有功→授之以政。最後是

結論：傳天下之難。其中“授政”與“示天下重器”是一回事，“天下重器”與“王者大統”又是平列的詞語。因此，原標點不準確，應改爲：“堯將遜位，讓於虞舜。舜、禹之間，嶽牧咸薦，乃試之於位。典職數十年，功用既興，然後授政，示天下重器、王者大統。傳天下若斯之難也！”這樣層次就清楚了。

同上《張釋之馮唐列傳》：

> 臣聞上古王者之遣將也，跪而推轂，曰閫以内者，寡人制之；閫以外者，將軍制之。軍功爵賞皆決於外，歸而奏之。此非虚言也。

這一段的標點也是層次不清，“曰”字不知管到哪裏。當點作：“臣聞上古王者之遣將也，跪而推轂，曰：閫以内者，寡人制之；閫以外者，將軍制之；軍功爵賞皆決於外，歸而奏之。此非虚言也。”

中華書局標點本《漢書·江充傳》：

> 充因自請，願使匈奴。詔問其狀，充對曰：“因變制宜，以敵爲師，事不可豫圖。”上以充爲謁者。使匈奴還，拜爲直指繡衣使者，督三輔盗賊，禁察逾侈。

這裏分明是先後的兩件事，一是以謁者的身份使匈奴，一是拜直指繡衣使者。若將“使匈奴還”作一句讀，層次就不清楚了。應點作“上以充爲謁者，使匈奴。還，拜爲直指繡衣使者”。

中華書局標點本《三國志》頁49—50裴注引曹操令：

> 昔伊摯、傅説出於賤人，管仲，桓公賊也，皆用之以興。蕭何、曹參，縣吏也，韓信、陳平負汙辱之名，有見笑之耻，卒能成就王業，聲著千載。吴起貪將，殺妻自信，散金求官，母死不歸，然在魏，秦人不敢東向，在楚則三晉不敢南謀。今天下得無有至德之人放在民間，及果勇不顧，臨敵力戰；若文俗之吏，高才異質，或堪爲將守；負汙辱之名，見笑之行，或不仁不孝而有治國用兵之術：其各舉所

知，勿有所遺。

後半段標點，層次不清。細審此令，自"今天下"以下所舉各類人物，與上文所列之古人大體相應。"至德之人放在民間"指伊摯、傅說；"文俗之吏，高才異質"指蕭何、曹參；"堪爲將守，負汙辱之名，見笑之行"指韓信、陳平；"不仁不孝而有治國用兵之術"指管仲、吳起。只有"果勇不顧，臨敵力戰"似無對應之人。值得注意的是，原文於各類人物之間用"及""若""或"分隔，有條不紊。因此，此文後半段標點應改爲：

　　　今天下得無有至德之人放在民間；及果勇不顧，臨敵力戰；若文俗之吏，高才異質；或堪爲將守，負汙辱之名，見笑之行；或不仁不孝，而有治國用兵之術：其各舉所知，勿有所遺。

第三節　正確使用點號

在上一節中，我們舉了很多標點錯誤的例子，這些例子當中絕大部分是屬於破句，但其中也有一些例子（比如最後一個例子），單從斷句來説並沒有錯。這一方面説明正確斷句是正確標點的前提，另一方面也説明了舊式斷句的局限性：只是斷句，還不能幫助讀者更準確地讀懂古書。爲此，還必須正確使用新式標點符號。

新式標點符號包括"標號"和"點號"。先説點號。

點號有七種，即句號、逗號、頓號、分號、冒號、問號、感嘆號。句號、逗號、頓號、分號四者是表示句子之間以及句子内部不同程度的停頓或間隔；冒號的停頓起提示下文或總結上文的作用；問號、感嘆號的停頓則分別表示疑問與感嘆的語氣。

要正確使用點號，第一步還是先要判斷清楚句子該在什麽地方停頓，也就是説先要正確斷句；第二步，再根據具體情况和各種點號的不同作用確定該用哪一種點號。

下面分别來看。

句　號

七種點號之中，最常用的是句號與逗號，最容易出錯的也是句號與逗號。句號是表示一個句子完了之後的停頓，逗號是表示句中的停頓。但往往有一些古籍標點本，該用句號的地方却用逗號，該用逗號的地方却用句號。這種誤用，有時關係甚大。

該用句號而用逗號，往往是由於標點者弄不清句子的起迄和文章的層次。一層意思完了，該用句號結束，然後再開始下一層意思；而標點者不明白或不注意這種層次的更迭，仍然用逗號。其結果是打亂了文理和層次，使讀者産生誤解。例如：

中華書局標點本《後漢書·逸民列傳·范泰傳》李賢注引《宋書》：

> 范泰字伯倫。祖汪。父甯，宋高祖受命，拜金紫光禄大夫，加散騎常侍，領國子祭酒……薨謚宣侯。

據此標點，“宋高祖”以下似是叙范泰父范甯之事迹，而實際上乃是叙范泰本人的事迹，“甯”字後當用句號而不當用逗號。

同上《黨錮列傳·劉祐傳》：

> 再遷，延熹四年，拜尚書令，又出爲河南尹，轉司隸校尉。時權貴子弟罷州還入京師者，每至界首，輒改易輿服，隱匿財寶，威行朝廷。

按權貴子弟畏懼劉祐，因而“改易輿服，隱匿財寶”，至此，此層意思已完，當用句號。下句“威行朝廷”乃指劉祐，標點者不察，仍然用逗號，成了權貴子弟威行朝廷，與原意背道而馳。

上海古籍出版社 1981 年標點本《北夢瑣言》頁 95：

　　　許公他日有會，乃謂顧曰："足下何太談謗？"顧乃分疏，因指同席數人爲證。顧無以對……

既然顧某爲自己辯解，而又説"顧無以對"，豈非自相矛盾？原來"指同席數人爲證"者乃是許公，層次已轉換。若將"分疏"後的逗號改爲句號，"爲證"後的句號改爲逗號，文意就明白了。

　　古人的文章簡潔，行文之中常常省略主語，標點者必須特別小心。像上面幾個例子，由於不察主語的省略與改變，該用句號的地方仍用逗號，以致張冠李戴，鑄成大錯，因此要特別注意避免。

　　當用句號而用逗號，有時雖然不會造成主語的誤解，但也會導致文章層次不清。例如：

中華書局 1990 年標點本《張耒集》頁 874《龐安常墓誌銘》：

　　　（龐安常）又曰："予欲以其術告後世，故著《難經解》數萬言，觀草木之性與五臟之宜，秩其職位，官其寒熱，班其奇偶，以療百疾，著《主對集》一卷，古今異宜，方術脱遺，備傷寒之變，補仲景《傷寒論》，藥有後出，古所未知，今不能辨，嘗試有功，不可遺也，作《本草補遺》一卷。吁，其備矣。"

這一段記述龐安常的著作，並略述其内容。由於標點者未弄清層次，百餘字之文一逗到底，致使眉目不清。宜將"著《難經解》數萬言""著《主對集》一卷""補仲景《傷寒論》"之後的逗號改爲句號或分號。

中華書局 1982 年標點本《龍川別志·序》：

　　　（劉）貢父嘗與予對直紫微閣下，喟然太息曰："予一二人死，前言往行埋滅不載矣。君苟能記之，尚有傳也。"時予方苦多事，懶於述録，今謫居六年，終日燕坐，欲追考昔日所聞而炎荒無士大夫，莫可問者，年老衰耄，得一忘

十，追惟貢父之言，慨然悲之，故復記所聞，爲《龍川別
志》，凡四十七事，四卷，元符二年孟秋二十二日。

此段自"時予方苦多事"以下八十餘字，標點者也只作一句，實
際上應分爲五句："懶於述録"，句；"莫可問者"，句；"爲《龍
川別志》"，句；"四卷"，句；以及末句。此外，"欲追考昔日所
聞"後應加逗號。

以上是當用句號的例子。

與此相反，當句子未完的時候便不該用句號。例如：

中華書局 1987 年標點本《胡宏集》頁 343："雖然，以先生
之學而不得大施於時。又不幸僅得中壽。其見於文字間者復止於
如此，豈不甚可嘆息！"實際上這只是一句話，而被硬截爲三句，
使文意不復連貫。

有時一個長句包含幾個分句，語氣一貫而下，此等處也不可
頻頻使用句號隔斷語氣。例如：

中華書局 1981 年標點本《李覯集》卷一七《強兵策第四》：
"故西北之兵，能辛苦，有成功。而東南之士，少所立。此士大
夫咸知之也。而子謂郡國屯軍，可以征伐，意者非東南之謂歟？"
此文的標點不僅句號太多，逗號也太多，使句子破碎，語氣不
貫。宜點作："故西北之兵能辛苦，有成功，而東南之士少所立，此
士大夫咸知之也，而子謂郡國屯軍可以征伐，意者非東南之謂歟？"

楊伯峻《論語譯注·學而》："子曰：'君子不重，則不威；
學則不固。主忠信。無友不如己者。過，則勿憚改。'"這樣標
點不能説錯了，但似乎也割裂太甚，使語氣不緊湊。可改爲：
"子曰：'君子不重則不威，學則不固。主忠信，無友不如己者，
過則勿憚改。'"

逗　號

逗號是表示句子中間較小的停頓，它是所有標點符號中使用得最多的一種符號，因此也不能掉以輕心。有時加逗號與不加逗號都不算錯，在這種時候，要根據具體情況仔細斟酌：是加好，還是不加好。有幾種情況，最好是加逗號：一是句子較長，中間可以適當停頓之處；二是容易混淆之處；三是按文句的節奏需要停頓之處。例如：

《史記‧項羽本紀》："項梁嘗有櫟陽逮，乃請蘄獄掾曹咎書抵櫟陽獄掾司馬欣，以故事得已。""乃請"句較長，可於"書"字後一逗，使句子的結構與文意更明確，讀起來也更有節奏。"故"字之後也宜加逗號，因"故""事"二字容易連讀。

同上《萬石張叔列傳》："朝廷見，人或毀曰：……""朝"，上朝；廷見，在殿廷相見。"朝"字後應停頓，不能與"廷"字連讀，因此應加逗號。

呂陶《净德集》卷七《謝知河陽州到任表》："此蓋伏遇皇帝陛下文明齊日，洪覆如天。恢張百度之新，克光前烈；役御萬官之衆，俾效寸長。故以此州付於不肖。"末句標點本來不錯，但作爲駢文，要求用"四四"句式，讀至"此州"後需有一停頓，因此也應加逗號。（此類情況詳見後《特殊文體的標點》一節。）

使用逗號也跟使用句號一樣，要細心體會古人的語氣，不可點得過疏，也不可點得過密。《史記‧六國年表》："東方物所始生，西方物之成熟。"有人認爲應點作"東方，物所始生；西方，物之成熟"。似可不必。中華書局 1956 年標點本《資治通鑑》頁2624："夫功者，難成而易敗，時者，難得而易失也；時乎，時不再來！"末句應點作"時乎時，不再來！"（新標點本已改正）呂叔湘先生《〈資治通鑑〉標點斠例》已指出。前兩句點得不錯，但"功者""時者"後的逗號也可以不用。"夫功者難成而易敗，時者難得而易失也。時乎時，不再來！"這樣讀起來更爲流暢，更符合古人的語氣。

頓　號

　　頓號是表示並列詞語之間的停頓與間隔。正確使用頓號的關鍵在於先要弄清楚：一、相鄰的詞語是否確爲並列詞語；二、各並列詞語的確切界限。

　　中華書局 1956 年標點本《資治通鑑》頁 1844："癸丑，以光禄勳陳國、袁滂爲司徒。"按"陳國"不是人名而是地名，"陳國"與"袁滂"不是兩個並列詞，中間不能用頓號（新標點本已改正）。"陳國袁滂"是說陳國人袁滂。

　　中華書局 1983 年版《楚辭補注》頁 13："按屈原死於頃、襄之世。"按"頃襄"即楚頃襄王，乃一人，而非二人，不當用頓號（新標點本已改正）。

　　中華書局 1981 年標點本《桯史》頁 93："奉行玉清神霄保仙、元一六、陽三五、璇璣七九、飛元大法師、都天教主臣某，誠惶誠恐，頓首頓首，再拜上言，高上玉清神霄、九陽總真、自然金闕。"此段頓號點得莫名其妙。"奉行……大法師"二十三字乃宋徽宗自封的道號，"高上……金闕"乃道家所稱宮殿之名，中間都不應加頓號（"玉清神霄保仙、元一六陽、三五璇璣、七九飛元"，讀時可在頓號處稍作停頓，但字面上不應有頓號）。

　　以上三例說明，不能把非並列詞語作爲並列詞語而加頓號。反之，把並列詞語當成非並列詞語，當用頓號而不用頓號也不對。例如：

中華書局標點本《桯史》頁 40："召皇弟晋王及吳越國王錢俶，其子惟濬射苑中，俶進御衣、金器、壽星通犀帶以謝。"按"吳越國王錢俶"與"其子惟濬"在這裏是並列詞語，言召此三人射苑中，中間當用頓號，而標點者却使用逗號，遂使文義改變。

有時兩個或多個詞語並列，各詞語間的界限不清，很容易造成混亂與錯誤，必須仔細分清。例如：

上海古籍出版社 1991 年標點本《鄭思肖集》頁 284《十方禪刹僧堂記》："如一水庵、岳松源、冲癡、絕範、無準、觀月、林開、無門諸老禪。"按"冲癡"以下幾個頓號完全點錯了，當作"冲癡絕、範無準、觀月林、開無門"。宋代僧人也有名、有字、有號，人們常將其名與字或號連稱，而且往往名、字、號之中僅取其一字，連三字爲稱。如此處一水庵者，名師一，號水庵；岳松源者，名崇岳，字松源；冲癡絕者，名道冲，號癡絕；範無準者，名師範，字無準；觀月林者，名師觀，號月林；開無門者，名慧開，字無門。

《漢書·地理志》："濟南郡……縣十四：東平陵、鄒平、臺、梁鄒……"後人失其句讀，自宋本以下各本均誤以鄒爲一縣，平臺爲一縣，顧炎武《日知録》卷三〇始糾其謬。

分　號

分號乃表示一句之中並列分句的停頓，介乎句號與逗號之間。正確使用分號，能使原文層次分明。如前引《三國志》曹操《舉賢勿拘品行令》："今天下得無有至德之人放在民間；及果勇不顧，臨敵力戰；若文俗之吏，高才異質；或堪爲將守，負汙辱之名，見笑之行；或不仁不孝，而有治國用兵之術；其各舉所知，勿有所遺。"這一段，若中間没有幾個分號，必將頭緒不清，讀了使人糊涂。

駢體文的標點，使用分號最多，因爲不但用它使文意分明，而且用它顯示文句的駢偶。

中華書局標點本《桯史》頁 124 周必大降官謝表：“伏念臣疏庸一介，際遇四朝，逮事高皇，已遍塵於臺省，受知孝廟，復久玷於機衡。……惟光宗興念於元僚，亦屢分於閫寄，肆陛下曲憐其末路，爰俾遂於里居。”這樣標點，眉目不清，而且顯示不出駢文的節律。“四朝”後當改爲句號，“臺省”及“閫寄”後當改爲分號。（其他例子可參看本章第五節）

標點古籍時，分號不可用得過多，能用句號、逗號則不用分號。如前引《論語譯注·學而》：“君子不重，則不威；學則不固。”改爲：“君子不重則不威，學則不固。”不但不會影響文義，反而可以使語氣更緊湊。

白居易《與元九書》：“然僕又自思，關東一男子耳，除讀書屬文外，其他懵然無知，乃至書畫棋博可以接群居之歡者，一無通曉，則其愚拙可知矣。”有人認爲“無知”後應改爲分號，而且“自思”後應改爲冒號，“通曉”後應改爲句號，似可不必。

問　號

用準問號的關鍵在於正確判斷是否疑問句。

中華書局 1983 年標點本《世說新語箋疏》頁 698：“王江州夫人語謝遏曰：‘汝何以都不復進，爲是塵務經心，天分有限。’”按“汝何以都不復進”乃問句，當用問號。“爲是”乃是用於選擇性疑問句的詞語，常以“爲是……爲是……”連用，相當於今語“是……呢？還是……呢？”這裏“天分有限”之前省去了一個“爲是”。此二句意即：是因爲事務操心呢？還是因爲天分有限呢？所以"經心"之後、"有限"之後也都應加問號。

　　中華書局 1983 年標點本《楚辭補注》頁 33："屈原何爲使之乎。"按此爲問句，當用問號（新標點本已改正）。又頁 49："豈可復謂有求於世而怨望哉。"此爲反問句，當用問號。（按此書標點，凡此類疑問句當用問號者多用句號，正如吕叔湘先生批評標點本《資治通鑑》"於宜用問號處多用嘆號"，皆未知何故。）

　　以上是當用問號而不用問號之例，下面再舉不當用問號而誤用問號的幾個例子。

　　中華書局 1983 年標點本《世說新語箋疏》頁 185："劉尹行，日小欲晚，便使左右取袾，人問其故？答曰：'刺史嚴，不敢夜行。'"按"人問其故"乃叙述句，不當用問號（新標點本已改正）。

　　標點本《水經注校》頁 5："余按《風俗通》云：里語稱狐欲渡河，無如尾何？且狐性多疑，故俗有狐疑之説。"按"無如尾何"也是叙述句，不當用問號，可改爲逗號。又"狐欲渡河，無如尾何"當加引號。

　　在使用問號時還要注意問句到哪裏爲止。

　　中華書局標點本《後漢書》頁 1168："《春秋》之誅，不避親戚，所以防患救亂，全安衆庶，豈無仁愛之恩，貴絶殘賊之路也？"按"豈無"句乃自問，當用問號；"貴絶"句乃自答，當用句號。把兩句都作爲問句，則文意不通。又"全安衆庶"後當改爲句號。

　　《金石萃編》卷一二五吕蒙正《大宋重修文宣王廟碑銘》："向使（孔子）有其位，用其道，又何止夾谷之會沮彼齊侯，兩觀之下誅其正卯，墳羊辨土木之祅，楛矢驗蠻夷之貢？"這一長句中，以"何止"引出的問句直貫到"蠻夷之貢"爲止。某君將問號點在"正卯"之後，末尾的問號點作句號，這一來，後兩句孤立於問句之外，也不可理解。

　　文言文中的疑問句常用"乎""耶""歟"之類疑問詞，但決不可凡遇此類疑問詞都一律使用問號，因爲此類句子有時也可以是感嘆句或叙述句。此等處必須細審原文的語氣。例如：

中華書局標點本《李覯集》頁114："不孝不弟者，其唯禽獸之心乎？"又"大宗者，其先祖之負荷，族人之紀綱乎？"按此二句都不是疑問句，而是叙述句，只不過語氣較重，這裏的"乎"相當於現代漢語的"吧"而不是"嗎"。因此宜用句號或感嘆號，而決不可用問號。

中華書局標點本《張耒集》頁800《竹夫人傳》："夫人居後宮，至孝成皇帝時猶無恙。是時班婕妤失寵，作《紈扇詩》見怨。夫人讀之曰：'吾與君類也，然爾猶得居篋笥乎？'"此文乃游戲文字，"竹夫人"指竹席。竹夫人亦失寵，被冷落於後宮多年，見紈扇抱怨，因此説："我與你相類，而你還得居於篋笥啊！"意即你的處境比我還好啊。可見末句乃感嘆句，而非疑問句，也不當用問號。

還有一點特別值得注意，文言文中，有時疑問句不一定用疑問詞或問句結構，這類句子很容易被看成叙述句，從而導致標點錯誤，文意背離。俞樾《古書疑義舉例》有"反言省乎字例"條，舉了很多反問句不用"乎"字的例子，説："凡若此類，當善會之……讀者毋以反言爲正言，致與古人意旨剌繆也。"下面我們再舉幾個例子。

四川人民出版社1982年版《尚書譯注·西伯戡黎》："王曰：'嗚呼！我生不有命在天。'"按《史記·殷本紀》引述此文，作"我生不有命在天乎"，則此乃反問句，標點當改作："嗚呼，我生不有命在天？"

中華書局1956年標點本《資治通鑑》頁5558："上曰：'我是五兒之父，非兆民之父。若如公意，何不別制天子兒律！'"按"非兆民之父"乃反問句，猶言"非兆民之父乎？"因此當用問號（新標點本已改正）。用句號，則正與原意相反。

杜甫《夔府書懷》詩：

使者分王命，群公各典司。恐乖均賦斂，不似問瘡痍。
萬里煩供給，孤城最怨思。綠林寧小患？雲夢欲難追。即事
須嘗膽，蒼生可察眉？議堂猶集鳳，貞觀是元龜。……

其中"蒼生可察眉"一句歷來都作叙述句讀，諸家解釋多異。郭
沫若《李白與杜甫》一書引用此詩，"察眉"後點爲句號，並據
此説杜甫主張對老百姓要"在眉睫之間便能辨識出亂黨"，把杜
甫描寫成一個"反動分子"。按杜甫這首詩通篇都是要統治者關
心老百姓的疾苦，怎麼會突然主張"察眉辨盗"？"察眉"的典故
出自《列子·説符》："晋國苦盗。有郗雍者，能視盗之貌，察其
眉睫之間，而得其情。晋侯使視盗，千百無遺一焉。晋侯大喜，
告趙文子曰：'吾得一人，而一國盗爲盡矣，奚用多爲？'文子曰：
'吾君侍伺察而得盗，盗不盡矣，且郗雍必不得其死焉。'"很明
顯，《説符》的原意是説不能依靠"察眉"來止盗，杜甫引用這
個典故，也是説對蒼生豈可察眉止盗乎！因此，詩中的"蒼生可
察眉"一句乃是反問句，應當用問號，而不能用句號。由此可見
有時一個標點符號關係之大。

中華書局標1984年點本《五燈會元》頁273："潙問：'承
聞長老在藥山弄師子，是否？'師曰：'是。'曰：'長弄有置時。'
師曰：'要弄即弄，要置即置。'"按"長弄有置時"實爲兩個反
問句，等於"長弄乎？有置時乎？"因此應當標點作："長弄？有
置時？"（新標點本已改正）不用問號便不可理解。

第四節　正確使用標號（上）

標號包括引號、括號、破折號、省略號、着重號、專名號、

書名號、間隔號等，用來標識詞語的性質和作用。

引　號

　　引號是表示文中的引用部分，這也是經常容易用錯的、最難標點的標點符號之一。引號的使用正確與否對文義關係甚大。呂叔湘先生在《整理古籍的第一關》一文中說：“標點符號的使用，可以斟酌的地方很多，但是關係到正確和錯誤的，主要只有斷句（傳統意義的句）和引號起訖這兩件事。”呂先生這話尚有可商榷之處，但他指出正確使用引號的重要性非常對，我們從下文所舉的例子將會看到這一點。

　　引號標點的錯誤主要有以下幾種類型：當標引號而不標引號；不當標引號而標引號；引文溢出；引文不足；引文誤分；引文誤合。

當標引號而不標引號例

　　前舉中華書局標點本《史記·張釋之馮唐傳》：“臣聞上古王者之遣將也，跪而推轂，曰閫以内者，寡人制之；閫以外者，將軍制之。軍功爵賞皆決於外，歸而奏之。此非虛言也。”如此標點，“曰”字所統到何處為止不明，因而文章層次不清，文義也不明顯。若於“曰”字後加冒號、引號，至“奏之”止，就一目了然了。

　　中華書局標點本《三國志》頁 912 裴注：“老氏稱知人者智，自知者明，凡在賢達之流，固必兼而有焉。”按：“知人者智，自知者明”見《老子》書，當加引號，否則容易誤認為“凡在”二句也是老子的話。

　　中華書局 1986 年版《宋宰輔編年録校補》頁 1323：

　　　　嘉定元年四月，臣僚奏，故簽書樞密院事、觀文殿學士

傅伯壽生於忠義之家，首爲諂讒之倡。侂胄盜權之始，伯壽
爲浙西憲，納贊投啓，即指故相爲跋扈。且云：澄清方效於
范滂，跋扈忽聞於梁冀，人無恥矣，咸依右相之山；我則異
於，獨仰文公之斗。首明趨向，願出陶鎔。寅緣入朝，不畏
清議。由繳駁以斥逐善類，假草詞以詆毀師儒。其弟聞之，
撫几嗟惜曰：“名節掃地盡矣。”未幾，以所言欺罔而與宮
觀。色斯舉矣，愈切悲鳴，僥倖重來。曲意諛悅，躐登西
府。見謂非宜，扶曳謝恩，顛頓失措。疏其罪惡，合正嚴
誅。而秘殿隆名，老死牖下，贈恤之典與勳舊同，若非追貶
而削奪之，何以爲姦邪之戒？奉聖旨追三官。

這一段標點錯誤甚多，首先是當標引號而不標，使全文脈絡不
清。“臣僚奏”，“奏”到哪裏爲止？“且云”，“云”到何處方休？
又是誰所“云”？照原標點，似是臣僚所云，然細審文意，則牛
頭不對馬頸。此外，原文多用駢句，標點者不知，率意句逗，以
致節律錯亂，文意支離。似此種標點，徒亂人意，不如不標。茲
改正如下：

嘉定元年四月，臣僚奏：“故簽書樞密院事、觀文殿學
士傅伯壽生於忠義之家，首爲諂讒之倡。侂胄盜權之始，伯
壽爲浙西憲，納贊投啓，即指故相爲跋扈，且云：‘澄清方
效於范滂，跋扈忽聞於梁冀。人無恥矣，咸依右相之山；我
則異於，獨仰文公之斗。首明趨向，願出陶鎔。’寅緣入朝，
不畏清議。由繳駁以斥逐善類，假草詞以詆毀師儒。其弟聞
之，撫几嗟惜曰：‘名節掃地盡矣！’未幾，以所言欺罔而與
宮觀。色斯舉矣，愈切悲鳴；僥倖重來，曲意諛悅。躐登西
府，見謂非宜；扶曳謝恩，顛頓失措。疏其罪惡，合正嚴
誅。而秘殿隆名，老死牖下，贈恤之典，與勳舊同。若非追
貶而削奪之，何以爲姦邪之戒？”奉聖旨追三官。

中華書局版《宋詩話輯佚》頁 153—154：

> 劉夢得……嘗言樂天苦好余《秋水咏》曰："東屯滄海闊，南漾洞庭寬"；自知不及韋蘇州"春潮帶雨晚來急，野渡無人舟自橫。"又杜少陵《過洞庭》上云："白蘋愁殺白頭人。"鄙夫之言，亦愧杜公。

如此標點，眉目不清，不可理解。其實自"樂天"至"杜公"都是引劉禹錫一人之言，應當標引號，改爲：

> 劉夢得……嘗言："樂天苦好余秋水詠曰'東屯滄海闊，南漾洞庭寬'，自知不及韋蘇州'春潮帶雨晚來急，野渡無人舟自橫'。又杜少陵過洞庭上云'白蘋愁殺白頭人'，鄙夫之言，亦愧杜公。"

古文中的引文引語一般多用"曰""云""言""謂"之類的動詞帶出，但有時不用這類動詞，此等處最易漏標引號。楊樹達《古書疑義舉例續補》卷二有"記言省曰字例"條，舉了《史記》《漢書》的例子，如《史記・屈原傳》："懷王稚子子蘭勸王行：'奈何絕秦歡？'""奈何絕秦歡"乃子蘭勸王之語，其上省"曰"字，應當加引號。今再舉二例：

中華書局標點本《晉書》頁 1940："（桓）彝上疏深自撝挹，内外之任並非所堪，但以墳柏在此郡，欲暫結名義，遂補彝宣城內史。"按此標點不確。"内外之任"至"暫結名義"乃桓彝奏疏中語，前邊省去了"曰"字，並非史家叙述之語。當點作："彝上疏深自撝挹：'内外之任並非所堪，但以墳柏在此郡，欲暫結名義。'遂補彝宣城內史。"

中華書局版《宋詩話輯佚》頁 302："顔延年《阮始平詩》云：'屢薦不入官，一麾乃出守。'……麾之訓，即漢嚴助汲黯招之不來，麾之不去。"按"招之不來，麾之不去"乃漢嚴助論汲黯之語，見《史記・汲鄭列傳》。此處"汲黯招之不來，麾之不去”之前等於省去了“所謂”“所言”之類的詞，因此應當加引號，否則汲黯與嚴助並列，文義不明。

不當標引號而標引號例

中華書局 1980 年標點本《戴震文集》頁 116—117：“《魏書·地形志》：‘延和三年置吐京鎮，太和十二年改鎮爲汾州，治蒲子城，其地在今隰州。孝昌中陷，移治西河，事詳《裴良傳》。’”按《魏書·地形志（上）》原文云：“汾州，延和三年爲鎮（按：指吐京鎮），太和十二年置州，治蒲子城。孝昌中陷，移治西河。”可見戴震並非引用《魏書》的原文，而只是概述其大意；又“其地在今隰州”及“事詳《裴良傳》”二句乃是戴氏自己的話。因此，這一段不當標引號。“蒲子城”後改爲句號更好。

中華書局版《歷代詩話續編》頁 253：“唐梁鍠《咏木老人》詩：‘刻木牽絲作老翁，鷄皮鶴髮與真同。須臾弄罷寂無事，却似人生一夢中。’《開元傳信記》稱‘明皇還蜀，嘗以爲誦，而非明皇作也’。”按“明皇”以下乃作者概括及判斷之語，非引文，不當用引號。

中華書局標點本《五燈會元》頁 314：“後居蘭若，曰：‘金剛臺，誓不立門徒……’”按這裏的“曰”字不是“説”，而是“叫做”的意思；“蘭若曰金剛臺”意即名叫金剛臺的蘭若（寺院）。所以冒號、引號都應去掉。

中華書局 1983 年標點本《邵氏聞見録》頁 161：

> （伯淳）元祐初，以宗正丞召，將大用。未赴，卒，葬伊川。文潞公表其墓曰：“明道先生正叔，元祐初用司馬温公、吕申公薦，召對，初除職官，再除館職，除崇政殿説書。歲餘出判西京國子監，兩除直秘閣，不拜。紹聖中，坐元祐黨謫涪州，遇上皇即位，赦得歸。久之復官，以卒。是謂伊川先生。”

按此段標點大誤。此文記二程事。明道先生程顥字伯淳，其弟伊川先生程頤字正叔，此乃常識；而若照此標點，既云"明道先生正叔"，又曰"是謂伊川先生"，豈非天大的笑話！正確的讀法應該是："文潞公表其墓曰明道先生。正叔元祐初……"原冒號、引號也都應去掉。原標點致誤的原因同樣是將"曰"誤解爲"説"，其實此處"曰"乃"稱爲"之意。可見碰到"曰"之類的字就打冒號、引號，非常危險。

引文溢出例

中華書局標點本《後漢書》頁 2228 李賢注："《吕氏春秋》曰：'段干木，晋國之駔。'《説文》曰：'駔，會也。謂合兩家之賣買，如今之度市也。'"按《説文》本文只有"駔，會也"三字，以下爲李賢注解釋之辭，不應在引號内。

中華書局標點本《春渚紀聞》卷六"坡仙之終"條引錢世雄跋東坡帖："久之復曰：'某前在海外，了得《易》、《書》、《論語》三書，今盡以付子，願勿以示人。三十年後，會有知者因取藏篋，欲開而鑰失匙。'"按所引東坡之語至"會有知者"而止，以下爲錢世雄叙述之詞，不當闌入引號之内。

中華書局 1981 年標點本《桯史》頁 110：

> 會前太學博士范致虚上書言太學取士法不當變，且言臣讀聖製《泰陵挽章》曰："同紹裕陵，尊此陛下孝弟之本心也。"臣願守此而已。

泰陵指宋哲宗，裕陵指宋神宗。按"且言"以下皆范致虚上書之原文，當加引號。其中所引宋徽宗所作哲宗挽詞實只一句"同紹裕陵尊"，"此陛下"句乃范致虚語，原標點既破句，又誤將引號下溢。當作：

> 會前太學博士范致虚上書，言太學取士法不當變，且言："臣讀聖製泰陵挽章曰'同紹裕陵尊'，此陛下孝弟之本

心也，臣願守此而已。”

中華書局1981年標點本《夷堅志》頁1547“彭六還魂”條：“俄聞朱衣人在上呼云：‘押出彭六，既立庭下。’王曰……”按“既立庭下”乃《夷堅志》作者之敘述，不當包入引號內。標點應作：“俄聞朱衣人在上呼云：‘押出彭六！’既立庭下，王曰……”

人民文學出版社1982年標點本《隨園詩話》頁18：“劉孝威《結客少年場》云：‘少年<u>李六</u>、郡李使也。’”按劉孝威此詩見於本集，作“少年本六郡”（“六郡”指“六郡良家子”，即漢時隴西等六郡良家子弟）。袁枚所見本“本”字作“李”，故解釋云：“李，使也。”此標點本將此三字也作爲劉詩，且以“李六”爲人名，以致不知所云。當改作：“劉孝威《結客少年場》云：‘少年李六郡。’李，使也。”

以上數例爲引號下溢，又有引號上溢者。中華書局標點本《三國志》頁1293裴注引《吳書》：

　　　　（孫）權爲諸將置酒，（甘）寧下席叩頭，血涕交流，爲權言：“（蘇）飛疇昔舊恩，寧不值飛，固已損（按：當作捐）骸於溝壑，不得致命於麾下。今飛罪當夷戮，特從將軍乞其首領。”

按“爲權言飛疇昔舊恩”當作一句讀，冒號及前引號當移在“飛疇昔舊恩”之後，“寧不值飛”以下方爲甘寧之語。

引文不足例

中華書局標點本《三國志》頁932裴注：“《晉泰始起居注》載詔曰：‘諸葛亮在蜀，盡其心力，其子瞻臨難而死義，天下之善一也。’其孫京，隨才署吏，後爲郿令。”按標點者以“其孫京隨才署吏”爲裴松之的敘述，所以放在引號外。然細審此詔，若只讚諸葛亮之盡力，諸葛瞻之死義，並無實質性的内容，亮、瞻事與晉何干？實則讚亮、瞻是要説明署諸葛京爲吏的理由，因此

"其孫京隨才署吏"一句也是詔文的内容；"後爲郿令"一句才是裴松之的補充説明。標點應改爲："《晋泰始起居注》載詔曰：'諸葛亮在蜀盡其心力，其子瞻臨難而死義。天下之善一也，其孫京隨才署吏。'後爲郿令。"

中華書局標點本《春渚紀聞》頁 84："（東坡）先生嘗謂劉景文與先子曰：'某平生無快意事，惟作文章，意之所到，則筆力曲折，無不盡意。'自謂世間樂事無逾此者。"按末句也是蘇東坡的話，應括在引號内。

引文誤分例

引文誤分就是誤將一段引文誤認爲是幾段引文，從而誤分爲幾套引號。例如：

中華書局 1974 年標點本《晋書》頁 787—788：

> 杜預上疏曰："……臣前啓，典牧種牛不供耕駕，至於老不穿鼻者無益於用，而徒有吏士穀草之費，歲送任駕者甚少，尚復不調習，宜大出賣，以易穀及爲賞直。"[①] 詔曰："孳育之物，不宜減散，事遂停寢。問主者，今典虞右典牧種産牛，大小相通，有四萬五千餘頭。……可分種牛三萬五千頭，以付二州將吏士庶，使及春耕。……牛又皆當調習，動可駕用，皆今日之可全者也。"

按以上文字原標點分爲兩大部分，即杜預之疏及晋武帝之詔。實則全文皆杜預之疏，中間"詔曰"乃疏中引用之文，且詔文只"孳育之物，不宜減散"八個字。標點者一看見"詔曰"，便以爲下面都是詔文，以致將一套引號誤分爲兩套引號。（從這個例子亦可見，此類標點之誤對於史實關係很大，因爲章疏只是臣下的建議，而標點爲詔，則成了必須遵行的命令。）

---

① 原書杜預疏提行低二字排，不加引號，今爲便於排版，改爲引號。

中華書局 1979 年標點本《老學庵筆記》頁 76：

> 予與尹少稷同作密院編修官，時陳魯公、史魏公爲左右
> 相。一日，過堂見魯公，語少款，少稷忽曰：“稷便難活相
> 公面上人。”又云：“稷是右相薦，右相面上人。”又云：“稷
> 是相公鄉人，處處爲人關防。”

如此標點，不知所云。實則自“稷便難活”至“爲人關防”皆尹
少稷語，中間兩個“又云”也是他的話，並非陸游的叙述。標點
當作：

> 予與尹少稷同作密院編修官，時陳魯公、史魏公爲左右
> 相。一日，過堂見魯公，語少款，少稷忽曰：“稷便難活！
> 相公面上人又云稷是右相薦，右相面上人又云稷是相公鄉
> 人，處處爲人關防。”

中華書局標點本《歷代詩話續編》頁 362：

> 岑參云：“喬生作尉別來久，因君爲問平生否？”“魏侯
> 校理復何如？前月人來不得書。”“夫子素多疾，別來未得
> 書。”“北庭苦寒地，體内今何如？”

按前四句出《送魏升卿擢第歸東都因懷魏校書陸渾喬潭》詩，後
四句乃《寄韓樽》詩，只當用兩套引號，却被割爲四段。

還有一種情況，就是一人之辭中間自爲問答而加“曰”字，
容易誤認爲是二人之辭而另加引號。俞樾《古書疑義舉例》卷二
有“一人之辭而加曰字例”條，即是此類。

楊伯峻《論語譯注·陽貨》：

> 陽貨……謂孔子曰：“來！予與爾言。”曰：“懷其寶而
> 迷其邦，可謂仁乎？”曰：“不可。——好從事而亟失時，可
> 謂智乎？”曰：“不可。——日月逝矣，歲不我與。”孔子曰：
> “諾；吾將仕矣。”

楊先生於第二個“曰”字後注云：“自此以下的幾個‘曰’字，

都是陽貨的自爲問答。"應該説第二個"曰"字還不是自我問答，而是提起話頭，即俞樾所謂"亦有非自問自答之辭，而中間又用曰字以別更端之語者"，所以另加冒號、引號是對的。第三個"曰"字以下確是自爲問答；但既然如此，就不該另起引號，因爲讀者如不看楊先生的注，就容易誤解爲二人的問答。作如下改動可能更好：

> 陽貨……謂孔子曰："來！予與爾言。"曰："懷其寶而迷其邦，可謂仁乎？曰不可。好從事而亟失時，可謂智乎？曰不可。日月逝矣，歲不我與！"孔子曰："諾，吾將仕矣。"

引文誤合例

引文誤合與引文誤分正相反，本來是幾段引文，而誤合爲一段。如：

中華書局 1983 年標點本《邵氏聞見後録》頁 134：

> 荆公大然之。至辭位遷觀音院，題薛能、陸龜蒙二詩於壁云："江上悠悠不見人，十年一覺夢中身。慇懃爲解丁香結，放出枝頭自在春。蠟屐尋苔認舊蹤，隔溪遙見夕陽春（按：當作紅）。當年諸葛成何事？只合終身作卧龍。"

按前面分明説"題薛能、陸龜蒙二詩"，後面却點作一詩，疏忽之甚！實則前四句爲陸龜蒙《丁香》詩，後四句爲薛能《游嘉州後溪》詩（見《全唐詩》），因此應分別加引號。

中華書局版《歷代詩話續編》頁 353："又'不比俗馬空多肉，一洗萬古凡馬空'。"此二句皆杜甫詩，然前一句出《李鄠縣丈人胡馬行》，後一句出《丹青引》，當各加引號。

從以上所舉例子可以看到，凡引號標點的錯誤都是由於引文判斷不準而造成的，因此正確使用引號的關鍵在於準確判斷是否引文以及引文的起迄。怎樣判斷？第一是要反查引文出處。能查到原始出處最好，查不到原始出處，也要盡可能參考可能有此引文的其他書。此事決不可偷懶，一偷懶就可能出錯。特別是注疏、考據、詩話之類的著作經常大量連續引用古書古詩，往往又只節引片斷甚至幾個字，而且引文與書名、人名等以及引用者的敘述之語交織在一起，很容易弄錯，必須查準。第二是根據上下文判斷。其實像上面所舉的很多例子，只要細心一點，單從上下文也是可以判斷出來的。

從上面的例子我們還看到，使用引號的錯誤往往與誤解"曰""云"之類的動詞有關。古文中的引語，前邊一般用"曰""云"，但有時並不用"曰""云"；而用"曰""云"也有種種不同的情況，應當仔細分清，不能一見"曰""云"就打冒號、引號。

第五節　正確使用標號（下）

專名號

專名號用以標示人名、地名、國名、族名、朝代名、年號、廟號、謚號、封號、建築、寺廟等專有名詞。因爲專名號要標在有關字詞之旁，排版麻煩，所以現代的一般出版物都不再用專名號；但古籍中的種種專名往往不易辨識，而且容易造成混亂，爲讀者計，在標點古籍時最好還是標專名號。

要把專名號標正確，首先要準確判定何者爲專名。我們先看一些專名號標錯的例子。可以分爲下面幾種類型：

專名誤爲非專名例

中華書局標點本《晋書》頁1879："古稱社稷之臣，忠貞之謂矣。"按"忠貞"在此非一般詞語，而爲卞壼之謚號，因此當加專名號。

中華書局標點本《桯史》頁144："張賢良君悦，咸家蜀綿竹，世以積德聞。”按“咸”乃宋張浚之父名，“君悦”乃其字，因此“咸”字應加專名號，其前逗號應刪。

中華書局 1983 年標點本《歸潛志》卷一四陳時可《歸潛堂銘》：“銘曰：<u>仲尼</u>駐車<u>蟻丘</u>漿，宜僚陸沉於其旁。……”按“蟻丘”乃地名，“宜僚”即熊宜僚，人名，均應加標專名號。

中華書局 1980 年版《宋詩話輯佚》頁 423：“嘗見李集一本，於《蜀道難》題下注：‘諷<u>章仇</u>兼瓊也。’”按章仇兼瓊爲一人，標“章仇”而不標“兼瓊”（新標點本已改正），蓋不知“章仇”乃是複姓。此則誤以專名中之一字或幾字爲非專名，致使專名號殘缺。下數例同。

中華書局 1979 年標點本《履園叢話》頁 291：“<u>山谷</u>學<u>柳</u>，誠懸而直，開畫蘭畫竹之法。”按“誠懸”乃唐代著名書法家柳公權之字，此句標點當作：“<u>山谷</u>學<u>柳</u>誠懸，而直開畫蘭畫竹之法。”

中華書局 1975 年標點本《舊唐書》頁 3168：“<u>劉子玄</u>，本名<u>知幾</u>，<u>楚州</u>刺史<u>胤</u>之族孫也。”此以“之”字爲一般詞語，未加專名號，實則當以“<u>胤</u>之”連標。劉胤之，《舊唐書》有傳。

非專名誤爲專名例

中華書局 1959 年標點本《三國志》頁 1129：“<u>鄭泉</u>……性嗜酒……臨卒，謂同類曰：‘必葬我<u>陶</u>家之側，庶百歲之後化而成土，幸見取爲酒壺，實獲我心矣。’”按“陶家”謂作陶器之家，非姓陶之家，不當有專名號（新標點本已改正）。

中華書局 1974 年標點本《晉書》頁 2074：“及中書令<u>王坦之</u>出爲<u>徐州</u>刺史，詔（<u>謝</u>）<u>安</u>總<u>關</u>中書事。”按“關”字加專名號，蓋以“關中”連讀，作爲地名，然“書事”何意？其實這裏的“關”意即管，乃動詞，非地名（新標點本已改正）。

中華書局標點本《舊唐書》頁 4578：“久之，<u>西川</u>節度使<u>韋皋</u>開<u>西南夷</u>，置兩路運糧使。”按“西南夷”乃泛稱西南諸少數民族，非專有名詞，不當標專名號。

中華書局 1982 年標點本《戒庵老人漫筆》頁 10："江陰雖不稱劇邑，然有三事夐然絕倫者，余爲拈出。地非帝鄉，而有太祖皇帝故人<u>焦千户</u>、<u>高尚如</u>、<u>嚴光</u>，事見《寓圃雜記》。"按"高尚如"乃一般詞語，並非人名，此言焦千户其人之高尚有如漢代的高士嚴光。"焦千户"後應改爲逗號，"高尚如"下之專名號及後面的頓號均應去掉。

中華書局 1981 年標點本《桯史》頁 111："<u>范馴致</u>尚書左丞云。"此以"范馴致"爲人名，加專名號，大誤。范指范致虛；"馴致"乃逐漸達到之意。《易·坤》："履霜堅冰，陰始凝也；馴致其道，至堅冰也。"全句是説：范致虛逐漸做到尚書左丞。此爲專名號溢出於非專名號之例。下例亦同。

中華書局 1981 年標點本《新唐書》頁 1479："<u>陸胤</u>志《廣州先賢傳》七卷。"按"志"猶記載，乃動詞，不應連標專名號。《舊唐書·經籍志》："《廣州先賢傳》七卷，<u>陸胤</u>撰。"可證。

專名誤分例

中華書局 1983 年標點本《世說新語箋疏》頁 132："<u>劉祖榮</u>、<u>臨孝存</u>、<u>侍其</u>、<u>元矩</u>、<u>孫賓碩</u>。"按"侍其"乃複姓，"元矩"乃其名，不應分爲二人（新標點本已改正）。

上海古籍出版社 1980 年版《戴震集》頁 202："<u>常璩</u>《華陽國志》於<u>林</u>、<u>閭</u>、<u>翁</u>、<u>孺</u>、<u>楊</u>、<u>莊</u>並云見《方言》。"按林閭翁孺爲一人，複姓林閭，名翁孺；楊莊又爲一人，姓楊名莊。此處分標爲六姓，大誤。

中華書局版《宋詩話輯佚（上）》頁 143："<u>太宗</u>選（<u>楊徽之</u>詩）十聯書於御屏間，<u>梁周翰</u>詩曰：'誰似<u>金華</u><u>楊學士</u>，十聯詩在御屏間。'"按"梁周翰"，姓梁名周翰。標點者誤以"梁"爲朝代名，"周翰"爲姓名，一分爲二。

　　中華書局1983年標點本《齊東野語》頁135："王希呂仲衡知紹興郡，舉進士。"此將"王希""呂仲衡"標爲二人，但哪有二人同時知一郡的道理？當標作"王希呂仲衡"，"希呂"其名，"仲衡"其字。

　　人民文學出版社標點本《隨園詩話·補遺》頁49："張紫峴詩：'公孫大娘舞劍器，顛、旭得之爲草書。'"按唐書法家張旭，人稱"草聖"，又稱"張顛"，故此處合稱"顛旭"，非是二人。

相連專名誤合誤斷例

　　中華書局1959年標點本《三國志》頁109："昔華樂以厚斂致譏，周人以豫兇違禮。"按"華樂"非一人，而是指春秋時的華元、樂舉二人，當分標專名號，中間加頓號。《左傳》成公二年："八月，宋文公卒。始厚葬……君子謂華元、樂舉於是乎不臣。"

　　中華書局1975年標點本《舊唐書》頁4122："（寶）牟弟庠，字胄卿……卒年六十三。子繇載。"按寶庠二子繇與載，見《新唐書》卷七一下《宰相世系表》，此亦誤合二人爲一人。

　　中華書局1983年標點本《春渚紀聞》頁47："河朔雄霸與滄棣皆邊塘濼。"按雄、霸、滄、棣乃四州之名，當分別加專名號；此合"雄霸"爲一、"滄棣"爲一，誤。又"塘濼"非專有名詞，不當標專名號。

　　上海古籍出版社版《鄭思肖集》頁284："如一水庵、岳松源、冲癡、絶範、無準、觀月、林開、無門諸老禪。"按當標點爲"一水庵、岳松源、冲癡絶、範無準、觀月林、開無門"（詳見上節）。此爲相連專有名詞誤斷的典型例子。

　　廣西民族出版社版《桂海虞衡志校補》頁48："乾道癸巳冬，忽有大理人李觀音、得董六、斤黑張、般若師等，率以三字爲名，凡二十三人，至橫山議市馬。"按此一串人名當點作"李觀音得、董六斤黑、張般若師"。所謂"三字爲名"，不包括姓也。《宋史》卷一九八《兵志》一二："乾道九年，大理人李觀音得等二十二人至横山砦求市馬。"可證。

以上幾例是同類專名相連而誤標，下面幾例則是不同類專名相連而誤標：

中華書局 1975 年標點本《舊唐書》頁 4723："（竇）德明少師事陳留王孝逸，頗涉文史。"按"陳留王孝逸"當作"陳留<u>王</u><u>孝逸</u>"（新標點本已改正）。"陳留"地名，"王孝逸"人名，見《舊唐書》卷七〇《格輔元傳》。

中華書局標點本《宋史》頁 2953："<u>江左</u>宋建平、<u>王宏</u>皆據以爲説。"按原書此句實指南朝劉宋建平王劉宏，當標作"<u>江左</u>宋建平王宏"。因朝代名、爵號、人名相連，標點者遂誤以朝代名、爵號爲姓，又誤以封地爲名，將一人點成了二人。從上面兩個例子可以看出，古書中"××王××"最易讀錯標錯，近年出版的古籍標點本中此類錯誤不勝枚舉，應特別注意。

中華書局標點本《新唐書》頁 2876《宰相世系表》許氏："<u>弘</u>周，楚州刺史。"按此當標作"<u>弘</u>，周楚州刺史"，言許弘爲北周楚州刺史。同書頁 3027《宰相世系表》薛氏："<u>善</u>周，京兆尹、博平公。"亦當作"<u>善</u>，周京兆尹、<u>博平公</u>"。此二例皆以朝代名與人名相連而致誤。

從以上例子可見，要標好專名號也不是一件容易的事，它要求標點者要有較爲廣博的歷史、地理、文化知識。

在專名之中，人名、地名出現得最多，情況也最爲複雜，尤須注意辨識。下面也舉一些例子。

人名或以字爲稱

中華書局版《宋詩話輯佚》頁 342："零雨已回公旦駕，挽鬆聊聽野王箏。"按公旦乃周公旦的省稱，野王乃晉桓伊的小字，都應加專名號。

或以別號爲稱

中華書局 1982 年標點本《陳與義集》頁 143 注 2："盧子諒《贈崔溫詩》：'平陸引長流山谷。'劉明仲《墨竹賦》：……"按"山谷"乃黃庭堅號。此文當點作："盧子諒《贈崔溫詩》：'平陸引長流。'山谷《劉明仲墨竹賦》：……"（新標點本已改正）

中華書局版《宋詩話輯佚》頁 365："大梁城裏定相見，玉川破屋應數間。""玉川"乃唐詩人盧仝，自號玉川子，應標專名號。（"大梁"即開封，也應加專名號。）

或以官職爲稱

中華書局 1982 年標點本《戒庵老人漫筆》頁 323："所謂東溪府君者，即《通紀》諸書所載兵部觀政進士常熟楊集，當時以其上於司馬書出爲安州知州者是也。"按"於"本作"于"，"于司馬"即于謙，謙爲兵部尚書，相當於古司馬之官，故稱"于司馬"。校點者不知其爲人名，又不參考有關書籍，而誤以"書"爲人名，並錯改"于"爲"於"。

中華書局標點本《水東日記》頁 194："如歐陽公、司馬公、蘇內翰、黃門諸公之文，俱自成一家。"按"黃門"指蘇轍，轍曾爲黃門侍郎也，當加專名號。

或以爵號爲稱

中華書局 1982 年標點本《不下帶編》卷四："韓公之於戎昱，既徇所求。奇章之望，牧之更宜自愛。"按"韓公"指唐韓滉；"戎昱"亦人名；"奇章"指唐牛僧孺，牛曾封奇章郡公，後人遂以其爵號爲稱；"牧之"則是杜牧的字。此文當點作："韓公之於戎昱，既徇所求；奇章之望牧之，更宜自愛。"（新標點本已改正）標點者只知韓公爲人物，又不熟悉駢文的對仗，以致漏點亂點。

或以封號爲稱

中華書局標點本《邵氏聞見錄》頁 69："希夷先生一日令灑

掃庭除，曰：‘當有嘉客至。’”按“希夷先生”乃宋太宗賜陳摶之號，應四字連標專名號。

或以諡號爲稱

中華書局1979年標點本《老學庵筆記》頁43：“且英宗受天下於仁祖，故神廟所以養慈聖、光獻者，備極隆厚。”按“慈聖光獻”乃宋仁宗曹皇后的諡號，不當分爲二人（新標點本已改正）。

又有時省稱

中華書局版《宋詩話輯佚》頁425：“柴門了生事，黃綺未稱臣。”“黃綺”乃漢初“商山四皓”中夏黃公、綺里季的省稱，當分別加專名號。

中華書局版《歷代詩話續編》頁1118：“今督府張公序其詩文，以左遷高岑輩目之。”按“左遷高岑”乃左丘明、司馬遷、高適、岑參四人的省稱，標點者不知，“左遷”不加專名號，“高岑”連爲一人，大誤！

中華書局1984年標點本《五燈會元》頁355：“師乃白雲端和尚得度師。”按當標作“白雲端和尚”（新標點本已改正），“白雲”指舒州白雲山，“端”乃“守端”之省稱。

有時幾個稱號連稱

如前舉《桯史》“張賢良君悅咸”：“張”，姓；“賢良”，因張咸曾舉賢良方正科，故稱；“君悅”，字；“咸”，名。中華書局標點本不知“咸”爲其名，失標專名號，且誤屬下句讀。

中華書局1983年標點本《齊東野語》頁233：“歷陽張邵才彥，乃總得居士祁晉彥之兄也。”此以“祁晉彥”三字連標專名號，似爲姓祁名晉彥，然祁晉彥何得爲張邵之兄？實則“祁”與“晉彥”當分標，謂總得居士張祁字晉彥也。

地名或爲省稱，或爲簡稱，或爲別稱

中華書局標點本《春渚紀聞》頁105：“政和間，余過御

兒。”按“御兒”乃嘉興的別稱，當標專名號。

中華書局版《宋詩話輯佚》頁346：“汪彥章二詩最爲絶唱。詩云：‘……三山勝處開華屋，千載人傳舊史君。’”按“三山”乃福州的別稱，當加專名號。

或不似地名而實爲地名

中華書局標點本《續資治通鑑長編》頁639：“東南諸州，饒實繁盛，人心易動。”這裏的“饒”實指饒州，而非富饒之饒，當加專名號。

中華書局1983年標點本《世説新語箋疏》頁625：“桓温自徐移荆，迄於廢立，與簡文會者二：前在興寧三年乙丑浉洲，後在太和四年己巳涂中。此是會涂中事。”按“涂中”未標專名號，蓋標點者理解爲路途之中，然此處實爲地名（新標點本已改正）。

或似地名而實非地名

中華書局標點本《泊宅編》頁48：“天禧初，滑州河決已塞，唯龍門未合。”“龍門”指正填塞的決口，非地名，專名號當去。

中華書局標點本《歸潛志》頁139：“彼梗楠豫章之材，封殖之，護持之。”按“豫章”在此爲木名，非地名，不當加專名號。

中華書局標點本《南史》頁697：“（袁）湛正色曰：‘汝便是兩世無渭陽情。’”“渭陽”本爲地名，指渭水之陽，《詩經》有《渭陽》篇，中有“我送舅氏，曰至渭陽”之句，後世遂用以指甥舅之情。《南史》此句就是這個意思，所以不當標專名號。

中華書局版《宋詩話輯佚》頁301：“博山繞沉水，煙爐氣不滅。”“博山”本爲地名，以出香爐著名，這裏以“博山”指代博山香爐，因此也不應該加專名號。

同上頁406：“駐馬誰家唱石州。”“石州”本地名，但在此乃曲名，應改爲書名號。

總而言之，古書中的人名地名情況極其複雜，最易標錯，標點時必須反復推敲。

書名號

書名號用以表示書名、篇名、樂曲名、卦名等。爲叙述方便，我們以下統稱爲"書名"。

使用書名號常見的錯誤有以下幾種：誤以書名爲非書名；誤以非書名爲書名；多書相連而誤分誤合；誤以其他詞語混入書名；誤割書名之一部分作其他詞語。

誤以書名爲非書名

中華書局 1982 年標點本《陳與義集》頁 89："《墨藪》：褚河南曰：'用筆如錐畫沙，老子起於累土。'"標點者不知"老子"乃書名，"起於累土"乃《老子》書中語，以致標點全錯。當作："《墨藪》：褚河南曰'用筆如錐畫沙'。《老子》'起於累土'。"（新標點本已改正）

上海古籍出版社標點本《兩般秋雨庵隨筆》頁 349："螽斯振振兮，振振，多也。麟趾振振，公子振振，仁厚也。殷其雷振振，君子振振，信實也。"標點者不知"螽斯""麟趾""殷其雷"皆《詩經》篇名，以致幾句標點全誤。當作："《螽斯》'振振兮'，振振，多也。《麟趾》'振振公子'，振振，仁厚也。《殷其雷》'振振君子'，振振，信實也。"

中華書局版《歷代詩話續編》頁 751："蘇東坡詩八首，大率皆田中語。"按此處非泛指蘇東坡之八首詩，而是指蘇詩之《東坡》八首，"東坡"乃篇名，當加書名號。

古人文中之書名往往省稱，最易漏標書名號，當特別注意。如：

中華書局標點本《後漢書·章帝紀》章和元年秋七月："壬戌，詔曰：'……今改元和四年爲章和元年。'秋，令是月養衰老，授几杖，行糜粥飲食。……"按"是月養衰老，授几杖，行糜粥飲食"乃《禮記・月令》仲秋月之文，則此處"秋令"乃"仲秋之《月令》"的省稱，當標點作"秋《令》"，後面的引文加冒號、引號。而且這以下仍爲詔文之一部分，不當割出於詔文之外。標點者誤將"秋，令……"理解爲史官敘述之語，以致出現了這樣的錯誤。

中華書局標點本《桯史》頁140："語曰：'可與共學，未可與適道；可與適道，未可與立；可與立，未可與權。'"這裏的"語"不是"俗語"之類的意思，而是《論語》的省稱，當加書名號。將《論語》省稱爲《語》是宋人的習慣。

中華書局標點本《齊東野語》頁213："逸少《禊序》，高妙千古，而不入選。"按《禊序》是《蘭亭序》的別稱，加書名號，完全正確；但標點者却不知道"選"是《文選》的省稱，也應當標書名號。"不入《選》"意即"没有收入《文選》"，而不是"没有選入"的意思。

中華書局版《宋詩話輯佚》頁173："玉樹歌殘王氣終，景陽鐘動曉樓空。"按"玉樹"乃歌曲《玉樹後庭花》的省稱，當加書名號。

《周易》六十四卦的卦名在古文中也常常出現，一些古籍標點者不甚熟悉，因此容易漏標或誤標。如：

中華書局版《歷代詩話續編》頁967："乾剛坤柔，比樂師憂，臨觀之義，或與或求。"在這兩句中，"乾""坤""比""師""臨""觀"都是卦名，應加書名號，否則不易理解。

中華書局1982年標點本《戒庵老人漫筆》頁97："震用事，而上九當退於無爲。京猶戀位乾居尊，而六子未承乎幹蠱，攸敢同升。"按"京"指蔡京，"攸"指其子蔡攸。"震""乾"乃卦名，"上九""六子""幹蠱"皆《周易》詞語。標點者不熟悉《周易》，又不熟悉駢文，所以亂標亂點。當作：“《震》用事而上九當退於無爲，京猶戀位；《乾》居尊而六子未承乎幹蠱，攸乃同升。”

誤以非書名爲書名

中華書局 1982 年標點本《陳與義集》頁 350：“即老杜《雨催》詩之意。”按杜甫無題爲《雨催》之詩，其《丈八溝納涼遇雨》詩云：“片雲頭上黑，應是雨催詩。”此處乃節引其中三字。標點應作“即老杜‘雨催詩’之意”（新標點本已改正）。

上海古籍出版社 1991 年標點本《玉照新志》頁 72：“（章拱之）又撰造（蔡）君謨《乞不立厚陵爲皇子疏》刊版印售於相藍。中人市得之，遂干乙覽。英宗大怒，君謨幾陷不測。”按君謨，蔡襄字；厚陵，宋英宗陵名。英宗死後方有“厚陵”之稱，章拱之在英宗生前撰造奏疏之時不可能預知，因而“乞不立厚陵爲皇子疏”顯爲《玉照新志》作者之叙述，而非原疏之題，不應當標書名號。

中華書局版《宋詩話輯佚》頁 435《詩説雋永》“晁叔用詩”條：“晁冲之叔用樂府最知名，詩少見於世。政和末，先公爲御史，朱深明爲郎官。其《謝先公寄茶兼簡深明詩》曰：……”按“先公”指《詩説雋永》作者之父，朱深明之詩何得題爲“謝先公”？顯然這也是作者叙述之語，不當加書名號。

中華書局版《歷代詩話續編》頁 366：“太白云：‘《滄浪》吾有曲，《相子》棹歌聲。’”按“相子棹歌聲”謂助你唱棹歌，把“相子”作歌名，大誤！

一書誤分爲二書

中華書局 1984 年標點本《石林燕語》頁 71：“堯舜二字，詳《白虎通》《德論》一。”按《白虎通德論》爲一書，此誤分爲二（新標點本已改正）。

上海人民出版社版《章太炎全集》第二卷《春秋左傳讀叙

錄》：“如楊子雲作《劇秦》《美新》並未以此意入《太玄》《法言》中。”按《劇秦美新》爲揚雄的一篇文章，此誤分爲二。

多書相連而誤分誤合

中華書局 1972 年標點本《北齊書》頁 675《信都芳傳》：“又著《樂書》《遁甲經四術》《周髀宗》。”按《北史》卷八九《信都芳傳》載信都芳原序云“名《四術周髀宗》”，可見標點當作：“又著《樂書》《遁甲經》《四術周髀宗》。”（新標點本已改正）

上海人民出版社版《章太炎全集》第二卷《春秋左傳讀》“使貳車反祐於西圃”條：“以《少牢特牲》《士虞》不言主，遂謂大夫、士無主。”按“少牢”“特牲”乃《禮記》《少牢饋食禮》《特牲饋食禮》二篇之簡稱，此處誤合爲一書。

同上《春秋左傳讀叙錄》：“又案：《感精符考異》《郵説題辭》等皆云：……”按《感精符》《考異郵》《説題辭》爲《春秋感精符》《春秋考異郵》《春秋説題辭》三部緯書的省稱，此處誤加分合。

中華書局標點本《舊唐書》頁 1072—1073：“北狄樂……周、隋世，與西凉樂雜奏。今存者五十三章，其名目可解者六章：《慕容可汗》《吐谷渾》《部落稽》《鉅鹿公主》《白凈王太子》《企喻》也。”按《白凈王》《太子企喻》爲二曲名，見《新唐書》卷二二《禮樂志》，此處誤斷。

誤以其他詞語混入書名

中華書局 1975 年標點本《新唐書》頁 1478：“賀蘭正《元輔佐記》十卷。”按當作“賀蘭正元《輔佐記》”。又頁 1511：“《文禮通語》十卷。”按當作“文禮《通語》十卷”。又頁 1471：“姚璹《修時政記》四十卷。”按“修”字乃動詞，應在書名外。又頁 1570：“葛仙公《録狐子方金訣》二卷。”按“録”字亦爲動詞，不當混入書名（新標點本皆已改正）。

中華書局 1983 年版《世説新語箋疏》頁 708：“《任淵山谷

內集注》。"按當作"<u>任淵</u>《山谷內集注》"（新標點本已改正）。

誤割書名之一部分作其他詞語

中華書局 1975 年標點本《新唐書》頁 1442："<u>徐整默</u>《注》二卷。"按當作"<u>徐整</u>《默注》二卷"。《默注》即《孝經默注》之省稱。又頁 1505："<u>魏聘</u>《使行記》五卷。"按當作"《魏聘使行記》五卷"（新標點本皆已改正）。

中華書局版《世說新語箋疏》頁 346："《文選五君咏注》引<u>顧凱之嵇康</u>《讚》。"照此標點，似顧凱之與嵇康合作《讚》，然嵇康死後七八十年顧凱之乃生，怎麼可能合作？應該標作"<u>顧凱之</u>《嵇康讚》"（新標點本已改正）。又《文選五君咏注》應標作"《文選·五君咏》注"。

人民文學出版社 1982 年標點本《隨園詩話》頁 98："<u>唐人</u>《咏明皇》云：'<u>姚</u>、<u>宋</u>不亡妃子在，胡塵那得到中華？'<u>僖宗</u>《幸蜀》詩云：'地下阿瞞應有語，這回休更怨楊妃。'"這裏標爲唐僖宗作《幸蜀詩》，但唐僖宗怎麼可能自己作詩諷刺自己，又稱玄宗爲"阿瞞"？實際上這是五代人狄歸昌寫的《僖宗幸蜀》詩，"僖宗"二字當標在書名號內。

在書名號的使用方面有幾種情況經常容易標錯，或者標法不統一，下面提出來討論。

一是多種書的總稱。這裏又有兩種情況：如"六經""四史""四書"之類，完全與書名無關，不應當標書名號，而只能加引號，或不標任何符號。但如"三禮""三傳""二南""兩漢書"之類的合稱，其中一字爲數字，另一字則爲所含諸書書名或諸篇篇名共同的簡稱。"三禮"指《周禮》《儀禮》《禮記》，都帶一個"禮"字，所以稱"三禮"。同樣，"三傳"指《春秋》的《左氏傳》《公羊傳》《穀梁傳》；"二南"指《詩經》中的《周南》《召南》；"兩漢書"指班固《漢書》、范曄《後漢書》。這種情況只能標其中的書名簡稱，如"三《禮》""三《傳》""二《南》"
"兩《漢書》"等。有的標點者全括入書名號内，作《三禮》《三
傳》等，不合規範。

二是著者或傳授者的省稱加書名簡稱。如袁宏《後漢紀》簡
稱"袁紀"，范曄《後漢書》簡稱"范書"，毛公所傳的《詩經》
稱"毛詩"，毛公所著《毛詩故訓傳》稱"毛傳"，鄭玄的《詩
箋》稱"鄭箋"。這一類有兩種標法：一種是著者或傳授者標專
名號，書名簡稱則加書名號；另一種是全括在書名號内。當以前
者爲是。另外，還有著者簡稱加其書之性質者，如稱班固《漢
書》爲"班史"、范曄《後漢書》稱"范史"之類，因爲它並没
有包含書名簡稱，所以不應該標書名號，也不必標引號。

三是某書或某書某部分之簡稱冠以朝代名。如《漢書·藝文
志》稱"漢志"，《隋書·經籍志》稱"隋志"。這種情況，往往
原書書名中即帶有朝代名，所以也可以把朝代名看作書名的省
稱，因而可以全標書名號，如《漢志》《隋志》。但若稱《漢書·
藝文志》爲"前漢藝文志"或"前漢志"，似乎"前漢"二字不
應標在書名號内，因爲《漢書》書名本不稱"前漢"。此外，還
有朝代名加其書之性質者，如《新唐書》稱"唐史"（宋代人往
往如此稱呼）之類，因其不含書名簡稱，似乎也不好標書名號。

四是某書某某注。如"《後漢書》章懷注""《文選》五臣
注"，有的標點本將"注"字加上書名號，似可不必，因爲並非
書名原有"注"字。但需注意：若書名本身即有"注"字，則須
置於書名號内。中華書局標點本《新唐書·藝文志（一）》："陸
質集注《春秋》二十卷。"查《舊唐書·陸質傳》："質著《集注
春秋》二十卷。"可知"集注"二字乃書名，非一般動詞，應在
書名號内。同樣，宋代施元之所注蘇軾詩，名爲《施注蘇詩》，中華
書局標點本《世説新語箋疏》標作"施《注》蘇《詩》"，亦誤。

五是篇名後的編碼。一篇的篇幅太長，則分爲上、中、下或一、二、三，等等。如《禮記·曲禮》上、《孟子·公孫丑》下、《宋史·真宗紀》二、《新唐書·宰相世系表》三下。此類編碼，引用者有的放在書名號外，有的則置於書名號內。按理，此是編次，而非篇名，放在書名號內不妥，似以放在書名號外爲好；但上、中、下、一、二、三等字又容易與後面的文字相混，如"《孟子·公孫丑》上一篇"就容易誤解爲《孟子·公孫丑》的上一篇。因此，我們認爲可以放在書名號內而加括號，如《孟子·公孫丑（上）》《宋史·真宗紀（二）》，這樣可以兩方面兼顧。

六是篇題後又加"篇"。如"論語學而篇"，是標作"《論語·學而》篇"好，還是標作"《論語·學而篇》"好？恐怕還是前一種標法好，因爲"篇"字放在書名號內，就好像篇名本身原有一個"篇"字。與此相類，舉了詩題之後又稱"詩"，如"樂天聽歌詩云"，不當標作"樂天《聽歌詩》"，而當標爲"樂天《聽歌》詩"。

破折號、括號、省略號

在標點古籍中，這三種標號不常用，特別是近年出的標點本幾乎完全不用，這似乎是受了中華書局點校本"二十四史"的影響。中華書局編輯部在《史記點校後記》中說："我們沒有用破折號，因爲可以用破折號的地方也可以用句號。……刪節號也不用，凡是下面有脫文的地方，只在那裏用句號圈斷。因爲用刪節號容易引起讀者誤會，以爲是刪節了《史記》原文。"這裏說了兩條理由：一是可以用句號代替，二是避免誤會。第二條有一定道理，用括號也同樣有一個容易引起誤會的問題，但總不能因噎廢食。第一條恐怕不能成其爲理由，因爲各種標點符號各有用處，不能完全互相代替。

我們認爲這三種標號都可以用，有時還必須用。

破折號

破折號用以表示文中注釋性的插叙，又表示意思的轉折。楊樹達《古書疑義舉例續補》卷二"文中自注例"條云："古人行文，中有自注，不善讀書者疑其文氣不貫，而實非也。"他舉了好些例子，並主張此等處當用破折號。試看其中二例：

《史記·田叔列傳》叙田仁事云："月餘，上遷拜爲司直。數歲，坐太子事——時左丞相自將兵，令司直田仁主閉守城門，坐縱太子——下吏誅死。"中華書局標點本"坐太子事"後用句號，"坐縱太子"後用逗號。顯然，楊先生的標點更爲準確，使文意更顯豁。此段正文本爲"坐太子事下吏誅死"，中間幾句乃是注釋"坐太子事"。中華書局本的標點，其缺點在於：第一，看不出中間幾句是注釋性文字；第二，前邊説"坐太子事"，後面又説"坐縱太子"，讀者容易懷疑是語義重複。

《史記·項羽本紀》："項王即日因留沛公與飲。項王、項伯東嚮坐，亞父南嚮坐，——亞父者，范增也——沛公北嚮坐，張良西嚮侍。"中華書局標點本於"亞父者范增也"前後都用句號圈斷，以致語氣不貫；且東南西北四方，東與南作一句，北與西作另一句，也没有道理。

如果説上兩例還可以勉强用句號代替，下面的例子就更不行了。《項羽本紀》中華書局標點本："沛公則置車騎，脱身獨騎，與樊噲、夏侯嬰、靳彊、紀信等四人持劍盾步走，從驪山下，道芷陽間行。"按此標點，既是"脱身獨騎"，可見劉邦是騎馬；而下面又説與樊噲等四人"步走"，豈非矛盾？實則"四人持劍盾步走"乃是文中的插入語，應當這樣標點："沛公則置車騎，脱身獨騎，與樊噲、夏侯嬰、靳彊、紀信等——四人持劍盾步走

——從驪山下，道芷陽間行。"這樣，文意就很清楚了①。再舉一例。宋釋契嵩《鐔津文集》卷一〇《上富相公書》："謹以其所著《輔教編》一部三册印者，又以《皇極論》一首寫本者，——然此《論》乃少時行道之餘暇所屬，雖其文字淺俗，而粗明乎治世聖賢之法——仰托關主簿投諸下執事者。"這一段中"然此……之法"也是句中的插叙，只能用破折號表示，不能用句號點斷。

括　　號

括號也是表示文中注釋的部分，因此用破折號的地方有時也可以用括號，反之亦然。爲了避免與古籍整理者自己的按語相混淆而引起誤會，應盡可能少用括號，或用破折號代替。但有時不能不用括號。例如：

宋蔡襄《端明集》卷三七《光禄少卿方公神道碑》："女七人，適劉孝先、陳勵、王拱（並進士）、宣州涇縣尉鄭伯齋、福州連江縣尉李昭文，二人尚幼。"此處"並進士"三字用括號最好，當然也可改爲破折號。

周必大《平園續稿》卷一〇《跋秦少章詩卷》："昔東坡蘇公送少章詩云：'秦郎忽過我，賦詩如《卷阿》。句法本黄子（謂魯直也），二豪與揩磨（謂其兄少游與張文潛也）。'又云：'瘦馬識駃耳，枯桐得雲和。'其見稱許如此。"括號中的文字是周必大原注。像這種地方，除了用括號，就只有排成比正文小的字號；但在寫文章引用時又不便排爲小字，還是只有用括號，最多也只能加"原注"字樣。

中華書局標點本《金史》卷七《地理志》下德順州："通邊_{本通邊寨。}寨三静邊舊爲縣，得勝，寧安。"末句如此標點，破壞了三寨

的並列關係,使原文眉目不清,當於"舊爲縣"三字前後加括號。

這幾個例子説明,"標點古籍不用括號"這一條不成文的清規戒律應該破掉。

省略號

楊樹達《古書疑義舉例續補》卷一有"一人之語未竟而他人插語例",説:"古人對談之頃,往往有意欲宣,情勢急迫,不能自制。此在言者爲不得已;而古人叙述其事者,亦據其急迫之狀而述之,此古人文字爲質而信也。"楊氏於此等處用破折號表示,但也可以用省略號。今舉二例:

《左傳》襄公二十五年:"丁丑,崔杼立而相之,慶封爲左相,盟國人於大宮,曰:'所不與崔、慶者……'晏子仰天嘆曰:'嬰所不唯忠於君、利社稷者是與,有如上帝!'乃歃。"此是崔、慶讀盟書未畢,而晏子插言,所以當用省略號。

《三國志·吳志·魯肅傳》:"肅因責數羽曰:'國家區區,本以土地借卿家者,卿家軍敗遠來,無以爲資故也。今已得益州,既無奉還之意;但求三郡,又不從命……'語未究竟,坐有一人曰:'夫土地者,惟德所在耳,何常之有!'"這裏明云魯肅"語未究竟",則當用省略號。中華書局標點本仍用句號,不確。

以上兩例,也可以改爲破折號。用省略號的確有一個問題,即容易誤認爲標點者所删,因此能用破折號代替的應盡可能不用省略號。

第六節　駢文韻文的標點

標點符號適用於所有的文體,但是駢文、韻文(包括辭賦、詩歌、詞曲以及有韻的箴銘讚頌誄等)的標點,有一些與一般散文不同的特殊規律,古籍標點者不可不知。

　　駢文、韻文與散文不同之處在於它們有一定的節奏與音律。駢文雖然不需協韻，但講究對仗，一聯之中的上下兩句句式與字數必須一致，像對聯一樣。韻文則要協韻，而且除辭賦以外，每句字數一般都有限制，如五言、七言等。駢文、韻文的此類節律與語義既有統一的一面（當然這是主要的一面），但又有矛盾的一面，這是形式與內容的矛盾統一。例如《詩·邶風·柏舟》："微我無酒，以敖以遊。"毛《傳》："非我無酒可以遨遊忘憂也。"這就是說，按照文義，"微我無酒以遨以遊"是一句話，中間不應停頓；而按照詩的節奏，"微我無酒"之後必須停頓，否則就不成其爲詩。劉克莊《後村先生大全集》卷一五〇《杜郎中墓誌銘》："銘曰：'杜氏本出，京兆萬年。廣明避地，始居淮墺。後徙吹臺，今家樵川。'""杜氏本出京兆萬年"，這是一句話，中間本不應停頓，但此銘爲四字一句，中間便不能不停。詞曲也有從譜讀與從文讀的不一致，例如蘇軾《水龍吟·次韻章質夫楊花詞》，其末句從譜讀當作："細看來不是，楊花點點，是離人淚。"而從文讀當作："細看來不是楊花，點點是離人淚。"這就是節律與語義的矛盾。

　　這種矛盾必然要反映到古文的句讀與標點上。句讀是由語義決定的，但在駢文、韻文中，有時又不能不照顧節律，就像上面舉的前兩個例子，"微我無酒"與"杜氏本出"之後不能不斷句（傳統意義的句）或加逗號。這樣，就有了兩種句讀：一種是語義句讀，一種是節律句讀。這兩種句讀也是既統一又矛盾。它們在一般情況下還是一致的，但有時並不一致。在後一種情況下，我們使用標點就必須兩方面同時兼顧，不能只管語義不顧節律，也不能只管節律不顧語義。但這兩個方面又不是完全平列的，其中語義是矛盾的主要方面，是決定性的。就是說，不能犧牲語義來遷就節律，而只能在不妨礙或不甚妨礙語義的前提下照顧節律。這是一條根本的原則。

下面我們再進一步分別探討駢文與韻文的標點。

駢文的標點

標點駢文，最主要的是要體現出駢文的句式對偶這一基本特點。在不妨礙語義的前提下，一般來說，在兩個對偶的句子（即所謂一聯）之後要用句號圈斷。若此聯的上下句都是短句，則兩句之間用逗號；若上下句本身即需要加逗號，則兩句之間用分號。如王勃《滕王閣序》：

> 豫章故郡，洪都新府。星分翼軫，地接衡廬。襟三江而帶五湖，控荊蠻而引甌越。物華天寶，龍光射斗牛之墟；人傑地靈，徐孺下陳蕃之榻。

但在一些古籍標點本中，全然不顧或者不懂得駢文的這一特點，把駢文當作一般散文來標點。例如我們在前面舉到的這樣兩句：“韓公之於戎昱，既徇所求。奇章之望，牧之更宜自愛。”就算標點者不知戎昱、奇章、牧之都是人名，也不完全懂得這兩句的意思，但如果他知道這是駢文，並了解駢文的特點，他就不會這樣亂點，而知道應當點作：“韓公之於戎昱，既徇所求；奇章之望牧之，更宜自愛。”

再舉一例。中華書局標點本《桯史》頁 124 周必大降官謝表：

> 伏念臣疏庸一介，際遇四朝，逮事高皇，已遍塵於臺省，受知孝廟，復久玷於機衡。不思勉效於同寅，乃敢與聞於異論，既肺肝眾所共見，豈口舌獨能自明。惟光宗興念於元僚，亦屢分於閫寄，肆陛下曲憐其末路，爰俾遂於里居。……茲蓋恭遇皇帝陛下，崇德尚寬，馭民敬故。國皆曰殺，雖微可恕之情，毫不加刑，姑用惟輕之典，遂令衰朽，亦與

生全。臣有愧積中，無階報上，省營田里，視桑蔭之幾何；
托命乾坤，比櫟材而知免。

這一段的標點雖然沒有破句，但原文本是對仗工穩的駢文，如此
一標點，使本文全無駢驪節奏，駢文不像駢文，散文不像散文，
文章的層次也不清晰。應改爲：

伏念臣疏庸一介，際遇四朝。逮事高皇，已遍塵於臺
省；受知孝廟，復久玷於機衡。不思勉效於同寅，乃敢與聞
於異論。既肺肝衆所共見，豈口舌獨能自明。惟光宗興念於
元像，亦屢分於闈寄；肆陛下曲憐其末路，爰俾遂於里居。
……兹蓋恭遇皇帝陛下崇德尚寬，馭民敬故。國皆曰殺，雖
微可恕之情；毫不加刑，姑用惟輕之典。遂令衰朽，亦與生
全。臣有愧積中，無階報上。省營田里，視桑蔭之幾何；托
命乾坤，比櫟材而知免。

駢文這種特殊的文體起源於漢魏，形成於南北朝，鼎盛於唐
宋。大體説來，宋代以前的駢文比較好標點，因其句式較爲簡單
而規範。到了宋代，出現了駢文散文化的傾向，句式也漸趨複
雜，因此在標點的時候更要特別注意。

例如楊萬里《誠齋集》卷五五《辭免贛州得祠進職謝宰執
啓》：“幼學之，壯而欲行之，豈不願仕；今老矣，無能爲也矣，
加之卧痾。”這裏將平常語化爲駢句，粗一看，像是散文，而實
際上是駢文。其中“豈不願仕”是個反問句，按理應該用問號，
但爲了突出駢文的特點，最好用分號。

有時一聯的上下兩句都是複合句，例如劉弇《龍雲集》卷一
四《謝運判王司封舉太學博士啓》：“開懷見誠，磊落胸次，任真
者如此，而或不免於浸潤膚受；寡儔少與，屏棄外物，畏事者如
此，而或見病於蘧蒢戚施。”曾有人於“次”“受”“物”後都點
作句號，忽略了這是駢文。

　　更多的是用多個駢句組成一個長句。在這種情況下，就不能照一般駢文的點法在各駢句的中間和末尾一律用分號和句號，而要看具體情況。例如：

　　王禹偁《小畜集》卷二二《賀聖駕還京表》：

　　　　昔周宣薄伐獫狁，深入太原，漢武斥逐匈奴，遐臨瀚海，頗爲勞弊，尚著聲時；曾未若陛下仰順天時，俯從人欲，出狩適當於冬隙，班師未廢於農祥。

上引爲兩組複合句組成的長複合句，每組複合句又各包含兩對駢句。兩組複合句之間只能用分號，因此各駢句之間便不能用分號，其末也不能用句號，例如“周宣”“漢武”一聯不能點作：“周宣薄伐獫狁，深入太原；漢武斥逐匈奴，遐臨瀚海。”因爲這兩個駢句在這裏作爲並列主語，並非獨立的句子。

　　宋祁《宋景文集》卷四五《春日同趙侍禁游白兆山寺序》：

　　　　若其丹崖披壤，牝谷凝神，觸澗成渠，值林爲苑，跳巒崎嶺，緣雲而上征，飛潀神泉，相背而異態，固可駭也；朱蕤幽茂，飛英幡纚，羈禽聲耴，纖籟悲鳴，清飈徐動，徘徊於桂叢，泄霧未凝，彌漫於壤石，又可樂也。

這個長複合句的結構與上例相類似，也是由兩個複合句組成，每個複合句各含三對不獨立的駢句，因而中間也只能用逗號。

　　劉弇《龍雲集》卷一四《謝運判王司封舉太學博士啓》：

　　　　自非報吾君而以士，因是人之必求，水鑒九流，蘭莖十步，觀所主以至於爲主，舉爾知而闕其不知，諭訛弗奪於朋邪，歆艷靡牽於流俗，則何以有功推轂，無愧征茅？

這是由五組駢句構成的一個長句，用“自非……則何以”連接，一氣而下，中間不能用分號、句號。

　　文天祥《文山先生全集》卷七《賀江左相啓》：

　　　　自其驅馳外服，出入中朝，洛中傴仰之年，江上經營之

　　日，以至贊先皇之大政，參嗣聖之初元，賢與不賢，一言定
　　其可否，用或弗用，四海視以重輕。
這也是一個長句，包含四對駢句。

　　由上面的例子可見，駢文中間的停頓（句讀）必須遵守駢文
的節律，但至於是用什麼點號來表示此種停頓，那就要看具體情
況。在不影響文意的情況下，應盡可能用分號、句號把對偶的句
子顯示出來；但在不能分割的長句中間，則不得用分號、句號隔
斷文意。可見仍然是以文義爲主。

　　標點駢文還有一個問題值得注意。駢文或受駢文影響的文
章，句式比較整齊，尤以四字句最多。有時可以利用這個特點來
確定句讀。但是，即使是最標準的駢文，也不可能從頭至尾絕對
整齊。往往駢文之中也有散句，而散文之中也有駢句；而且駢句
之前有領詞，駢句之間有連詞，駢句之末有尾詞；等等。有些標
點者忽視了這一點，有時只管字數的整齊，而不管文意是否可
通，其點錯是必然的。

　　例如標點本《水經注校》頁23：“六合之内，水澤之藏，大
非爲巨，小非爲細，存非爲有，隱非爲無，其所苞者，廣矣於
中；同名異域，稱謂相亂，亦不爲寡。”很顯然，標點者看見前
幾句都是四字句，於是便按四字一路點下去。其實“其所”以下
當作：“其所苞者廣矣；於中同名異域，稱謂相亂，亦不爲寡。”

　　又同書頁239：“濟水當王莽之世，川瀆枯竭，其後水流，
徑通津渠，勢改尋梁，脈水不與昔同。”按“其後”以下當點作：
“其後水流徑通，津渠勢改，尋梁脈水，不與昔同。”標點者不知
“其後”二字是領詞，從“其後”句開始就按四字一逗，於是以
下全錯。這個例子也説明：駢文既好點，也不好點。掌握了規律
就好點，但弄得不好，一句點錯了，句句都錯。有時一段文字，
中間脫了一字，或多了一字，標點者一不留神，仍然按一定字數

去點，就全錯了。

韻文的標點

韻文的特點，第一是一切體裁的韻文都要協韻，第二是有些體裁的韻文還要講格律，這都會影響到標點。因此，要求標點者要懂一點古代音韻（包括上古音韻、中古音韻、金元以來的平水韻等），要懂一點詩詞格律。

不懂音韻，不懂詩律，就很容易點錯，甚至把韻文點成散文，鬧出笑話。試舉幾例：

中華書局1983年標點本《歸潛志》卷一四《歸潛堂記》：

> 歌曰：潛於農摯之侶兮，潛於漁望之徒兮，顧惟不肖。豈敢與俱兮，惟茲一堂。有琴有書兮，學其所不知，求進於聖途兮，潛乎！潛乎！亦可以為娛兮。嘻！

這一段的標點，錯得一無是處。究其致誤之由雖則不止一端，但其中有一條是沒有注意詩韻。既然稱之為“歌曰”，那自然是一首詩歌；既是一首詩歌，那自然有韻。這一首歌就是以徒、俱、書、途、娛為韻。如果注意到這一點，就不致錯得如此離譜了。應改作：

> 歌曰：潛於農，摯之侶兮；潛於漁，望之徒兮。顧惟不肖，豈敢與俱兮。惟茲一堂，有琴有書兮。學其所不知，求進於聖途兮。潛乎潛乎，亦可以為娛兮。嘻！

文天祥《文山先生全集》卷九《贛州興國縣安湖書院記》，其中一段，某君點作：

> 諗之諸生曰：“昔有文翁興學於蜀，受業博士時則張叔，學官弟子畏而懷之。彼何人哉，叔兮叔兮！”又進諸生之長諗之曰：“昔有文公設教於潮，潮人趙德以士見招。維文與

行倡於齊民，其則不遠。德哉若人！"

這裏是作爲散文來標點，似乎勉强可通；但古書讀得多一點、對古詩古韻較爲熟悉的人來一讀，就知道兩個"曰"字之後的文字不是散文，而是散文中的韻文。這樣標點就清楚了：

　　諗之諸生曰："昔有文翁，興學於蜀。受業博士，時則張叔。學官弟子，畏而懷之。彼何人哉，叔兮叔兮！"又進諸生之長諗之曰："昔有文公，設教於潮。潮人趙德，以士見招。維文與行，倡於齊民。其則不遠，德哉若人！"

再如中華書局 1982 年標點本《陳與義集》頁 375："老杜《畫馬圖歌》：'國初以來，畫鞍馬神妙獨數江都王。'"按《畫馬圖歌》是杜甫的一首七言古詩，即使没讀過，顧名思義也應知道這是一首詩歌，那麼怎麼會有這樣的散文句子？或者是標點者一點而過，没有注意，或者是標點者缺乏古詩的格律意識。應當標點作："國初以來畫鞍馬，神妙獨數江都王。"（新標點本已改正）

中華書局標點本《桯史》頁 57："《梁甫吟》聲苦，干將寶氣寒。"按《桯史》引宋王質《何處難忘酒》詩四首，這是其中的兩句，原詩爲五律。標點者將"梁甫吟"標上書名號，如果是散文，這樣標很正確，但作爲詩，這樣標就不妥當，因爲它不合於古詩特別是律詩的節奏。要知道，古代五言詩每一句中的吟咏節奏一般是二、三，就是説，五個字中，頭兩個字之後要稍作停頓，再吟後三個字。例如《古詩十九首》之六，如果我們用/表示每句中間的停頓，則是："涉江/採芙蓉，蘭澤/多芳草。採之/欲遺誰？所思/在遠道。還顧/望舊鄉，長路/漫浩浩。同心/而離居，憂傷/以終老。"同樣道理，上引《桯史》的兩句，其節奏也應該是："梁甫/吟聲苦，干將/寶氣寒。"而且其中"梁甫"與"干將"還是對偶詞。在標點的時候，就應當考慮到這一點，最好標作："《梁甫》吟聲苦，干將寶氣寒。"這樣標點，既符合古詩的節奏，而且也更符合作者的原意，因爲原意並不是説《梁甫吟》的“聲”很苦，而是説《梁甫吟》的“吟聲”很苦，《梁甫》爲《梁甫吟》的省稱。

與此例相類似，中華書局標點本《水東日記》頁 127：“五湖草綠浄，北固山光逈。”不應當將“北固山”三字都標上專名號，而只應標“北固”二字。

韻文的標點，要盡可能突出韻脚，使讀者讀起來鏗鏘押韻。一般來説，協韻之句（指傳統意義的句，下同）多用句號，無韻之句多用逗號。古代的詩歌（特別是近體詩）和箴銘讚頌等韻文大多是兩句一韻，所以標點這類韻文一般是一句用逗號，一句用句號。例如杜甫《春望》：

　　國破山河在，城春草木深。感時花濺泪，恨別鳥驚心。
烽火連三月，家書抵萬金。白頭搔更短，渾欲不勝簪。

有的標點者四句甚至四句以上才用一個句號，例如中華書局1981 年版《高適詩集編年箋注》全書標點均如此。試看《苦雪四首》之一：

　　二月猶北風，天陰雪冥冥，寥落一室中，悵然慚百齡，苦愁正如此，門柳復青青。

像這首詩，從韻脚來説是兩句一韻，從文義來説也是每兩句構成一個意思完整的句子。在這裏，韻律與文義是統一的，那麼爲什麼不在“冥”字、“齡”字之後用句號？如此書此種標點，雖然説不上大錯，但不足爲法。

這裏必須注意：正是由於古代韻文大多是兩句一韻，標點大多可以兩句一個句號，因而在有些人那裏形成了一種錯覺，以爲都是如此，所以在標點時，不管三七二十一，一律兩句一個圈、兩句一個圈。其實除了近體詩、詞等格律很嚴的體裁而外，一般韻文幾句一韻並沒有規定，而是隨作者之意。所以也可以是每句協韻，也可以是三句一韻，也可以是三、二相間，也可以是一、二相間，等等，不能刻舟求劍。上一章"不識古韻而誤例"中所舉的范仲淹《宋故乾州刺史張公神道碑》之銘，就是或三句一韻，或二句一韻，參差不齊，按兩句一韻點就錯了。茲再舉一例。宋祁《宋景文集》卷三四《乾元節頌》：

> 昊天之命，於穆不已，挺生我皇。赤帝之精，感於孟夏，昭迪殊祥。惟《乾》之健，配元之始，嘉節允臧。上公拜首，稱千萬壽，淳醴是將。帝謂三事，股肱同體，舉君之觴。百執和會，陽休樂凱，奉承親光。天乎悠久，地乎博厚，我君無疆。

這是典型的三句一韻，而某君也按二句一韻去點，自然大錯特錯。

　　每句押韻的韻文，不可能每句都用句號，還是要看文意。其中大多數仍是兩句爲一個完整句子，第一句用逗號，第二句用句號。例如張耒《柯山集》卷六〇《福昌縣君杜氏墓誌銘》："惟婦之德順以莊，既莊而順以方。夫人蹈此有耿光，而享不豐後其昌。"中華書局標點本《張耒集》點作："惟婦之德，順以莊。既莊而和，順以方。夫人蹈此，有耿光。而享不豐，後其昌。"標點者大概認爲每押韻之句都應標句號，所以點成了四個句子。但從文義和語法來説都只是兩個句子，用四個逗號、四個句號分割爲四個句子，既隔斷了文意，又不合於語法。試看"既莊而和，順以方""而享不豐，後其昌"，這哪裏是獨立的句子？

　　還有一種文章，既是韻文，又是駢文，也可以叫做有韻的駢文。對這種文章，既要點出其韻文之"韻"，又要點出其駢文之"駢"。如《桯史》卷一二"呂東萊祭文"條載陳亮祭呂祖謙文，我們先看中華書局標點本是如何標點：

> 嗚呼！孔氏之家法，儒者世守之，得其粗而遺其精，則流而爲度數刑名。聖人之妙用，英豪竊聞之，徇其流而忘其

源，則變而爲權譎縱橫。故孝悌忠信，常不足以趨天下之
變，而材術辯智，常不足以定天下之經，在人道無一事之可
少，而人心有萬變之難明，雖高明之洞見，猶小智之自營，
雖篤厚而守正，猶孤壘之易傾。蓋欲整兩漢而下，庶幾及見
三代之英，豈曰在我，成之在兄，方夜半之劇論，嘆古來之
未曾。講觀象之妙理，得應時之成能，謂人物之間出，非天
意之徒生。兄獨疑其未通，我引數而力爭，豈其於無事之
時，而已懷厭世之情。俄遂嬰於末疾，喜未替於儀刑，何所
遭之太慘，曾不假於餘齡。將博學多識，使人無自立之地，
而本末具舉，雖天亦有未所平耶！⋯⋯

這一段標點，該用句號的地方不用句號，該用分號的地方不用分
號，將原文的韻律與駢偶、層次與意味，全都淹没在一片混沌之
中。應修改如下：

　　嗚呼！孔氏之家法，儒者世守之，得其粗而遺其精，則
流而爲度數刑名；聖人之妙用，英豪竊聞之，徇其流而忘其
源，則變而爲權譎縱橫。故孝悌忠信，常不足以趨天下之
變；而材術辯智，常不足以定天下之經。在人道無一事之可
少，而人心有萬變之難明。雖高明之洞見，猶小智之自營；
雖篤厚而守正，猶孤壘之易傾。蓋欲整兩漢而下，庶幾及見
三代之英。豈曰自我，成之在兄。方夜半之劇論，嘆古來之
未曾。講觀象之妙理，得應時之成能。謂人物之間出，非天
意之徒生。兄獨疑其未通，我引數而力爭。豈其於無事之
時，而已懷厭世之情？俄遂嬰於末疾，喜未替於儀刑。何所
遭之太慘，曾不假於餘齡。將博學多識，使人無自立之地；
而本末具舉，雖天亦有未所平耶！⋯⋯

以上所舉都是韻律與文義一致或基本一致的例子。但有時韻
律與文義互相矛盾，甚至不可調和。在這種情況下，標點就只能

先顧文義，而不能犧牲文義，遷就韻律。試看下面的例子。

　　王安石《臨川先生文集》卷九六《虞部郎中晁君墓誌銘》銘曰：

　　　　五女四人，歸爲士妻：石端、侯彦，侯歸而孷；范、胡二婿，純粹、僧孺。幼處於家。君孫有五：男節、符、籛，其二則女。

此文若按韻律，必須點作："幼處於家，君孫有五。""五"字與上句"孺"、下句"女"協韻。但按文義，"幼處於家"必須用句號圈斷，意屬於上，爲"五女"之一；"君孫有五"則另起一句，提起下文。這就是文義與韻律的矛盾，不得已，只有讓韻律服從文義。

　　道光《廣東通志》卷二三二載宋蔣之奇《吳隱之讚》：

　　　　康伯之母號稱賢明每謂其子汝居銓衡舉如此人乃獲階升

此文若按韻律，當點作："康伯之母，號稱賢明。每謂其子，汝居銓衡。舉如此人，乃獲階升。"兩句一韻，"明""衡""升"爲韻。但如此標點，文義不明。按此讚乃檃括《晉書·吳隱之傳》而成，本傳云：隱之"與太常韓康伯鄰居，康伯母……謂康伯曰：'汝若居銓衡，當舉如此輩人。'及康伯爲吏部尚書，隱之遂階清級"。可知標點當作：

　　　　康伯之母，號稱賢明。每謂其子："汝居銓衡，舉如此人。"乃獲階升。

這樣標點，雖然破壞了韻律，但文義清楚了，所以只能如此標點。

　　最後再談談詞的標點。

　　詞的標點比詩爲難，因爲一般詩每句字數整齊，而且多爲雙句押韻，比較容易掌握；而詞則號稱"長短句"，每句字數不一，而且有近千種詞調（詞牌），很多調還不止一體（又稱格），共兩千餘體，格律的要求更嚴，變化更多。因此一般對詞不熟悉的人來標點，很容易點錯。

　　例如上海古籍出版社標點本《兩般秋雨盦隨筆》頁 412 "蛻

巖詞"條：

> "……西子湖邊，越娘舟上，憶曾同採，甚人今未老，花應依舊約明年。"再跋云：……

有位先生作文，認爲"花應依舊約明年"句不得其解，並認爲此詞未引全，應點作"'……甚人今未老，花應依舊約……'明年再跋云：……"又有王沛霖先生著文指出：這樣點也不妥。此是元人張翥《水龍吟·西池敗荷》的末段，並無缺文。此文應點作：

> "……西子湖邊，越娘舟上，憶曾同採。甚人今未老，花應依舊，約明年再。"跋云：……①

王沛霖先生的意見無疑是對的。

又如中華書局版《宋詩話輯佚》頁 132—133《古今詩話》引林逋咏草詞：

> 金谷年年，亂生春色誰爲主？餘花落處，滿地和烟雨。又是離歌一闋，長亭暮，王孫去，萋萋無數南北東西路。

這是一首《點絳脣》，按詞譜，以上標點有三處錯誤：其一，"又是"以下是下片，按通例，其前當空一格或兩格。其二，"一闋"後的逗號應移至"離歌"後，又"暮"字後應改爲句號。其三，"萋萋無數"作一句，應加逗號。

這兩個例子說明，標點詞很不容易。那麼怎樣才能正確標點？這就需要查閱詞譜及有關資料。詞譜之書很多，一般可查清初萬樹的《詞律》，或康熙中官修的《詞譜》（以上二書《四庫全書》中有），或今人龍榆生的《唐宋詞格律》（上海古籍出版社1978 年版）等。若知道詞牌，就可以直接在詞譜中找到該詞牌的相應格式，然後按譜斷句。也可以參考同一詞牌、同一格式的

---

① 參見常青《校點者的疏忽》，《出版工作》1983 年第 8 期；王沛霖《這樣斷句也欠妥》，《出版工作》1983 年第 11 期。

其他詞作，仿照其格律斷句。若不知道詞牌，那就只好按各詞譜書所定的編排體例去查。若知道該詞的作者，則可以在該作者的詞集或《全宋詞》《全金元詞》等詞總集中找到該詞。

我們還是以上面的第一個例子爲例。假設讓我們來標點《兩般秋雨盦隨筆》一書，點到所舉的那一段，我們也可能拿不準該怎樣點。怎麼辦？首先應該想到：既爲詞，必定有韻，因此決不可能在"舊約"後或"明年"後斷句。究竟該怎樣斷？那就應該去查一查"蛻巖"其人及《蛻巖詞》其書。經查，得知蛻巖即元人張翥，《蛻巖詞》一書今存。這樣，我們就可以在《蛻巖詞》中或《全金元詞》中查得此詞，知其爲《水龍吟·西池敗荷》之文。但至此，也未必能正確標點，還得查一查上面所舉的詞譜書，或查查蘇軾、辛棄疾等名家的《水龍吟》詞（這些詞比較好找），然後比照進行標點。經過這一番努力，我們就可以正確斷句了。

一首詞當中，有有韻之句，有無韻之句，有句中之逗。有韻之句後面可以是句號，可以是逗號，也可以是除了頓號以外的其他點號，這要根據詞意來定。無韻之句後面一般用逗號，也可以是問號，但決不可用句號。句中之逗則用頓號。有的詞只有一段，有的有兩段、三段，甚至四段，每段又叫一"闋"，又叫一"片"。每一片之間可以提行，也可以不提行而空一格或二格。下面我們舉蘇軾《念奴嬌·赤壁懷古》爲例（加着重號之字表示韻）：

　　大江東去，浪淘盡、千古風流人物。故壘西邊，人道是、三國周郎赤壁。亂石崩雲，驚濤裂岸，捲起千堆雪。江山如畫，一時多少豪傑！　　遥想公瑾當年，小喬初嫁了，雄姿英發。羽扇綸巾，談笑處、檣櫓灰飛煙滅。故國神遊，多情應笑我，早生華髮。人間如夢，一尊還酹江月。

除了詞而外，還有曲、令，其標點應注意的問題大致與詞類似，不再另加討論。

第五章　古籍注釋

　　爲了使後代人讀懂古書，就需要注釋，注釋也是古籍整理的一種基本方式。

　　早在先秦時代就已經有了解釋古書的著作，如《春秋》三《傳》、《易傳》等。從漢代開始，各種名稱、各種方式、各種風格的古籍注釋大量涌現。兩千多年來，這類注釋古籍的著作在中國古代文獻中佔有很大的比重，流傳到今天的仍有數千種，其中以經部、史部爲最多。這是一宗寶貴的文化遺産，因爲這些著作不但爲後人閱讀古書掃除了語言文字方面的障礙，成爲閱讀和研究古籍的極其有用的工具和橋梁，而且這些著作本身包含着很多珍貴的歷史資料和前人的研究成果。因此，我們應當充分地重視它們、利用它們。

　　不僅如此，我們還要繼承和發揚前人的優良傳統，進一步做好古籍注釋工作。雖然前人爲我們注釋了不少古籍，但這些注釋有好的，也有不好的，有正確的，也有不正確的；而且注釋的角度、方法以及所使用的文字（文言文）等也未必適合今天廣大讀者的需要；因此這些已有注釋的古籍還可以重新注釋，或者需要重新注釋。更何況對於中國浩如烟海的古籍來説，已經注釋的只是很小一部分，還有大量重要的古籍未經注釋，需要我們篳路藍縷，開拓新境。

第一節　注釋的名稱和類型

前代的注釋有很多種名稱，不同的名稱往往表示不同的注釋體例，但也有名異而實同的。注釋某書，在確定書名時，最要緊的是要名實相符，這就需要參考前人所使用的名稱。下面列舉其中一些主要的名稱：

傳：古人把解釋經義的書稱之爲"傳"，傳是傳述的意思，解說經義以傳示後人，所以叫"傳"。如《春秋左氏傳》《公羊傳》《穀梁傳》；《易經》的"十翼"統稱《易傳》（漢代以後歷代注《易》之書亦多稱《易傳》）；毛公注《詩》，稱爲《毛詩故訓傳》；道家尊《老子》爲經，所以漢代有《老子鄰氏經傳》。集諸家之說以注經，則稱"集傳"，如朱熹《詩集傳》，蔡沈《書集傳》。現代人不再特別尊崇這些"經"，所以對這類著作的注釋也不再用"傳"這個名稱。

說：說即述說其義。漢代用這個名稱的很多，如《詩》有《魯說》《韓說》；《論語》有《齊說》《魯夏侯說》等；《孝經》有《長孫氏說》《江氏說》等；《老子》有《傅氏經說》《徐氏經說》等。後代也有稱"說"的，如宋代張載、司馬光等都有《易說》。大體這些書都是泛說經義，而不是逐句注釋。《後漢書·孔奮傳》載東漢孔嘉有《春秋左氏說》，李賢注曰："說猶今之疏也。"這個說法不確，"疏"是逐字逐句的解釋（見後），"說"則不是這樣。觀西漢《詩》有《魯說》《韓說》，而又有《魯故》《韓故》，"故"是字句的訓詁（見後），可見"說"不是注釋文句。又《尚書》有《歐陽說義》，加一個"義"字，"說"的意思更明顯。宋代現存的很多種《易說》也是陳述大義，而非逐句詮釋。

解：即解釋。《韓非子》書中有《解老》一篇，解說《老子》

書中的一些文句；《管子》書中有《形勢解》《立政九敗解》等五篇"解"，逐句解說《管子》的一些篇章。這是注釋稱"解"的先河。東漢稱"解"的書很多，如服虔、杜寬、張昭都有《春秋左氏傳解》，高誘有《孝經解》《淮南解》，曹壽有《急就篇解》等。後世稱"解"的如宋張栻《癸巳論語解》、張根《吳園周易解》等。集衆家之解則稱"集解"，如東漢應劭《漢書集解音義》，魏何晏《論語集解》，晉孔衍《春秋公羊傳集解》，范甯《春秋穀梁傳集解》，宋裴駰《史記集解》等（晉杜預有《春秋經傳集解》，是集經與傳而加以注解的意思，與一般所謂"集解"不同）。這類書一般以解釋文義爲主。

詁、故：詁與故通，都是從"古"得義。《説文》："詁，訓故言也。"段玉裁注："訓故言者，說釋故言以教人，是之謂詁。"西漢人的傳注多稱"故"，如《詩經》有《魯故》《齊後氏故》《齊孫氏故》，杜林有《倉頡故》等，故即詁也。後世也有稱"詁"的，如魏張揖《古今字詁》、清洪亮吉《春秋左傳詁》等。漢代"詁"（故）字又往往與"訓"字相連，稱爲"訓詁"或"詁訓"。毛亨、毛萇有《毛詩故訓傳》，賈誼有《春秋左氏傳訓詁》。東漢稱"訓詁"的更多，如張衡《周官訓詁》、劉陶《尚書訓詁》、賈逵《春秋三家經本訓詁》等。"詁"又與"解"相連稱"解詁"。西漢有《尚書大小夏侯解故》，東漢有衛宏、賈逵《周禮解詁》，賈逵《春秋左氏傳解詁》《國語解詁》，何休《春秋公羊解詁》等。後世也有稱"解詁"者，如清王聘珍《大戴禮記解詁》等。凡稱"詁"者，都是重在字句的訓詁，用今語解釋古語。

訓：《説文》："訓，説教也。"段注："說釋而教之。"實際上訓與詁（故）意思相近，故多連用。以"訓"爲書名的，如漢賈逵《古文尚書訓》、謝曼卿《毛詩訓》、魏鍾繇《周易訓》、董遇《老子訓》等。又有稱"訓旨""訓説""訓注""注訓"等。

注："注"字的本義爲灌注，引申爲注釋，意謂若水之相灌注而流通。以"注"名書似起於漢末鄭玄，鄭玄遍注群經，除《詩經》稱"箋"而外，其餘都稱之爲"注"，如《易注》《儀禮注》《周禮注》等。由於"注"字之義可以涵蓋注釋的多種體例，因此後代注釋之書以"注"爲稱的最多，直到今天仍然如此。"注"字過去又寫作"註"，但這個字本來的意思是記載，而不是注釋。《說文》"注"字下段玉裁注云："按漢唐宋人經注之字無有作注者，明人始改注爲註，大非古義也。古惟註記字從言，如《左傳》叙諸所記註，韓愈文市井貨錢註記之類。《通俗文》云：'記物曰註。'《廣雅》：'註，識也。'古起居註用此字，與注釋字別。"

箋：《說文》："箋，表識書也。""表識"意即標誌。古代以竹簡爲書，讀書人讀書時爲備遺忘，在有關的竹簡上繫一小竹片作爲標誌，稱爲"箋"，若今之書籤，上面也可以寫上簡單的注釋、心得之類的文字，後遂引申爲注釋的意思。漢鄭玄爲《毛詩》作注，始稱之爲《毛詩箋》，他在《六藝論》中說："注《詩》宗毛爲主；毛義若隱略，則更表明；如有不同，則下己意，使可識別也。"這正是對"箋"字的解釋。後世稱"箋"的，如清汪師韓《觀象居易傳箋》、王闓運《尚書箋》等。

章句：這是對古書逐句逐章詳加注釋的一種體例，不但注解難懂的詞語，而且串講句意，並在每章之末總括此章的大旨。漢代經注以章句爲稱的最多，如西漢《易經》施、孟、梁丘氏各有章句，《尚書》有歐陽章句、大小夏侯章句，《詩》有韋君、許氏、伏氏章句，《小戴禮》有橋氏章句，等等。東漢很多經傳也都有諸家章句，流傳到今天的尚有趙岐的《孟子章句》、王逸的《楚辭章句》。後世之書也有稱章句的，如清代焦循《易章句》、吳廷華《儀禮章句》等。這種體例大概起於經師教授生徒的講義，後來則不一定只用於授徒。

疏：疏通文意，故稱曰疏。三國吳陸璣有《毛詩草木鳥獸蟲魚疏》，專釋《詩經》中的動植物名稱，是稱疏之始，但其書非一般注釋之體。至南北朝，盛行一種稱爲“義疏”的注釋體裁，仿效佛家講經的辦法，逐字逐句逐章講解古書。其特點在於它在注釋經書時，選取一種古注，不但釋經，而且釋注。從《隋書・經籍志》可見當時這類義疏極多，如《周易義疏》《尚書義疏》《毛詩義疏》《禮記義疏》《論語義疏》《老子道德經義疏》《莊子義疏》等，流傳到今天的還有梁皇侃的《論語義疏》。義疏本來多是講義（《隋志》載《周易義疏》，注云“宋明帝集群臣講”，又《孝經義疏》注云“永明三年東宮講……”是也），因此又稱爲“講疏”，如《隋志》有多種《周易講疏》。至唐太宗時，孔穎達奉敕以義疏之體注釋五經，用以統一經學，稱爲《正義》，因此後人注書多有以“正義”爲稱者，如唐張守節《史記正義》、清劉寶楠《論語正義》、焦循《孟子正義》、孫詒讓《周禮正義》等。宋代以來又稱爲“注疏”，如著名的《十三經注疏》即是。

音義：即注音釋義。如漢延篤、晉徐廣的《史記音義》，漢魏間服虔、應劭、蘇林、孟康等的《漢書音義》。後代“音義”之書很多，大抵均摘字注音，又略釋其義，隋陸德明《經典釋文》中的群經音義是其代表。若僅注音，則只稱《××音》。

此外，常用注釋名稱還有“釋”（如《易釋》）、“述”（如《周易述》）、“義”（如《毛詩義》）等。這些詞又可以配上有關的形容詞或動詞，如集傳、校注、通釋、疏證、箋證等。當然還可以使用其他名稱，如《老子指歸》《史記索隱》之類。不管使用什麼名稱，最重要的是要使名實相符。

第二節　注釋的任務

注釋的名稱是表示注釋的方式、體例，這還是屬於形式的方面，我們還需進一步探討注釋的內涵，亦即它包含哪些方面，它要完成哪些任務。

通觀歷代的注釋，不論它們使用什麽名稱和體例，注釋的內涵、注釋所承擔的任務大體不外乎以下十三個方面：校字，注音，釋文，釋意，釋理，釋典，釋史，釋地，釋物，補缺，辯誤，評論，解題。其中校字是注釋的基礎，注音至釋物是注釋的對象，末四項是注釋的延伸。

下面我們分別進行論述。釋文、釋典、釋地三項因爲内容較多，另外分節論述。

校　字

這是注釋的第一步。如果正文文字有誤，不加校正，便率爾進行注釋，必然注錯。例如《漢書·高帝紀》："項羽爲人慓悍禍賊。"顏師古注："禍賊者，好爲禍害而殘賊也。"王念孫《讀書雜志》指出："禍賊，當從《史記》作'猾賊'。《一切經音義（一）》引《三倉》曰：'猾，黠惡也。'《酷吏傳》曰'寧成猾賊任威'，是也。'猾賊'與'慓悍'義相承，'禍賊'則非其義矣。"王氏的看法無疑是對的。又《漢書·酈食其傳》："沛公輟洗起衣。"顏注："起衣，著衣也。"按古代没有稱著衣爲"起衣"的。《史記·酈食其傳》、《文選》王粲《七哀詩》李善注等均作"起攝衣"，"攝衣"即整衣。顏師古所見本脱去"攝"字，遂曲爲之注。這就是據誤文而誤注的例子。正因此，前人的注釋之中往往即包含着校勘。例如《周禮》內饔："豕盲眡而交睫，腥。"鄭玄注："腥當爲星，聲之誤也。肉有如米者似星。"《考工記》輪人："欲其蚤之正也。"鄭注："蚤當爲爪，謂輻入牙中者也。"又如《說文》："牙，壯齒也。"段玉裁注："壯，各本訛作牡……惟石刻《九經字樣》不誤……壯齒者，齒之大者也。"像這類例子，校字都已成爲注釋中的有機組成部分。當然有的校注本將"校"和"注"分列，也是可以的。

注　音

難字的讀音或不同詞性的異讀，除了專書注音外，大多即在注釋之中解決。如《詩·北風》"其虛其邪"，鄭《箋》："邪讀如徐。"《儀禮·士喪禮》"幎目用緇"，鄭《箋》："幎讀若《詩》曰'葛藟縈之'之縈。"《資治通鑑》卷六九魏文帝黃初二年："（吳主權）拔呂蒙於行陳。"胡三省注："行，戶剛翻。陳，讀曰陣。"

古代注音一般用直音，至三國魏孫炎始用反切，後世通行。今人注音用《漢語拼音方案》，應以正規的字典或辭書爲準。

注音最主要的是要準確、規範。宋代史炤著《通鑑釋文》，胡三省《通鑑釋文辨誤》糾正其音注之誤達 150 餘條。史氏爲眉山人，其音注之中往往據四川方音爲反切，因而致誤，注書者應引以爲戒。

釋　文

即語文方面的注釋。詳見第三節。

釋　意

　　上條所謂"釋文"是指字面上的意義，即語文的訓詁；而這一條所謂"釋意"，乃是指"言外之意"，即字面以外的意思。古人説話行文往往簡略含蓄，或言不盡意，或意在言外，如果只就字面加以解釋，意思還不够明白，這就需要進一步説明，以使文意更加顯豁，使讀者懂得作者的真意。例如《漢書·文三王傳贊》"梁孝王雖以愛親故王膏腴之地"，顏師古注："太后愛子，而帝親弟，故曰愛親。"這一句裏，"愛""親"二字本身並不難懂，問題是爲什麽要説"愛親"。經顏師古注，讀者便明白了："愛"是指太后愛子，"親"是指皇帝親弟（梁孝王是漢景帝的弟弟）。又《賈誼傳》叙漢文帝召賈誼入見，"上因感鬼神事，而問鬼神之本，誼具道所以然之故。至夜半，文帝前席"。"前席"按字面講是説把坐席往前移，而這又是什麽意思呢？顏注："漸促近誼，聽説其言也。"就是説，逐漸靠近賈誼，以便聽他説話。又《韓信傳》："及項梁度淮，信乃杖劍從之。"顏注："言自帶一劍，更無餘資。"此文字面上只是説韓信帶着劍追隨項梁，經顏師古注釋，讀者方明白《漢書》的意思是韓信除了一劍，一無所有。再如《資治通鑑》卷六六漢獻帝建安十六年："春，正月，以曹操世子丕爲五官中郎將，置官屬，爲丞相副。"胡三省注："漢五官中郎將，主五官郎而已，未嘗置官屬也；領屬光禄勳，未嘗爲丞相副也。"若没有這條注，讀者便只知曹丕被任命爲五官中郎將；經胡三省注，方知他這五官中郎將可不是一般的五官中郎將：以往的五官中郎將不置官屬，也不是丞相的副貳，而他這五官中郎將又置官屬，又是丞相的副貳，地位高得多了，而這又是説明曹操烜赫的權勢。

上面的例子還只是一般字句的言外之意，至於詩詞之類的文學作品，則更是常常使用比、興即譬喻、寄托等手法，其真義多幽微隱晦。對於此類作品的注釋，就更需要指明其本旨，而不僅僅是訓釋詞語。例如《詩·魏風·碩鼠》："碩鼠碩鼠，無食我黍。三歲貫汝，莫我肯顧。"毛《傳》："貫，事也。"鄭《箋》："碩，大也。大鼠大鼠者，斥其君也。女（汝）無復食我黍，疾其稅斂之多也。我事女三歲矣，曾無教令恩德來顧眷我，又疾其不修政也。"在這裏，"大鼠大鼠"是字面之義，"斥其君也"是詩之本旨；"女無復食我黍"是字面之義，"疾其稅斂之多也"是詩之本旨；"我事汝三歲矣，曾無教令恩德來眷顧我"是字面之義，"疾其不修政也"又是詩之本旨（其實"莫我肯顧"字面上的意思只是"不肯顧我"，"無教令恩德"也是鄭玄所理解的詩人之意）。這首詩如果僅僅從字面上來看，好像就只是寫一條大老鼠，注釋者必須指明其言外之意，亦即詩人的本意，才能使讀者明白此詩乃是刺譏貪婪剝削人民的統治者。

釋　理

還有一些學術著作，特別是哲學著作，包含着深邃的道理或義理，這與上面說的"言外之意"又有所不同，也需要通過注釋加以揭示、闡發，而不能僅僅作字面上的解釋。一部《春秋》只有一萬六千餘字，一部《老子》不足五千言，但古往今來注釋之家數以百計，這些注釋都不只是作字句的訓詁，而主要是試圖探究本書的微言大義。再舉一例。《論語·學而》首章："子曰：學而時習之，不亦說乎？有朋自遠方來，不亦樂乎？人不知，而不慍，不亦君子乎？"這三句話字面上並不難懂，但其中的含義是什麼？三句之間有何聯繫？孔子對弟子說這幾句話的背景是什麼？歷代注家不知有多少種解釋。試看朱熹《論語集注》。第一句，朱注："學之爲言效也。人性皆善，而覺有先後，後覺者必效先覺之所爲，乃可以明善而復其初也。既學而又時時習之，則所學者熟，而中心喜説，其進自不能已矣。"又引程子曰："學者，將以行之也。時習之，則所學者在我，故説。"又引謝氏曰："時習者，無時而不習。坐如屍，坐時習也；立如齊，立時習也。"第二句，朱注："朋，同類也。自遠方來，則近者可知。程子曰：'以善及人，而信從者衆，故可樂。'又曰：'説在心，樂主散發在外。'"第三句，朱注："尹氏曰：學在己，知不知在人，何愠之有！程子曰：雖樂於及人，不見是而無悶，乃所謂君子。愚謂，及人而樂者順而易，不知而不愠者逆而難，故惟成德者能之。"由此可見，對這幾句話，什麼叫"學"，什麼叫"時習"，爲什麼"説（悦）"，爲什麼"樂"，爲什麼"人不知而不愠"就是君子，朱、程、謝、尹各家的理解都不盡相同。姑不論他們的看法是否符合孔子的原意，但注書之體當如此。我們今天如果再注《論語》，也應當根據自己的看法闡釋其中的道理，而不能只作字句的訓釋。當然，闡釋義理要盡可能符合古人的原意，不可穿鑿傅會，這一點我們在後面還要加以説明。

釋　典

即注釋典故。詳見第四節。

釋　史

所謂"史"，是指所要注釋的書中有關歷史的各個方面，包括人（人物）、時（時間）、地（地點）、事（事情）、制（制度）、族（民族）等。注釋史書，注釋此類内容尤爲重要。其中“地”我們另分爲“釋地”一項。

釋　地

即地名的注釋，詳見第五節。

釋　物

這裏所謂“物”，大體相當於古人説的“名物”，即一切自然界的事物、人類製造的事物，還可以把人類研究與利用自然的科學技術也包括在内。

注釋古書中的名物與科技，是一件很不容易的事情。這裏有客觀的原因，也有主觀的原因。客觀原因是，很多事物古今的名稱不同，各地區的稱呼也不同，各書中的記載又往往不一樣，因此有時很難確指古代的某物爲今天的某物。例如《詩經》的第一篇第一句“關關雎鳩，在河之洲”，這“雎鳩”是什麽東西？試看《辭海》的解釋：引毛《傳》：“雎鳩，王雎也。”又引《爾雅》郭璞注：“鵰類，今江東呼之爲鶚，好在江渚山邊食魚。”又引《禽經》：“王雎，雎鳩，魚鷹也。”“魚鷹”又是什麽？《辭海》解釋：“鶚和鸕鷀的别稱。”鶚和鸕鷀是兩種鳥，到底哪一種是雎鳩？《辭海》還是没有説清楚，看來應當是鶚。又例如古籍中有一種動物叫“貘”，又寫作“貊”。《爾雅·釋獸》：“貘，白豹。”郭璞注：“似熊，小頭庳（短）脚，黑白駁（黑白相雜），能舐食銅鐵及竹骨。”應即今之大熊猫。但其他書的描述並不完全相同，如《説文》云：“貘，似熊而黄黑色，出蜀中。”説“黄黑色”又不像是大熊猫了。古書記載不詳細、不準確，這就是名物難注的客觀原因。主觀原因是：整理古籍的人一般都是學文科的，不大懂自然科學，而搞自然科學的人又不大熟悉古籍，兩方面脱節。

爲此要正確注釋古代的名物和科技，一是要廣泛參考各種文獻記載，使我們的認識更全面一些；二是整理古籍的人，如是學文科的，應當學一點自然科學，多向科技專家請教，如是學自然科學的，則應當盡可能熟悉古籍，兩方面結合起來。如果經過努力，還是不能作出正確的判斷，則應當實事求是地加以説明，不要牽强附會。

補　缺

這裏説的補缺不是指文字的缺漏，而是指原書的記載簡略，注書者引用有關的資料對原文進行補充，略者詳之，缺者補之。有時補充的文字大大超過原文，甚至可以獨立成書。《左傳》、《三國志》裴松之注、《世説新語》劉孝標注、酈道元《水經注》就是這種注釋方式的代表作。

《左傳》是爲解釋、補充《春秋》經而作（其中解釋的成分極少）。《春秋》一書記載春秋二百四十二年之事，却只有一萬八千字，有時一條記事只有一個字。《左傳》補充了大量的史事，其文將近二十萬字。本來是獨立成書，晋杜預始按年分傳於經。其書的史料價值超過了《春秋》經本身，也超過《公羊》《穀梁傳》。

陳壽《三國志》文字精煉，但其缺點是過於簡略，許多當收的史料沒有收（例如關於曹操屯田的資料），許多當立傳的重要人物沒有立傳（例如大醫學家張仲景、機械專家馬鈞等），而且只有紀傳而無志，這就大大影響了它的史料價值。因此劉宋裴松之爲《三國志》作注，不是一般的解釋文字，而是以補充史料爲主。他在上《三國志》表中説：“壽書銓叙可觀，事多審正，誠遊覽之苑囿，近世之嘉史。然失在於略，時有所脱漏。臣奉旨尋詳，務在周悉，上搜舊聞，傍摭遺逸。……其壽所不載，事宜存錄者，則罔不畢取，以補其闕。或同説一事，而辭有乖雜，或出事本異，疑不能判，並皆抄内（納），以備異聞。若乃紕繆顯然，言不附理，則隨違矯正，以懲其妄。其時事當否，及壽之小失，頗以愚意，有所論辯。"這就是説，他的注有四條宗旨，即補遺缺、備異聞、正謬妄、評史事。其中補遺缺、備異聞兩項都是補充史料，這正是裴注的最大特點。裴注旁搜博採，所引錄的書多達二百一十餘種，其中百分之九十以上已經失傳，因此其史料價值不在《三國志》本書之下。

劉宋劉義慶《世説新語》記載漢末魏晋士大夫的軼事、言談，梁劉孝標注補充了大量資料，引書四百餘種，也有很高的資料價值。

《水經》一書乃是三國曹魏時的著作，它以水道爲綱，從源至委，叙述河流的流向及沿途的郡邑，開創了地理書的一種新體例。但它也是很簡略，只叙述了一百三十七條主要河流。酈道元的《水經注》大大豐富了《水經》的内容，更詳盡地叙述了一千二百多條小水，其文字爲原書的數十倍。他所補充的資料除了來自各種文獻，還有他自己的親身經歷和調查研究。其中所引用的書多至四百三十七種，絕大部分也已亡佚。此書以其豐富的資料、優美的文筆，成爲我國古地理書中的經典著作，其價值遠非《水經》原書可比。

以上這些名著啓示我們："補缺"這種注釋方式的作用就在於它的資料價值，而且這種價值會隨着時間的推移而增長。像上面的四種書，它們的價值也是逐漸顯示出來的。我們今天在注釋某些古籍時仍然可以採用這種注釋方式給古書補充資料。這些資料可以是其他古籍中的資料，可以是文物考古資料（例如甲骨文、金文、竹簡帛書、吐魯番文書、敦煌文書、碑誌題刻等），也可以是今人包括我們自己調查訪問所得的新資料。近年出版的古籍注本中有的比較注意用這種方式，例如中華書局版《鄂國金佗萃編續編校注》在注釋中匯集和補充了不少有關岳飛的資料，對讀者是很有益的。

辯　誤

　　古書中若有事實方面的錯誤，注書人應當指出並加以辯正。例如《漢書》卷九七（上）《外戚傳·孝文竇皇后傳》：“太后後景帝六歲，凡立五十一年，元光六年崩。”顏師古注：“《武紀》：建元六年太皇太后崩。此傳云‘後景帝六歲’是也，而以建元爲元光，則是參錯。又當言‘凡立四十五年’，而云‘五十一’，再三乖謬，皆是此傳誤。”又如《三國志·魏志·武帝紀》載建安五年官渡之戰時曹操“兵不滿萬”，裴松之注舉出三條理由加以辯駁，説曹操之兵應不止於此，“將記述者欲以少見奇，非其實録也”。《水經注》卷三〇《淮水》篇，《經》云：“淮水又東過壽春縣北，肥水從縣東北流注之。”《注》糾其誤云：“洛澗北歷秦墟，下注淮，謂之洛口，《經》所謂淮水過壽春縣北，肥水從東北注者也，蓋《經》之謬矣。考川定土，即實爲非，是曰洛澗，非肥水也。”

　　至於義理方面的問題，這要分清兩種情況：一種是明顯地不合常理，這也需要加以駁正或加以説明；一種是屬於學術觀點的不同，注書者可以闡明自己的看法，但不能輕易地、武斷地否定原書的觀點，把自己的看法強加於古人。

評　論

在注釋當中或注釋之外可以發表評論。可以是注書者自己的評論，也可以援引別人的評論。一般有以下兩種類型：

一是對原文的內容（包括事情、人物、觀點等）進行評論。例如《三國志·張魯傳》載張魯投降曹操，操封魯爲閬中侯，邑萬户，裴松之注就此事評論説：“臣松之以爲張魯雖有善心，要爲敗而後降，今乃寵以萬户，五子皆封侯，過矣。”《通鑑》卷六二記載曹操送禰衡與劉表，劉表復送與黄祖，黄祖殺之。胡三省注評論説：“操怒衡而送與表，猶以表爲寬和愛士，觀其能容與否也。表怒衡而送與祖，知祖性急，必不能容衡，是直欲置之死地耳。二人皆挾數用術，表則淺矣。”——這是對史事的評論。

《通鑑》卷六四漢獻帝建安十年載“秘書監、侍中荀悦作《申鑒》五篇，奏之”。胡注評曰：“荀悦《申鑒》，其立論精切，關於國家興亡之大致，過於（荀）彧、（荀）攸；至於揣摩天下之勢，應敵設變，以制一時之勝，悦未必能也。……嗚呼！東都之季，荀淑以名德稱，而彧、攸以智略濟，荀悦蓋得其祖父之仿彿耳！其才不足以用世，其言僅見於此書。後之有天下國家者，尚論其世，深味其言，則知悦之忠於漢室，而有補於天下國家也。”——這是對人物的評論。

又如《三國志·蜀志·後主傳》末陳壽評稱讚諸葛亮輔佐後主，“經載十二而年名不易，軍旅屢興而赦不妄下，不亦卓乎！”裴松之注：“臣松之以爲，‘赦不妄下’誠爲可稱，至於‘年名不易’，猶所未達。案建武、建安之號，皆久而不改，未聞前史以爲美談。‘經載十二’，蓋何足云？豈別有他意，求之未至乎！”——這是對作者觀點的評論。

　　二是對原文的寫作方法、寫作技巧進行評論。此種評論常用於文學作品。有對一句一章之評論，有對全文之評論。例如清吳楚材、吳調侯選注的《古文觀止》，文中有注有評，文末又有總評。《曹劌論戰》篇：“劌曰：肉食者鄙，未能遠謀。”注云：“肉食者所見鄙陋，其謀未能遠大也。○遠謀二字，是一篇關眼。”又，“遂入見，問何以戰”。注云：“問何恃以與齊戰。○問得峭！”餘皆仿此。仇兆鰲《杜詩詳注》則於每詩之末輯録諸家評論，這也是注文學作品常用的體例。舊日的點評家又每每採用旁批或眉批的形式，如清蘅塘退士編《唐詩三百首》就是這樣。杜甫《春望》：“國破山河在……”旁批：“四句十八層。”“感時花濺淚”，旁批：“見。”“恨別鳥驚心”，旁批：“聞。”“烽火連三月”，旁批：“承感時。”“家書抵萬金”，旁批：“承恨別。”如此之類。

題　解

　　有些古籍，特別是單篇作品，除了注釋內容，還可以在篇首加題解，對此篇作總的說明，包括此篇之背景、寫作年代、主旨及其他需要說明的內容。有時每一類、每一大部分也可以有題解。《詩經》每一篇前面的小序實際上就是題解。這類題解對幫助讀者了解本文有很大的好處。

第三節　語文的注釋

　　對古書中難懂的字詞語句進行解釋，掃除語文障礙，這是注釋古書最基本的任務，傳統的說法叫“訓詁”。

　　訓詁的終極目的是要弄清每一個句子的意思，而要弄清句子的意思，有兩個最基本的條件：一是明詞義，二是通語法。古代漢語的語法雖然有些地方與現代漢語不同，例如詞類的活用（名詞作副詞，形容詞作動詞等），某些情況下句子成分的倒裝（如動賓倒裝）等，但基本上是一脈相承的，因此掌握古漢語語法並不太難，困難的還是掌握詞義。弄清詞義、解釋詞義乃是訓詁的主要目的，也是注釋古書的首要任務。在一般情況下，只要把重點的、難懂的詞義解釋清楚了，文句的意思也就明白了。例如《詩·魏風·伐檀》："坎坎伐檀兮，寘之河之干兮。"毛《傳》："坎坎，伐檀聲。寘，置也。干，厓（岸）也。"又《衛風·氓》："氓之蚩蚩，抱布貿絲。"毛《傳》："氓，民也。蚩蚩者，敦厚之貌。布，幣也。"讀者看了這樣的注釋，就懂得了這兩句詩的意思，用不着再串講全句了。因此我們這一節着重討論有關詞義方面的一些問題，先談談幾個概念，再介紹一些訓詁的方法。

詞義與語境

關於詞義，首先要認清詞與字的關係以及形、音、義的關係。詞是語言結構的基本單位，也是語言表意的基本單位。許多詞或詞組按照語法規則組合成爲句子，從而表達出一個完整的意思。因此要知道這個句子的意義，就先要知道組成這個句子的各個詞的意義。每個詞都有音、有義，"義"是詞的內容，"音"是詞的語音形式；如果用文字寫出來，那就有了"形"，即詞的書面形式——字。所以字與詞，形、音與義，都是形式與內容的關係。從語言文字發展的次序來說，先有詞，後有字；先有義，然後有音，然後才有形。訓詁學主要研究詞義，音韻學主要研究語音，文字學主要研究字形，密切聯繫而又各有分工。注釋古書的語文，這幾方面的知識都得具有，都不能忽視，但是以注釋詞義爲重點。

古代漢語多單音詞，因此往往一個字也就是一個詞，在這種情況下，字義也就是詞義；但有時一個詞是由幾個字（大多是兩個字）組成，這就是複音詞。複音詞又有多種類型，有的是由幾個相對獨立的詞素組成，例如"艱難""左右""飲食""國家""天下""君子"；有的是單純的複音詞，組成這個詞的每一個字只是代表一個音，並沒有獨立的意義，如"蟋蟀""窈窕""猶豫""權輿"，等等。古代的一些訓詁學家和注書人沒有弄清這一點，把複音詞按字面拆開來解釋，往往造成"望文生義"的錯誤。

詞有本義，有引申義；與此相應，字也有本義（造字時的原始意義），有引申義，而且還有假借義（即借這個字寫另外某個詞的音。這是字的假借義，而不是詞的假借義。關於假借，下面還要談到），因此便形成"一字多義"，實際上就是一個字代表多種詞義。例如"道"這個字（詞）本義是道路，由此引申爲正確的途徑、手段、措施以及思想、學說、道理、規律、方法、技巧、經由、引導、述說等意思。又如"來"這個字，其造字的本義是麥子，古人稱爲"來牟"；假借爲往來的"來"，即至、還、返等意；又從往來的來引申爲未來、招來、勞來等義。我們試查任何一種字典，都會看到一個字往往有多個義項，這就是一字多義。當然也有一字一義的，或者是這個字只有本義，而沒有假借義和引申義；或者是這個字的本義已經失傳，而只留下了它的某個引申義或假借義。一字一義比較好辦，因爲它不會引起歧義，查查字典詞典就可以解決；一字多義就不大好辦，它給我們閱讀或注釋古書造成很大的困難，我們必須從這個字的很多義項中正確地選擇與確定一個義項，這也是注書人的一個重要任務。

關於文字的假借，有必要再談一談。古人在行文之中，很多字往往不用本字（即造字時的本義），而借同音字或音近字來代替。換句話説，只是把文字作爲一種純粹的語音符號，而不管其本義或字面意義。例如早晚的"早"，古書中多寫作"蚤"。按"蚤"字的本義是跳蚤，只因它的音與"早"同，就借"蚤"爲"早"。這種情況從今天來看，就是"寫別字"，但是古人並沒有這個觀念，只要音同或音近，都可以通用。因此，在先秦兩漢的古書和出土文獻中，大量使用假借字。漢代以後，文字的使用逐漸規範，通行的書面語言中假借字逐漸減少，但在民間作品（如敦煌卷子中的通俗作品）以及文人用俗語或部分俗語詞彙所寫的作品（詩、詞、曲、小説等）當中，假借字仍然大量存在。文字的通用假借給閱讀古書造成了很大的困難，人們在讀書時必須撇開文字形體與字面意義的障礙，而直接探求其本字本義，才能讀懂原文。古代的一些學者如鄭玄等已經懂得這個道理並用之於注釋，至清代，戴震、段玉裁、高郵王氏父子等大師徹底揭開了這一規律，使訓詁學大大前進了一步。王念孫説："詁訓之指，存乎聲音。字之聲同聲近者，經傳往往假借。學者以聲求義，破其假借之字，而讀以本字，則渙然冰釋；如其假借之字而强爲之解，則詁籟爲病矣。"[1] 王引之也説："經典古字，聲近而通，則有不限於無字之假借者。往往本字見存，而古本則不用本字，而用同聲之字。學者改本字讀之，則怡然理順；依借字解之，則以文害辭。"[2] 因此注釋古書，就必須懂得文字的假借。

在詞當中，有很多是同義詞。《爾雅》："初、哉、首、基、肇、祖、元、胎、俶、落、權輿，始也。"就是説，"初、哉……"等字或詞都有"始"這個意思，這些詞就是同義詞。但是絕大多數同義詞，其含義、使用範圍、使用條件等並不完全相同。就以

---

① 　轉引自《經義述聞序》。

② 　《經義述聞》卷三二。

"初""始"這兩個詞來説，初是起初，始是開始，它們的含義和用法有相同的一面，也有不同的一面。"民之初生""靡不有初，鮮克有終"，這兩處的"初"，前者是副詞，後者是名詞，也可以換成"始"；但若"千里之行，始於足下"，這個"始"作動詞用，就不能改成"初於足下"，因爲"初"不能作動詞用。再如，古代的字書、詞書中，同釋爲"視"的詞有好幾十個，幾乎每一個都有不盡相同的意義。常用的"望""觀""看""見""睹"都釋爲"視也"，但實際上"視"是近看，"望"是遠看，"觀"是有目的的看，"看"是探望（後來才逐漸與"視"同義），"見"是看的結果，"睹"略與"見"同義①。注釋古書，對這類同義詞必須細加辨析，才能準確理解古人的意思。

詞分爲兩大類：實詞與虛詞。虛詞没有實在的詞義，只起語法的作用，如介詞、連詞、助詞等，古代稱爲"詞"或"辭"，又稱爲"語詞"。但古人不能準確認識兩者的區別，往往誤將虛詞作實詞講，以致扞格不通。如"曰"字，作"説""爲"講的時候是實詞，但作語助詞用時則是虛詞。《詩·小雅·採薇》"曰歸曰歸"，等於説"歸乎歸乎"，"曰"字無意義。又《大雅·板》"昊天曰明"，意即昊天光明，"曰"也無意義。而鄭《箋》將"曰歸曰歸"釋爲"曰女（汝）何時歸乎"，將"昊天曰明"釋爲"昊天在上，人仰之，皆謂之明"，都當成了實詞的説、謂講。《詩·邶風·終風》"終風且暴"，猶言"既風且暴"，"終"乃是連接詞，而毛《傳》曰："終日風爲終風。"《韓詩》則云："終風，西風也。"都是誤認虛詞爲實詞。又《尚書·堯典》第一句"曰若稽古"，"曰若"只是發語詞，古書中又寫作"粵若"或

---

① 此據王力主編《古代漢語》第一册，中華書局 1982 年版，第 217 頁。

"越若"，而僞孔傳釋云："若，順；稽，考也。能順考古道而行之者帝堯也。"這類例子不勝枚舉。至清代，王引之等人始對古書虛詞作全面系統的研究。引之著《經傳釋詞》，集上古虛詞而釋之，一掃前人將虛詞作實詞解的痼疾，成爲語言學的名著。我們要注釋古籍，對這部書必須認真參考。但當時的學者還不懂得近現代的語法，所以還有不少錯誤或不確切的地方。

我們上面所説的詞義、字義，都還是單個的、孤立的詞或字的含義，這還只是一種抽象的意義（字典、詞典裏解釋的字義、詞義就是抽象的意義）；只有放在具體的句子裏，它們才具有實際的意義。正如一位語言學者所説："詞和字的本身在孤立時並沒有生命，等它到句子裏才有生命。"這不僅是因爲這個詞必須和其他詞組合成爲句子才能表示出完整的意思，而且詞義本身只有在句子中才能得到確認。上面説的"一詞多義"或"一字多義"乃是抽象而言，而在一個句子裏，一詞或一字必定只有一個意義；我們也只有通過句子才能確定它的這個意義。我們讀書時，遇到不懂的字詞去查字典詞典，字典詞典告訴你很多義項，你必須選定一個義項，怎樣選定？只有根據句子和上下文的文義、文理、文法、語氣等來判斷。同樣，同義詞的辨析也只有根據句子，根據上下文。在語言學上，這就叫做"語言環境"。讀古書、注古書不但要掌握詞義，同時要十分注意語言環境；不但要懂得某個詞怎麼講，更要懂得這個詞在這裏怎麼講。這一點非常重要。

下面舉幾個例子。

《荀子·勸學》："不道禮憲，以《詩》《書》爲之，譬之猶以指測河也。"唐楊倞注："道，言説也。"按"道"這個詞有多種含義（見前），其中的確有"言説"一義，但在上面的句子裏，

解爲言説，則文義不通。王念孫認爲，這裏的"道"應當解作
"由"①，"不道禮憲"即不由禮法的意思。這就是根據語言環境
來判定的。在《讀書雜志》《經義述聞》二書中，這類例子不勝
枚舉。

《資治通鑑》卷二六八梁太祖乾化元年："南平襄王劉隱病
亟。"史炤《通鑑釋文》："亟，訖力切，敏疾也。又去吏切。"胡
三省曰："余按《禮記》：'夫子之病革矣。'革讀與亟同。病亟，
言病勢危急也，不當以敏疾爲釋。若'去吏切'之亟，數數也，
愈非病亟之義。史炤大抵只據《廣韻》爲釋文，更不尋繹《通
鑑》文義，其敝至此！"胡三省的意見非常正確。"亟"這個詞有
急速、趕快、敏捷、頻頻等義，都是從"急"這個意思引申出來
的，就看用在什麽地方。"病亟"的"亟"當然只能講作危急，
史炤完全不顧《通鑑》本文的語言環境，只據《廣韻》"敏疾"
一義爲釋，這就大錯特錯了！

南朝梁何遜《與崔録事別兼叙携手》詩："複道中寒食，彌
留曠不平。道術既爲務，歡悰苦未並。及爾沈痾愈，值兹秋序
明。"近出《何遜集校注》解"道術"二句云："道術猶學問、學
術。《莊子·天下》：'古之所謂道術者，果惡乎在？曰：無乎不
在。'……二句言：您既以研治學問爲事，使咱們不能共享游賞
的歡樂。"② 按"道術"一詞有二義：一是泛指治道學術，如
《莊子·天下》是也。一是指方術、方技，如《晉書·戴洋傳》
"好道術，妙解占候卜數"是也。試看這幾句，"複道"二句是説
崔慰祖因爲吃了凉食，久病不愈；"及爾"二句是説及至你大病
痊癒，正值這明麗的秋天到來。前後都説崔慰祖沈痾久久未愈，

---

① 《讀書雜志·荀子（第一）》，第 634 頁。
② 李伯齊《何遜集校注》，齊魯書社 1989 年版，第 37 頁。

又怎麼能"以研治學問爲事"呢？根據詩意來看，這裏的"道術"應是第二種意義，實際上是指道家養生服餌之術。"道術既爲務"，是説你既以服藥療病爲事。可見注書時根據具體語言環境選擇詞義的重要性。

訓詁的方法

訓釋古書中難懂的字詞語句，大體要經過以下步驟：

第一步，先要掌握有關字詞已知的各種字義、詞義。所謂"已知的"，就是前人在訓詁專著中、古注中以及其他著作中已經指出的字義、詞義。這些已知的字義、詞義一般可以從字典、詞典中查到。清阮元主編的《經籍纂詁》一書匯集了唐代以前經籍及注釋中的字詞訓詁，最爲有用。其他工具書也應廣爲參閱。

第二步，將已知的各個義項放到具體的"語言環境"中去考察，以選定適當的義項。就是説，要細讀這些字詞所在的句子及上下文，從文義、文理、文法、文例、語氣等各方面加以判斷，從而確定某個字、某個詞語在這裏該怎麼講；然後又反過來判定這個句子該怎麼講。

第三步，若該詞語已知的所有義項放到該"語言環境"裏都講不通，那就説明該詞語還有其他未知的義項。這時，可以用歸納、類比、演繹等方法去探求這未知的義項。具體地説，就是把古籍或其他古代文獻中使用該詞語的文句或類似的語言結構都匯集起來（搜得越全越好），進行歸納比較，從文義、文理、文法、文例、語氣等各方面細加體察分析，從而總結出它們共同的意義和用法。如有其他旁證，也要盡可能搜集和利用。此種方法由於沒有前人的訓詁作爲依據，因此有時還只是一種假定，但這種假定並非憑空臆想，而是多方求證的結果；只要證據充分，方法科學，其結論是會得到承認的。

過去的很多學者訓釋古書，都使用了以上方法。我們仔細分析高郵王氏父子的訓詁名著《讀書雜志》《經義述聞》《經傳釋詞》，其訓詁的方法大致也不外乎以上幾個步驟。他們超出於其他許多訓詁學者和注書家的地方主要在於：其一，他們非常熟悉字詞的各種古義，並善於根據語言環境，根據文義、文理、文例，以選擇與確定適當的義項，而不是只知其一不知其二。其二，他們精通古音，並懂得"詁訓之指存乎聲音，字之聲同聲近者，經傳往往假借"的道理，善於因聲求義，以假借通訓詁，而不是望文生義。其三，他們善於使用歸納、演繹的方法，每立一說，必旁徵博引，多方求證，必求其"揆之本文而協，驗之他卷而通"而後已，而不是只依靠孤證。因此古書中很多難懂的地方，一經他們解釋，便即渙然冰釋，怡然理順，"使古聖賢見之，必解頤曰：吾言固如是，數千年誤解之，今得明矣！"[①] 他們在訓詁學方面的成果與方法，值得我們注釋古籍的人認真學習。

下面舉幾條例子：

《左傳》僖公二十八年："子玉使鬭勃請戰，曰：'請與君之士戲……'""戲"，舊或解作兵器，或解作旌旗，或解作戲弄，皆不可通。王引之曰："今案戲，角力也。《晉語》：'少室周爲趙簡子右，聞牛談有力，請與之戲。弗勝，致右焉。'韋注曰：'戲，角力也。'戰有勝負，角力亦有勝負，故比戰於戲。《晉語》又曰：'夷吾之少也，戲不過所復。'僖九年《左傳》作'夷吾能鬭不過'，是戲即鬭，鬭即角力也。"[②] 按前人之解此文者不知"戲"這個詞古有"角力"之義，而解以習見的義項，故迂曲而

---

① 阮元《經義述聞序》，《經義述聞》卷首。

② 《經義述聞》卷一七，第 413 頁。

不可通；王引之熟悉古義，又參以旁證，別爲之解，便仿佛撥雲見日，豁然開朗。

《淮南子・原道》："故聖人……不謀而當，不言而信，不慮而得，不爲而成，精通於靈府，與造化者爲人。"又《俶真》篇："陶冶萬物，與造化者爲人。"高誘注並曰："爲，治也。"即把"人"這個詞作一般的意義解，但"與造化者治人"，於義難通。王引之曰：

> 高未解人字之義，故訓爲爲治。人者，偶也，言與造化者爲偶也。《中庸》："仁者，人也。"鄭注曰："人也，讀如相人偶之人，以人意相存偶之言。"《檜風・匪風》《箋》曰"人偶能割亨者""人偶能輔周道治民者"。《聘禮》注曰："每門輒揖者，以相人偶爲敬也。"《公食大夫禮》注曰："每曲揖，及當碑揖，相人偶。"是"人"與"偶"同義，故漢時有"相人偶"之語。上文云"與造化者俱"，《本經》篇云"與造化者相雌雄"，《齊俗》篇曰"上與神明爲友，下與造化爲人"，曰"俱"、曰"爲友"、曰"爲人"、曰"相雌雄"，皆是相偶之意。故《本經》篇"與造化者相雌雄"，《文子・下德》篇作"與造化者爲人"，此尤其明證矣。《莊子・大宗師》篇"彼方且與造物者爲人"，《應帝王》篇"予方將與造物者爲人"，《天運》篇"久矣夫，某不與化爲人"，並與《淮南》同意，解者亦失之。[①]

這的確是高妙的新解！漢末著名學者高誘已不知《淮南》此文"人"字之義，王引之卻從鄭玄屢次提到的"相人偶"一語悟出"人"即偶也，並從《淮南》他篇及《文子》《莊子》等書找到旁證，確不可移。《説文》："仁，親也。從人二。"段玉裁注亦引

---

① 《讀書雜志・淮南内篇（第一）》，第768頁。

“相人偶”之語爲證，並云：“按人耦猶言爾我，親密之詞。獨則無耦，耦則相親，故其字從人二。”是“人”“仁”皆有“偶”義，可與王引之之説相佐證。注釋古書，發掘古義，應當以達到此種境界爲目標。

《禮記·樂記》：“樂由中出，故静；禮自外作，故文。”鄭玄注：“文猶動也。”王引之曰：

> 鄭以静爲動静之静，故云“文猶動也”。今案樂者感於物而動，故形於聲，不得謂之静。静當讀爲情，情者誠也，實也。樂由中出，故誠實無偽。下文曰“和順積中而英華髮外，唯樂不可以爲偽”，正所謂樂由中出故情也。古字静與情通。《大戴禮·文王官人》篇“飾貌者不情”，謂不誠實也，《逸周書·官人》篇“情”作“静”。《逸周書》“情忠而寬”，《大戴禮》“情”作“静”。《大戴禮》又曰“誠静必有可信之色”，“静”亦“情”之假借；誠情必有可信之色者，《表記》所謂“情可信”也。《表記》又曰“文而静”，鄭注曰：“静或爲情。”案情，正字也；静，借字也。“文而情”者，外有文章而内又誠實也，情與文相對爲義，正與此同。下文曰“知禮樂之情者能作，識禮樂之文者能述”，又曰“情深而文明”。《荀子·禮論》篇曰：“至備情文俱盡，其次情文代勝。”又曰：“三年之喪，稱情而立文。”又曰：“得之則治，失之則亂，文之至也；得之則安，失之則危，情之至也。”此云“樂由中出故情，禮自外作故文”，皆以“情”“文”相對爲義也。而《表記正義》乃云“文而静者，臣皆有文章而又清净”，失其指矣。[1]

按此條先由文理判斷鄭注之非，次由經籍異文以證“静”爲

"情"之假借字,再次又廣引古書以證"文"與"情"常相對爲義。

《尚書·盤庚（中）》:"乃有不吉不迪,顚越不恭,暫遇姦宄,我乃劓殄滅之。""暫遇姦宄",僞孔《傳》釋爲"暫遇人而劫奪之,爲姦於外,爲宄於內",蔡沈《書集傳》釋爲"暫時所遇,爲姦爲宄",皆望文生義。王引之曰:

> 經凡言"寇賊姦宄"（《堯典》）、"草竊姦宄"（《微子》）、"寇攘姦宄"（《康誥》）、"鴟義姦宄"（《呂刑》）,及《盤庚》上篇之"敗禍姦宄",皆四字平列。此"暫遇姦宄"亦然。暫讀曰漸,漸,詐欺也。《莊子·胠篋》篇"知詐漸毒",《荀子·不苟》篇"小人知則攫盜而漸",《議兵》篇"招近募選,隆埶詐,尚功利,是漸之也",《正論》篇"上幽險,則下漸詐矣",是詐謂之漸。……遇,讀爲"隅睽智故"之隅,字或作"偶"。《淮南·原道》篇曰"偶睽智故,曲巧僞詐",皆姦邪之稱也。《本經》篇曰"衣無隅差之削",高誘注曰:"隅,角也;差,邪也。全幅爲衣裳,無有邪角。"衣邪謂之隅差,人邪謂之偶睽,聲義皆相近矣。《呂氏春秋·勿躬》篇曰:"人不知能不能之可以君民也,則幽詭愚險之言無不戢矣。"愚亦暫遇姦宄之遇,故以"幽詭愚險"連文,《荀子》曰"上幽險則下漸詐"是也。[1]

按此條先從文義而知舊注之非,次據古書中同類之語而知"××姦宄"都是義近的四個字平列,"暫遇姦宄"也應如此。再由聲類而認爲"暫"通"漸",其意爲欺詐;"遇"通"隅",其意爲姦邪。

王氏父子以文義和聲類求通假字,大體都是用這樣的方法。他們的看法仍然只是一種假定,因爲還沒有直接的證據;但這是

一種科學的假設，其結論與文義相合，又有一定的旁證，應該説大體上是正確的。我們注釋古書，在找不到直接證據的時候，也可以使用此種歸納推理的方法。

　　以高郵王氏爲代表的清代訓詁學家主要是訓釋先秦兩漢的詞語，但他們的方法也可以用來研究漢代以後的文獻語言。清代學者劉淇的《助字辨略》專釋虛詞，其中就包括了不少漢代以後俗語中的虛詞。現代學者張相也用清儒的方法研究唐代以後的詩詞曲語辭，著《詩詞曲語辭匯釋》一書。此書匯集了唐宋元明詩詞曲中所用的特殊詞語，明其訓詁，溯其流變。他在序言中説明他研究的方法是："綜合各證，得其解釋，則假定爲一義。一義不足概括，則別求解釋，復假定爲他義。"假定一義的經過：一曰體會聲韻，二曰辨認字形，三曰玩繹章法，四曰揣摩情節，五曰比照意義。他的學生金兆梓在跋語中也説："其釋一辭，下一解，必羅列唐宋金元之詩詞劇曲至數十百種，擷取其每一辭之例證，由十餘至五十餘則，綜貫之得一義，取其義施之各例而一一通其解，始敢假定其訓詁並明其辭義之流變。少不安，輒棄去，重取其例證而一一反覆吟哦之，體會之，揣摩之，印證之，然後更假定一新義——如是者往往至再至三，乃至四五。猶恐其未安也，則引人相與吟哦體會，相與揣摩印證，反覆質難，必求其安而後已。"① 這仍然是一種歸納、類比、演繹的方法，根據文義、音韻、字形、文例、文脈、語氣等來推斷語詞的意義。此種研究雖則是得到了前人訓詁方法的啓示，但又有難於傳統訓詁之處，因爲傳統訓詁猶有雅詁舊義可以遵循和參考，而詩詞曲中此類特殊語詞大多爲方音俗語，很少有前人的研究成果可以依傍。因此張

---

　　①　以上見《詩詞曲語辭匯釋》卷首序及書末跋，中華書局 1997 年重印本。

相此書實有蓽路藍縷之功，對於研究中古近古俗語，整理注釋這
一時期用俗語或俗語詞彙所寫的文學作品，有很大的參考價值。
20 世紀以來，這方面的研究和有關文獻（包括敦煌文獻）的整
理注釋取得了長足的進步，有不少重要的成果，但也還有一些粗
疏之作，究其原因，就是還沒有很好掌握研究的方法，又不願去
作深入的、艱苦的研究。

第四節　典故的注釋

典故的作用及其用法

　　所謂典故，就是指詩文中引用的前代詞語、前代故事，《文
心雕龍·事類》所謂"明理引乎成辭，徵義舉乎人事"是也。説
話行文引用古言古事來説明自己的意思，這本是常事，但在魏晉
以後用典更成爲詩歌、駢文之類的文學作品中普遍使用的一種特
殊的寫作手法，很多詩文大量使用典故，甚至滿篇皆典。用典的
目的不但是使文章的語言更加豐富，説服力更強，而且是使詩文
更加含蓄委婉、典雅精煉，更有韻味。詩歌講究"比興"，即採
用譬喻、寄托等象徵手法，駢文也多用寫詩的這種方法來作文，
而用典就是以古事爲比、托古事爲興。例如庾信在他的名作《哀
江南賦序》中叙述他受梁元帝之命出使西魏，不久西魏滅梁，他
不得已而在西魏，後來又在北周作官。對於這一段經歷和自己的
心情，他不是使用直叙的方式，而是使用典故來表達。他説：
"畏南山之雨，忽踐秦庭；讓東海之濱，遂餐周粟。"這一聯僅十
餘字就用了四個典故。其一，"畏南山之雨"，出《列女傳·陶答
子妻》："妾聞南山有玄豹，霧雨七日而不下食者，何也？欲以澤

其毛而成文章也，故藏而遠害。”這裏是説自己本想潔身遠害。其二，“秦庭”，見《左傳》定公四年：春秋時吴軍攻陷楚都，楚大夫申包胥往秦國乞師，倚立於庭墙而哭，七日夜不絶聲。秦君終於感動，出兵救楚。此處“秦庭”是比喻西魏都城長安。西魏攻梁，梁元帝遣庾信聘使西魏，至長安；不久，魏師攻陷梁都江陵。其事與吴陷楚都、申包胥往秦求救相類，所以庾信用這個典故，既是説受命出使長安，本非己願，又暗含使魏是爲了救梁的意思。其三，“讓東海之濱”：據《史記·田敬仲完世家》載，戰國時齊相田太公和遷齊康公於海上，後遂自立爲國君。這裏是指宇文覺篡奪西魏，改國號周（北周）。“讓”，讓位，這是委婉之詞。其四，“遂餐周粟”，是用周武王滅商，伯夷叔齊恥食周粟，餓死首陽山的故事。這裏是指庾信在北周爲官，並隱喻自己作爲梁臣，先仕西魏，又仕北周，不能像伯夷叔齊那樣保持氣節，深感慚愧。兩句話，四個典，表述了作者曲折的經歷與複雜的心情，既典雅精煉，又委婉含蓄，充分體現了用典之妙。但是這樣的文章，讀者如果不知道典故，就很難讀懂，甚至完全讀不懂，因此注釋典故就成爲注釋古籍的一項重要任務。

下面我們再進一步從引用古言與引用古事兩個方面來看看用典的情況。

引用古言

徵引古言，有明引，有暗引。所謂明引，即引用時已注明出處，或某書曰，或某人曰。所引者一般都是比較完整的語句，因此注釋時比較好辦，可以不再注出處，或僅視情況作補充注釋（如原文只引某書，則可補注篇名；若某人之言未注出於何書，則可補注書名篇名；等等）。

用典中引用古言，絶大部分是暗引，即不注出處，不説明是古言。這當中又可以分爲多種類型：有直用，有變用，有化用，有截用，有借用，有仿用。

直用：即直接將前代的詞、語、句作爲自己的話。例如賈誼《服鳥賦》：“禍兮福所倚，福兮禍所伏。憂喜聚門，吉凶同域。”前兩句是直用《老子》之文。庾信《哀江南賦序》：“大盜移國，金陵瓦解。余乃竄身荒谷，公私塗炭。華陽奔命，有去無歸；中興道銷，窮於甲戌。”其中“大盜移國”“瓦解”“荒谷”“塗炭”“華陽”“奔命”“中興道銷”等都是直用古代詞語。

變用：即將古語略加改變。如唐王勃《滕王閣序》：“老當益壯，寧知白首之心；窮且益堅，不墜青雲之志。”按《後漢書·馬援傳》，馬援曾對賓客說：“丈夫爲志，窮當益堅，老當益壯。”這裏只是把“窮當益堅”改爲“窮且益堅”，以免與上句的“當”字重複。《哀江南賦序》：“天道周星，物極不反。”按《鶡冠子》說“物極必反”，此處改“必”爲“不”，反其意而用之。

化用：即根據古語加以融化，不完全用其字面。如班固《兩都賦》：“既庶且富，娛樂無疆。”按《論語·子路》：“子適衛，冉有僕。子曰：‘庶矣哉！’冉有曰：‘既庶矣，又何加焉？’曰：‘富之。’”“既庶且富”就是從這裏融化而來。《滕王閣序》：“纖歌凝而白云遏。”“白云遏”乃化用《列子·湯問》“響遏行雲”之語。同篇：“請灑潘江，各傾陸海。”“潘江”“陸海”乃融合鍾嶸《詩品》“陸（機）才如海，潘（岳）才如江”而來。王昌齡《芙蓉樓送辛漸》詩：“洛陽親友如相問，一片冰心在玉壺。”末句乃化用鮑照《白頭吟》“清如玉壺冰”之句。杜甫《春夜喜雨》詩：“曉看紅濕處，花重錦官城。”“花重”乃化用梁簡文帝《賦得入階雨》詩“漬花枝覺重”之句。李商隱《無題》詩：“斑騅只繫垂楊岸，何處西南待好風？”乃從曹植《七哀》詩“願爲西南風，長逝入君懷”化出。

截用：即斷章取義，一般是截取古語中的二字爲詞，而不管是否合於語法。例如《論語·爲政》孔子引《書》云："孝乎惟孝，友于兄弟，施於有政。""友"本動詞，"于"本介詞，後世遂截取"友于"二字表示兄弟或兄弟友愛的意思。《後漢書·史弼傳》"陛下隆於友于"是也。又如《古詩十九首》"行行重行行"篇："胡馬依北風，越鳥巢南枝。"後人遂截取"巢南"二字以喻遊子思念故土。《梁書·武帝紀》載梁武帝天監十七年正月詔："……編户未滋，遷徙尚有。輕去故鄉，豈其本志？資業殆闕，自返莫由。巢南之心，亦何能弭！""巢南之心"即指流民思鄉之心。有一本學術著作不知這是用典，將"巢南"按字面理解爲居住於南方，因而説："梁時人民大概往北逃亡者已少，往南逃亡者獨多，所以就有'巢南'之稱。"並據此與人辯論。這就鬧笑話了。唐代以後的駢文中此類例子更多。如《范文正公別集》卷二《從諫如流賦》："但見弗違於啓乃，自可偕行於沔彼。""啓乃"即僞《尚書·説命》"啓乃心"之截用；"沔彼"即《詩·小雅·沔水》"沔彼流水"的截用，都是有關規諫的典故。不明乎此，就會不知所云。

借用：即僅借用古語之字面，而不用其本意。如《哀江南賦序》："追爲此賦，聊以記言。不無危苦之辭，惟以悲哀爲主。"後二句出嵇康《琴賦序》："稱其材幹，則以危苦爲上；賦其聲音，則以悲哀爲主。"原文"危苦""悲哀"是描寫琴的材質聲音，庾信則用以描寫自己的經歷和心境。而且原文"危苦"一詞，危謂高峻也，苦謂生存環境之艱難也，是説做琴的材料以生長於高峻苦寒之地的木材爲最好；《哀江南賦序》之"危苦"則是危難艱苦的意思，與本文不盡相同。又如《滕王閣序》："爽籟發而清風生，纖歌凝而白雲遏。""爽籟"一詞出晋殷仲文《南州桓公九井作》詩"爽籟驚幽律，哀壑叩虛牝"，但原詩的"爽籟"意指秋聲，即秋天大自然發出的聲音，而《滕王閣序》的"爽籟"則是指席間明快的樂曲①。

仿用：即模仿古語的句式。《滕王閣序》："落霞與孤鶩齊飛，秋水共長天一色。"此乃模仿庾信《射馬賦》"落花與芝蓋同飛，楊柳共春旗一色。"李商隱《行次西郊作一百韻》："生爲人所憚，死非人所憐。"此乃模仿漢成帝時童謠"故爲人所羨，今爲人所憐"②。

引用古事

引用古事，一般是引用相關的前代故事（包括真實的故事和虛構的故事如寓言等）作爲譬喻，以說明一定的意思。引用的方式除了有時直接引述（全引或節引）之外，絕大多數都是將該故事概括爲簡略的詞語或文句而加以運用。我們前面所舉《哀江南賦序》"畏南山之雨，忽踐秦庭；讓東海之濱，遂餐周粟"一聯，就是將四個典故概括爲"南山雨""秦庭""讓（位）東海之濱""周粟"等詞語，進行組織，以說明自己的經歷。同一個故事，由於作者引用的角度不同，所取的含義不同，行文的需要不同，因此可以概括爲多種多樣的詞語。我們試以前邊所引《列女傳》所載南山玄豹這個寓言爲例，在古代詩文中至少有以下詞語：

"玄豹"——南齊謝朓《之宣城郡出新林浦向板橋》詩："雖無玄豹姿，終隱南山霧。"唐李嶠《霧》詩："倘入非熊兆，寧思玄豹情。"

"南山豹"——李白詩："我垂北溟翼，且學南山豹。"

"豹隱"——駱賓王《秋日別侯四》詩："我留安豹隱，君去學鵬搏。"

---

① 舊日注《滕王閣序》者仍以"爽籟"作秋聲解，似非，此序前段已叙四圍景色，此段轉寫席間主賓之雅致才情，所謂音、味、文、言"四美俱"，不應又夾一句自然景色。

② 《漢書·五行志》。

"南山霧"——見上謝朓詩。

"南山雨"——見前引《哀江南賦序》。

"豹霧"——宋范成大詩:"披開豹霧尋陳迹。"

"澤霧"——王禹偁詩:"澤霧寧慚豹,搏風肯伏雌?"

以上例子説明,雖然各人各處所使用的角度不同,詞語不同,但都是圍繞該寓言故事所包含的隱居、潔身遠害這一主題。

有時用典則只用其字面,並不用故事本身的含義。例如《哀江南賦序》:"將軍一去,大樹飄零;壯士不還,寒風蕭瑟。"前一句是用東漢馮異的故事。《後漢書·馮異傳》:"每所止舍,諸將並坐論功,異常獨屏樹下,軍中號曰大樹將軍。"庾信使用這個典故,只是在字面上借用"大樹將軍"一詞。"將軍"乃指自己,庾信在梁曾官左衛將軍,尋聘於西魏。所謂"將軍一去,大樹飄零"喻意自己離去之後,梁之國勢遂不可復振,如大樹之飄零,這與典故本身的内容無關。試比較駱賓王《姚州破賊露佈》"先登陷敵,無遺大樹之功;後拒亂行,必致曲梁之罰",所用之典相同,而後者乃是用其本意。

注釋典故的注意事項

從以上所述用典的情況可見,古人用典的範圍極其廣泛(幾乎前代的詞語、前代的故事都可以成爲典故),用典的方式極其靈活,典故的標目(即用詞)又簡略而多樣。這就使得注釋典故成爲一件很困難的事,它要求注釋者須有廣博的知識。沒有廣博的知識,就可能出現以下兩種情況:

一、知其爲典故而不知其本事與含義。例如蘇軾《文與可畫篔簹谷偃竹記》録蘇軾與文同詩有"料得清貧饞太守,渭濱千畝在胸中"之句,有一個注本注云:"渭濱——渭河之濱。傳説姜子牙曾在渭水之陽隱居釣魚，這裏是跟與可開玩笑，對與可'吾將買田而歸老'一語而言。"注者的意思是說，"渭濱"句意爲文同想隱居。注者知其爲典故，但解釋錯了。《史記•貨殖列傳》："渭川千畝竹……此其人皆與千戶侯等。"蘇軾用此典，借"渭濱千畝"以指竹。文同這時任洋州太守，洋州多竹，所以蘇軾跟他開玩笑，所謂"渭濱千畝在胸中"，就是說他把洋州的竹笋都吃到肚子裏去了。文中說，文同"發函得詩，失笑噴飯滿案"；如果解釋爲想隱居，怎麼會"失笑噴飯"？"渭川千畝竹"不是很生僻的典故，這說明注者的知識不够廣博。

二、不知其爲典故因而失注或者誤解。失注則文義不明，誤解則更爲有害。前面我們舉到的不知"巢南"爲典而誤解爲"居住在南方"，就是一例。兹再舉一例。辛棄疾詞《破陣子•爲陳同甫賦壯語以寄》："八百里分麾下炙，五十弦翻塞外聲。"有的注本謂"八百里指的是軍隊駐紮的範圍"。按"八百里"是個典故。《世說新語•汰侈》："王君夫有牛名'八百里駮'，常瑩其蹄角。王武子語君夫：'我射不如卿，今指賭卿牛，以千萬對之。'君夫既恃手快，且謂駿物無有殺理，便相然可。令武子先射。武子一起便破的，却據胡牀，叱左右：'速探牛心來！'須臾，炙至，一臠便去。""八百里"即"八百里駮"的省稱。"八百里駮"不是一般的牛，而是駿牛；"八百里分麾下炙"是說不惜殺了壯牛，把熟牛肉分給部下，這是描寫作者當年軍中生活的豪壯。把"八百里"釋爲軍隊駐紮的範圍，似乎有失原意了。所以注釋典故，注釋者要盡可能廣讀群書，博聞强記。

當然，還要善於利用有關的工具書。典故中所引的詞語和濃縮爲簡短詞語的故事，則可以查大型辭典，如清代的《佩文韻府》（萬有文庫本附有四角號碼索引和筆畫索引，近年上海書店又據此本影印，最便查找），《駢字類編》，日本《漢和辭典》，臺灣地區《中文大辭典》，以及近年上海所出《漢語大詞典》等，都是查找典故的很有用的工具書，前面我們所舉的典故大多數都可以從這些書中查到。有時原文未概括爲一個詞語，自己也可以概括，再去查辭典。如《哀江南賦》"石望夫而逾遠，山望子而逾多"，可以概括爲"望夫石""望子山"，在辭典中就能找到這樣的詞條。其次，還可以根據典故中的事類查《藝文類聚》《太平御覽》之類的類書。例如《哀江南賦》叙述江陵被虜百姓路途之苦，曰"水毒秦涇，山高趙陘""饑隨蟄燕，暗逐流螢"，每句都有典故，可以在《太平御覽》卷六二地部"涇"門、卷五三地部"陘"門、卷九二二羽族部"燕"門、卷九四五蟲豸部"螢"門查到。若典故之主人爲著名人物，則可查史書有關傳記。如《哀江南賦序》"逢赴洛之陸機，見離家之王粲"，其典出於《晋書·陸機傳》《三國志·魏志·王粲傳》。又"班超生而望返，溫序死而思歸"，其事亦見於《後漢書·班超傳》及《溫序傳》。

　　有時候一種書查不到，就需要利用多種書、多種綫索去輾轉查尋。例如唐陸贄《請罷瓊林大盈二庫狀》："議者咸謂漢文却馬、晋武焚裘之事復見於當今。"有一個注本注"漢文却馬"云："按此事不見於《漢書·文帝本紀》，而見於《晋書·苻堅載記》，原文是：'吾思漢文之反千里馬，咨嗟美詠。'"[①] 實際上，"漢文却馬"這個典故最早仍出於《漢書》，而不是《晋書》。我們先試查類書，《初學記》《太平御覽》"馬"門都有這個故事，並説出自《漢書》，但是没説在哪一篇。再查《藝文類聚》"馬"門，也載有此事，説："賈捐之上書曰：孝文皇帝時，有獻千里馬者，詔曰：'鸞旗在前，屬車在後，日行五十里，朕乘千里馬，獨先

---

　　①　高振鐸主編、張家璠副主編《中國歷史要籍介紹及選讀》，黑龍江人民出版社 1982 年版，第 594 頁。

安之?'於是還馬,而下詔曰:'朕不受獻也,其令四方無來獻也。'"這一條,今本《藝文類聚》放在"《史記》曰"之下,這是錯的,應是"《漢書》曰",但它提供了一個綫索,即賈捐之。如果不知道賈捐之爲何人,可以查一查《中國人名大辭典》之類的工具書,即知他是西漢元帝時人。然後我們去查《漢書》,正有《賈捐之傳》,而且正有《藝文類聚》所引之文。這正是"漢文却馬"這一典故的原始出處。

　　注釋典故還有以下幾點值得注意:

　　一是注典要準確貼切。不但要切合原文的詞語,還要符合原文的意思。如果找不到典故的出處,也應當實事求是,不可牽強附會。例如《哀江南賦序》:"楚老相逢,泣將何及!"清倪璠《庾子山集注》:"《徐州先賢傳》曰:'楚老,彭城之隱人也。'謝靈運《爲廬陵王墓下作》曰:'延州協心許,楚老惜蘭芳。解劍竟何及,撫墳徒自傷。'楚老,謂漢世吊龔勝者也。……此楚老,蓋指彭城之楚老也。"此下又引《漢書·兩龔傳》龔勝死有老父來吊事。按楚老哭龔勝事又見《水經注》卷二三《獲水》。雖然此故事之"楚老"二字與《哀江南賦序》相合,但龔勝已死,楚老哭龔勝怎麼能説成是"楚老相逢"?顯然不應該是這個典故。王力《古代漢語》注此句,引證《後漢書·逸民列傳》所載的另外一個故事:"桓帝時,黨錮事起,兼代外黄令陳留張升棄官歸鄉,路上遇見一位朋友,兩人坐在草上共談,談到悲痛處,相抱而泣。陳留老父走過,放下拐杖長嘆道:'吁!二大夫何泣之悲也?夫龍不隱鱗,鳳不藏羽,網羅高懸,去將安所,雖泣何及乎!'"陳留古曾屬楚,故稱"楚老"。庾信引用這個典故,大意是:遇到故國遺老,也只有對泣,但哭又有什麼用呢!按《古代漢語》所引的故事與原文所用的詞語和文義都相合,是對的。

　　又如李清照《皇帝閣春帖子》:"莫進黄金籯,新除玉局牀。

春風送庭燎，不復用沉香。"有一注本注"玉局牀"，引《神仙傳·張道陵傳》"陵坐局脚玉牀斗帳中"①。按關於"玉局牀"或"局脚牀"（局脚即曲脚）的典故不止一處，張道陵坐局脚牀與李清照原詩稱讚帝王節儉的意思不合。《宋書·武帝紀（下）》："上清簡寡欲……宋臺既建，有司奏東西堂施局脚牀、銀涂釘，上不許，直用直脚牀，釘用鐵。"這才是李清照詩的出典。

　　引證詞語的來歷也要貼切。《文選》班固《兩都賦序》："或曰，賦者古詩之流也。"李善注："《毛詩序》曰：'詩有六義焉，二曰賦。'故賦爲古詩之流也。"李善是注釋典故的專家，但上面這條注無論作爲典故之注或文義之注都不確切。《毛詩序》所謂《詩》有六義，二曰賦，三曰比，四曰興。按照傳統的解釋，賦、比、興都是寫詩的手法，賦即"直陳其事"（參孔穎達《毛詩正義》）。這與作爲一種體裁的賦有所不同，因此引用《毛詩序》爲注不妥。其實班固所説"賦者古詩之流也"，在其《漢書·藝文志》中就有很好的解釋："《傳》曰：不歌而誦謂之賦。……古者諸侯卿大夫交接鄰國，以微言相感，當揖讓之時，必稱詩以喻其志……春秋之後，周道寖壞，聘問歌詠不行於列國，學詩之士逸在布衣，而賢人失志之賦作矣。大儒孫卿及楚臣屈原離讒憂國，皆作賦以風，咸有惻隱古詩之義。"如果引此文爲注就確當得多了。

　　再舉一例。《哀江南賦序》："楚歌非取樂之方，魯酒無忘憂之用。"倪璠注"忘憂"二字，引《漢書》："東方朔曰：銷憂者莫若酒。"此注意思雖不錯，但作爲典故之注，應盡可能緊扣原文，這裏沒有緊扣"忘憂"二字。按《晉書·顧榮傳》："恒縱酒酣暢，謂友人張翰曰：'惟酒可以忘憂，但無如作病何耳。'"

---

　　①　　見王仲聞《李清照集校注》，人民文學出版社 1979 年版。

《晋書》之作雖在庾信之後，但它是根據諸家舊《晋書》，引此爲注，更爲貼切。又陶潛《飲酒》詩："汎此忘憂物，遠我遺世情。"引以爲注，也非常確切。

二是注典當溯其源。典故乃是往昔之言之事，因此注釋典故必須以前注後，而不能以後注前，這是一個不言自明的原則。李善説："諸引文證，皆舉先以明後，以示作者必有所祖述也。"[1]就是這個意思。兹舉一例。南齊何遜《落日前墟望贈范廣州雲》詩："緣溝緑草蔓，扶楥雜華舒。"有一注本注下句云："楥，籬笆。雜華，雜花，各種各樣的花。《文選》四三丘希範（遲）《與陳伯之書》：'暮春三月，江南草長，雜花生樹，群鶯亂飛。'"[2]按據該注本著者考證，何遜此詩作於齊東昏侯永元元年（499）是也；而丘遲《與陳伯之書》寫於梁武帝天監四年（505）（見《梁書》卷二〇《陳伯之傳》），怎麼能以後作的丘遲文證前作的何遜詩？而且"雜花"一詞乃常語，本來用不着注出處的。

不但要以前證後，還應當盡可能追溯其源頭，或引用現在可能查到的最早的出處。前面我們曾舉到"漢文却馬"的典故，注者注釋其來源，不引《漢書》而引《晋書》，就是得其流而未得其源的例子。又如孟浩然《經七里灘》詩："余奉垂堂戒，千金非所輕。"近出《孟浩然詩集校注》引《漢書·司馬相如傳》"家累千金，坐不垂堂"爲注[3]，雖也不錯，但《漢書·爰盎傳》載爰盎之言曰："臣聞千金之子不垂堂。"爰盎爲漢文帝時人，在司馬相如之前，引證《爰盎傳》豈不是更好？

不過也要注意，有時較早的出處較簡略，引以爲注，意思不

①　《文選》班固《兩都賦》注。

②　《何遜集校注》，第 31 頁。

③　李景白《孟浩然詩集校注》，巴蜀書社 1988 年版，第 87 頁。

是很明晰，此時寧可引稍晚而較詳明的出處，或者並引。例如辛棄疾《美芹十論·序》："故罄竭精懇，不自忖量，撰成禦戎十論，名曰《美芹》。"近出《辛稼軒詩文箋注》注云："美芹，用獻芹典。嵇康《與山巨源絶交書》：'野人有快炙背而美芹子者，欲獻之至尊，雖有區區之意，亦已疏矣。'"① 按嵇康此文無疑是"美芹"二字的來源，但嵇康只是點出了這個寓言，而没有説明具體内容，只引嵇文爲注，讀者還是不明白"快炙背而美芹子"是什麼故事、什麼意思。而《列子·楊朱》篇載此寓言則很詳細，説："昔者宋國有田夫，常衣緼黂，僅以過冬。暨春東作，自曝於日，不知天下之有廣厦隩室，綿纊狐貉。顧謂其妻曰：'負日之暄，人莫知者，以獻吾君，將有重賞。'里之富室告之曰：'昔人有美戎菽、甘枲莖芹萍子者，對鄉豪稱之。鄉豪取而嘗之，蜇於口，慘於腹。衆哂而怨之，其人大慚。子，此類也。'"讀者讀此，就很容易明白辛棄疾取名"美芹"，意思是所獻十論，文雖淺陋，但可表自己忠君之誠，有如野人之獻芹。所以此處注釋，不但要引嵇康文，還應當引《列子》書。

三是釋典須兼顧釋詞釋意。從前面的分析我們已經看到，典故的構成實際上是包含三個方面，即標題（概括典故的詞語）、來源（典故的出處，亦即典故本身）、含義（用典所要説明的意思），可以概括爲詞、典、意。注釋典故時要兼顧這三個方面，既要釋典，又要釋詞，又要釋意。有時典故的標題詞語並不難懂，則不需注釋，否則仍需注釋。有時注出典故本身，其含義自明，則不需注釋；若僅注出典，含義仍不明白，則需點明用典的含義。例如庾信《哀江南賦序》："荆璧睨柱，受連城而見欺；載書横階，捧珠盤而不定。""荆璧睨柱"句是用《史記·廉頗藺相

如列傳》所載藺相如的故事：趙得楚和氏璧，秦昭王聽説後，願以十五連城換和氏璧，趙王使藺相如奉璧見秦王。秦王得璧而無意償趙城，相如詭稱璧有瑕，要指給秦王看。相如取回璧後説：“臣觀大王無意償趙王城邑，故臣復取璧。大王必欲急臣，臣頭今與璧俱碎於柱矣。”乃“持其璧睨柱，欲以擊柱”。秦王怕他摔破了璧，於是向他道歉，如約給趙十五城。“載書橫階”句，“載書”即盟書。《史記·平原君列傳》：平原君與楚合縱，從早晨到正午，還没談妥。平原君的食客毛遂按着寶劍，邁過幾層臺階闖上殿去，責備楚王，楚王這才答應了。毛遂手捧銅盤，和楚王飲血而定合縱之約。王力《古代漢語》第三册注釋這兩句，不但引述上面兩個故事注明了典故的出處，而且指出：前一句“是説相如出使没有被騙，而自己却爲西魏所欺”；後一句“是説毛遂能訂盟而自己却不能”。這就是既釋典又釋意。

　　初唐李善的《文選注》是古籍注釋中的名著，其注以注釋典故爲主，淵博而精審，遠勝於後來的“五臣注”。但它有一個明顯的缺點，即只注意釋典，而太忽視釋詞、釋意，唐玄宗批評它“唯只引事，不説意義”①。這樣作對文化層次很高的讀者問題不大，而一般讀者則不容易讀懂。例如《文選》卷二六潘岳《河陽縣作二首》：“引領望京室，南路在伐柯。”李善注：“《左氏傳》穆叔曰‘引領西望’。《毛詩》曰：‘伐柯伐柯，其則不遠。’”注出了“引領”“伐柯”二詞的出處，但“引領”又是什麽意思？也許李善認爲當時的讀書人都懂得引領是伸頸遠望的意思，用不着注，但“南路在伐柯”何意，無論如何應該注明。《五臣注》云：“南路謂京道也。今方南路在近，伐柯亦不遠也。”意思還是不明白。其實此

---

　　① 見《六臣注文選》卷首《吕延祚進五臣集注文選表》末附唐玄宗口敕。

處"伐柯"不過是取"伐柯伐柯，其則不遠"句中的"不遠"之意，這就是我們前面説的"借用"；"南路在伐柯"，即南路不遠也。此等處注典而不釋意，便是未盡到注釋的責任。

後世注書也常見有這樣的缺點，上段所舉"美芹"之注就有這樣的毛病。再舉一例。孟浩然《經七里灘》詩"余奉垂堂戒"（見前引），《孟浩然詩集校注》注云："垂堂誡：屋檐之下，瓦落傷人，戒人勿居危險之處。《漢書·司馬相如傳》：故鄙諺曰'家累千金，坐不垂堂'。張揖曰：'畏檐瓦中人也。'"這裏注了出典，也説明了用典之意，但反而沒有解釋關鍵詞語"垂堂"是什麽意思，"垂堂"爲什麽是在"屋檐之下"，因而一般讀者還是不得甚解。原來古代建屋，先於平地上築平臺，再在臺上築室，這個平臺就成爲"堂"。從庭院上階登堂，然後進入室内，所以有"登堂入室"之説。所謂"垂堂"，就是坐在堂的邊緣上（垂，邊也），此處正當屋檐之下。富家之子愛惜生命，害怕屋瓦落下傷了自己，所以不坐在堂的邊緣上，這就叫"千金之子不垂堂"。《漢書·爰盎傳》顏師古注："垂堂，謂坐堂外邊，恐墜墮也。"意思是坐在堂的外緣恐怕掉下去，這是另一種解釋。注"垂堂"之典而不注"垂堂"之義，這樣的注釋就還有缺陷。所以對《文選》李善注應學其長，而不當效其短。

與此相反，注釋典故只述其意或事而不注典故本身，也不完整。例如辛棄疾《新居上梁文》："頃列郎星，繼聯卿月。"《辛稼軒詩文箋注》注云："指淳熙元年十一月葉衡拜右丞相兼樞密使，薦稼軒爲倉部郎中，及淳熙五年稼軒以江西安撫入爲大理少卿事。"此處注出史事甚是，但還應該注釋正文中的"郎星""卿月"這兩個典故。《史記·天官書》："後聚一十五星蔚然（《漢書·天文志》作"哀烏"），曰郎位。"這就是"郎星"的出典。"卿月"出《尚書·洪範》："王省惟歲，卿士惟月，師尹惟日。"

僞孔傳：“卿士各有所掌，如月之有別。”岑參《西河太守杜公挽歌》：“惟餘卿月在，留向杜陵懸。”

四是要注出作者的微旨。前面説過，用典的一個重要目的就是要使詩文含蓄委婉，因此其中往往包藏着微妙曲折的意思，在注釋典故時應當細細咀嚼，索隱探微。王力《古代漢語》注釋《哀江南賦序》“讓東海之濱，遂餐周粟”（參見上文）時，指出：“這話是説自己先失節於西魏，又失節於北周，不像伯夷叔齊恥食周粟而死，表示慚愧。”這樣的注很好，深得作者複雜的心態。但在注同文“楚歌非取樂之方，魯酒無忘憂之用”二句時，注者説：“這裏用‘楚歌’‘魯酒’這兩個現成的詞泛指歌與酒。”按“楚歌”出《史記・項羽本紀》：“項王軍壁垓下，兵少食盡，漢軍及諸侯兵圍之數重，夜聞漢軍四面皆楚歌。”“魯酒”出《莊子・胠篋》：“魯酒薄而邯鄲圍。”《經典釋文》引許慎《淮南子注》：“楚會諸侯，魯、趙俱獻酒於楚王，魯酒薄而趙酒厚。楚之主酒吏求酒於趙，趙不與，吏怒，乃以趙厚酒易魯薄酒，奏之。楚王以趙酒薄，故圍邯鄲也。”這兩個典故都與圍城滅國之事有關，庾信特意用之，是暗喻故國已亡，歌不足以取樂，酒亦無以忘憂，其中深含亡國的哀痛，決非信手拈來。説是“泛指歌、酒”，既有負作者的一片苦心，也使讀者不知古人用典之妙。

不過要注意，在探索作者的微意時，切不可穿鑿附會，強爲之解。

第五節　地名的注釋

注釋古書的過程中必然要碰到很多地名，包括政區、山川、道路、關津、橋梁、寺廟、建築（宮殿、亭臺樓閣等）以及其他種種小地名。要正確注出它們在今天的什麽地方，有時還要注釋

它們的歷史沿革，這是一件很煩難的事，弄不好就要出錯。宋史
炤《通鑑釋文》的 700 餘處錯誤當中，屬於地名注釋的錯誤就有
240 處①，可見注釋地理的不容易。因此注書人要有歷史地理方
面的知識，主要是沿革地理的知識；要掌握查找古地名的方法，
懂得怎樣查閱和研究地理沿革。如果是注釋歷史、地理著作，那
更是需要進行深入的研究。胡三省的《資治通鑑注》之所以有很高
的水平，其中一個重要方面就是他對歷史地理的注釋非常精審。

　　下面我們簡要地談談查考地理沿革的方法以及注釋古地名的
一些注意事項。

　　查考地理沿革，首先要查閱有關工具書和文獻。

　　工具書包括地名辭典、歷史地圖之類。新中國建立前商務印
書館出版的臧勵龢等人所編的《中國古今地名大辭典》到現在都
還是一部很有用的工具書（近年有重印本）。近年也出過一些地
名辭典，包括《中國歷史大辭典》中的《歷史地理》分册。地圖
以譚其驤主編的《中國歷史地圖集》最好。

　　但是這類工具書一般都比較簡略，只能查到大地名，小地名很
難查到；它們解釋或記錄地名的沿革變遷也很粗略；更不用説這些
書中還經常有錯誤或不夠準確的地方。因此，只靠工具書是不行
的，還得查考有關的歷史地理文獻。這些文獻主要是以下三類：

　　一是古代地理著作。包括《漢書·地理志》《續漢書·郡國
志》《宋書·州郡志》等正史中的地理志（“二十六史”中有十八
種有地理志）；《元和郡縣志》《太平寰宇記》《元豐九域志》《讀
史方輿紀要》《清一統志》《華陽國志》等全國性的或地區性的地
理通志；以及《水經注》等以水道爲綱的地理書。這些古代地理

---

　　①　據胡三省《通鑑釋文辨誤》，中華書局 1956 年標點本《資治通鑑》
末附。

著作是有關歷代地理沿革的原始的或比較原始的記録，因而是研究地理沿革的基本依據。

　　二是宋代以來的地方志。這類方志一般是當地人根據現行區劃和官方檔案所修，有的還經過實地調查，因此其中有關該地區地理的部分比較具體，有不少第一類書中所没有的寶貴資料。

　　三是清代以來學者研究地理沿革的著作，如各種地理志校釋和補正史地理志（這類補志大多收在民國年間開明書店所編印的《二十五史補編》中，今有重印本）、楊守敬的《水經注疏》等。這類著作中收集了大量資料，有很多重要研究成果。

　　除了以上專門的歷史地理著作外，其他古籍中還有不少重要的但很零散的材料，也要盡可能查閱、收集。

　　對文獻記載的材料和前人的研究成果要認真閱讀參考，但也不可盲從。因爲這些記載有時問題很多，如各書的説法不統一，甚至互相矛盾；關於方位、里程的記載往往很多不準確（例如岷江的流向本來大體上是由北往南，但《水經注》等書中却説成是由西向東）；記載和考證的錯誤更是往往有之。因此研究者、注書者要進行細心的研究，周密的考證，甚至要作實地調查，才能作出比較正確的結論。例如東漢初劉秀派岑彭從三峽入蜀伐公孫述，進軍到江州（今重慶），然後溯嘉陵江而上到今合川，再往北進軍。公孫述派侯丹帶兵二萬據守黄石。黄石在什麽地方？《讀史方輿紀要》認爲即《水經注》所記今涪陵西的横石灘。但查《後漢書・岑彭傳》，説岑彭當時又回師江州，再溯都江（指長江）而上攻侯丹，大破之。根據這段進軍路綫的記述，我們至少可以確定黄石在今重慶以西，絶不是今涪陵西的横石灘。有很多小地名，古地理書中没有記載，也可以用類似的方法，尋找各種旁證，來確定其大致位置①。胡三省注《通鑑》，就很善於用這樣的方法。如《通鑑》卷一二八宋孝武帝孝建元年四月，宋叛臣魯爽"留軍大峴，使魯瑜屯小峴"，胡注："小峴在合肥之東，大峴又在小峴之東。"他是根據什麼？他在《通鑑釋文辨誤》卷六、卷七中作了説明，就是根據宋、梁的兩次戰爭進軍路綫來考定的②。

　　在注釋古書中的地名時，有一些常見的錯誤，特別值得注意。

　　一是缺乏地域觀念，將同名而異地的地名張冠李戴。在古籍舊注中這樣的錯誤很多，宋王楙《野客叢書》卷七有"地理訛舛"條，其中所舉的例子均爲此類。史炤的《通鑑釋文》更爲典型，僅胡三省《通鑑釋文辨誤》中所列即多達數十條。如誤以濁水釋濁澤，以雍州釋雍縣，以江夏之蘄春亭釋沛郡之蘄縣，以荆山之漳水釋鄴西南之漳水，以楚國之長城釋湄縣之長城，以治於滇池之益州郡釋治於成都之益州，以沛國芒縣之山釋洛陽之芒山，等等。此類地名字面上相同或部分相同，而實是不同的地方，或者是不同的政區，史炤完全不顧史事發生或人物所在的區域，妄加指認，謬以千里。我們試舉其中一例，看他是怎麼錯的。《通鑑》卷九八晋穆帝永和六年"姚弋仲據灄頭"，史炤《釋文》云："灄水在西陽。"胡三省《通鑑釋文辨誤》駁之曰："余按九十五卷成帝咸和八年，姚弋仲降於石虎，徙居清河之灄頭。史炤只據《廣韻》灄水在西陽，遂引以爲釋。西陽固自有灄水，然西陽今之黄州，時爲晋土。讀史須考本末，炤更不能省記姚弋仲所居之灄頭在清河，一時檢看《廣韻》，便引以爲注，是未足

---

① 　關於地理沿革的研究方法，可參看劉琳《怎樣研究地理沿革》一文，《社會科學研究》1984 年第 5 期。

② 　詳見中華書局標點本《通鑑釋文辨誤》第 79、90 頁。

以語《通鑑》也。"

　　像史炤這樣的錯誤在現代的一些古籍注釋中也常有所見。例如唐張祜《題金陵渡》詩："金陵津渡小山樓，一宿行人自可愁。潮落夜江斜月裏，兩三星火是瓜州。"按金陵爲南京的別稱，但唐代鎮江也稱金陵（見王楙《野客叢書》卷二〇"北固甘羅"條、《嘉定鎮江志》卷二）。瓜州除了古代設於敦煌的瓜州外，今江蘇六合縣東南、與南京隔江相對的瓜步（亦作埠）山也稱瓜州（今有瓜埠鎮），今江蘇邗江縣南、與鎮江隔江斜對的瓜洲或瓜埠洲也稱瓜州（有瓜洲鎮）。因此，張祜這首詩中的"金陵"與"瓜州"就出現了兩種解釋：一種是把金陵釋爲南京，則瓜州乃指六合的瓜步山；一種是把金陵釋爲鎮江，則瓜州即邗江的瓜埠洲。兩種說法均有其根據，我們姑不論哪一種對，但近年中華書局所出《唐人絕句選》卻捏合二說，注"金陵"則云"當指今鎮江"，注"瓜州"則云"今屬江蘇六合縣"。按鎮江與六合瓜埠直綫距離亦在百里以上，詩人從鎮江的津渡邊怎麼看得見六合瓜步的"兩三星火"？

　　再舉一例。唐末韋莊有《西塞山下作》一詩，近年四川省社會科學院出版社所出《韋莊集校注》注西塞山云："山名，在浙江吳興縣西南。"按此詩乃作於西塞山下，詩中云"孤峰漸映溢城北"，溢城即今江西九江市，古今無異詞；若西塞山在吳興，與溢城何涉？查《方輿勝覽》等古地志及《中國地名大辭典》《辭源》等工具書，都不難查到"西塞山"有二：一在浙江吳興（今湖州市）西南，唐張志和《漁父歌》所謂"西塞山前白鷺飛，桃花流水鱖魚肥"，即此。一在湖北大冶東，韋應物《西塞山》詩即指此。此山正與九江相近，可見韋莊詩的西塞山乃是指大冶東的西塞山，而不是指吳興的西塞山。

　　所以注釋古地，腦子裏必須有個地域觀念，先要弄清原文中

所涉及的大致是在哪一個地區，再來看小地名的位置；如果大的
區域都錯了，小地名怎麼可能注釋正確？

　　二是缺乏時代觀念，不明地理沿革，以前代注後代，或以後
代注前代。事物總是在不斷變化之中，地理也一樣，一個地方的
名稱、同一地名的位置、政區的置廢、疆域的分合、江河的流向
等，都在變化，只不過有的時間長一些，有的時間短一些，有的
變化大一些，有的變化小一些。注書者必須弄清變遷，不忘時
代，嚴格按當時的地理進行注釋。史炤《通鑑釋文》在這方面又
是個反面典型，此書釋地的錯誤之中緣於不明沿革的錯誤數以十
計。有時以前代釋後代，如婁縣，西漢屬會稽郡，東漢已改屬吳
郡，而史炤仍注云“婁，會稽邑”；閿鄉，漢代爲弘農郡湖縣的
一個鄉，元魏改湖縣爲湖城縣，至隋開皇中又改湖城爲閿鄉縣，
而史炤注仁壽中之閿鄉仍云“閿鄉在弘農湖縣”；高郵縣，唐屬
揚州，史炤却據東晉、南朝曾於廣陵（今揚州）置南兗州，而說
“高郵，邑名，屬兗州”。有時又以後代釋前代，如西漢右扶風有
邰縣，又有武功縣，後世省邰縣併入武功縣，至唐則武功縣屬雍
州，而史炤乃妄將漢唐兩代不同的政區攪在一起，説“邰在右扶
風武功縣”。注政區的建置也多謬誤，如漢高帝十一年置真定縣，
武帝元鼎四年始置真定國，史炤却説“高帝十一年更名真定國”；
上邽縣本秦武公所置，史炤却説是漢武帝開置。

　　類似史炤的錯誤在現代的注釋中也仍然存在。如韋莊《過内
黃縣》詩之相州，《韋莊集校注》注云：“相州，州名，故址在今
河北省臨漳縣西南。”按此州之建置沿革，地志、工具書均可查
到，如《辭海》云：“相州，州名。北魏天興四年分冀州置，治
所在鄴縣（今河北臨漳縣西南鄴鎮）。東魏天平初改名司州。北
周建德末復名相州，大象時移治安陽（今市南，隋移今市）。
……金明昌三年升爲彰德府。”這裏説得很清楚：北魏的相州在

今河北臨漳縣西南，北周以後包括唐代的相州即今河南安陽市。注書者用北魏的相州來注釋唐代的相州，這就錯了。又如，杜甫流亡秦州，有《鐵堂峽》詩，《方輿勝覽》說：鐵堂峽“在天水縣東五里”。近年上海古籍出版社所出《杜甫選集》據此注云：鐵堂峽“在今天水縣東五里”。這裏的錯誤也在於忽略了古今的變化。《方輿勝覽》所說的天水縣乃是指宋代的天水縣，在今甘肅天水市西南七十里。今天的天水市，晋至唐爲上邽縣，宋爲成紀縣，秦州治此。明省成紀縣入秦州，民國初改秦州爲天水縣。新中國建立後於縣城置天水市，而移天水縣治於市東之北道鎮，後來又省縣入市，所以現在已没有天水縣。因此，今人注鐵堂峽，當注云“在今甘肅天水市西南七十餘里”。

　　這裏有一個問題值得注意，即新中國建立以來政區的變化。今人以今地釋古地，不但要知道古代的地理沿革，還要知道現代的地理沿革，既不可知今而不知古，也不可知古而不知今，否則就不可能作出準確的注釋，上面舉的天水縣就是一個例子。近年我們編纂《全宋文》，常發現一些同志在撰寫作者小傳中的籍貫時，因爲不注意現代政區的變化而出錯。如永嘉縣，注云“今浙江永嘉”；晋江縣，注云“今福建晋江”。如果在民國年間，這樣注是對的，但新中國建立後於永嘉縣城區設温州市，而遷永嘉縣治於其北的上塘鎮；又析晋江縣城區設泉州市，而移晋江縣治於其南的青陽鎮。這樣，宋代的永嘉縣就不是今天的永嘉縣，而是今天的温州市；宋代的晋江縣就不是今天的晋江縣，而是今天的泉州市。行政區劃年年都會有變化，只有注意收集資料，才能少出差錯。還有的注書人，爲避開注今地的煩難，在没有理由不注今地的時候也不注今地，這也是不足取的，因爲我們今天注古書是給今人看，而不是給古人看，要多爲讀者作想。

　　三是誤以地名爲一般詞語，或誤以一般詞語爲地名。《左傳》

宣公二年：“初，宣子田於首山，舍於翳桑。”杜預注：“翳桑，
桑之多蔭翳者。”據王引之《經義述聞》卷一八考證，“翳桑”乃
是地名。《通鑑》卷一一三晉安帝元興三年：“今日賊（桓）玄之
首已當梟於大航矣。”史炤《釋文》：“大航，方舟也。”按大航乃
地名，即朱雀航，在建康（今南京）朱雀門外秦淮水上。唐許渾
《鷺鷥》詩：“西風澹澹水悠悠，雪點絲飄帶雨愁。何限歸心倚前
閣，綠蒲紅蓼練塘秋。”近年中華書局版《唐人絕句選》注此詩
“練塘”云：“練塘，清澄無波的池塘。”按練塘乃湖名，又叫練
湖、曲阿後湖，在今江蘇丹陽縣城西北，是一處很有名的名勝。
韋莊《河內別村業閑題》：“阮氏清風竹巷深，滿溪松竹似山陰。”
近出《韋莊集校注》注“山陰”云：“此處似泛指景色幽勝之
處。”按此處“山陰”乃實指會稽之山陰（今浙江紹興），王羲之
《蘭亭序》描寫山陰蘭亭的景色云“此處有崇山峻嶺，茂林修
竹”，此詩即用此典。這些都是誤以地名爲一般詞語的例子。韋
莊《謁蔣帝廟》詩：“江聲似激秦軍破，山勢如匡晉祚危。”《韋
莊集校注》摘“山勢如匡”注云：“《讀史方輿紀要·浙江》‘匡
山，（龍泉）縣西南百二十里……’此處係泛指江南山形。”按此
處“匡”與上句“激”均爲動詞，謂匡救也。這是誤以一般詞語
爲地名的例子。

第六節　注釋古籍的幾點要求

　　注釋古籍首先要求内容正確，自不待言。此外還有幾點值得
特別注意：一是博學深研，二是“述而不作”，三是量體裁衣，
四是“要約明暢”。

博學深研

博學深研，這是注書的前提。

在外行人看來，注一部書比自己寫一本書容易；而在内行人看來，此話乃是外行話。清杭世駿説："作者不易，箋疏家尤難。何也？作者以才爲主，而輔之以學，興到筆隨，第抽其平日之腹笥，而縱横曼衍，以極其所至，不必沾沾獺祭也。爲之箋與疏者，必語語核其指歸，而意象乃明；必字字還其根據，而佐證乃確。才不必言，夫必有十倍於作者之卷軸，而後可以從事焉。"又説："詮釋之學較古昔作者爲尤難。語必溯源，一也；事必數典，二也；學必貫三才而窮七略，三也。"[①] 這就是説，寫書可以只寫自己的心得，不懂的或沒有心得的可以避開或繞開；而注書，則凡原書所涉及的知識都必須探究明白，不能説我知道什麼就只注什麼。因此，注書者不但要博覽群書，而且對很多問題要作深入的、艱苦的研究。注釋需以研究爲基礎，注釋本身就是研究。不經過博學深研，要寫出高水平的注釋是不可能的。

往往注書者長期艱苦研究的結果，寫到注釋中只不過是一句話兩句話（甚至有很多研究成果還不一定用得上），但在這一句話兩句話的背後不知凝聚了多少心血。譬如蜜蜂，辛辛苦苦採百花之液，而釀出來的蜜不過是一點點；但若不辛辛苦苦採百花之液，就不可能得到這一點點蜜。例如《資治通鑑》卷一二八：宋孝武帝遣薛安都等與叛臣魯爽戰，"爽不能進，留軍大峴，使魯瑜屯小峴。"胡三省注："小峴在合肥之東，大峴又在小峴之東。"

---

① 　杭世駿《道古堂文集》卷八《李太白集輯注序》《李義山詩注序》，清乾隆四十一年刻光緒十四年汪曾唯修本。

這裏只有兩句話，但這兩句話得來可不容易！因爲以前的書上並沒有記載大峴、小峴在何處，胡三省細考了歷史上在這一帶發生的幾次戰役的歷程，才確定小峴在合肥之東，大峴又在小峴之東（其考證的過程見《通鑑釋文辯誤》卷六、卷七）。這還只是一個小問題，有很多問題比這複雜得多，解決起來困難得多。

著者曾撰作《華陽國志校注》，深知箇中的甘苦。《華陽國志》一書記載了從上古到公元四世紀西南地區的歷史、地理，涉及面極廣。爲了注釋此書，著者查閱了數百種古今文獻（單是引用的就有 400 餘種），研究了西南地區的古代史、歷史地理、民族史、道教史等，還到一些地方對文物古迹、地理沿革等作過實地調查，前後歷時七八年。由此痛感注書的確不容易！

述而不作

“述而不作”是注釋古籍的一條基本原則，這也就是我們在第一章《概論》中說的客觀性的原則。注釋與自著不同，自己寫書寫論文是發表自己的看法，想怎麼寫就可以怎麼寫；注釋則是解釋前人的著作，必須按原作的意思來注解。在這裏，不能隨心所欲，不能歪曲原意，不能牽强附會，不能“六經注我”，不能反客爲主。注書者當然也可以發表自己的看法，但首先必須把本書的原意客觀地、元元本本地介紹給讀者，然後再發表你自己的看法，而不能把自己的看法强加給古人。一句話，必須符合原意，這是評判注釋優劣的重要標準；而歪曲原意，這是注釋古籍的大戒。

下面舉幾個例子。

《詩·鄭風·子衿》：“青青子衿，悠悠我心。縱我不往，子寧不嗣音？　青青子佩，悠悠我思。縱我不往，子寧不來？　挑兮達兮，在城闕兮。一日不見，如三月兮。”這分明是一首男女幽會之詩，第一章女子抱怨男子沒有捎信給她，第二章女子抱怨男子不來看她，第三章她約他到城闕來相會。愛戀之情、嬌嗔之態可掬！而《毛詩》小序却説：“《子衿》，刺學校廢也，亂世則學校不修焉。”首二句毛《傳》解云：“青衿，青領也，學子之所服。”鄭《箋》：“學子而俱在學校之中，己留彼去，故隨而思之耳。”末二句毛《傳》：“言禮樂不可一日而廢。”鄭《箋》：“君子之學，以文會友，以友輔仁，獨學而無友，則孤陋而寡聞，故思之甚。”這是説到哪裏去了！後世受毛《傳》、鄭《箋》的影響，差不多都這樣來理解本詩，並將“青衿”一詞作爲學子的代稱，真是害人不淺！

《離騷》：“皇覽揆余初度兮，肇錫余以嘉名。名余曰正則兮，字余曰靈均。”洪興祖《補注》：“《史記》屈原名平。正則以釋名平之義，靈均以釋字原之義。”是也。而王逸注云：“言正平可法則者莫過於天，養物均調者莫過於地。高平曰原，故父伯庸名我爲平以法天，字我爲原以法地，言己上能安君，下能養民也。”按名平不過取其平正，字原則與名相應，牽合於天地君民，豈是屈原命名之本意！

《論語·子罕》：“麻冕，禮也，今也純，儉，吾從衆。拜下，禮也，今拜乎上，泰也；雖違衆，吾從下。”這裏只是説行禮時戴什麼帽子，臣對君是拜於堂上還是拜於堂下，而宋楊簡解此章竟用“天道”來加以解釋。他説：“好禮者往往過於執，從衆者往往過於和，此皆意必固我有以害之也。聖人則都無，一從一違，皆天道當如此，非聖人如此也。聖人之心即天道，其體本如此，非勉而進此也。”① 這是典型的“六經注我”。宋代理學家解

---

① 楊簡《慈湖遺書》卷一一，四明叢書本。

經，動輒傅會於“天理人欲”，此其一例。

　　元王若虛《論語辨惑》談到當時人曲解《論語》之例：“子曰：‘十室之邑，必有忠信如丘者焉，不如丘之好學也。’或訓‘焉’爲‘何’，而屬之下句。‘廐焚，子退朝，曰：傷人乎？不問馬。’或讀‘不’爲‘否’，而屬之上句。意謂聖人至謙，必不肯言人之莫己若；聖人至仁，必不至賤畜而無所恤也。”這是爲了拔高“聖人”而不顧文法，歪曲文義。王若虛批評説：“義理之是非姑置勿論，且道世之爲文者有如此語法乎？故凡解經，其論雖高，而於文勢語法不順者，亦未可遽從，況未高乎！”① 真是一針見血！

　　再舉一例。康有爲《論語注》解“學而時習之”一句中“時”字之義，説：“時勢不同，則所學亦異。時當亂世，則爲亂世學；時當升平太平，則爲升平太平之學。禮，時爲大，故學亦必隨時而後適。孔子爲時聖，學之宗師也。……此言修己以自得爲先，不得冥心坐廢；以時爲中，不得守舊泥古。此爲開宗明義第一旨，故上《論》一書以時始、以時終，以明孔子之道全達於時，學者不可不察也。”② 按“時習”也就是時時溫習的意思，哪有康氏所説的這樣玄之又玄的含義？何況孔子是面對面地教導學生，假設他真有這樣的意思，完全可以清楚明白地説出來，何需如此隱晦曲折，故作高深？康氏此解，不過是六經注我、借題發揮罷了。

　　類似的例子太多，無需一一列舉，古籍整理者應當引以爲戒。在這個問題上朱熹有些意見值得參考。朱熹是宋代理學的代表，雖然他解釋經籍也免不了理學家的毛病，但總的來説還比較

　　①　王若虛《滹南集》卷五，文淵閣四庫全書本。

　　②　康有爲《論語注》，中華書局 1984 年版。

客觀，比較實事求是。他反對有的理學家（包括二程）借解經大做自己的文章。他説：“解經謂之解者，只要解釋出來，將聖賢之語解開了，庶易讀。”又説：“傳注，惟古注不作文，却好看。只隨經句分説，不離經義，最好。疏亦然。今人解書，且圖要作文，又加辨説，百般生疑，故其文雖可讀，而經意殊遠。”[①]　又説：“解經不必做文字，止合解釋得文字通，則理自明，意自足。今多去上做文字，少間説來説去，只説得他自一片道理，經意却蹉過了！……嘗見一僧云：‘今人解書，如一盞酒，本自好，被這一人來添些水，那一人來又添些水，次第添來添去，都淡了。’”[②]　他批評程頤《易傳》，説：“伊川見得個大道理，却將經來合他這道理，不是解《易》。”[③]　他還説：“今之談經者往往有四者之病：本卑也，而抗之使高；本淺也，而鑿之使深；本近也，而推之使遠；本明也，而必使至於晦。此今日談經之大患也。”[④]　這些話説得很精闢。

　　注釋古書要做到符合原意，有時不僅涉及某篇文章、某句話的問題，還涉及對整部書的性質的評判。只有對這部書的性質作出正確的判定，才能對這部書當中的某篇文章、某句話作出正確的理解。例如《周易》，最初不過是巫師的卜筮之書，後代的儒者逐漸根據自己的觀點發揮其義理，從而形成《易傳》；而後世的學者硬説全書都是伏羲、文王這些“聖人”所説的大道理。《詩》本是一部西周到春秋之間的詩歌選集，其中有很多詩是出自民間，並且有很多是寫男女愛情的戀歌。就因爲孔子説了一句

---

①　黎靖德編《朱子語類》卷一一，中華書局 1986 年標點本。

②　《朱子語類》卷一〇三。

③　同上，卷六七。

④　同上，卷一一。

“思無邪”，後世儒者遂咬定篇篇都是“賢人”所作，篇篇都是有關政教人倫的正理。用這樣的觀點來解釋《易》與《詩》，自然也就免不了牽強附會，歪曲原意。上面我們所舉的《毛詩》對《子衿》的解釋就是一例。在這一點上，朱熹也比俗儒高出萬萬。他說：“《易》本卜筮之書，後人以爲止於卜筮；至王弼用《老》《莊》解，後人便只以爲理，而不以爲卜筮，亦非。想當初伏羲畫卦之時，只是陽爲吉，陰爲兇，無文字，某不敢說，竊意如此。後文王見其不可曉，故爲之作象辭；或占得爻處不可曉，故周公爲之作爻辭；又不可曉，故孔子爲之作‘十翼’，皆解當初之意。……今人須以卜筮之書看之，方得；不然，不可看《易》。”① 關於《詩》，他說：“所謂‘思無邪’者，讀《詩》之大體，善者可以爲勸，而惡者可以爲戒。若以爲皆賢人所作，賢人決不肯爲此。……如《子衿》只是淫奔之詩，豈是學校中氣象！《褰裳》詩中‘子惠思我，褰裳涉溱’，至‘狂童之狂也且’，豈不是淫奔之辭！”② 他認爲《鄭風》之中淫奔之詩不止七之五，《衛風》之中淫奔之詩也有四之一，他如《邶風》的《靜女》等也都是淫奔之詩。③ 他根據這種看法來注《易》注《詩》，就詮釋原書的本義而言，自是遠勝於毛、鄭、程頤輩。

量體裁衣

　　量體裁衣，就是注書要有針對性，要看對象。對象有二，一是注釋對象，一是讀者對象。不同的書，自應有不同的注法；讀

---

① 《朱子語類》卷六六。
② 同上，卷八〇。
③ 見《詩集傳》卷四等。

者對象不同，注法也應不同。

　　注釋者要根據原書的性質和特點來確定注釋的體例和方法。一般來説，對哲學著作，注釋應偏重於明義理；對史書，注釋應偏重於明史實；對文學作品，除了通其文義、釋其寓意之外，還可品評其寫作手法、寫作技巧等。清錢大昭《三國志辨疑・自序》："注史與注經不同。注經以明理爲宗，理寓於訓詁，訓詁明而理自見。注史以達事爲主，事不明，訓詁雖精，無益也。嘗怪服虔、應劭之於《漢書》，裴駰、徐廣之於《史記》，其時去古未遠，稗官載記碑刻尚多，不能會而通之，考異質疑，而徒戔戔於訓詁。"錢大昭的意見是對的。《史記》《漢書》的文字很多地方比較艱深，適當的訓詁還是必要的；但即今所知漢唐之間所有的《史》《漢》注釋都只注意於訓詁，而於史實無所發明，致使後人對漢代歷史的認識，除了《史記》《漢書》所記載的而外，便知之不多，這不能不説是一大遺憾。與此相反，裴松之的《三國志》注不措意於訓詁，而着力於史實的拾遺補缺、考異質疑，大大增加了後人對三國歷史的了解，其史料價值不亞於陳壽本書。從這一點來説，裴松之《三國志》注遠勝於服、應、裴、徐輩的《史》《漢》注；就注釋史書的指導思想來説，前者也優於後者。

　　就是同一類書，各書的特點、重點、難點等不同，因此注釋的側重點也應有所不同。《四庫全書總目》中《孟子正義》提要説："漢儒注經，多明訓詁名物，惟此注（按：指趙岐《孟子注》）箋識文句，乃似後世之口義，與古學稍殊。然孔安國、馬融、鄭玄之注《論語》，今載於何晏《集解》者體亦如是。蓋《易》《書》文皆最古，非通其訓詁則不明；《詩》《禮》語皆徵實，非明其名物亦不解；《論語》《孟子》詞旨顯明，惟闡其義理而止，所謂言各有當也。"

　　看讀者對象，主要是看文化層次。給學者看的，內容宜深入，文字宜典雅；給大衆看的，則内容宜淺出，文字宜通俗。當然也可以介乎二者之間，雅俗共賞。

要約明暢

要、約、明、暢，這是對注釋文字的要求。這四個字是劉勰在《文心雕龍·論説》中提出來的。他説：注釋的文詞與論文不一樣，但有一點是相同的，就是不要煩瑣。"若毛公之訓《詩》，安國之傳《書》，鄭君之釋《禮》，王弼之解《易》，要約明暢，可爲式矣。"

要，就是扼要。注釋的内容應求扼要，力戒煩瑣。這裏又包括三個方面：

第一，注釋什麼要精擇。一般只注重點、難點，不必字字句句皆注。朱熹説："漢儒注書，只注難曉處，不全注盡本文，其辭甚簡。"① 毛公之注《詩》，鄭玄之注《禮》，王弼之注《易》，朱熹之注《四書》，胡三省之注《通鑑》，都只注要點難點，簡明扼要，足以爲法。而有的注疏，字字皆注，使人厭煩。如《論語》首章"子曰：學而時習之"，宋邢昺《疏》解"子曰"二字云："子者，古人稱師曰子。子，男子之通稱。此言子者，謂孔子也。曰者，《説文》云：'詞也，從口，乙聲，亦象口氣出也。'然則曰者，發語詞也。以此下是孔子之語，故以'子曰'冠之。或言'孔子曰'者，以記非一人，各以意載，無義例也。"其實這裏只需解釋"子"字："子者，古人稱師曰子，此謂孔子也。"這就可以了。"曰"字之義，人人皆知，何需費辭！又如何休《春秋公羊解詁序》："昔者孔子有云……"唐徐彦《疏》："昔者，

---

① 《朱子語類》卷一三五。

古也，前也。故《孝經》云‘昔者明王’，鄭注云：‘昔，古也。’
《檀弓》上篇云‘予疇昔夜夢’，注云：‘昔猶前也。’然則若對後
言之即言前，若對今言之即言古。何氏言前古孔子有云云言也。”
按“昔”乃常語，這近百字的注全是廢話！此外，對文學作品的
注釋，以前的注家常拘泥於古人作詩“無一字無來歷”之説，對詩
文中的每個詞語差不多都要注出來歷，其實有很多是不必要的。

　　第二，注釋内容要精擇。清黄以周説：“漢儒注書，循經立
訓，意達而止，於去取異同之故，不自深剖，令讀者自領之，此
引而不發之道也。至宋儒反復推究，語不嫌詳，已有異於漢注。
今人注書，必臚列舊説，力爲駁難，心中所有之意，盡寫紙上，
並有異於宋人。而好學深思之士，閲宋後書而惟恐卧，日夜讀漢
注而不知倦者，何也？譬如花盛放而姿色竭，一覽無餘；萼半函
而生氣饒，耐人静玩而有味也。”① 這裏提出意達而止，引而不
發，留有餘地，都是很對的。

　　還有一種更壞的毛病是離開本文，節外生枝。如李商隱《五
松驛》詩：“獨下長亭念《過秦》，五松不見見輿薪。只應既斬
斯、高後，尋被樵人用斧斤。”首句是説作者走下五松驛的亭子，
想到賈誼《過秦論》，因而有感。“過秦”只要注明是賈誼《過秦
論》即可，而清馮浩《玉谿生詩集箋注》於此注云：“《史記·秦
始皇本紀》：太史公曰‘善乎賈生推言之也’。又《陳涉世家》：
褚先生曰‘吾聞賈生之稱曰’。注：裴駰案：《班固奏事》云‘太
史遷取賈誼《過秦》上下篇以爲《秦始皇本紀》《陳涉世家》下
贊文，然則言褚先生者非也’。按：《本紀》全述賈誼之言，《世
家》節取其中一篇，若皆出司馬筆，則複矣。故《索隱》據‘地
形險阻’數句，定爲褚先生所改題也。”按馮氏此一大段注文，

　　①　黄以周《儆季文鈔》卷四《示諸生書》，清光緒二十一年刻本。

乃是辨論《史記·陳涉世家》後面引賈誼《過秦論》，是司馬遷所引，還是褚先生所引。這跟李商隱的詩有何關係呢？完全是文不對題，節外生枝！古籍注釋中文不切題的例子並不少見，應當引以爲戒。

第三，注中引證要精擇。注釋中引書爲證，要做到適可而止。引還是不引，詳引還是略引，引原文還是述大意，都是看需要而定，要之也是“意達而止”，不要繁蕪重複。試舉一例：中華書局 1987 年版《阮籍集校注》，其注中引書就常有這個毛病。《大人先生傳》“伯宗忠而世絕”一句，是説東漢耿恭忠於漢朝而下獄事，注詳引《後漢書·耿弇傳》近五百字。其實只要概述大意而注明出處就可以了。又同篇“夏喪於商”一句，意即夏朝被商朝所滅，這是盡人皆知的事，本無需注，而注者也不厭其煩地引證《史記·夏本紀》原文近百字。同書《孔子誄》：“養徒三千，升堂七十。”是説孔子有門徒三千，升堂入室的高弟七十人。此事也是常見的典故，只要引《史記·孔子世家》“孔子以《詩》《書》、禮、樂教，弟子蓋三千焉，身通六藝者七十有二人”，就可以了。而注者乃引《後漢書·鄭康成傳》《論語·先進》《史記·孔子世家》《仲尼弟子列傳》《孔子家語·觀周》《弟子行》《七十二弟子解》以及《孟子·公孫丑》共八處數百字，內容都大體相同，架牀叠屋，毫無必要。

約，就是簡潔。注釋的文字應求簡潔，力戒繁冗。漢代有個秦近君，解説《尚書·堯典》，篇題“堯典”二字就説了十萬餘言，“曰若稽古”四字就説了三萬餘言[①]；東漢朱普著《尚書章句》，“浮詞繁長”，達四十萬言[②]，成爲學者譏笑的典型，注書

者應以爲戒。怎樣才能做到簡潔？就是可注可不注的不注，可説可不説的不説，可引可不引的不引，可要可不要的字句堅決不要。

簡潔或繁冗的界限不僅僅在於字數的多少，而主要在於是否必要；所謂繁冗，是指寫了很多不必要的文字。像清孫詒讓《周禮正義》，近二百萬字，字數不爲不多，但學者稱其淵博詳贍，而没有人嫌它繁冗，就因爲他寫的不是廢話。此外，如果注釋的讀者對象是一般群衆，注釋詳細一點還是必要的，這也不能叫做繁冗。

明，就是明白。解釋原文應確切明白。這裏不止是一個表達技巧的問題，首先注者自己要把原文喫透，然後用準確的文字把原意明白地表達出來，使讀者容易懂得。試舉兩個相反的例子。例一，《資治通鑑》卷二五二："蠻合梯衝，四面攻成都。城上以鈎繯挽之使近，投火沃油焚之。"史炤《釋文》："繯，胡貫切，絡也；又下兖切，維也；一曰旗紐；一曰槌耳。"他自己都没有明白"繯"是什麽，所以將字典上的訓釋羅列出來，讀者看了此注，還是不懂"繯"是什麽，注等於不注。例二，《孟子·梁惠王》首章："孟子對曰：'王何必曰利，亦有仁義而已矣。'"文義本甚明白，而趙岐注云："孟子知王欲以富國强兵爲利，故曰：王何必以利爲名乎，亦惟有仁義之道者可以爲名。以利爲名，則有不利之患矣，因爲王陳之。"這一注，反使文義迂曲不明，有注反不若無注。

暢，就是流暢。注釋的文詞要通順暢達。

第六章　古籍今譯

第一節　古籍今譯的重要性與局限性

　　將古文翻譯爲今語，古代也偶爾有之，如《史記·五帝本紀》中節譯《尚書·堯典》之文即是；但整篇今譯，並成爲古籍整理的一種方式，是在"五四"運動以後才有的。近二十年，各種古籍今譯本更是大量涌現。這是時代的發展使然。因爲"五四"以前，讀書人從小讀的寫的就是文言文，沒有將文言翻爲白話的需要。自從"五四"運動提倡白話文以後，讀文言文的人越來越少，到如今，即使是知識分子，絕大多數也不懂文言文。這就需要今譯，使讀不懂文言文的人也能通過讀白話譯本了解古書古文的内容；或者以譯文爲階梯，進一步去學習文言文，直接閱讀古書。這對傳播祖國古代歷史文化知識，對廣大群衆尤其是青少年進行傳統文化和愛國主義教育，提高民族文化素質，無疑是非常必要的。如果要將中國的古書譯爲外文，向世界傳播中國文化，現代漢語譯本也可以作爲很有用的參考。因此做好古籍今譯工作，是古籍整理工作者義不容辭的責任。有一些專家學者反對搞古籍今譯，未免失之偏頗。

　　不過也要清醒地看到，古籍今譯有着很大的局限性。這主要是古書中的很多内容和一些文體很難翻譯，甚至不能翻譯。散文比較好翻譯，但其中很多東西如果沒有注解，讀者只看譯文還是看不懂。詩、詞、駢文之類的文學作品更不好翻譯，即使譯出它

的内容，也很難譯出它的韻味。原作就好像一件精美的文物，譯
本不過是一件複製品，複製得再高明也還是一件假古董，很難再
現原品的神韻；更不用說那些拙劣的複製品，一看就使人生厭。
因此一般説來，今譯所能起到的作用只能是讓讀者知道古書古文
的大致内容，而很難達到對古書古文的精確理解，也不可能通過
譯文對古代歷史文化進行研究，或者對古代作品進行藝術欣賞。
正因爲如此，今譯的讀者對象大體上只限於一般的讀者，專門研
究古代文史的學者不會去看譯本。即使不是專門研究古代文史的
學者，只要有一定的文化素養，通過注釋也能讀懂不太難的古
文，而不必依賴白話譯本。因此可以説，古籍今譯只具有普及的
功能，而不具有提高的功能。在這一點上，今譯這種古籍整理方
式與校勘、標點、注釋等整理方式有所不同：後者不但是一般讀
者，就是學者也很需要。

　　如果我們將中國古籍的今譯同外國著作的漢譯相比，其重要
性也應該是有所區別的。中國要走向世界，要吸取外國文化的精
華，大量翻譯外國著作是一種極重要的手段，離了它是不行的。
而本國古籍的今譯，顯然不可能有這樣大的重要性和必要性，因
爲畢竟閱讀古文總要比閱讀外文容易，了解自己國家的過去總比
了解外國容易，吸取古代文化也主要不是靠將古書翻成白話。

　　總而言之，對古籍今譯的作用既不能忽視，但也不應提高到
不適當的程度。

　　認清這一點，對於正確制定今譯工作的方針很重要。這個方
針應當是：第一，選題要精；第二，質量要高。一句話，要少而
精。當然整個古籍整理工作都要少而精，但今譯更要少而精。今
譯選題應選那些需要普及而又適宜於普及的著作。具體説，主要
應考慮三方面的因素，或者叫“三性”：

　　第一是重要性：必須是古代文化精品中最基本的精品。

　　第二是可譯性：即適宜於翻譯。有的古代著作不能翻譯或很難翻譯，或者需要大量注解才能使人看懂。這類著作，選擇時應從嚴掌握，不選或少選，或者用詳注代替，而不用今譯。與此相反，有的古代作品本來就淺顯易懂，無需翻譯，如"牀前明月光，疑是地上霜。舉頭望明月，低頭思故鄉"之類，再翻譯就是畫蛇添足。

　　第三是可讀性：由於今譯主要是給文化層次不很高的讀者看的，因而選書應有較强的可讀性和一定的趣味性。比如《周禮》《容齋隨筆》之類的書，不是不重要，也不是不能翻譯，但缺乏可讀性和趣味性，只有學者感興趣，因此不必翻譯。

　　此外，應多出選譯本，少譯全書，因爲即使全書是名著，其中也往往有不必向一般讀者介紹的部分，或者缺乏可讀性、趣味性的部分。例如《史記》，其本紀、世家、列傳中的名篇可以翻譯，表就不宜於翻譯，書多數也不宜翻譯，勉强翻譯也是吃力不討好。二十五史都大體類似。"十三經"，其中有的適於今譯，有的就不宜於今譯，要有所選擇。

　　選好了題之後，就應當講求質量，精雕細刻，譯出精品，力求對得起古人，也對得起讀者。

　　縱觀近年的古籍今譯，似乎不盡合於上述方針，不是少而精，而是有點濫。"濫"的第一個表現是選擇不精，而且有貪大求全的傾向。二十五史今譯，十三經今譯，諸子集成今譯，資治通鑑今譯，等等，滾滾而出。這些書的確是中國文化的精華，但都是大部頭，而且其中的一大部分缺乏可讀性，能通讀這些書的學者已經是寥若晨星，一般讀者對其譯本又能有多少閱讀的興趣與耐心？"濫"的第二個表現是質量不高，粗製濫造。1994 年國家新聞出版署對正在銷售的大型古籍今譯圖書進行質量檢查，重點檢查譯文是否準確。結果發現九家出版社的九套大書平均差錯率高達萬分之六點三，爲不合格品。其實認真檢查，差錯率何止萬分之六點三，不合格品又何止這九種！這種情況大大敗壞了古籍今譯的聲譽，難怪很多學者反對古籍今譯。

為了提高古籍今譯的質量，有必要對古籍今譯中的一些規律性的東西進行深入的研究，可惜至今這種研究還不夠。本書也只能作一些粗略的論述。

第二節　翻譯的準則

古書古文的今譯也是語言翻譯中的一種，它與不同民族的語言之間的翻譯有共同的一面，也有不同的一面。從古代漢語發展到現代漢語（包括口頭語言與書面語言），在語音、詞彙、語法、文體等很多方面都發生了很大的變化，因此就需要今譯。這種今譯與不同民族語言的翻譯在本質上是一致的，因而其中的很多基本規律，包括翻譯的性質、任務、原則、基本方法等也都是一致的。但是古文與白話的差異不是異族語言之間的差異，而是同一民族的古今語言之間的差異。現代漢語同古代漢語乃是一脈相承，其語音、詞彙、語法等，很多東西至今仍然不同程度地沿襲下來，這與不同民族的語言不一樣。因而，古文今譯又有它自身的、不同於一般翻譯的特殊規律，這主要是在具體的方法上有所不同。

根據這種情況，我們在研究古文今譯的時候，首先要借鑒一般翻譯的共同規律，同時也要探索古文今譯本身的特殊規律。

什麼叫翻譯？翻譯的性質是什麼？從根本上來説，翻譯是一種不同語言之間的信息傳遞方式，是把一種語言傳達的信息轉換爲另一種語言的等值信息的手段。如果是書面翻譯，那麼譯文的任務就是要元元本本地傳達出原文所表達的信息。

　　爲了完成這個任務，翻譯必須遵守一些基本原則，或者説，必須達到一些基本標準。關於這個問題，古今學者作過很多討論，發表過很多看法。早在三國時代，釋支謙在《法句經序》中就已提出"因循本旨""實宜徑達"的翻譯主張。以後各代翻經大師也多有所論説[1]。

　　18 世紀英國翻譯家泰特勒在《論翻譯的原則》中提出三個總則：一、翻譯應該完整再現原著的思想内容；二、風格和技巧應該和原著屬於同一性質；三、翻譯應該具備原著所有的通順。

　　19 世紀末，我國翻譯家和學者嚴復在《〈天演論〉譯例言》中提出了著名的"信、達、雅"三個字，作爲翻譯的準則。他説：

　　　　譯事三難：信、達、雅。求其信，已大難矣；顧信矣不達，雖譯猶不譯也，則達尚焉。……《易》曰"修辭立誠"，子曰"辭達而已"，又曰"言之無文，行之不遠"。三者乃文章正軌，亦即爲譯事楷模。故信、達而外，求其爾雅。

　　他所説的"信"，就是要忠實於原著；"達"，大體上就是譯文要明白通順；"雅"，就是要"爾雅"，要有文采，其具體標準就是譯文要使用"漢以前字法句法"。

　　嚴復提出的這三個字，内涵還不是很明確，邏輯還不是很嚴密，因此後來不少學者並不贊成或不完全贊成這三個字；但嚴復的主張有他正確的一面，而且這三個字簡明扼要，因此還是有很多學者繼續使用這三個字，或者將它裝進另外的内容。

　　我們認爲使用"信、達"兩個字就可以了，"雅"其實已經包含在"信""達"之中（參見後文）。下面就這兩個標準作一些説明。

---

　　① 　參見羅新璋編《翻譯論集》，商務印書館 1984 年版。

翻譯的第一準則——"信"

　　"信"，就是誠實。即是説，翻譯要忠實於原著。翻譯不同於創作，創作是發表自己的意見，而翻譯則是傳達別人的意思。翻譯的這一性質與任務就決定了它必須忠於原著。這是一條最根本的原則。在這一點上，古今中外的翻譯家幾乎没有不同的看法。現代有的語言學家提出，譯語（譯文）與原語（原文）之間的關係應是一種"等值"關係。所謂"等值"，意思就是兩種語言包含的内容相等。語言具有内容與形式兩個方面，語言内容是指語義、感情乃至風格、意境、韻味等内在的東西，語言形式是指語音、詞彙、句法、文體等語言的外殼。語言的差異主要在於語言形式，翻譯就是用另一種語言的種種形式來表達與原語相同的内容，這就是"等值"。英國語言學家卡特福德説："翻譯實踐的中心問題是尋找譯語的翻譯等值成分。"① 還有的語言學家從語言效果的角度，提出"等效翻譯"的理論，意思是説：譯文的讀者讀了譯文所得到的感受，應當等於原文的讀者讀了原文所得到的感受②。但怎樣才能做到"等效"？還是首先要"等值"。所以"等值""等效"説法雖然不同，但本質並無二致，其實也就是"信、達、雅"當中的"信"。

　　具體來説，所謂"信"，包含了以下幾個方面：

　　第一，要忠實表達原文的語言涵義。所謂"等值"，首先是語義的等值。這是對翻譯最起碼的要求。

---

　　① 　J. C. 卡特福德著，穆雷譯《翻譯的語言學理論》，旅遊教育出版社 1991 年版。

　　② 　參見金隄《等效翻譯探索》，中國對外翻譯出版公司 1989 年版。

　　如果我們用 Y 代表原文，用 F 代表譯文，那麼翻譯的語義等值關係可以表示爲：

　　　　F＝Y　或　F≈Y

　　這種等值關係可以是詞一級，可以是詞組一級，可以是句子一級，甚至還可以是章、段一級；可以是直譯，也可以是意譯。只要正確地表達了原文的内容，都算是等值。

　　例如《論語・爲政》："子曰：'温故而知新，可以爲師矣。'"譯爲："孔子説：'在温習舊知識時，能有新體會、新發現，就可以做老師了。'"這裏既有詞一級的對應（"子"譯爲"孔子"，"曰"譯爲"説"，"師"譯爲"老師"，這都是直譯），也有詞組一級的對應（"温故"譯爲"温習舊知識"，這是直譯；"知新"譯爲"有新體會、新發現"，這是意譯）。這就是 F＝Y。

　　又如《老子》第五章："天地不仁，以萬物爲芻狗；聖人不仁，以百姓爲芻狗。""芻狗"是古代祭祀時用草紮的狗，用過就扔了。這兩句不好直譯，只能意譯。陳鼓應譯爲："天地無所偏愛，任憑萬物自然生長；聖人無所偏愛，任憑百姓自己發展。"①這裏只是在句子的大意上對應，譯文基本上表達了原意，因此這可以説是 F≈Y。

　　如果不是等值，F≠Y，就可能出現以下情況：

　　F 小於 Y　　即譯文的含義小於原文。例如《論語・學而》："子曰：'道千乘之國，敬事而信，節用而愛人，使民以時。'"其中的"愛人"，楊伯峻《論語譯注》譯爲"愛護官吏"，貴州人民出版社 1988 年版《四書全譯》譯爲"愛護各級部下"。按這裏的"人"是泛指人群，而不是僅指官吏或部下。同一詞語又見於《論語・顔淵》："樊遲問仁，子曰：'愛人。'"樊遲一介士人，

―――――――――

①　陳鼓應《老子注譯及評介》，中華書局 1984 年版。

有什麼"部下"？因此"愛人"應譯爲"愛護人民"，下文"使民
以時"就是"愛人"的一個重要方面，因而特別提出。這就是譯
文的含義小於原文。又如蘇軾《超然臺記》"美惡橫生"，黑龍江
人民出版社《蘇東坡詩詞文譯釋》譯作"有了美和惡的意念"，
"橫"字未譯。實應譯作"無端地生出美和醜的觀念"。這也是譯
文的内容小於原文的内容。

　　F 大於 Y　　即譯文的含義大於原意。例如陶弘景《答謝中
書書》："山川之美，古來共談。"雲南人民出版社 1984 年版《歷
代書信選譯》將首句譯爲："大好河山，壯麗雄渾，古往今來，
成爲大家都共同談論的話題。"按原文的"山川"也就是下文所
描寫的特定地方的山川，當譯爲"這裏的山川"，而不是泛指
"大好山河"。譯文的概念大於原意。又如劉禹錫《陋室銘》"無
絲竹之亂耳"，湖北人民出版社 1984 年版《古文觀止注譯》譯作
"没有音樂來擾亂聽覺"。按"絲竹"一般譯爲"音樂"是可以
的，但這篇文章的前面明明説"可以調素琴"，可見劉禹錫並不
是排斥所有的音樂，而只是反對鄙俗的音樂。如果譯爲"没有鄙
俗的音樂擾亂耳朵"就比較確切了。

　　F 交於 Y　　就是説譯文只有一部分符合原意，但不很確
切。例如《論語·雍也》："仁者先難而後獲。"中華書局《論語
譯注》譯爲"仁德的人付出一定的力量，然後收穫果實"。"付出
一定的力量"没有完全表達出"難"字的意思。如譯爲"先經歷
艱難，然後有所收穫"，似乎更準確。宋李覯《袁州州學記》：
"（漢）孝武乘豐富，世祖出戎行，皆孳孳學術。"末句有三種
《古文觀止》譯本分別譯爲：（一）"都致力於推行儒道"；（二）
"都能致力於提倡學術"；（三）"都十分注重興辦學堂，用詩書來
教化人民"。這三種譯法都不够準確。此處所謂"學術"與今語
"學術"不盡相同，而更相當於今語"文化教育"，可譯爲"努力

提倡文化教育"。這類例子都是既不完全錯，也不完全對，只能説是 F 交於 Y。

F **外於** Y　　就是説譯文完全没有表達出原文的意思，二者不搭界。例如歐陽修《釋秘演詩集序》："（石）曼卿隱於酒，秘演隱於浮圖。"這裏的"隱"是隱居、隱遁的意思，"隱於酒"可譯作"借飲酒而隱遁"，"隱於浮圖"可譯作"借佛教而隱遁"。有個《古文觀止》譯本譯爲："曼卿隱匿在酒肆當中，秘演隱匿在寺廟當中。"另一個《古文觀止》譯本譯作："曼卿不願做官，一心喝酒，秘演把做和尚當作自己隱身的所在。"都完全不合原文的意思。又如蘇軾《超然臺記》："獄訟充斥。"有個譯本在注釋中説："古時以財貨相告爲訟，以罪名相告爲獄，這裏泛指訴訟之事。"這個注是根據《周禮·地官·大司徒》鄭玄注，很正確；但是譯文却譯作"訴訟下獄的很多"，以"下獄"譯"獄"字，這就完全離開了原意。

F **背於** Y　　就是説譯文的意思與原文的意思正相反。例如《左傳》襄公二十五年："門啓而入，枕屍股而哭。"杜注："以公屍枕己股。"有譯本據此譯爲："他將莊公的屍首放在自己的大腿上枕着而痛哭一場。"按原文的意思分明是説晏子將自己的頭枕在莊公屍體的大腿上而號哭，杜注與上述譯文正好與原意相反。北齊王晞《復故人書》首句云："辱告存念，見令起疾。"按"存念"意爲關心，"起疾"意爲使病者病愈而起。這兩句可譯爲："承蒙你來信説你很關心我，看了信，我病都好了。"這是一種客套話，而雲南人民出版社《歷代書信選譯》譯爲："承你把思想上的想法告訴了我，其實徵召我的命令才下來我就病了。""存念""見令"都譯得不對；"起疾"譯爲"我就病了"，更是南轅北轍。韓愈《張中丞傳後序》："（張巡、許遠）與賊抗而不降。"黑龍江人民出版社 1983 年版《唐宋八家文譯釋》竟譯作"與賊人頑抗到底而不降"。譯者似乎不知道"頑抗到底"乃貶義詞語，將這樣的詞語用在張巡、許遠這樣的忠義之士身上，豈不是大背原意？

上面舉的這些例子，都是屬於對原文語義或思想內容翻譯不準確或翻譯錯誤，不符合於"信"的標準。這裏只是作了一種簡單的公式化的概括，實際情況當然要複雜得多。

第二，要忠實表達原文的感情或語氣。例如《左傳》成公三年叙述楚王同意歸還晋國的俘虜知罃，"王送知罃曰：'子其怨我乎？'"末句分明是個問句，譯成白話就是："你怨恨我嗎？"有人譯爲"你恐怕怨恨我吧！"成了一個感嘆句，與原文的語氣不合，這就是不夠"信"。

同書襄公二十五年："人謂崔子：'必殺之！'"中華書局《左傳譯文》譯作："有人對崔武子説：'一定要殺了他！'"譯得很準確。而有一種《古文觀止》譯本譯成："親信人等告訴崔武子，都主張必須殺死晏子。"把原文那一句強調語氣極重的對話之辭變成了語氣平平的叙述句，不但没有忠實於原文的語義，也没有忠實於原文的語氣。

韓愈《師説》："聖人之所以爲聖，愚人之所以爲愚，其皆出於此乎！"末句有人譯爲："難道不都是由於這個原因嗎？"其實原文並非反問句，而是個感嘆句，當譯作："大概都是由於這個原因吧！"

李覯《袁州州學記》："（秦亡之時）武夫健將，賣降恐後，何耶？詩書之道廢，人惟見利而不聞義焉耳。"《古文觀止》的幾種譯本譯爲："是因爲詩書的道義廢止，一般人只知道貪利，不懂得道義。"没有表達出原文"焉耳"的語氣。當譯爲："只因詩書的教化被廢棄，人們只看見功利，而不懂得道義罷了。"

第三，要盡可能地體現出原文的風格、意境、神韻。茅盾説：譯文"要能表達原作的精神。譬如原作的文字是樸素的，譯文却成了濃艷，原作的文字是生硬的，譯文却成了流利；要是有了這種情形，即使譯得意思上沒有錯誤，可是實際上也是歪曲了原作"①。在翻譯文學作品時，這個方面尤其顯得重要，不少翻譯家認爲，翻譯不僅要做到形似，更要做到神似。下面試舉幾個例子。

杜甫《聞官軍收河南河北》詩：

> 劍外忽傳收薊北，初聞涕淚滿衣裳。
> 却看妻子愁何在？漫卷詩書喜欲狂。
> 白日放歌須縱酒，青春作伴好還鄉。
> 即從巴峽穿巫峽，便下襄陽向洛陽。

這首詩從内容到風格都洋溢出一種喜悦之情，前人説是"生平第一首快詩"。全詩八句一氣奔馳，毫無停頓，特別是末二句，聲調之鏗鏘，節奏之輕快，與李白"兩岸猿聲啼不住，輕舟已過萬重山"異曲同工。要將此種格調用今語完全地傳譯出來，幾乎是不可能的；但還是應該努力體現原有的風格。徐放的《杜甫詩今譯》總的來説是譯得不錯的，但這首詩譯得不很成功，主要是沒有譯出它的輕快風格。如末二句譯爲：

> 呵
> 説話就要動身啦
> 我當沿着大江
>   穿過巫峽，再經由巴峽，
> 等順水到了襄陽
>   便轉走旱路，奔向那東都洛陽！

譯得羅羅嗦嗦，就像分行的散文，完全失去了原詩流暢輕快的風

---

① 茅盾《〈茅盾譯文選集〉序》，羅新璋編《翻譯論集》，第518—519頁。

格。還不如直譯作：

> 我就要
>
> 　　從巴峽穿過巫峽，
>
> 然後就
>
> 　　由襄陽奔向洛陽。

有好些翻譯家都曾説過：翻譯詩，譯出來的必須是詩。這意思是説，要保存原詩的韻味。再看一例。蘇軾《飲湖上初晴後雨》：

> 水光瀲艷晴方好，山色空濛雨亦奇。
>
> 欲把西湖比西子，淡妝濃抹總相宜。

黑龍江人民出版社 1984 年版《蘇東坡詩詞文譯釋》譯爲：

> 艷陽高照，湖面上粼粼波光，
>
> 一派旖旎風光，令人心曠神怡；
>
> 細雨濛濛，山巒裏一片迷茫，
>
> 更使西湖增添姿色，分外嫵媚。
>
> 要是把西湖比作美麗的西施，
>
> 不管淡雅裝束或是濃艷打扮，
>
> 同樣是千嬌百態，十分秀麗。

這篇譯文，儘管添加了不少語句，使用了很多形容詞，但沒有詩的語言、詩的韻味、詩的節奏，就像散文。

再比較徐放《宋詩今譯》的譯文：

> 水光閃動着
>
> 天晴的時候，方顯得美好；
>
> 山色迷迷濛濛
>
> 落雨的時候，看去也十分新奇。
>
> 呵
>
> 如果要把西湖
>
> 比成像西施那樣的美女，

真是

不論淡妝，還是濃抹

總都是——非常相宜。

雖然譯得並不令人滿意，但畢竟還有詩味，意思和神韻也大體上忠於原作。

不僅翻譯詩歌要注意譯出風格神韻，翻譯散文也同樣要注意這個問題。例如《大學》首句："大學之道，在明明德，在新民，在止於至善。"貴州人民出版社《四書全譯》譯爲："大學的原則，在於發揚光明的德性，革新民心，達到完善。"原文用了三個"在"字，其作用是加強語氣，使"三綱"更爲突出而鮮明，譯者省譯了後二個"在"字，便使得語氣平平，失去了原有的韻味。又如范仲淹《岳陽樓記》："予觀夫巴陵勝狀，在洞庭一湖。"這一句裏，"一"字是個重要的字眼，有了這一個字，不僅突顯出洞庭湖的景觀之非凡，同時也使得文句的音律更加抑揚頓挫。有個《古文觀止》的譯本將這一句譯爲："我看巴陵一帶最美好的景色，就在洞庭湖。"沒有譯出那個關鍵的"一"字，這不但是對原文的語言涵義不够忠實，而且也使原文的神韻頓失。如果譯作："據我看來，岳州的優美景色，全在一個洞庭湖。"這樣就比較能够體現原詩的韻味。

中國古代的散文著作，絕大多數都有一個共同特點，即精煉典雅，因而譯文也應盡可能做到精煉典雅。可惜我們所看到的不少譯文很不注意這一點。試舉一例：

歐陽修《相州晝錦堂記》有一段描繪某些士人一朝得志、衣錦榮歸的情況：

一旦高車駟馬，旗旄導前，而騎卒擁後，夾道之人相與駢肩累迹，瞻望咨嗟。而所謂庸夫愚婦者，奔走駭汗，羞愧俯伏，以自悔罪於車塵馬足之間。

譯文一：

　　　　不料，忽然間，他居然坐着四匹馬拉着的高大的車子，旗幟在前開道，又有騎兵衛隊在後邊擁護着回來了。在街道兩邊觀看的人，擠在一起肩靠肩脚並脚的，一邊仰着臉看一邊嘖嘖稱讚的當兒，而那所謂平常老百姓，没見過世面的婦女，可就該忙碌得又跑又竄又驚又慌弄得汗水淋淋；也有的羞愧得低頭彎腰，跪在車輪輾起的灰塵和馬蹄子中間，來向新貴人悔過請罪。

譯文二：

　　　　一旦他們發迹回鄉，乘高車，駕四馬，旌旗旄節開路於前，騎兵步卒簇擁於後，夾道觀看的人摩肩接踵，瞻望讚嘆。過去輕侮他們的那些愚夫愚婦，嚇得東奔西跑，大汗淋漓，或者羞愧得俯首伏地，在車塵馬足之間懺悔請罪。

前一段譯文且不說有不少不準確、不通順之處，而且行文繁冗鄙俗；後一段譯文則比較簡煉典雅。哪一種譯文更符合於“信”的標準？應當是後者。

　　文學作品特别是詩歌，其風格、神韻不但是由作品的内容本身體現出來，而且往往與音韻、節律等語言形式有着密切的關係，因此在翻譯這類作品時不僅要忠於原作的内容，而且還要盡可能照顧到音韻、節律等方面。詩歌、韻文原本有韻，翻譯出來一般也應該有韻（當然不一定是原韻）。原作的語句講究平仄，翻譯出來也可以適當地注意平仄（記得老舍自己説過，他寫作時用詞造句很注意平仄的搭配。這一點也值得翻譯者學習）。律詩和駢文要求字句的整齊和對稱，翻譯時也應該適當地注意整齊和對稱。下面我們試對比劉禹錫《陋室銘》的兩種譯文：

原文：

　　　　山不在高，有仙則名；水不在深，有龍則靈。斯是陋室，惟吾德馨。苔痕上階緑，草色入簾青。談笑有鴻儒，往來無白丁。可以調素琴，閲金經。無絲竹之亂耳，無案牘之勞形。南陽諸葛廬，西蜀子雲亭。孔子云："何陋之有！"

譯文一：

山不在於高，有神仙就會出名。水不在於深，有龍就會顯得靈驗。這是一間簡陋的房屋，只有我的美德遠近聞名。緑色的青苔爬上臺階，青青的草色映入門簾。在屋裏談笑的是些大學問家，來來往往的没有無知識的人。在這裏可以彈奏樸素無華的琴，可以閲讀用泥金書寫的佛經。没有音樂來擾亂聽覺，没有公文案卷使身子勞累。好似南陽諸葛亮的茅屋，又如同西蜀揚子雲的亭子。孔子説："這有什麽簡陋的？"

譯文二：

山不在於高，有仙人就會出名；水不在於深，有蛟龍就會顯靈。這是一間簡陋的居室，只有我的道德發出芳馨。苔蘚爬上石階染成一片翠緑，草色透入簾櫳映得滿室碧青。在這裏，談笑的人都是學識淵博的大儒，來往的人没有無知無識的白丁。可以彈奏樸素無華的琴瑟，可以閲讀泥金書寫的佛經。没有絲竹俗曲擾亂耳朵，没有公事文牘勞累身形。好比南陽諸葛亮的草廬，又似西蜀揚子雲的茅亭。孔子説："只要是君子住在裏面，有什麽簡陋的呢！"

很顯然，第二篇譯文比第一篇譯文好，不但更加準確，而且保留了原文對偶、協韻的特點，從而更忠實於原作的風格。

第四，要注意原文的時代背景，要有時間觀念，不能把後代才出現的事物與概念强加予前代和前人。古書今譯雖然是讓古人（包括作者和原文中的人物）説現代語，語言的形式不同了，但其中所包含的事物與概念必須仍然是古代本有的事物和古人心中本有的概念。如果翻譯時把當時不可能有的事物與概念強加給古代，那就是對原文的不忠實。

例如"文化大革命"期間"評法批儒"中有人將《孟子·盡心（下）》"民爲貴，社稷次之，君爲輕"一句翻譯爲"奴隸主階級最貴重，國家在其次，新興地主階級的國君最輕"，古人有這樣的概念嗎？

臺灣柏楊先生所譯《現代漢語版〈資治通鑑〉》將書中的官名加以現代化，如把"步兵校尉"譯爲"步兵指揮官"，"尚書左僕射"譯爲"國務院左副行政長官"，"吏部尚書"譯爲"國務院文官部長"，"少年都統"譯爲"帝國青年遠征軍司令官"，"征討大都督"譯爲"全國剿匪總司令"，等等，這也是不可取的。

《詩·卷耳》"我姑酌彼金罍"，有一本《〈國風〉的普通話翻譯》譯作"我姑且青銅海碗斟白乾"。按白乾是一種白酒，是一種酒精含量較高的蒸餾酒，這種酒在中國出現很晚，周代只有低度的發酵酒，一般連糟飲用，所以那時的人不可能"斟白乾"。

《三國志·諸葛亮傳》說諸葛亮"身長八尺"，有人譯爲"個子有五六尺高"。按漢代的八尺相當於今市尺六尺餘，即 1.8 米餘，譯爲"五六尺高"已不確；更主要的是"身長八尺"是陳壽說的話，陳壽若說"五六尺高"，那就只有今天的三尺餘至四尺餘，也就是一個小孩子的身高。因此我們認爲此類文字仍以保留原文而加注爲好。

再如《左傳》僖公三十年："佚之狐言於鄭伯曰：'國危矣！若使燭之武見秦君，師必退。'"齊魯書社版《古文觀止今譯》譯爲："佚之狐對鄭文公說：'鄭國的處境很危急了！如果能派燭之武去見秦穆公，一定能說服他撤退軍隊。'"將"鄭伯"譯爲"鄭文公"是可以的，因爲這是史家叙述之語；但"秦君"決不能換爲"秦穆公"，因爲佚之狐說這話的時候，秦君尚在世，怎

麼能稱呼他死後的謚號？類似的例子還有：丘遲《與陳伯之書》
"主上屈法申恩"，有人將"主上"譯爲"梁武帝"；李覯《袁州
學記》"皇帝二十有三年"，有人譯爲"仁宗皇帝在位二十三年"；
王安石《泰州海陵縣主簿許君墓誌銘》"以嘉祐某年某月某甲子
葬真州之揚子縣"，有人譯爲"宋真宗嘉祐某年"。——這都是缺
乏時間觀念，以後來才有的概念強加給前人。

翻譯的第二準則——"達"

　　"達"，就是明白通順。譯文不但要忠實於原作，而且要明白
通順。因爲如果譯文不明白、不通順，讀者還是不能準確地理解
原文，甚至不知所云，那就還是沒有達到翻譯的目的。所以
"信"與"達"這二者實際上是一件事情的兩個方面，是相輔相
成、缺一不可的："信"是目的，"達"是實現"信"的手段；
"信"是對原作負責，"達"是對讀者負責。正如嚴復所說："爲
達，即所以爲信也。"
　　怎樣才能做到明白通順？首先要確定"譯入語"是什麼，也
就是說，你要將原文翻譯成什麼語言。我們所謂"古文今譯"，
是將古文譯爲現代漢族的共同語——普通話；但是作爲古籍整理
的古文今譯，並不是像語文老師在課堂上講古文那樣譯成口語，
而是譯成書面語。因此更準確地說，所謂"古文今譯"，就是將
古文譯爲現代漢族共同的書面語，或者說，譯爲以普通話爲基礎
的白話文。因此，要做到譯文意思明白、文字通順，必須具備兩
個條件：其一，必須使用規範的白話文詞語。所謂規範的白話文
詞語，其中包含了不少習用的古文詞語（特別是成語）、方言俗
語、外來語等，這類詞語不但可以用，有時還必須用；但是在一
般情況下不應使用一般人看不懂的古文詞語、方言俗語、外來

語，更不能自己生造詞語。其二，必須符合規範的白話文語法或習慣的表達方式。只要譯者在忠實於原著精神的基礎上又做到了這兩點，就可以譯出既準確而又明白流暢的、高質量的譯文。反之，譯文就會不明不白，生硬晦澀，疙疙瘩瘩，彆彆扭扭。下面舉一些例子。

《論語·子罕》："子絕四——毋意，毋必，毋固，毋我。"錢穆先生的《論語新解》（巴蜀書社 1985 年版）譯作："一無億測心，二無期必心，三無固執心，四無自我心。""期必"這個詞非深諳古文的人是看不懂的；"自我心"這個詞恐怕更是生造的，很難看出是什麼意思。楊伯峻先生譯爲："不懸空揣測，不絕對肯定，不拘泥固執，不唯我獨是。"這就好得多。

韓愈《張中丞傳後叙》："（張）巡怒，鬚髯輒張。"黑龍江人民出版社《唐宋八家文譯釋》譯爲："張巡生氣的時候，鬍鬚就扎沙開。""扎沙"是方言土語，一般人都不懂。爲什麼不譯作"張開"呢？

同文："（南霽）雲知賀蘭終無爲雲出師意，即馳去。將出城，抽矢射佛寺浮圖，矢著其上磚半箭……愈貞元中過泗州，船上人猶指以相語。"同上譯本將"矢著"句譯爲"那支箭射到佛塔的上邊磚上中進半箭"。現代漢語哪有"中進"的說法？這是自己造出來的詞語。"射到佛塔的上邊磚上"也很彆扭。應譯爲："那支箭射中塔上的磚，半支箭都插進去了。"又"船上人"句，原譯爲"船上的人還用手指着來告訴對方"。"指着來"，白話文沒有這樣的表達方式；"對方"又是指誰？不清楚！若譯作"船上人還指着告訴我"就通順明白得多了。

蘇軾《滿江紅·寄鄂州朱使君壽昌》："江漢西來，高樓下、葡萄深碧。"黑龍江人民出版社《蘇東坡詩詞文譯釋》將"高樓下葡萄深碧"譯作"黃鶴樓下碧綠的波涌浪卷"。譯文顯然不合語法，又未將"葡萄"譯出。可譯爲"黃鶴樓下的水，像葡萄酒一樣深綠"。

柳宗元《三戒》："吾恒惡世之人不知推己之本，而乘物以逞，或依勢以干非其類。"《唐宋八家文譯釋》將末句譯爲："有的依仗別人的勢力來求取與不是自己同類的要好。"彆扭晦澀，使人讀起來很吃力。若譯爲"有的仗勢以結交異類"，就比較簡潔明暢。

以上的例子，有的是不用規範的詞語，有的是不合語法。這似乎只是譯者表達能力的問題，但實際上我們仔細推敲起來，之所以譯文不通順、不明白，除了譯者的表達能力之外，大多數都與沒有喫透原文的意思有關。由此可見，"達"不能離開"信"。我們所説的"達"是在"信"的基礎上的"達"，離開了"信"，也就無所謂"達"。就二者的關係來説，"信"是第一位的。

總而言之，古文今譯同其他的語言翻譯一樣，它所應遵循的標準就是"信""達"二字，其具體的含義就是：準確，明白，通順。19 世紀英國詩人阿諾德説："如果可能的話，翻譯應該做到使讀者完全忘記他讀的是一篇翻譯文，而發生錯覺地以爲他讀的是一篇原作。"[①] 錢鍾書説："文學翻譯的最高標準是'化'。把作品從一國文字轉變成另一國文字，既能不因語文習慣的差異而露出生硬牽強的痕跡，又能完全保存原有的風味，那就算得入於'化境'。"[②]這樣的"化境"也就是"信""達"的最完美的境界。

有不少學者認爲，"信""達"之外，還是應當保留"雅"字。我們認爲，可以不用"雅"字。理由有二：第一，"雅"字的含義不明確。第二，"雅"已包含在"信""達"之中。按照嚴

① 轉引自錢歌川《翻譯漫談》，中國對外翻譯出版公司 1980 年版。

② 錢鍾書等《林紓的翻譯》，商務印書館 1981 年版。

復的本意，"雅"就是"爾雅"，具體説，就是效法漢以前的古文。這當然不足取。後來一些學者將"雅"字裝進新内容，但誰也没有説清楚"雅"是什麽意思。不過較多的人理解爲"有文彩"，例如茅盾説："信即忠於原文；達即譯文能使别人看懂；雅即譯文要有文彩。"又説："除信、達而外，還要有文彩。"[①] 把"有文彩"作爲譯文的一項標準，似乎是不妥當的。因爲如果原文質樸無華，譯文添入文彩，變得文辭華美，那就是不"信"；如果原文很有文彩，譯文也應該很有文彩，這本身就是"信"的要求，不必在"信"之外再要求"雅"。

茅盾還説："對於一般翻譯的最低限度的要求，至少應該是用明白暢達的譯文，忠實地傳達原作的内容。但對於文學翻譯，僅僅這樣要求還是很不够的。……文學的翻譯是用另一種語言，把原作的藝術意境傳達出來，使讀者在讀譯文的時候能够像讀原作時一樣得到啓發、感動和美的感受。"[②] 把"一般翻譯"與"文學翻譯"分割開來，訂出不同的翻譯標準，這也是不妥當的。"一般著作"與"文學著作"有時很難分清（例如《史記》，既是史學著作，又是文學著作）；况且非文學作品之中同樣有風格、意境、神韻等問題，翻譯時同樣需要把這些傳達出來，這也是"信"的要求（見本節前文）。因此從根本上來説，一般翻譯與文學翻譯的標準不應該有所不同。

---

①　茅盾《〈茅盾譯文選集〉序》，羅新璋編《翻譯論集》。
②　茅盾《爲發展文學翻譯事業和提高翻譯質量而奮鬥》，羅新璋編《翻譯論集》，第 511 頁。

第三節　翻譯的準備

爲了達到上述古書今譯的標準，拿出高質量、高水平的譯品，在動手翻譯之前，必須做好充分的準備。這種準備包含兩個方面：第一，翻譯者須具備必要的學術素養；第二，要全面、深刻、準確地理解原文。

翻譯者須具備必要的學術素養

翻譯是一件不容易的事。翻譯不是創作，但高水平的翻譯實際上是另外一種創作。有人甚至説，翻譯比創作還難，因爲自己寫作只需懂得一種語言，而翻譯則需同時精通兩種語言；精通兩種語言還不行，還必須掌握其他方面的廣泛的知識。翻譯古書古文也同樣如此。它要求翻譯者必須具備較高的學術素養，較深厚的基本功。主要有以下的幾個方面：

第一，必須通曉古代漢語。

第二，必須具有豐富的古代歷史、文化知識。

第三，必須具有較廣泛的社會科學和自然科學知識，對於所翻譯的書中的種種知識都應當有所涉獵。

第四，必須具有較高的現代漢語語文修養，有深厚基礎，能運用自如。

第五，必須具有較高的文學修養。不但翻譯文學作品要有較高的文學修養，翻譯非文學著作也須有一定的文學修養。

除此而外，當然還需具有做任何學術工作都必須具有的踏實、認真等學風。

如果不具有以上條件，翻譯的水平必然不高。我們看已出的很多古文今譯的書，質量很差，其根本原因都在於譯者缺乏應有的學術素養。

要全面、深刻、準確地理解原文

理解原作，是翻譯的第一步，是翻譯的基礎。翻譯的成敗優劣首先取決於對原作的理解全面與否，透徹與否，準確與否。而要全面、透徹、準確地理解原作，需要做到以下幾個方面：

第一，對原作者要有全面的研究和深刻的瞭解。要了解他的時代背景、社會背景，他的身世、經歷、交遊，他的爲人，他的思想、主張，他的内心世界，等等。例如翻譯《史記》，你不了解司馬遷的這些方面，你就不可能深刻地理解《史記》，你也就不可能翻譯好《史記》。不僅對一本書如此，有時對一篇文章、一段話甚至一個詞也如此。這裏舉兩個例子：

例一，《老子》第三章：“是以聖人之治，虛其心，實其腹，弱其志，强其骨，常使民無知無欲。”這一段怎樣翻譯？這就牽涉到對老子思想的理解。任繼愈和陳鼓應都是研究《老子》的專家，由於他們對老子的思想看法不同，因而他們對《老子》一書的翻譯也就往往大異其趣。任先生認爲：老子“主張愚民，認爲人民的頭腦越簡單越便於被統治”。因此，他將這一段譯爲：

> 因此，“聖人”的治理〔天下〕，要簡化人民的頭腦，填飽人民的肚子，削弱人民的志氣，强壯人民的筋骨，永遠使人民没有知識，没有欲望。①

而陳先生則認爲：“後人以爲老子主張愚民政策。其實這裏所説

---

①　任繼愈譯著《老子新譯（修訂本）》，上海古籍出版社 1985 年版，第 66—67 頁。

的‘愚’是真樸的意思。……老子深深地感到人們攻心鬥智、機詐相見是造成社會混亂的根本原因，所以他極力提倡人們應歸真返樸。”因此他將這一段譯爲：

> 所以有道的人治理政事，要淨化人民的心思，滿足人民的安飽，減損人民的心志，增強人民的體魄。常使人民沒有〔詐僞的〕心智、沒有〔争盗的〕慾念。①

例二，韓愈《師説》：“師者，所以傳道、授業、解惑也。”“傳道”怎麽翻譯？有好些譯本譯爲“傳授道理”，有一種譯本譯爲“傳佈聖賢之道”。哪一種譯法對？應當是後一種譯法對。韓愈曾在《原道》一文中闡述過他對“道”的看法，説：“博愛之謂仁，行而宜之之謂義，由是而之焉之謂道。”他認爲這個“道”也就是從堯舜到孔孟一脈相傳的“先王之道”。他還力闢佛、老之“道”。由此可見，韓愈所説的“傳道”，就是“傳佈先王之道”，而决不是傳授一般的道理。

從這兩個例子可見了解作者對於翻譯的重要性。

第二，要瞭解和研究原著的寫作背景。作者是在什麽情況下寫作此書此文的？他當時的處境如何？心情如何？寫作的過程如何？了解這些，有助於深刻領會原作的主旨、含義以及其中所包含的作者的心態、感情，從而有助於更準確地翻譯。

第三，要熟讀原著。著名翻譯家傅雷在談到外國文學作品的翻譯時説：“事先熟讀原著，不厭求詳，尤爲要著。任何作品，不精讀四、五遍决不動筆，是爲譯事基本法門。第一要求將原作（連同思想，感情，氣氛，情調等）化爲我有，方能談到逐譯。”②這是極其精要的經驗之談，對於古書今譯（不僅僅是文

---

① 以上見陳鼓應《老子注譯及評介》，第 17、74 頁。
② 傅雷《論文學翻譯書》，《讀書》1979 年第 3 期。

學作品的今譯）也同樣適用。

第四，在開始逐字逐句翻譯的時候，要反復琢磨、真正領會原文的每個字、每個詞、每個句子的含義（包括字面意思和言外之意）和語法關係，還要通觀上下文，仔細領會段落、篇章的大旨，弄清行文的邏輯、層次、脈絡，體味文章的風格、意境、神韻等。

喫透每個詞語、句子的意思，這是正確理解文義的根本。平常我們讀書，不一定每字每句都要反復推敲，但是翻譯卻不行。既要翻譯，就必須逐字逐句反復琢磨，徹底領會，不能只是粗看一眼，自以爲懂了，就不再去理會。有時自以爲懂了，不一定就是真正地懂了。舉個例：陶淵明《五柳先生傳》"好讀書，不求甚解"，這是膾炙人口的名句，但是"不求甚解"是什麽意思？試看下列三種《古文觀止》譯本的三種譯法：

其一："不過分尋求深奧的解釋。"

其二："不拘泥穿鑿，強自爲解。"

其三："只求了解書中精神，並不苛求一字一句的解釋。"

譯文一意爲"大致懂了就行了"（連書中的精神也只求大致懂得）。譯文二是說不作穿鑿的解釋。譯文三是說只求理解精神，不在字句上下功夫。仔細品味，這三種譯文的含義並不一樣，說明三個譯者的理解並不相同。我們認爲，第一、二種理解不準確，第三種理解比較符合原意。這說明，即使對"不求甚解"這樣常見的詞語也不能"不求甚解"，否則便不能做到準確的翻譯。

再舉一例。陶淵明《桃花源記》：

　　緣溪行，忘路之遠近。忽逢桃花林，夾岸數百步，中無雜樹，芳草鮮美，落英繽紛。

這是中學生都能背誦的文句，但却很值得推敲，前人的理解也不完全一樣。且看一種譯文：

　　　　他撐船沿着溪水前進，忘了路程的遠近。忽然遇到一片
　　桃花林，兩岸幾百步内，沒有其他樹，香花鮮艷美麗（按：
　　譯者認爲作"芳草"非，當從一本作"芳花"，所以譯爲"香花"），有的紛
　　紛飄落。
這一段譯文，譯者在譯"緣溪行"時加了"撐船"，很對，因爲
根據下文，漁人顯然是划船，而不是步行。但"沿溪行"，是順
水而行？還是逆水而行？顯然是逆水而行，因此譯爲"沿着溪水
前進"還不確切。"芳草""芳花"誰對？若是"芳花"，指的是
什麽花？如是木本花，則桃花不香，又與"中無雜樹"矛盾；如
是草本花，既是"鮮艷美麗"，就不可能"紛紛飄落"。可見作
"芳花"不對，應作"芳草"。既是如此，則所謂"落英"，乃是
指桃花，而不是其他花。這樣理解，才是徹底符合原意，因此應
該譯爲：

　　　　他划着船沿着一條小溪逆流而上，忘記了路程的遠近。
　　忽然遇到一片桃花林，兩岸幾百步之間，沒有其他樹，芳草
　　鮮嫩美麗，桃花紛紛飄落。

從這個例子更可見，要想準確翻譯，就必須反復推敲原文。

　　如果所要翻譯的古書古文有舊注，一定要認真參考舊注。對
於自己不懂的或沒有把握的詞語一定要多思考、多查書。對於原
文的言外之意要反復揣摩。對於書中涉及的典故及用典的含義要
認真查實。

　　在這裏，我們還要特別强調一點，就是在理解古書古文的時
候，要將微觀與宏觀結合起來。弄清每字每詞每句的意思，這是
微觀。前面說的三條——了解作者、了解寫作背景、熟讀原著，
以及這一條所說的通觀上下文等，就是宏觀。這兩方面缺一不
可。沒有微觀，不弄清每字每詞每句的意思，當然談不上準確的
理解；但是沒有宏觀，只着眼於字句，而不通觀全局，不做到融

會貫通、成竹在胸，也不可能真正理解原作的精神。我們在前邊第五章第三節《語文的注釋》中曾談到，不能孤立地理解字、詞、句子，而要將它們放到具體的"語言環境"中去考察；離開了"語言環境"，就不可能正確把握字、詞、句子的真義。這也是説微觀與宏觀相結合。

我們試看近年出版的古文今譯著作，凡是翻譯錯誤的地方都是來源於理解錯誤，而理解錯誤的原因都不外乎微觀與宏觀兩個方面：在微觀方面，沒有弄清詞義與語法關係；在宏觀方面，不看上下文，不注意原文的背景、主旨、邏輯、層次、脈絡等。

下面舉一些由於不注意宏觀而導致理解錯誤的例子。

例一，《論語·學而》第十二章：

> 有子曰："禮之用，和爲貴。先王之道，斯爲美。小大由之，有所不行。知和而和，不以禮節之，亦不可行也。"

楊伯峻先生的《論語今譯》將"和"釋爲適合、恰當，譯作：

> 有子説："禮的作用，以遇事都做得恰當爲可貴。過去聖明君王的治理國家，可寶貴的地方就在這裏；他們大事小事都做得恰當。但是，如有行不通的地方，便爲恰當而求恰當，不用一定的規矩制度來加以節制，也是不可行的。"

這樣的譯文，很令人費解。《論語》這一章的主旨在論禮的作用。古之禮制，其作用在於調節人際關係，在保持各等級尊卑關係（這是"禮"的核心）的前提下求得人與人之間的和諧，所以説"禮之用，和爲貴"。這裏的"和"還是和睦的意思，別出心裁地講作"遇事都做得恰當"反而有失原意（"遇事都做得恰當"古人稱之爲"義"，這不是"禮"的作用）。可譯爲：

> 有子説："禮的作用，以人與人之間的和諧爲可貴。先王治理國家，這一點最值得讚美。無論大事小事都要遵循'和'的原則，不當做的事就不去做。但若爲了和諧而追求

和諧，不用禮去加以節制，也是行不通的。"

這個例子說明，篇章的大旨如果理解錯了，對其中一詞一句的理解也往往會跟着錯。我們試將《論語》《老子》之類書的各種譯本拿來對照，有很多地方各家譯文的意思差別很大，這主要就在於各人對章旨的理解不同。所以要正確理解一詞一句，首先必須正確理解篇章大旨。

例二，陶弘景《答謝中書書》："山川之美，古來共談。高峰入雲，清流見底。……"雲南人民出版社《歷代書信選譯》譯爲："大好山河，壯麗雄渾，古往今來，成爲大家都共同談論的話題。這裏高峰直插雲霄，澗水清澈見底。"譯者將首句的"山川"理解爲泛指各地的大好山河。按所謂"山川"，如果孤立來看，既可以理解爲泛指各地山川，也可以理解爲實指具體地方的山川，那麼譯爲"大好山河"也並不算錯；但是如果把這一句放到具體的"語境"中去看，就完全錯了。陶弘景這封信的內容（至少此處所錄的這一段的內容）是向謝中書描述某處的山川之美，怎麼會忽然泛論"大好山河"？而且如果第一句是泛論大好山河，第二句以下又是描繪具體的山川，那麼其間就應該有"此處"之類的轉折聯繫詞，否則文氣不能連貫（譯者其實也看到了這一點，所以譯文在"高峰直插雲霄"前面加了"這裏"二字）。由此可見，首句的"山川"乃是指本文所要描述的具體的山川。第一句是全文的綱，以下是具體描述其"美"之所在。因此這兩句當譯作："此地山川的優美，從古以來很多人都曾談到。高峰直插雲霄，澗水清澈見底。……"這個例子說明，不仔細考察文章上下文的邏輯聯繫，也就往往不能正確理解詞句的含義。

例三，孔稚珪《北山移文》，首云："鍾山之英，草堂之靈，馳煙驛路，勒移山庭。"以下爲山神之移文（公告），移文的末段通告鍾山的草木阻止隱士的"叛徒"周子入山，至"截來轅於谷口，杜妄轡於郊端”而止。以下説：“於是叢條瞋膽，叠穎怒魄。或飛軻以折輪，乍低枝而掃迹。‘請迴俗士駕，爲君謝逋客。’”這是作者的叙述，意即鍾山的花木響應山神的號召，阻止周子之車入山，而末二句又爲擬花木之語。這就是此文的層次。而我們所看到的好幾種《古文觀止》譯文都將這一段與上文相連，作爲移文的一部分來翻譯，以致脈絡紊亂，有背於原意。類似的例子不少。此種錯誤比起某個詞、某個句子的錯誤更爲嚴重，説明在理解原文時，弄清文章的層次、脈絡非常重要。

第四節　翻譯的方法

在上一節討論翻譯標準的時候我們實際上已涉及了翻譯方法的問題，下面再進一步從直譯和意譯的角度談談翻譯方法，主要談直譯的方法。

直譯與意譯

一般説來，翻譯的方式有兩種：直譯和意譯。

所謂直譯，就是既忠於原文的内容，又保留或大體上保留原文的詞彙和語序。如《論語・學而》：“曾子曰：‘吾日三省吾身。’”譯作：“曾子説：‘我每天多次反省我自身。’”這一句全是按原有的詞彙和語序對譯過來的，這就是直譯。

但直譯並不等於字字對譯。有時候根據文意，根據現代漢語語法和表達習慣的需要，對詞彙和語序作適當的調整變動，仍然是直譯。比如《論語・顏淵》“司馬牛問君子”，譯爲“司馬牛問怎樣去做一個君子”，這裏爲了使文意明白，添加了幾個字，但仍然是直譯。又如《論語・學而》：“不患人之不己知，患不知人也。"譯爲："不怕別人不了解自己，就怕自己不了解別人啊。"
這裏將"不己知"譯爲"不了解自己"，顚倒了原來的詞序，又
"自己不了解別人"中的"自己"也是原文的字面上所沒有的，
但這都仍然是直譯。

　　所謂意譯，就是撇開原文的字面，而僅取其大意。有一個詞
的意譯，也有整句甚至整段整章的意譯。像我們前面提到的《老
子》第五章："天地不仁，以萬物爲芻狗；聖人不仁，以百姓爲
芻狗。"任繼愈譯爲："天地是無所謂仁慈的，聽任萬物自己生
滅；'聖人'是無所謂仁慈的，聽任百姓自己生滅。""以萬物"
"以百姓"二句就是意譯。又如《論語·里仁》："人之過也，各
於其黨。"如果直譯爲"人們的錯誤，各自在它的同類之中"，就
沒法理解，只能譯作"哪一類的人，就會犯哪一類的錯誤"。這
就是意譯。

　　直譯與意譯有時是相對的，直譯之中也可能有意譯的成分，
而意譯之中也可能有直譯的成分。如前舉《桃花源記》"緣溪行"
譯爲"他划着船沿着一條小溪逆流而上"，就是直譯中有意譯，
或者説直譯與意譯相結合。

　　由於現代漢語是從古代漢語直接發展而來的，古漢語的很多
詞彙現在仍然在使用，古漢語的語法也基本上與現代漢語相同，
因而古文絕大部分都是可以直譯的，非用意譯不可的只是極少
數。有的文辭看起來似乎不能直譯，但只要反復推敲，還是可以
直譯的。我們提倡，凡是能直譯的都應盡可能直譯，因爲這樣更
能保存原文的內容與特色。外文翻譯是這樣，古文今譯更應該是
這樣。舉幾個例：

　　例一，《列女傳·齊管妾婧》："婧曰：'妾聞之也：毋老老，
毋賤賤，毋少少，毋弱弱。'""毋老老"幾句，嶽麓書社 1986
年版《文言今譯教程》譯爲"不要輕視老人，不要輕視地位低的

人，不要輕視少年人，不要輕視弱者"。譯者大概覺得前邊的"老""賤""少""弱"四個詞不好直譯，因此一律意譯爲"輕視"，大意不錯，但還沒有確切地表達出原意。按這四個詞都是以形容詞作爲"意動用法"的動詞用，"毋老老"也就是"不以老者爲老"，其餘類推。據此，這幾句可以直譯爲："不要認爲老人老而無用，不要認爲地位低的人卑微下賤，不要認爲少年人年少無知，不要認爲弱者軟弱可欺。"這樣翻譯似乎更切合原意。

　　例二，《文選》丘遲《與陳伯之書》："主上屈法申恩，吞舟是漏。"雲南人民出版社《歷代書信選譯》譯爲："梁武帝輕法度，重恩典，俗話説吞舟大魚也可以漏掉，梁武帝正是這樣，對罪惡重大的人也願意赦免。"將"主上"譯爲"梁武帝"是不對的，因爲寫這封信時梁武帝還活着，丘遲不可能稱他的謚號，這一點在本章第二節中已講了，這裏且不去説。問題是"吞舟是漏"一語，譯者認爲不能直譯，因此用了好幾句解釋式的意譯，雖然意思不錯，但原文的含蓄、精煉、典雅全都沒有了。我們認爲，可以譯爲："即使是吞舟的大魚也可以網開一面。"這樣翻譯基本上還是直譯，既更爲貼切，又更爲簡煉。

　　例三，韓愈《進學解》在談到朝廷搜取和選用人材時有"爬羅剔抉，刮垢磨光"一語，湖北人民出版社《古文觀止注譯》意譯爲"經過搜羅、選擇、培養、造就"，意思也是對的，但過於一般化，丟掉了原文修辭的生動性。如果直譯爲"經過爬梳、搜羅、區分、挑選，刮去污垢，磨出亮光"，似乎更好。

　　例四，韓愈《雜説》："世有伯樂，然後有千里馬。"不少譯本譯爲："世間有了伯樂，然後才發現了千里馬。"把"有"意譯作"發現"，從邏輯上説，這樣改譯是對的，韓愈的真意也是如此，但他爲什麼偏用"有"字呢？這其中另有深意。他在《送溫處士赴河陽軍序》中也説："伯樂一過冀北之野，而馬群遂空。"

然後他解釋説："吾所謂空，非無馬也，無良馬也。伯樂知馬，遇其良，輒取之，群無留良焉。苟無良，雖謂無馬，不爲虛語矣。"原來他的意思是説，世上的千里馬，如果沒有伯樂的發現與培養，也仍然是凡馬，所以説"世有伯樂，然後有千里馬"。用"有"字，比之直用"發現"，更能顯出伯樂的發現與培養的重要性，涵義更深，更耐人尋味，可見還是直譯爲好。

　　衆所周知，詩歌是最難直譯的，但其實中國的古詩，一般也可以直譯。例如《詩經》，已經出了很多種譯本，絕大部分都是直譯，就説明了這一點。郭沫若早年出的《卷耳集》是一部《詩經》的選譯本，其中有的篇章"譯得非常自由"（譯者語）。如《卷耳》一詩，原詩只有四章十六句，譯者將它演繹成了一首多達四十九行的長詩；相反，《王風·君子於役》一詩，原詩二章、章八句，而譯者只取其首章之六句。嚴格説來，這已經不是"意譯"，稱之爲"譯述"或"改寫"，或許更爲恰當。雖然這些"譯品"本身寫得很不錯，但作爲古詩今譯，這種方式不宜提倡。郭老後來寫成的《離騷今譯》則是逐句翻譯，而且大抵爲直譯，可見即使是詩歌，也應以直譯爲主流。

　　不過何者需要直譯，何者需要意譯，在乎翻譯者因文制宜，靈活掌握，不可一概而論。一般來説，當直譯不能表達出原文的意思時，或者當直譯不能傳達出原文的風格、神韻時，或者當直譯有背於現代漢語的表達習慣之時，就應當採用意譯。

　　無論選擇直譯還是選擇意譯，標準都只有兩條，即"信"與"達"。只要合於這兩條標準，當直譯就直譯，當意譯就意譯；相反，離開了這兩條標準，直譯就變成死譯，意譯就變成胡譯。

　　所謂死譯，就是死板地字字對譯。這樣的死譯造成譯文生硬晦澀，甚至不知所云，不但違背現代漢語的表達方式，而且往往損害原意，既不"達"，又不"信"。例如：

《論語·里仁》："子曰：'唯仁者能好人，能惡人。"楊伯峻《論語譯注》譯作："只有仁人才能够喜愛某人，厭惡某人。"譯得太死，意思不明白，因爲凡是人都有愛惡，爲什麽只有仁人才能喜愛某人，厭惡某人？其實孔子的意思是"貴仁者所好惡得其中也"（楊先生在注中也説明了這個意思），那麽就應該譯爲"只有仁人能恰當地喜好某人，恰當地厭惡某人"。

《左傳》成公三年："以君之靈，纍臣得歸骨於晋。"沈玉成《左傳譯文》譯爲："以君王的福祐，被囚的下臣能够帶着這把骨頭回到晋國。""以君王的福祐""被囚的下臣"都譯得太死，不符合現代漢語的表達習慣，不如譯爲："托您的福，我這個囚犯能够帶着這把骨頭回到晋國。"

韓愈《張中丞傳後序》："當是時，棄城而圖存者，不可一二數。"黑龍江人民出版社《唐宋八家文譯釋》將"不可一二數"譯作"不能用一個二個數字來計算"。又同文："賀蘭嫉（張）巡、（許）遠之聲威功績出己上。"同譯本將"出己上"譯爲"超出在自己的上邊"。現代漢語哪有這樣表達的呢？"不可一二數"譯爲"不是一個兩個"，"出己上"譯爲"超過自己"，不是很好嗎？

由此可見，我們所需要的直譯不是死板的硬譯，而是靈活的直譯。但是所謂"靈活"又必須有個"度"，這個"度"就是不違背原意。

所謂"胡譯"，當然就是不顧原意，自作聰明，隨心編造，更確切地説，是"胡編"。例如歐陽修《醉翁亭記》："臨溪而漁，溪深而魚肥；釀泉爲酒，泉洌而酒香。"這兩句完全可以準確地、簡煉地直譯爲："就溪邊打魚，溪水深，魚兒肥；用泉水釀酒，泉水清，酒味香。"可是有個譯本却譯爲："在岸邊臨水捕魚，溪水既是深的，魚就是肥的；用釀泉的水造的酒，美好得分不清是泉水使得酒味芳香呢，還是酒氣使得漿液更加純净。"按原文第

一句“溪深”“魚肥”這兩個主謂短語是平列的，譯文却譯成了
因果關係（其實這兩件事本無因果關係）；這且不説，第二句
“泉洌酒香”想不到竟被“譯”成了這般模樣！原文哪有半點這
樣的意思呢？也許譯者認爲這樣“譯”才有“詩意”，但作爲翻
譯，不容許憑空添加這樣的“詩意”，更何況是不通的“詩意”！
幸好像這樣典型的胡譯在現代出版的古籍今譯書中只是極個別的
例子。

　　但另外一種情況就不能説是個別的了，那就是不適當地添加
一些原文所没有的意思。例如《桃花源記》：“有良田美池桑竹之
屬。”有個《古文觀止》譯本譯作：“田很肥沃，池塘裏碧水粼
粼，桑樹、竹子之類環抱着村莊。”按“美池”是説池塘之美麗，
未必其美只在於“碧水粼粼”；“有……桑竹之屬”，未必這些桑
竹全都是“環抱着村莊”，村莊裏不可以栽桑竹嗎？這都是原文
所没有而爲譯者自己加上去的意思。其實只需直譯爲“有肥沃的
土地，美麗的池塘，以及桑樹、竹子之類”，既準確，又簡煉。
又如蘇軾《江城子（十年生死兩茫茫）》一詞，有個譯本翻譯時
也添加了很多内容，“夜來幽夢忽還鄉”一句譯作：“想不到昨天
夜裏，/幽夢中竟能如願以償。/我突然投到你的身邊，/飛回闊
別多年的故鄉。”“竟能如願以償”“投到你的身邊”云云是原文
所没有的，添進去並無助於提高譯文的質量，反成蛇足，直譯爲
“想不到昨天夜裏，幽夢中我忽然回到故鄉”也就可以了。像這
一類的添加雖然不能説是“胡譯”，但至少是不必要的意譯。在
翻譯中，爲了使譯文更加“信”與“達”，作必要的添加是應該
的（見後文），但不必要的添加應當避免。

直譯的方法

意譯没有固定的模式，直譯則可以歸納出一些方法，大致有：留，換，補，省，調①。前四者屬於詞語方面，後者屬於語法方面。

留

就是保留原來的詞彙不譯。下列詞彙可以不譯：

一、古今詞語完全相同並且没有歧義者：如牛、馬、蟋蟀、桃花、淒涼等。還有，大量至今還在使用的成語也可以保留甚至應當保留。任繼愈《老子新譯》第九章"金玉滿堂""功成身退"等成語都不譯，是也。

二、專有名詞：如人名，地名，國名，族名，朝代名，官爵名，廟號，諡號，年號，等等。

三、已經消失的事物，或不知爲何物的事物，或神話傳説中的事物：如瑚璉，雎鳩，貘，龍，窮奇，等等。

四、特殊的專業名詞：如醫學術語，天文術語等。

五、有特定涵義，或涵義抽象，或涵義複雜，無法用現代詞語確切表達的哲學術語和其他一些名詞。如《老子》書中的"道""德""無爲"，以及"易""聖人""君子"等。

上述的詞語，有的是不必翻譯，有的是不能翻譯；勉强翻譯，不但不能表達原意，甚至會弄巧成拙。例如韓愈《原毀》："古之君子，其責己也重以周。"有個《古文觀止》譯本將"古之君子"譯爲"古時候有地位的人"，顯然不合原意，原意主要是指有道德的人。其實"君子"這個詞，現在也還在使用，完全可

---

① 參見陳蒲清編著《文言今譯教程》，嶽麓書社 1986 年版。

以不譯。柳宗元《黔之驢》："虎見之，龐然大物也。"有個譯本譯爲："虎看見了驢，是個很大的東西。""龐然大物"這個成語在現代漢語中仍然通用，何必翻譯！

　　不過對上述詞語的處理有時還是要根據具體情況靈活掌握，我們説"可以不譯"，不是説在任何情況下都完全不動。例如專有名詞，有時需要作必要的解釋性的添加。如"晋太元中，武陵人"，當譯爲"晋朝太元年間，武陵郡人"。

　　有一些抽象的名詞翻譯起來很困難，但能翻譯的還是要盡可能翻譯。例如《老子》第六章："谷神不死，是謂玄牝。玄牝之門，是謂天地根。"任繼愈先生的《老子新譯（修訂本）》解釋説："谷"即山谷的谷，即虛空；"谷神"也就是老子的"道"；"牝"是一切動物的母性生殖器官。這都是對的。但譯文作："'道'是永恒存在的，這叫做'玄牝'。'玄牝'之門，這叫做天地的根。"這樣的譯文幾乎等於沒有翻譯，讀者讀了還是不明白是什麼意思。我們認爲，既然知道"牝"是指"母性生殖器官"，那麼"玄牝"一詞還是可以翻譯的。此外，"谷神"雖然是指"道"，但老子用這個詞並非只是作爲"道"的代稱，而更是説明"道"的性質與特點——虛空若谷、變化如神。因此如果僅僅意譯爲"道"，便抽去了這個詞的特別含義，因而也就沒有表達出原文的本意。全文似乎可以譯爲："虛空若谷、變化如神的'道'是永恒存在的，它就是生育萬物的玄妙的母陰。這玄妙的母陰之門，就是天地的根。"（"謂"通"爲"，不一定都譯作"叫作"。）

　　又如《論語·述而》："子以四教：文、行、忠、信。"貴州人民出版社《四書全譯》譯爲："孔子教育學生的內容有四個方面：文、行、忠、信。"這四個字不翻譯是沒有道理的。

換

　　就是把古代詞語譯爲現代的對應詞語。這個過程包含着緊密

聯繫的兩步：確定義項（理解）→選定對應詞語（表達）。由於
古漢語的詞有時是一詞一義，有時是一詞多義；在後一種情況
下，就先要從中確定一個義項。而同一個義項在現代漢語中有時
是一義一詞（只有一種表達方式），有時又是一義多詞（有多種
表達方式，如"父母"與"爹娘"）；在後一種情況下，就需要
從中選擇一個對應詞或表達方式。確定義項的唯一標準是準確，
選擇對應詞的基本標準則應是貼切、協調、簡煉。貼切，就是要
注意各個同義詞或近義詞之間的細微區別；協調，就是在選擇時
要考慮此一詞與句中其他詞之間的搭配關係；簡煉，就是在各種
表達方式之中選擇最簡潔的一種。下面舉一些例子。

　　例一，韓愈《師說》："師不必賢於弟子。"有三種《古文觀
止》的譯本，其中一種譯爲"老師也不一定都比弟子賢德"；另
一種譯爲"老師也不一定任何地方都比弟子賢明"；第三種譯爲
"老師不一定比弟子賢能"。這裏的關鍵是"賢"字怎麼翻譯。古
代漢語中"賢"字的通常含義是"才能道德都好"，上面的三種
譯法都是按這個含義來翻譯的。但這樣翻譯既不確切，也不符合
現代漢語的表達方式。其實"賢"字還有一個義項，即"勝過"，
因此翻譯時可直接換爲"老師不一定勝過弟子"，或"老師也不
一定都比弟子強"，或"不一定都比弟子高明"。這就是選擇義項
不當的例子。

　　例二，《左傳》襄公十四年："晋人角之，諸戎掎之，與晋踣
之。"這幾句是描寫捕鹿的情形，"之"指鹿，用以比喻秦晋殽之
戰中的秦國。"踣之"如何翻譯？在古漢語中，"踣"有仆倒、倒
斃、滅亡等義項，此處自然只能選擇"仆倒"這一義項，那麼
"踣之"的基本意思就是"使它仆倒"。這一意思又可以有多種表
達方式，沈玉成《左傳譯文》譯爲"讓它躺倒"，意思不算錯，
但沒有表達出捕鹿時的情態，因此還不夠確切。另一種譯本譯爲

"將它摔倒"，這就貼切得多。

　　例三，柳宗元《黔之驢》："向不出其技，虎雖猛，疑畏，卒不敢取。"其中的"向不出其技"，黑龍江人民出版社《唐宋八家文譯釋》譯作"當初如果不使出自己的本事"。按"技"是技術、本領的意思，譯作"本事"似乎不錯；但我們仔細推敲，"本事"是指真實的本領，而黔驢之"技"並非真實的本領，因此不能譯爲"本事"，而應譯爲"拙劣伎倆"。與此相應，"出"字譯作"使出"就還不够味，譯爲"露出"就更好。連起來可譯爲"當初如果驢不露出自己的拙劣伎倆"，這就準確得多了。

　　例四，歐陽修《釋祕演詩集序》："祕演……既習於佛，無所用，獨其詩可行於世。""既習於佛"一語，有幾種譯本分別譯爲：（一）"他學過佛學"；（二）"既是生活在佛教之中"；（三）"他既然已經作了和尚"。顯然，以上三種譯文，譯者都心知其意，但都未能貼切地表達出原意。按祕演是一個和尚，不僅學習佛學，而且實行佛法，"習"這個詞正是包含了這兩個方面的意思。譯文（一）只表達了其中"學"的一面（即本章第一節中所說的"F＜Y"），譯文（二）（三）雖然隱含了"學"與"行"這兩方面，但又過於空泛，大而無當。其實這裏的"習"，最準確的對應詞就是"修習"，"習於佛"當譯爲"修習佛法"。

　　例五，陶淵明《五柳先生傳》："環堵蕭然。"試比較三種《古文觀止》譯本的不同譯法：（一）"他的住宅狹窄蕭條"；（二）"房屋只有四堵牆，空蕩蕩的"；（三）"他家中四壁空空"。"蕭然"並沒有"狹窄"的意思，所以譯文（一）不確。譯文（二）意思準確，但不够簡煉。相比之下，譯文（三）更好。

　　例六，王安石《泰州海陵縣主簿許君墓誌銘》："士固有離世異俗，獨行其意……"齊魯書社《古文觀止今譯》譯爲"士人中間固然也有脫離當世而與習俗相違背，只依照個人的意志去行動……”“離世”二語的翻譯，意思是確切的，缺點也是不够簡煉，沒有體現出原文文字精煉、句式整齊的風格。譯作“背離世俗，獨行其志”似乎更好。

補

就是翻譯時補充必要的字句。任繼愈《老子新譯·譯例》説：“《老子》原文簡練，又是以詩的形式寫出的，其中有些句子常常省去聯繫詞、代名詞，以至一句中的主語。爲了使譯文的意義明確，有必要把句子補成完整的形式。……如三十五章‘道之出口’的譯文上加〔但是〕；十七章‘悠兮其貴言’的譯文上加〔最好的統治者〕。”又説：“爲了使意義表達得完整，有時也在譯文上加以補充的字句，如十九章‘故令有所屬’的譯文中加〔正面指出〕；十六章‘若烹小鮮’的譯文下加〔不要常常擾動它〕。”不僅譯《老子》書如此，譯其他古書也應如此，當原文文義隱晦時，或原文有所省略時，或缺了某些詞語譯文便不明白通順時，就需要補充必要的詞語乃至句子。再舉一些例子：

《論語·爲政》：“子曰：‘君子不器。’”“不器”意即不是一個器物，翻譯時若不補足意思，讀者就會一頭霧水。因此楊伯峻譯爲：“君子不像器皿一般，只有一定的用途。”這是因原文文義隱晦而補充。

《左傳》定公四年：“楚人爲食，吳人及之，奔。食而從之。”這四句中，“奔”的主語是“楚人”，“食而從之”的主語是“吳人”，都省略了；又吳人所“食”的正是楚人所做的飯，也没有明説。像這些，譯時若不作補充，意思就會不明白，甚至會産生誤解，因此沈玉成譯作：“楚軍做飯，吳國人趕到，楚軍奔逃。吳軍吃完楚軍做的飯又追趕上去。”這是因原文詞語省略而補充。

《左傳》成公三年記載晉國請求楚國放回被楚國俘虜的知罃，楚國同意了，原文説：“於是荀首佐中軍矣，故楚人許之。”爲什麼"荀首佐中軍"，楚人便同意放知罃呢？因爲荀首是知罃的父親，他當了晉國的中軍副帥，楚國放了知罃，做個人情，對楚國有利。由於原書前文已有交代（儘管距離很遠），這裏就沒有必要再說明荀首與知罃的關係以及他所佐的是晉國的中軍，因此這並不屬於文義隱晦，也不屬於詞語省略。但一般讀者如果不通讀前文，就不知道這層關係，也就不明白這裏的意思；爲讀者作想，翻譯時就應該作補充說明，譯爲："此時知罃的父親荀首已經做了晉國的中軍副帥，因此楚國便同意了。"

　　這裏需要再次強調，翻譯時的添加決不能違背"信"的原則，就是說，所添加的必須是原文本有的意思，添加的目的只是爲了把它顯示出來，而不是外加進譯者主觀的意思，不是畫蛇添足。上文我們已經舉例說明了這一點。此外，可加可不加的最好是不要加。例如《論語·里仁》："仁者安仁，知者利仁。"楊伯峻先生的《論語譯注》譯爲："有仁德的人安於仁〔實行仁德便心安，不實行仁德便心不安〕；聰明人利用仁〔他認識到仁德對他長遠而巨大的利益，他便實行仁德〕。"添加的部分倒像是注釋，而不是翻譯，其實大可不必。在《論語譯注》一書中，這類例子不少。

　　順便指出，近年出版的古籍今譯著作有一種風氣，就是將這類翻譯時添加的部分用六角括號"〔　〕"括起來。這種做法如果是用於特定的對象（例如中學語文教材），表明哪些是添加的成分，也未嘗不可，但作爲一般書籍，實在沒有必要。譯文等於是古人用現代語寫文章，寫文章哪有這種做法？翻譯外文這類地方不加括號，爲什麼譯古文要加？更何況添加的部分處處有之，如果都要加括號，則加不勝加。例如《論語·述而》：

　　　　冉有曰："夫子爲衛君乎？"子貢曰："諾，吾將問之。"入，曰："伯夷叔齊何人也？"曰："古之賢人也。"……出，曰：“夫子不爲也。”

《論語譯注》將“入”譯爲“子貢進到孔子屋裏”；將“出，曰”譯爲“子貢走出，答復冉有道”。按理說上面加了着重號的詞語都是添加的，按該書的體例，都應加六角括號，但是並沒有加，豈非自亂其例？由此可見這種做法既煩瑣又無益。

省

就是說，有的詞語可以省去不譯。這主要是指很多不能翻譯的虛詞。如《堯典》首句“曰若稽古”，“曰若”是發語詞，無法翻譯。《詩經》“鷸斯羽”“兔斯首”，“斯”是沒有意義的語助詞，也沒法譯出。又古人往往將同義詞語重複使用，如《禮記·曾子問》“以此若義也”，“若”也是“此”。《史記·平準書》“初先是往十餘歲”，“初”與“先是”同義。《漢書·食貨志》：“天下大氐無慮皆鑄金錢矣。”“大氐”與“無慮”都是大概、大都的意思（俞樾《古書疑義舉例》、姚維銳《古書疑義舉例增補》都有“詞語複用例”，可參看）。此類都不能重複翻譯。

調

由於古漢語語法與現代漢語基本相同，因此大部分都可以對譯；但古今語法差異之處，以及由於修辭或特殊文體的要求等而造成的不依一般語法之處，就需要根據現代漢語的表達習慣作適當的調整，包括改變詞性、調整語序、變換句型等。

改變詞性，例如：

《左傳》定公十年：“爾欲吳王我乎？”這是名詞作及物動詞用，當譯作“你想把我當成吳王嗎？”

《史記·張丞相列傳》：“張蒼……常父事王陵。”這是名詞作狀語用，當譯作“像對待父親一樣侍奉王陵”。

《莊子·齊物論》：“毛嬙、麗姬，人之所美也。”這是形容詞作動詞用，當譯作：“毛嬙、麗姬，是人們認爲很美的女人。”

調整語序，例如：

《論語·子罕》："吾誰欺？欺天乎？"這是疑問句中代詞作賓語前置，"誰欺"當譯爲"欺騙誰"。

《論語·學而》："不患人之不己知，患不知人也。"這是否定句中代詞作賓語前置，"己知"當譯爲"知道自己"。

《左傳》僖公五年："將虢是滅，何愛於虞？"這是賓語前置而又插入"是""之"等復指代詞，譯時應將賓語移到動詞後，"之""是"等字省譯。

韓愈《師説》："句讀之不知，惑之不解，或師焉，或不焉，小學而大遺，吾未見其明也。"前四語有個譯本硬譯爲："不懂得句讀，有些疑難問題不能解決，有的向老師請教，有的不向老師請教"，文義不明。按此文"或師焉"是承"句讀之不知"，"或不焉"是承"惑之不解"，翻譯時爲了使意思明白，應當調整語序，可譯爲："不懂得斷句，去向老師學習，有疑難不能解決，反而不向老師學習。"（有個譯本不變動語序，而譯作"前者去向老師學習，後者却不這樣做"，也可以。）

柳宗元《黔之驢》："放之山下。"有個譯本譯爲"放它在山的下面"。按現代漢語的表達習慣，改譯作"把它放到山下"更好。

變換句型，例如：

《孟子·公孫丑（上）》："宋人有閔其苗之不長而揠之者，芒芒然歸……"其中，"宋人……者"按語法只是一個複合的名詞性短語，在整個句中作主語用，如果硬譯，就是："宋國人當中有個擔心他種的禾苗不長而去拔高的人。"這樣的譯文太生硬，應當將短語改作句子，譯爲："宋國有個人，擔心他的禾苗不長而去拔高它。"

韓愈《進學解》：

　　沉浸醲郁，含英咀華。作爲文章，其書滿家。上規姚

姒，渾渾無涯。周《誥》殷《盤》，佶屈聱牙。《春秋》謹
嚴，《左氏》浮誇。《易》奇而法，《詩》正而葩。下逮《莊》
《騷》，太史所錄，子雲、相如，同工異曲。先生之於文，可
謂閎其中而肆其外矣。

其中"上規姚姒"至"同工異曲"一段，湖北人民出版社《古文
觀止注譯》譯爲：

向上學習《尚書》中的《虞書》《夏書》，內容深遠，無
邊無涯，《尚書•周書》中的誥文、《尚書•商書》中的《盤
庚》，文辭艱澀，念不上口，《春秋》謹嚴，《左傳》鋪張誇
大，《易經》闡明事物變化的道理，說法奇異，却有法則可
循，《詩經》內容純正、文辭華美；向下直到《莊子》《離
騷》，太史公的《史記》，揚雄、司馬相如的文章，雖然風格
不同，却同樣精妙無比。

另外有好幾種譯本，譯文也都大致相仿。這樣的譯文，顯然
語法不通。原文這一段的大意是說國子先生讀了很多古書，並吸
取諸書精妙的文章風格。"上規"以下本來只是一個長句，從內
容來說，實際上應爲"上規姚姒之渾渾無涯，周誥、殷《盤》之
佶屈聱牙……"（以下仿此）。從語法來說，動詞"規"後的賓語
應爲短語。但是作者爲了寫成句式整齊的韻文，把短語變成若干
獨立的句子。譯者不加體察，仍然照樣硬譯，以致文句不順。齊
魯書社《古文觀止今譯》譯爲：

上以取法《虞書》《夏書》的深奧無極，《周誥》《盤庚》
的簡古艱澀，《春秋》的謹嚴精當，《左傳》的誇飾鋪排，
《易經》的富有變化而具定則，《詩經》的內容端正和詞藻華
美；下面直到《莊子》《離騷》，太史公的撰著，還有那異曲
同工的司馬相如和揚雄的辭賦。

這樣翻譯就好得多了。這也就是我們前面說的"靈活的直譯"。

第七章　古籍輯佚

第一節　概　說

輯佚，即輯録已經散失的古代著作——佚文或佚書，使這些佚文佚書不同程度地得到重現。這也是整理古籍的一種重要方式。

輯佚的歷史

輯佚起於何時？學者大多認爲起於宋代。梁啓超説："書籍遞嬗散亡，好學之士每讀前代著録，按索不獲，深致慨惜，於是乎有輯佚之業。最初從事於此者爲宋之王應麟，輯有《三家詩考》《周禮鄭氏注》各一卷。"① 後來學者如余嘉錫、胡道静等的説法大致相同。

近年有學者提出另外一種看法，他説：

輯佚本出於古文獻編纂、補遺、資料長編、注釋、校勘、辨僞等方面的需要，是從屬的環節。這種情況幾乎貫穿古文獻學史始終，例如東漢馬融在辨僞《泰誓》時，就利用過見引於《春秋》《國語》《孟子》《荀子》《禮記》中的《泰誓》佚文（見《尚書·泰誓序》疏引馬融《書序》）。又如

---

① 梁啓超《中國近三百年學術史》第十四章第五節，飲冰室合集本，中華書局 1936 年版。

清代惠棟作《後漢書補注》時，先輯《後漢紀》等佚書作爲依據。大約從宋代開始，已形成獨立的輯佚之學。[①]

這種説法更符合於實際。歷代文獻不斷産生，不斷亡佚，學者在整理古籍時，不可能不做搜討殘佚的工作，因此有古籍整理，就會有輯佚。不過先秦兩漢時，輯佚可能還只是一種萌芽。到魏晉南北朝，輯佚已廣泛使用。這一時期大量編纂別集（包括古人的別集）和類書，其中必然要用上輯佚。《隋書·經籍志》記載的多種先秦兩漢人文集，肯定有很多是後人裒輯。以《孔融集》爲例。據《後漢書·孔融傳》載，魏文帝募天下有上融文章者輒賞以金帛，可見當時孔融的文章尚未成集。同傳又説，孔融的各體詩文凡二十五篇，這就是劉宋時范曄所見的篇數。而《隋志》載"《孔融集》九卷，梁十卷，録一卷"，這九卷或十卷之本決不止二十五篇，當是范曄以後所輯，二十五篇之外就應當是輯佚所得。

唐宋間所編的總集、別集，很多也是靠輯佚而成。例如北宋出世的《古文苑》一書，不知誰人輯録，所收録的都是周、秦、漢人的逸詩逸文，"皆史傳所不載，《文選》所未取，而間見於諸集及樂府"[②]。這已是比較典型的輯佚書。又如晁公武《郡齋讀書志》卷一七載《揚雄集》三卷，題解説："古無雄集（按此説不確，隋唐都有《揚雄集》五卷，亡於唐末），皇朝譚愈好雄文，患其散在諸篇籍，離而不屬，因綴輯之，得四十餘篇。"這不是輯佚又是什麼？可見説輯佚起於南宋末的王應麟是不確切的。

明朝人也有不少人從事於輯佚，最典型的是孫瑴輯録兩漢讖緯書的佚文爲《古微書》。此外，像馮惟訥輯《詩紀》，梅鼎祚輯

①　孫欽善《中國古文獻學史》，中華書局 1994 年版，第 848 頁。

②　見《古文苑》韓元吉序。

《文紀》，張溥輯《漢魏六朝一百三家集》，都帶有輯佚的性質。

　　但正如梁啓超所説，清代以前的輯佚，"範圍既隘，體例亦復未善"①。

　　輯佚的鼎盛是在清代。清人所輯佚書蓋在千種以上，無論就輯佚的範圍、規模、數量、質量，都遠遠超過前代。輯佚至此形成專門之學，在文獻學領域中由附庸一躍而成爲泱泱大國。清代的輯佚書中，價值最大的要數從《永樂大典》中所輯的近四百種古籍，包括《舊五代史》《續資治通鑑長編》《建炎以來繫年要録》《宋會要》等名著。這一大批重新面世的古籍，可以説是國之瑰寶。（關於清代輯佚的成就可參見梁啓超《中國近三百年學術史》第十四章。）

　　清代以後，輯佚又有很大發展。由於時代的進步和西方文化的影響，學者們的學術視野更爲開闊，從而使輯佚範圍更加擴大，如魯迅輯《古小説鉤沉》，將輯佚延伸到前代學者所不屑的俗文學。特別是隨着近百年考古與文物的新發現，許多前人未見的古文獻重見天日，如甲骨文、竹簡、帛書、敦煌卷子及大量金石刻辭等，這就爲輯佚提供了許多全新的寶貴材料，從而打開了輯佚工作的一片新天地。不少學者在這片處女地上辛勤耕耘，已經取得了很多可喜的新成果。在傳統的輯佚領域也有長足的進步，學者們對很多古籍新輯、重輯或補輯，收文更爲齊全，整理更爲精密，編排更爲科學，可謂後來居上。

輯佚的功用

　　從浩如烟海的古代文獻中沙裏淘金似的輯録佚書佚文，是一

---

① 　梁啓超《中國近三百年學術史》第十四章第五節。

種極其辛苦的學術工作，但同時它又是一項很有意義的學術事業，它對整理、保存和研究我國古代文化遺産具有重要的作用。

第一，它使許多久已失傳的古籍不同程度地重現，使現存古籍增加不少新品種，爲研究古代歷史文化提供了很多有用的資料。例如《孫臏兵法》、帛書《老子》的輯出，使沉没兩千多年的這兩種古書古本又重見於人間；《舊五代史》的輯出，使"二十五史"增添了一部重要著作；《續資治通鑑長編》《建炎以來繫年要録》《宋會要》的輯出，成爲宋代歷史研究者案頭必置的首要文獻。正如梁啓超所説：由於輯佚，"遂使《漢志》諸書、隋唐《志》久稱已佚者，今乃纍纍現於吾輩之藏書目録中，雖復片鱗碎羽，而受賜則既多矣！"①

第二，它有利於保存古籍。例如由於八國聯軍的焚掠，《永樂大典》散失殆盡，要不是清人從《永樂大典》中輯出幾百種佚書，這一大批寶貴的古籍已永遠消失於世間。

第三，它把很多極其零散的，有的是一般人不易看到或不大注意的資料集中起來，這就爲學術研究工作提供了很大的便利。例如大量的總集、別集，包括《全上古三代秦漢三國六朝文》《全唐詩》《全唐文》等，都是全部或部分從輯佚得來的，有了這些書，研究我國古代文學就方便得多了。

儘管迄今在輯佚方面已取得了很大成績，但這項工作還大有可爲。一方面是還有不少古佚書尚未輯録，特別是唐代以後的佚書；新的出土文獻還在不斷地發現，從中輯録佚書佚文也永遠没有止境。就是前人已輯的古籍，也還可以重輯或補輯。清人輯佚的成就無疑是巨大的，但是客觀地説，清人所輯之書，輯得很好的、令人滿意的並不多，或者材料不全，或者訛誤頗多，或者編

---

① 　梁啓超《清代學術概論》。

排不善，或者出處不明，或者考證不精。近世四川學者劉咸炘在其《推十書》中寫過一篇《輯佚書糾謬》，他説："輯書非易事也，非通校讎、精目録，則訛舛百出。近世此風大盛，而佳者實少。"他列舉了清代輯佚書最多的馬國翰、黃奭所輯書中的一部分謬誤，的確是訛舛百出，十分驚人[①]！因此重輯補輯還大有用武之地。現今輯佚的條件總的來説比前人優越，所以我們在這方面也應當超過前人。

輯佚的類型

根據古書古文亡佚的情況和所輯内容，輯佚可分爲以下幾種基本類型：

一、原書已亡佚，現存文獻中或多或少還保存了其中的部分佚文，可以輯出，佚文多者可整理成書。如《古本竹書紀年》《世本》《舊五代史》《宋會要》等是。

二、原書雖尚存，但已有殘缺，而其他文獻中不同程度地還保存了其殘缺之文，可以輯出缺文，如《風俗通義》《華陽國志》《元和郡縣志》等是。

三、古人的零星詩文，未曾收入其現存文集，而散見於其他文獻中，可收集起來，附於本集。如近出《朱熹集》（巴蜀書社版），於現存正、續、別集之外，又輯得集外之文若干篇，編爲《遺集》三卷、《外集》二卷是。

四、現存文獻中有古代某種著作的片斷或某作者的零星作品，未知出於何書，或者本未成書，甚至没有篇名，可以輯出佚文，新編爲書，或合多人之作品編爲一書。例如出土文獻中的許

① 劉咸炘《推十書》，成都古籍書店 1996 年影印本，第 1685 頁。

多殘零的、無標題的文字材料就是屬於這一類。1975—1976 年
間湖北雲夢縣睡虎地出土的秦簡，其佚文內容經整理共有十個部
分，其中只有四種原有標題，其餘《編年記》《秦律十八種》《法
律答問》六種之篇名均爲整理者所擬。

　　五、古代學者、思想家的言論、思想、學說，散見各書，可
輯録出來，匯集成書。如孫星衍《孔子集語》就是專輯散見於各
書的孔子語録。此類所輯録的雖然不盡是古人所寫的文字，但也
是輯佚的一種，孫星衍《孔子集語》所用的輯録方法就純是輯佚
之法。梁啓超在論輯佚時曾提出"輯子部書"的一種"妙法"，
即從《孟子》《墨子》《荀子》《莊子》等書中輯先秦百家言①，
就是屬於這一類。

　　以上幾種基本類型，在實際應用時可以採取多種多樣的形
式，有如：

　　專輯一書。這種形式在輯佚書中最多。

　　專輯某一書的古注。例如陳鱣《論語古訓》、臧鏞堂《爾雅
漢注》。

　　專輯某一人之書。例如袁鈞輯鄭玄的佚著爲《鄭氏佚書》七
十九卷。

　　專輯某一類著作。例如余蕭客《古經解鈎沉》、任大椿《古
小學鈎沉》、王謨《漢唐地理書鈔》、魯迅《古小説鈎沉》。

　　專輯斷代或通代的一體或多體詩文。例如厲鶚《宋詩紀事》、
唐圭璋《全宋詞》，是爲斷代一體之文；康熙中官修《歷代賦
彙》，是爲通代一體之文；張溥《漢魏六朝一百三家集》、嚴可均
《全上古三代秦漢三國六朝文》，是爲通代多體之文。這一類書有
的純粹是輯佚（如《宋詩紀事》）；有的則是現有的文集加輯佚，

----

　　①　梁啓超《中國近三百年學術史》第十四章第五節。

但正如梁啓超所説"其性質實爲輯佚"①。

專輯某一人、某一學派之言論或學説。如孫星衍輯《孔子集語》、洪頤煊輯《子思子》。

廣輯經史子集各類佚書，編爲輯佚叢書。如馬國翰《玉函山房輯佚書》輯 630 種，黃奭《黃氏逸書考》輯 340 餘種。

還可以輯佚加注釋、考證。如惠棟《易漢學》、王先謙《詩三家義集疏》等。

前人採用過的這些輯佚方式與形式都值得參考借鑒。但是前代有一種輯佚書的方式却不可取，那就是"補古書"。所謂"補古書"，就是對一些已亡佚或殘缺的古書，除了輯其佚文之外，在無佚文可用之處，或佚文不相連屬之處，則用其他古籍之文來補足，甚至加上輯佚者自己的話來連接。例如清嚴觀的《元和郡縣補志》，據《通典》、兩《唐書》等補今本《元和郡縣志》的缺卷；陳蘭森的《太平寰宇記補闕》據其他地理書補《寰宇記》的缺文；湯球的《十六國春秋輯補》，用《晋書·載記》及其他相關的傳以補《十六國春秋》；等等。近年上海古籍出版社出的《華陽國志校注圖補》，其中的"補"，也是用《華陽國志》的佚文，摻合《後漢書》等書的相關文字，再加上著者自己的話，聯屬成文，以"補"今本《華陽國志》殘缺的部分。這種做法，從概念到實踐都是不科學的。某種古書已經殘佚，則只能用本書的佚文來補，輯佚實際上就是要起到"補"的作用——雖然不一定能全補；如果是用其他書的文字來"補"，這些文字本來就與該書毫不相干，豈非狗尾續貂，何"補"之可言？

輯佚的形式可以靈活多樣，但是輯佚的總目標只有一個，那就是再現原書；而輯佚的一條最基本的原則，那就是只能輯本書

① 　梁啓超《中國近三百年學術史》第十四章第五節。

的佚文。

第二節　輯佚的步驟與方法（上）

輯佚的全過程大致包含以下幾道"工序"：調查，搜集，整理，編排，標注出處。下面就各道工序、各個環節中的基本問題和方法作一些論述。

調　查

即在動手輯佚之前，對所輯之書以及有關的問題進行全面的調查研究，以期對原書有充分的了解，爲輯佚作好準備。

調查的範圍包括：本書的價值（沒有價值或價值不大的則可以不輯或緩輯）；本書的作者；本書的成書年代及成書過程；本書的內容；本書的體例；本書歷代流傳情況及亡佚時代；後世有無假托本書作僞以及僞書的情況；本書迄今是否有過輯本以及各輯本的情況；查找佚文的初步範圍；等等。

此種調查研究對輯佚質量關係甚大。一般説來，調查研究越充分，對原書的了解越全面、越透徹、越正確，輯佚的質量便越有保證。舉兩個例：清康熙中，姚之駰輯八種《後漢書》，編爲《後漢書補逸》，開輯《後漢書》之先河，但其輯本疏誤很多，其中的一個重要原因就是他對原書及其作者研究得不夠。比如輯司馬彪《續漢書》，竟不知現存《後漢書》中的三十卷"志"就是《續漢書》的志，以爲是范曄所作，因此反而從他書中去另輯零碎的志文，勞而無功，鬧出笑話。又如清湯球輯北魏崔鴻《十六國春秋》，誤以爲傳世漢魏叢書本的十六卷《十六國春秋》就是《隋書·經籍志》所載的十卷《（十六國春秋）纂録》，是崔鴻原

書的原始節鈔本。根據這種錯誤的認識，他便以漢魏叢書本爲底
本進行輯録，從而引出了很多謬誤①。這説明湯氏對《十六國春
秋》的歷代流傳情況雖然作過調查研究，但他研究不充分，考據
不精確，作出了錯誤的判斷，從而大大影響了輯佚質量。由此可
見事先的調查研究對於輯佚的極端重要性。

搜　集

　　即通過普查，將現存文獻中所有需要輯録的佚文全部收集起
來，輯録出來。這是收集材料的階段。

　　這一步工作有三條基本要求：一是收集佚文務求齊備，避免
漏收；二是輯録佚文務求真確，避免誤收；三是所收佚文需核除
重複，避免重收。

一、收集佚文務求齊備，避免漏收

　　收録佚文多與少、全與不全，這是判定輯佚優劣的一個明顯
標誌，因此首先要盡量避免漏收。要避免漏收，有四個要點：一
是當查之書不能漏查；二是查書當求足本善本；三是同一書中的
佚文不能漏收；四是隱蔽的佚文不能遺漏。

　　第一，當查之書不能漏查。

　　每一種古書的佚文都散見於現存的多種文獻之中，而輯佚者
很難確知哪些書中有自己所需要的佚文，因此查書面宜廣，凡可
能有所需佚文的所有文獻都要盡可能查到。譬如沙裏淘金，所淘
之沙越多，所得之金也越多。試比較同一種古佚書的不同輯本，

---

　　①　詳見劉琳《明清幾種〈十六國春秋〉之研究》，《文史》1999 年第
1 期。

其所收佚文的多與少、全與不全，主要原因就在於各人查書的多少、取材的廣狹不同，從而分出優劣。如清周夢棠輯《元和志》佚文，只徵引了《通鑑地理通釋》《玉海》《太平御覽》，疏漏可知。繆荃孫重輯，補查了多種書，特別是《輿地紀勝》，所增補的佚文達數百條。

不過事實上任何輯佚者都不可能對現存的十萬種古籍一一進行地毯式的搜索，因此在普查之中還必須有目的、有重點，不能盲目地亂查一氣。這就要求輯佚者平時要博覽群書，要熟悉古籍，知道哪些書中可能有該書佚文；還要熟悉古籍目錄學，善於藉助目錄去確定查書範圍，既避免亂查，又避免漏查。

在確定查書範圍的時候，還可以採用"排除法"來縮小搜索圈：（一）輯佚者曾讀過的、確知沒有所需佚文的書當然排除。（二）寫成於所輯書之前的書都可以排除。（三）所輯書確已亡佚之後很久始出的書一般也可以排除。如古本《竹書紀年》亡於宋，則明清之書不大可能再有《竹書紀年》的真正佚文，即使有自稱爲《紀年》佚文者，也靠不住。清朱右曾所輯《汲冢紀年存真》中有三條引自明劉仲達《鴻書》，一條引自明楊慎《升庵外集》，王國維《古本竹書紀年輯校》將這四條刪去，是很正確的。（四）從一書的内容判斷，與所輯書相去甚遠，不可能有該書的佚文，則此等書也可以排除。如宋代的《三朝北盟會編》，即使輯佚者未讀過此書，但從目錄書中也可以知道，此書是有關宋金外交的資料彙編，不可能有古本《竹書紀年》的佚文；因此若輯《竹書紀年》，就用不着去查此書。不過這一類書的排除不大保險，需要慎重。

如此多方排除，就可以大大縮小查找的範圍，即使不能做到絶對準確，也可以做到"八九不離十"。但是反過來說，"排除法"用得再好也難免有失，所以還是不能否定"查書宜廣"的原則。

　　總的説來，現存文獻中保存古代佚書佚文最多的要數以下三類書，要特別留心。一是古注。如漢唐間的經注，前四史古注，《世説新語》劉孝標注，《水經注》，《文選》李善注等，都保存了大量漢魏六朝古書佚文。二是類書。《北堂書鈔》《藝文類聚》《初學記》《六帖》《太平御覽》《册府元龜》《山堂考索》《玉海》《永樂大典》等，都是輯佚資料的淵海。三是詩文總集。如《文選》、《玉臺新詠》、《文館詞林》（殘）、《古文苑》、《文苑英華》、《樂府詩集》、《五百家播芳大全》、《詩淵》等都是輯古代詩文的寶山。

　　第二，查書當查足本善本。

　　同一書的不同版本有足不足、善不善，選擇的版本若不是足本，即使該書已查，仍然會漏輯。例如唐張守節的《史記正義》引用的古書很多，是輯佚的重要來源。但此書已無單行本傳世，只保存於北宋人所編的《史記》三家注合刊本中，已經過删節；現今我國所留存的各種版本《史記》三家注，又經過後人再次删節。幸好日本尚有多種古本，其中的《史記正義》還比較完全，有許多一般版本所没有的佚文。日本學者瀧川資言曾輯出 2000 餘條，收入《史記會注考證》；後來另一日本學者水澤利忠爲之校補，又多輯出 200 餘條。清朝人輯《世本》《括地志》等古佚書，由於無緣見到日本古本《史記》三家注及瀧川書，因而多所遺漏。例如《史記·吴太伯世家》《晉世家》《魏世家》《韓世家》等篇，《正義》引用《世本》多條，皆爲國内各本所無，清人所輯《世本》自然都無從收入。《括地志》也如此。近年賀次君重輯《括地志》①，利用了瀧川書，比清人所輯完全得多了；但他没有看到水澤的補輯，所以還有漏收。可見輯佚要盡可能尋求足本。

---

① 　賀次君《括地志輯校》，中華書局 1980 年版。

　　第三，同一書中的佚文不能漏收。

　　這一條看來容易，但如果不細心，還是容易漏收，前人的輯佚書中，這類例子很多，特別是大部頭的、佚文較多的書更是如此。清代四庫館臣從《永樂大典》中輯佚書，漏收就非常驚人。近年欒貴明所輯《四庫輯本別集拾遺》，利用現存《大典》殘本與《四庫全書》所收的"永樂大典本"別集核對，補輯了四庫館臣漏輯的 1864 條。按現存《大典》不足 800 卷，不到原書的 4％，欒氏所核對的又僅僅是別集，漏輯已如此之多，其餘漏收的更不知有多少！又如邵晉涵輯薛居正《舊五代史》（以下簡稱"薛《史》"），同一書中的佚文漏收的情況也很嚴重。有學者經過仔細核對，發現今存《永樂大典》殘本所引薛《史》共 72 段，邵輯本只收了 60 段，漏輯達 17％；《太平御覽》引薛《史》76 條，邵輯本只用了 2 條；《通鑑考異》涉及薛《史》的 266 條，邵輯本竟只採用了 6 條[1]！傅增湘輯《宋代蜀文輯存》，對於同一書中的佚文也經常漏輯，如蒲宗孟文，《國朝二百家名賢文粹》殘本載有蒲文 15 篇，此書的篇幅並不很大，但《宋代蜀文輯存》只從中輯出了 4 篇，竟漏輯了 11 篇！

　　第四，隱蔽的佚文不能漏收。

　　所謂"隱蔽的佚文"，是說有時文獻中引用的古籍佚文從表面上看不出來，需經辨別分析，才能發現，稍不留心，就可能漏收。這裏邊又有很多種情況：

　　（一）引書而不標出處。例如《册府元龜》，此書徵引宋代以前的史書，材料極爲豐富，是輯佚和校勘的寶庫，但它所引的書都未注明出處，因此如果要從此書中輯佚，就必須逐段細加考

---

　　①　見陳智超《論重新整理〈舊五代史〉輯本的必要與可能》（筆者所見爲抽印本）。

證。邵晋涵輯《舊五代史》，採用《册府》之文多達318段，可見他也知道此書對輯薛《史》的重要性；問題在於他沒有逐條考證，以確認哪一條是出自薛《史》，而是憑想當然，因之必然會有大量誤引，也必然會有大量漏引①。還有很多古籍引用古書佚文，只舉作者，而不出書名。如《漢書·藝文志》顏注引《別錄》，有時就只稱"劉向云"。又有的文獻，在行文中直用古書之文而不作任何説明，用其他書核對才能知道。例如《通鑑地理通釋》卷一一"魏重鎮"條正文引《（元和）郡縣志》，其下有小注云："合瀆渠在江都縣東二里，本吳掘邗溝以通江淮之水路也。夫差自廣陵城東南築邗城，下掘深溝，謂之邗江，亦曰邗溝，自江東北通射陽湖。今謂之官河，亦謂之山陽瀆。"按《太平寰宇記》卷一二三引《元和志》："合瀆渠，在（江都）縣東二里，本吳所掘邗溝，江淮之水路也。今謂之官河，亦謂之山陽瀆。"兩相對照，可知《通鑑地理通釋》之注也是用《元和志》之文，而且比《寰宇記》所引更完全，只是它沒有明説是引《元和志》。繆荃孫輯《元和志》用了此條，這是對的；如不細察而失收，就很可惜。

（二）引書舉其別稱或省稱。此種情況在古籍中極多，輯佚時如不注意，誤作不同之書，就會造成漏引或誤引。如《括地志》，諸書徵引，或稱《坤元録》，或稱《貞觀地記》，或稱《魏王地記》等；《元和郡縣志》，《輿地紀勝》引作《皇朝郡縣志》，《通鑑地理通釋》引作《郡縣志》。又如劉向校書，每校完一書，寫一篇"叙録"，亦即提要，載在本書之前；最後彙集衆録，成爲一書，稱爲《別録》。可見分則爲"叙録"，合則爲《別録》，本是一事。清嚴可均、馬國翰等不知道這一點，在輯《別録》時，

---

①　見陳智超《論重新整理〈舊五代史〉輯本的必要與可能》。

反將現存的九篇完整的"叙録"排除在外，這就造成了漏輯①。

（三）並引多種書名而不加分別。遇到此種情況，輯佚者就應作分辨的工作。如《春秋公羊傳》莊公三年何休注："天子新立衛公留。"唐徐彦疏："《世本》及《史記》並有其事。"清孫馮翼以此條輯入《世本》，注云："《史記》作'公子黔牟'，則作'留'者《世本》文也。"

（四）引文而似口説之辭。文獻中徵引古書佚文，常常只稱"某某人曰"或"某某人云"，就像是口説的話。此類當聯繫上下文或其他書，仔細分辨。嚴可均在《全上古三代秦漢三國六朝文・凡例》中説："面敕、面對未登簡牘者不録。然史家語例，頗未畫一，如《魏志》張既、王基千里陳事，不云書啓；《漢書》（王）莽詔，半作'莽曰'；《史記》文、景、武詔作'上曰'。若此之類皆入録。"這裏説的，就是那一類看似對話、實爲文辭的佚文應當輯録。其中所舉張既事是嚴氏誤記，但《三國志・魏志・王基傳》確是一個典型例子。此傳中多處記載王基的陳事文辭和對話，這兩者有時容易區別，有時就不大好區別。如稱"基上疏曰""基書戒之曰"，這當然是文辭。但又有"基曰""基對曰""基以爲""復言曰""基諫曰"等，這一類詞語，有的是稱引話語，有的是稱引文辭，這就要看具體情況。"（基）出爲荆州刺史。……時朝廷議欲伐吴，詔基量進趣之宜。基對曰：……。"下面所引的顯然是一篇奏章，而不是面對的話。又，"毌丘儉、文欽作亂，以基……統許昌軍。……乃令基居軍前。議者咸以儉、欽慓悍，難與爭鋒，詔基停駐，基以爲：……。基屢請，乃聽進據濦水。既至，復言曰：……"此處"基以爲""復言曰"下顯然也是所上的奏議。嚴可均將這些收入《全三國文》非常正

---

① 參見余嘉錫《目録學發微》第二節，中華書局 1963 年版。

確。但同傳中同類之文，嚴氏還有漏收。其一："（基）出爲安豐太守。……吳嘗大發衆集建業，揚聲欲入攻揚州，刺史諸葛誕使基策之，基曰：……"下面有一段文字。按其時曹魏揚州治壽春，即今安徽壽縣；安豐郡治安豐，在今安徽霍丘西北。可見當時王基與諸葛誕並不在一起，那麼"基曰"以下就不是對話，而是陳事之文。其二："（基）都督揚豫諸軍事。……壽春既拔，文王（按：指司馬昭）與基書曰……文王欲遣諸將輕兵深入……基諫曰：……"以下又是一大段文字。從上文"文王與基書曰"來看，王基也不在司馬昭處，因此"基諫曰"之下也應是書啓而非對話。總之，輯佚者對於這類記載必須仔細研讀上下文，認真分析。

（五）甲書之文而誤引作乙書。此種情況常有，輯佚者如不察，在輯甲書時就會遺漏。如《太平御覽》卷八七六"無雲而雷"門引："《史記》曰：'晋莊伯八年，無雲而雷。十年，莊伯以曲沃叛。'又曰：'幽公十二年，無雲而雷。至十八年，晋夫人秦嬴賊公於高寢。'"按：以上二條不見《史記》，而"莊伯以曲沃叛"見《水經注·澮水》引《竹書紀年》，"夫人秦嬴賊公於高寢之上"見《史記·晋世家》《索隱》引《紀年》，可知《御覽》所引《史記》當作《竹書紀年》（或是此二條出於原本《史記》三家注引《紀年》，《御覽》省稱爲《史記》）。同書卷八七六～八七九還有多條引《史記》，也是《紀年》之誤。朱右曾、王國維輯古本《竹書紀年》，將以上條文輯入，是正確的；如果不加考察，這些佚文就白白漏收了。

二、輯録佚文務求真確，避免誤收

輯録某書的佚文必須真正是該書的佚文，不能誤輯。誤輯之害甚於漏輯，漏輯只是不全而已，誤輯則是以鹿爲馬，既歪曲古書，又誤導讀者。

　　造成誤輯的原因不外乎兩個方面：一是輯佚來源已誤，輯佚者未能察知而致誤；二是輯佚來源本不誤，輯佚者自誤。要避免誤輯，就要隨時留心這兩個方面。

　　第一，要審察輯佚來源是否有誤。

　　輯佚來源之誤大致有以下情況：

　　（一）誤標書名。文獻中引古書，誤將甲書標爲乙書，若輯甲書而不察，則將漏收，已如上述；若據以輯乙書，則爲誤收。例如道藏本《意林》所載《傅子》之文，實爲楊泉《物理論》；所載《中論》四條，僅二條半是《中論》，另外一條半實爲《傅子》；所載《物理論》，僅前四條半爲《物理論》，第五至九十七條實爲《傅子》，九十八至末條又爲《中論》①。孫星衍、黃奭輯《物理論》，沒有發覺《意林》的這種錯亂，誤以《傅子》之文輯入《物理論》，而竄入《傅子》的《物理論》佚文卻反而失收。有時文獻中徵引古書不確，也會導致輯佚的錯誤。如《初學記》卷二五“鏡”門“叙事”項引《韓子》曰：“古之人目短於自見，故以鏡觀面……”《永樂大典》引此條蓋漏標《初學記》書名，但稱“鏡總序曰”，又將《韓子》誤作《傅子》，清四庫館臣遂誤以此條輯入《傅子》，而以“鏡總序”爲《傅子》之篇名。

　　（二）誤標作者。如《御覽》卷四二〇引謝承《後漢書》七條，其中有四條文字與范曄《後漢書》全同，而且“薑肱”一條與范書《薑肱傳》李賢注所引謝承書不同，可證《御覽》所引的這四條實際上是出自范曄《後漢書》，《御覽》將“范曄”誤標作“謝承”。汪文臺輯謝承書，沒有察覺，以致誤將這四條全數收入。又如清卞永玉《式古堂書畫彙考》書考卷一〇載有宋蘇過（字叔黨，蘇軾子）四詩帖，實際上是劉過的詩；厲鶚不察，遂

<hr />

　　①　此據嚴可均考證，見《全晉文》卷四七所輯傅玄《傅子》之前言。

據以輯入《宋詩紀事》蘇過詩內。

（三）誤録他文。有時文獻中引古書，作者、書名、篇名均不誤，但所録之文非本書之文。例如《宋代蜀文輯存》卷九收有范鎮《岳臺晷景新書序》一文，注明出《玉海》卷三。按范鎮此《序》全文載於《國朝二百家名賢文粹》，其文與《玉海》所引全然不同。經查，《玉海》之文與《宋史·律曆志》全同，蓋《玉海》所引本爲宋朝國史《律曆志》，而誤題作范鎮《序》。傅增湘未經核對，不引《二百家文粹》，反據《玉海》而承其誤。

（四）僞書僞文。歷代都有很多僞作，假托古書古文，輯佚時應當精心辨僞，將此類僞作剔除出去。例如宋代以來，有所謂《十六策》《將苑》《心書》等書，題爲諸葛亮著，實是僞書；又有《陰符經序》《黄陵廟記》等文，也僞托諸葛亮作。而清張澍等輯《諸葛亮集》，不辨真僞，濫予收入。這類例子，不勝枚舉。嚴可均是一個比較嚴謹的學者，但他在《全上古三代秦漢三國六朝文·凡例》中訂了一條：只要是宋代以前已題爲唐以前的作品，都不管真僞，一律收録。實際上有時宋以後的僞作他也收録，最明顯的例子是《全漢文》卷五二所收的揚雄《答桓譚書》，分明是楊慎所拼凑出來的贋品，嚴氏也指出了，但他還是收了進來。這種做法，不可爲訓。

（五）文字訛誤。作爲輯佚來源之書在傳抄轉刻過程中文字有訛脱，也常常會造成輯佚者誤輯。例如《世説新語·言語》篇"何平叔云"條劉孝標注引"秦丞相《寒食散論》曰：寒食散之方雖出漢代……"嚴可均謂"秦丞相"指晉愍帝，因"愍帝嗣封秦王，爲丞相"，於是將此條輯入《全晉文》愍帝文中。清姚振

宗、文廷式均謂"秦丞相"乃"秦承祖"之誤①。按姚、文説是
也。秦承祖，劉宋時太醫令，隋、唐《經籍志》著録其醫書多
種。嚴可均以誤文而誤輯。又如《藝文類聚》卷八二引"劉向
《別傳》曰：都尉有種葱書。曹公既與先生言，細人覘之，見其
拔葱"。按此條文字脱誤特甚，不可通讀。"曹公"以下數語，
《太平御覽》卷九七七引作《華陽國志》文，今見《華陽國志・
劉先主志》。原來《藝文類聚》此文應作："劉向《別録》曰：尹
都尉有種葱書。《華陽國志》曰：曹公既與先主言，使人覘之，
見其拔葱。""尹都尉"指《尹都尉書》，見《漢書・藝文志》，
《漢志》即本於《別録》；"曹公"指曹操，"先主"指劉備。《藝
文類聚》本是引二書，後世抄刻誤脱去"華陽國志曰"五字。馬
國翰輯《別録》，不加審校，將"曹公"以下幾句也收入《別
録》，大謬！

綜上所述，輯佚來源之誤不外乎書名、作者、內容三個方
面。這些錯誤有的是徵引古書的文獻本身的錯誤，有的是後代傳
抄刊刻所造成的文字訛誤，輯佚者都要仔細分析、校讎，才不致
承訛誤輯。

第二，要避免輯佚者自身之誤。

輯佚來源本不誤，輯佚者自誤，由此造成的誤輯比前一種更
多。輯佚者自誤的情況與原因很複雜，除了純粹由於疏忽大意而
致誤之外，主要有以下幾種類型：

（一）因臆斷附會而致誤。前面我們談到，要善於發現"隱
蔽的佚文"，但所謂"隱蔽的佚文"必須是真正的佚文。當文獻
中並未説明某段文字出自某書時，如經考證，確是出自某書，則

---

① 見姚振宗《隋書經籍志考證》卷三七、文廷式《純常子枝語》卷
四。

無疑應當收録；但如果没有證據，或没有確鑿證據，就不能憑主觀揣測，或牽强附會，妄斷爲某書之佚文。這是輯佚者應有的最起碼的科學態度。

劉咸炘在《輯佚書糾謬》一文中舉了很多"臆斷附會"的例子，他説："此弊最易犯而最隱。如：馬氏（按：指馬驌）《繹史》載《吕覽》農書四篇，謂蓋古農家野老之言，本是疑詞，馬氏遂據録以當《野老書》。因《别録》稱《尹都尉書》有種瓜、芥、葵、蓼諸篇，遂全録《齊民要術》種瓜、芥諸篇爲《尹都尉書》。……因鄒衍論五德相勝，遂取《吕覽·應同》言五德語爲鄒書，不知論五德者安可勝取耶！……至於《孝經》邢疏所引舊説與諸家説，則本無主名、時代，而悉以當安昌侯説。……又如《韓詩》有《故》、有《内傳》、有《説》，諸書引《韓詩》多無從分別，馬氏所輯《内傳》猶限於明標'傳'者，《故》《説》則全爲臆斷矣。又《魯詩》悉歸於《故》，安知其無《説》文？《齊詩》悉歸於《傳》，安知其無《故》文？《吕覽》引《李子》，安知不爲悝，而以當《李氏春秋》。……"

劉氏只舉了馬國翰、黃奭書中的例子，在其他輯佚書中此類臆斷附會的例子也很多。如：

張溥《漢魏六朝一百三家集》，僅因陳琳曾爲袁紹掌書記，遂將袁紹《上漢帝書》《與公孫瓚書》《拜烏丸單於版文》三篇收入《陳記室集》。

邵晉涵輯《舊五代史》，僅僅因爲《永樂大典》中所引《舊五代史》有一條又見於《册府元龜》，便以偏概全地説："以此推之，知《册府元龜》引五代事迹多本於薛《史》。"因而隨意採用《册府》之文[①]。

---

① 見陳智超《論重新整理〈舊五代史〉輯本的必要與可能》。

秦嘉謨輯《世本》，毫無根據地將《史記·世家》、《左傳》杜注、《國語》韋注中凡涉及世系之文統統收入。

湯球的《十六國春秋輯補》，從根本上就是臆斷附會。此書有兩根主要支柱，一是認爲漢魏叢書本《十六國春秋》就是《隋書經籍志》的《（十六國春秋）纂錄》，因而以此爲底本；一是認爲《晉書》的有關傳記"實採《十六國春秋》而成"，因而將這些傳記作爲《十六國春秋》的佚文以補足漢魏叢書本。前者純是主觀武斷，後者則是以偏概全。《晉書·載記》及其他一些傳的確有很多地方是採自《十六國春秋》，但又有很多地方並非採自該書，怎麼能作爲該書的佚文輯録？

《後漢書·東夷傳》："厲王無道，淮夷入寇，王命虢仲征之，不克。"王國維將"淮夷"以下三句輯入《古本竹書紀年》，理由是："此條章懷太子注不云出《紀年》，然范史四裔傳三代事皆用《史記》及《紀年》修之，此條不見《史記》，當出《紀年》也。"說范曄《後漢書》四裔傳都用《史記》及《紀年》修成，只因章懷注在好幾處説"此事出《紀年》"，但由此只能證明有一些事是出自《紀年》，而不能證明除了明見於《史記》的條文之外全都是出於《紀年》，這同樣是以偏概全的推理錯誤。更何況上引的這一條之下章懷太子注恰恰沒有説是出於《紀年》，這正好反證這一條不是出自《紀年》。

《史記·大宛列傳》"安息"下《正義》引《地理志》："安息國京西萬一千二百里……"同傳"身毒國"下《正義》云："天竺一名身毒……"今人賀次君將這兩條輯入《括地志》，他在前一條下注云："按此《括地志》文，各本《史記正義》俱誤作《地理志》，《漢志》無此文。"後一條則沒有説明[1]。今按《史記

---

① 賀次君《括地志輯校》，第 246 頁。

·大宛列傳》《正義》多處引《括地志》爲注，這兩條也有可能出自《括地志》，但畢竟没有證據，像這一類還是以不收爲宜。

以上例子説明，臆斷附會的毛病在輯佚中相當普遍，而且危害很大，它大大損害了輯佚的科學性。可以説，臆斷附會是輯佚的第一大忌。推究此種毛病的來由，往往是由於貪多務得，以致濫竽充數，馬國翰就是最明顯的例子。作爲嚴肅的輯佚者，應當提倡"寧缺勿濫"。

（二）因誤讀古書而致誤。例如《續高僧傳》卷一載陳朝高僧真諦（本名拘那羅陀）居廣州，"時宗愷諸僧欲延還建業，會揚輦碩望恐奪時榮，乃奏曰：……""揚輦"指揚州，陳朝揚州治所與國都均在建康（今南京），爲天子車輦所在，故稱"揚輦"。"碩望"，謂有很高聲望的人，他們害怕真諦還京會奪去他們的榮寵，因此上奏阻止。嚴可均誤解此文，以"揚輦"爲人名，以下文爲其奏章，而收入《全陳文》，鬧出笑話。

（三）因不辨引文起迄而致誤。古書無標點，引文的起迄有時很難掌握，這一點我們在前邊第四章中已經看到，在輯佚之中由此而發生的錯誤也特别多。

最常見的是引文與引者之語相混。例如《史記·殷本紀》"（紂）益廣沙丘苑臺"下《正義》注：

> 《括地志》云："沙丘臺在邢州平鄉東北二十里。《竹書紀年》：自盤庚徙殷，至紂之滅二百五十三年，更不徙都。紂時稍大其邑，南距朝歌，北據邯鄲及沙丘，皆爲離宫别館。"

細審此文，《括地志》引《紀年》只到"徙都"爲止（而且是隱括之語，非原文），以下乃是《括地志》作者的話，非《紀年》之文。因爲從諸書所引《紀年》來看，此書的記事極爲簡略，没有鋪敘之辭。朱右曾把這幾句也輯入《紀年》，不對。（王國維説這幾句是張守節之語，范祥雍《古本竹書紀年輯校訂補》説是

《紀年》的注文，恐亦非是。）

《史記·管晏列傳》《正義》兩引《七略》，其一條：“《七略》云：《管子》十八篇，在法家。”另一條：“《七略》云：《晏子春秋》七篇，在儒家。”按：這兩條之中，“《管子》十八篇”“《晏子春秋》七篇”是《七略》的原文，這是不成問題的；但“在法家”“在儒家”就肯定不是《七略》的本文，而是張守節用自己的話說明這兩部書在《七略》中分別歸入法家與儒家。嚴可均《全漢文》輯《七略》，將這六個字也輯入本文，誤。

又如《通典》卷一七七洛州河陰縣：

其汴渠在縣南二百五十步。《坤元錄》云：……《坤元錄》又云：自宋武北征之後，復皆湮塞。隋煬帝大業元年更令開導，名通濟渠。西通河洛，南達江淮，煬帝巡幸，每泛舟而往江都焉。其交、廣、荊、益、揚、越等州，運漕商旅，往來不絕。其汴口堰在縣西二十里，又名梁公堰，隋文帝開皇七年，使梁睿增築漢古堰，遏河入汴也。

按此文引“《坤元錄》（即《括地志》）又云”只到“往來不絕”止；“其汴口堰在縣西二十里”以下與上文“其汴渠在縣南二百五十步”同爲《通典》作者杜佑之語。賀次君《括地志輯校》將“其汴口堰”以下也輯入《括地志》，誤。

其次是連引諸書之文相混。文獻中連引幾部書，輯佚者遂誤認爲全都是第一部書中的文字。例如《後漢書·黨錮列傳·劉儒傳》：“郭林宗嘗謂儒口訥心辯，有珪璋之質。”李賢注：“謝承《（後漢）書》曰：林宗嘆儒有珪璋之質，終必爲令德之士。《詩》曰：如珪如璋，令聞令望。”汪文臺輯謝承《後漢書》，誤以爲是謝承書引《詩》，因而將“詩曰”以下也一起收入，其實這是李賢另引《詩》以釋“珪璋”二字。

又《續漢書·五行志（三）》：“獻帝初平四年六月，寒風如冬時。"李賢注："袁山松《（後漢）書》曰：時帝流遷失政。養奮對策曰：當溫而寒，刑罰慘也。"汪文臺輯袁山松書，將"養奮"以下也輯入。按養奮是漢和帝時人，比獻帝早得多，怎麼可能在獻帝時對策？李賢此注也是分引二文爲注，所引袁山松書實只一句。

又如《宋代蜀文輯存》卷七所收范鎮《定承祖父重服議》，錄自《續資治通鑑長編》，其實只有前幾句是范鎮奏文的大意，以下全是宋敏求的奏。

（四）因不辨引文與引語而致誤。寫成之文與口説之語常易混淆，前面説了，把佚文誤作口説之語而漏輯很可惜，但反過來説，把口説之語當成佚文來收，就更錯了。例如《史記·秦始皇本紀》載焚書時王綰與李斯的辯論，這是當時説的話，並没有寫成文章，而嚴可均輯《全秦文》，竟作爲王、李二人的作品收入。

更典型的是，諸葛亮著名的"隆中對"，本來只是他與劉備對話的言論，經陳壽整理潤色，載入史書，諸葛亮自己也没有寫成文字，可是迄今諸家所輯的《諸葛亮集》都作爲諸葛亮的遺文收錄。在張澍所編《諸葛亮集》中，類似的還有《説孫權》《論斬馬謖》等共二十餘篇。最奇怪的是，《三國志》在記載諸葛亮論斬馬謖的話前面，明明有"亮流涕曰"，怎麼會是諸葛亮的佚文？

（五）因不審古書體例而致誤。輯什麼書，就必須懂得該書的體例，否則就容易誤收非本書之文。例如：

劉咸炘批評馬國翰："《藝文類聚》八十一五引《漢書》董仲舒説上重粟語，閻若璩《困學紀聞箋》以爲是《春秋決獄》遺文，馬氏從之。不悟《決獄》遺文皆設甲乙之事，此自《繁露》諸篇之佚耳。又如魏晉以還，子、集分編，議禮之作又别纂集，非如西漢子家無所不入。馬氏以王肅、袁準議禮語當《正論》，非也。"

《四庫提要》批評張溥《漢魏六朝一百三家集》的十大弊病，其中有："有本係經説而入之集者，如《董仲舒集》録《春秋》陰陽，《劉向》《劉歆集》録《洪範五行傳》是也。有本係史類而入之集者，如《褚少孫集》全録補《史記》，《荀悦集》全録《漢紀》論之類是也。有本係子書而入之集者，如《諸葛亮集》録《心書》，《蕭子雲集》録《净住子》是也。"爲什麼張溥這樣做不對？因爲別集是收單篇詩文，而經、史、子之書乃是專著，不當濫入。

不僅要懂得所輯之書的體例，還要懂得所徵引之書的體例，否則也會誤收。例如：嚴可均在《全上古三代秦漢三國六朝文·凡例》中曾正確地指出，唐以前別集的體例與後世不同，不但載集主之文，而且記此文所涉及的事情的源委。陳壽所編《諸葛亮集》（本名《諸葛亮故事》）正是如此，它不僅收載諸葛亮的著作，而且記録相關的事，所以此書中有先主、後主的詔，《三國志》裴注中就引有好幾篇這類的詔。這些詔是作爲相關的文獻來收的，並非諸葛亮所寫。清人不了解這一點，誤將這些詔都作爲諸葛亮的作品輯入《諸葛亮集》。

又如宋代的總集《五百家播芳大全文粹》，此書收文豐富，是輯宋人文章的重要資料；但此書的體例有一點與一般總集不同：相鄰的幾篇文章，前一篇題下署明了作者之名，後面的各篇未署名。按一般總集的通例，就是作者同前，而《播芳大全》卻並非如此。後世輯佚者不明於此，仍一律按前篇的作者收録，這又造成了誤輯。如清孫星華所輯宋祁《景文集拾遺》，很多文章録自《播芳大全》，其中的大部分都是因此而誤收。

（六）因不辨相同或相近之書名或作者名而誤。如晋朝樂資著有《春秋後傳》，隋、唐《志》均在史部雜史類，此是史書；宋陳傅良亦著有《春秋後傳》，今存，此則説經之書，名同而實異。黃奭不加甄別，誤將《玉海》所引陳書之文輯入樂資書。又如三國吳人謝承有《後漢書》，晋謝沈也有《後漢書》，書名既同，作者名也相近，唐宋人徵引已多混淆；但也有前人本不誤而清代人又誤輯的，如《御覽》卷五〇二所引謝沈書楊厚、符融、龍丘萇、張奉等傳，汪文臺都誤收入謝承書。清人法式善所輯辛棄疾《稼軒集鈔存》誤收辛次膺詩，就因姓氏相同；又誤收黃公度詩，就因公度號"知稼翁"，"稼"字與"稼軒"相同[①]。

　　總結以上種種誤輯的原因，既關乎學識，也關乎學風，輯佚者不可不慎。

三、輯錄佚文務須核除重複，避免重收

　　當同一條佚文有多個出處時，必須認真核對，歸併重複的條文，以免重輯，並爲進一步整理作好準備。若是輯現存書之缺文或集外之文，還要與本書本集已收之文核對，避免本書已有而又作爲佚文重收。這一條似乎很容易做到，但實際上並非如此。試看以往的輯佚書，重收的現象相當普遍，特別是大部頭的輯佚書，幾乎沒有不重收的。

　　例如嚴可均《全漢文》，劉歆《七略》卷四一"《尚書》有青絲編目錄"一條，兩處重收。《全梁文》卷七三釋慧皎《高僧傳序》與《高僧傳序錄》，實爲同文。卷七四釋法雲《上昭明太子啓請開講》，同一葉中重收；又《奉敕難范縝神滅論與王公朝貴書》（引自《弘明集》），與隔葉《奉敕答神滅論與沈約書》（引自《續高僧傳》）也是同一篇文章，只是標題、出處不同。汪文臺輯謝承《後漢書》卷一《李憲傳》《梁冀傳》的兩條佚文，卷八《陳衆傳》《揚雄傳》又分別重收。傅增湘《宋代蜀文輯存》

所收范祖禹集外文，實際上《范太史集》内多已收録（反而是
《續資治通鑑長編》所載范祖禹集外奏議二十餘篇，此書却又漏
收）。今人所輯《全唐詩續補遺》，有學者以與《全唐詩》及《全
唐詩補逸》核對，檢得其重收者達一百五六十條，超過此書輯佚
總條數的八分之一①！此類例子不勝枚舉。

　　一般説來，作者姓名相同，文篇標題相同，文字也相同的佚
文，核除重複比較容易；遇到以下情況，核對就比較困難，甚至
相當困難。

　　（一）因各書所署作者不同或不署作者而重收。同一詩文，
各書所題作者不同；同一作者，各書所署名稱不一，或用本名，
或用字號，乃至用其他稱呼。如不核查，很容易作不同之文重
收。如《全唐詩續補遺》卷五收韓翃《丹陽送韋參軍》，即《全
唐詩》卷二六三嚴維同題詩；卷九李紳《辛苦吟》，即《全唐詩》
卷五九九于濆同題詩；卷二〇韓喜《水》詩，即《全唐詩》卷七
六八韓溉《水》詩。又如《續補遺》卷二一無名氏《金谷園花發
懷古》，實即《全唐詩》卷二八一王表《賦得花發上林》，因前者
未題作者且篇題不同，不易核對，故而重收。

　　不過需要説明，若相同的一篇佚文，各書記載的作者不同，
而我們又不能確定作者是誰，在此情況下，可以作一些特殊處
理：如果是在同一部書中（比如在總集中），可以採用“互見”
的形式，將該佚文的全文歸屬於其中一位作者，而在另一位作者
名下可以存目删文並加注説明，以免重複；若是在不同的書中
（比如在不同人的文集中），也可以幾處都兼收全文，但應分別加
以説明。

----

　　①　房日晰《〈全唐詩續補遺〉校讀續》，《西北大學學報》1985 年第 2
期。下文所引《全唐詩續補遺》的例子也出自此文。

　　（二）因係代人之作而重收。西漢以後，歷代皇帝的詔書都是臣下所草擬，輯録此類詔書，如原作者可考，自應收入原作者名下；若不可考，則收入皇帝名下，這是通例。但核對起來十分困難，因爲不但要核對現存別集，還要查考其他記載。我們在編《全宋文》時，對此深以爲苦。一般人的文章也常有請人代寫的，也必須努力核除重複。嚴可均輯《全後魏文》卷五四收有慕容紹宗《檄梁文》，係根據《魏書·蕭衍傳》；而《全北齊文》中又將此文重收入杜弼文，因爲《文苑英華》題爲杜弼作。按慕容紹宗是一個鮮卑武人，這篇檄文當然不是他寫的，而是杜弼起草，由他發佈，因此應收入杜弼名下。嚴可均明知這一點，在注中作了説明，但還是在同一書中兩處重收，這就太不應該。

　　（三）因各處所標篇題不同或無題而重收。如嘉靖本《蘇文忠公文集》卷五七《答吳將秀才》二篇，即同卷《答吳子野》中之二篇；同卷《與李叔通四首》之一、二，即卷五九《答李康年》；卷五三《與錢濟明》之三即卷五九《與錢世雄》。又如《全唐詩續補遺》卷一武翌《蔡州鼎銘》，即《全唐詩》卷五同人《曳鼎歌》；卷四李白《折荷有贈》，即《全唐詩》卷一八三同人《擬古十二首》之十一。都因題目不同，未曾細核，以致重輯。

　　（四）因各書所引詳略不同而重收。如《太平御覽》卷二六七引華嶠《後漢書》：“劉平爲全椒令，掾吏五日一朝。罷門闌卒署，各遣就農。人感懷，至或增貲就賦，或減年從役。刺史行部，獄無囚徒。……”《北堂書鈔》卷七八引同書：“劉平爲全椒長，獄無繫囚。”很顯然，這是同一條，只是《御覽》所引較詳，而《書鈔》所引較略。汪文臺輯華嶠書，分爲二條，誤。又如近出《四庫本別集拾遺》，據《永樂大典》殘本收有許翰《襄陵集》佚文《韓蘇像》一篇，其實這就是《襄陵集》卷一一《孫氏墓誌銘》之中的銘文。

　　古書中常引古人詩詞的零章斷句，而且往往不加篇題，核對極難，最易重收。如《全唐詩續補遺》卷四李白《延真觀》詩："羨君相門女，學道愛神仙。一往屏風疊，乘鸞著玉鞭。"實即《全唐詩》卷一八四李白《送內尋廬山女道士李騰空二首》之二的首二句與末二句。《續補遺》卷四李白《夜懷》零句："宴坐寂不動，大千入毫髮。"實即《全唐詩》卷一八二李白《廬山東林寺夜懷》中的一聯。

　　（五）因各書所引文字不同而重收。如《全唐詩續補遺》卷一〇盧肇《綠陰亭》詩，《全唐詩補逸》卷一二已收；《續補遺》卷一一《覽陳拾遺文集》，《全唐詩補逸》卷一三已收。以上二例都僅是幾處文字小有不同，無關緊要，不應重收。當然，如果是文字差別很大，在不同的書中重收是可以的，但也要加以說明。

　　總之，輯佚中之所以會出現重收，除了核對不經心之外，主要是由於各書所引佚文在作者、標題、內容三個方面不同而造成的。我們認清了這些原因，就可以有意識地去注意、去避免。最根本的還是要細心。其次，要勤於和善於利用各種工具書，如人名索引、書名索引、篇名索引等。現代電腦檢索的技術越來越進步，可以很容易地編製快捷而方便的單句檢索、字詞檢索等，我們要充分利用這些先進的檢索手段。

第三節　輯佚的步驟與方法（下）

整　理

　　佚文素材收集起來之後，下一步就是要將這些佚文的文字進行科學整理。整理的總要求是準確，就是說，要盡可能使所錄佚文在文字上符合原文的本來面貌。

　　整理的方法主要有：直錄，歸併，分條，綴合，兼存，還原，補意。

　　一、直錄

　　某條佚文只有一個出處，或多個出處文字均相同，而又無訛誤，則原文照錄即可。

　　二、歸併

　　同一條佚文有多個出處，有的詳，有的略，而且略者已包含在詳者之中。像這樣的佚文就必須歸併，只錄最詳備的一條。上一節避免重複第（四）項所舉的例子就是屬於這一類。

　　三、分條

　　古書徵引佚文，有時將同一書中本非相連的幾條佚文連引，輯佚者不察，很容易作爲相連的一條佚文來輯錄，這就會造成佚文的文字與編排都不合於原書的本來面目。遇到這樣的引文，就必須根據引文的內容和原書的體例，將其中不同的條文分析開來。例如：

　　《山海經·海外東經》郭璞注引《竹書紀年》：“胤甲即位，居西河。〔天〕有妖孽，十日並出。”《通鑑外紀》卷二引《紀年》“十日並出”後還有“其年胤甲陟”一句。按：“陟”就是“崩”的意思。據記載，胤甲在位四十年。由此可見，郭璞所引《紀年》之文在原書中必然不是相連的文字。“胤甲即位，居西河”，是說他即位時的事；“天有妖孽，十日並出”，是說他死的那一年的事。朱右曾、王國維等把這段引文分作兩條來處理，是完全正確的。

　　《史記·秦本紀》：“（武公）十一年初縣杜、鄭。”《正義》引《括地志》云：“下杜故城在雍州長安縣東南九里，古杜伯國。華州鄭縣也。《毛詩譜》云：鄭國者，周畿內之地。宣王封其弟於

咸林之地，是爲鄭桓公。"這一段引文實際上也是兩條佚文："下
杜故城……古杜伯國"是注釋《史記》的"杜"；"華州鄭縣"以
下是注釋《史記》的"鄭"（"華州"上當脫"鄭"字）。"杜"的
所在地唐朝屬雍州長安縣，"鄭"屬華州鄭縣，《括地志》原書中
必是分在兩處。孫星衍所輯《括地志》作爲一條輯錄在雍州長安
縣下，誤。

　　《通鑑地理通釋》卷一二《吳重鎮》篇"濡須塢濡須口"條
引《元和郡縣志》：

　　　　濡須塢，在和州含山縣西南二百十里。濡須水，源出巢
　　縣西巢湖，亦謂之馬尾溝。東流經亞父山，又東南流，注於
　　江。建安十八年，曹公至濡須，與孫權相拒月餘，權乘輕舟
　　從濡須口入。偃月塢，在巢縣東南二百八里濡須水口。初，
　　呂蒙守濡須，聞曹公將來，夾水築塢，形如偃月，故以爲名。
按《元和志》的體例，山、川、古迹等均分別記載於有關的州縣
之下，因此上面的一段其實是連引《元和志》的三條佚文：濡須
塢一條（原書應在和州含山縣下）；濡須水一條；偃月塢一條
（以上二條原書應在巢縣下）。繆荃孫輯《元和郡縣志闕卷逸文》
作一條錄入和州含山縣下，誤。

　　四、綴合

　　同一條或同一篇之佚文，各書所引都不完全，但可以互相補
充。在這種情況下，可以採取拼合的辦法，將各條引文中有關的
文字連綴爲一條，嚴可均所謂"聯屬斷散"是也。此種綴合，可以以
其中一書的引文爲主，他書的引文作爲補充；也可以不分主從。

　　例如古本《竹書紀年》中關於周穆王見西王母事，古書徵引
的佚文有以下四處：

　　⑴十七年，西征崑崙丘，見西王母。《穆天子傳》郭璞注

　　⑵穆王見西王母，止之，曰：有鳥䳑人。同上

(3)周穆王十七年，西征至崑崙丘，見西王母，王母止之。《太平御覽》卷七

(4)周穆王十七年，西征至崑崙丘，見西王母。同上，卷三八

以上四條引文可以拼合爲：

　　（周穆王）十七年，西征至崑崙丘，見西王母。王母止之，曰：有鳥鴿人。

又如謝承《後漢書·王充傳》佚文，諸書多處徵引，文字均不全同，今舉其中四條：

(1)王充，字仲任。性好學，博通衆流。（按此四字衍）常遊洛陽市，閱所賣書，一見輒能誦憶，遂博通衆流百家之書。《北堂書鈔》卷九七

(2)王充，字仲任，會稽人也。家貧無書，常遊洛陽市肆，閱所賣書，一見輒能誦憶，遂至博通衆經。《初學記》卷二四

(3)王充，字仲任，上虞人。少孤，鄉里稱孝。到京師受業太學，博覽而不守章句。家貧無書，常遊洛陽市肆，閱所賣書，目一見輒能誦憶，遂博通衆流。《太平御覽》卷四八四

(4)王充，字伯按當作仲任，好學博覽。常遊洛陽市，閱所賣書，一見輒能誦憶，遂博通衆流百家之言。同上，卷六一二

以上四條中，以《太平御覽》卷四八四所引較全，可以此爲主，以其他三條校補，而成爲：

　　王充，字仲任，會稽上虞人也。少孤，鄉里稱孝。到京師受業太學，好學博覽，而不守章句。家貧無書，常遊洛陽市肆，閱所賣書，一見輒能誦憶，遂博通衆流百家之言。

以上二例都由多條混合而成，下例則爲多條相加而成：

(1)夫注心銳念，自求諸身，投壺是也。《太平御覽》卷七五三引魏王粲《棋賦》

(2)清靈體道，稽謨玄神，圍棋是也。同上引魏〔王〕粲《圍

棋賦序》

　　⑶因行騁志，通權達理，六博是也。<small>同上，卷七五四引魏王</small>
<small>粲《彈棋賦序》</small>

　　今人俞紹初輯《建安七子集·王粲集》，將這三條佚文聯爲
一條，題爲《彈棋賦序》，注云：“按以上三條，核其句式文義，
當屬一篇之序。《（藝文）類聚》七四引有曹丕、丁廙《彈棋賦》
各一首，蓋粲亦同有是作。”按俞説是。建安七子集中多有同題
之賦，蓋當時聚會，命題分作。

　　佚文的綴合決不是狗尾續貂，不可隨意拼湊，不可勉强牽
合，而必須有一定的規則：第一，必須是原書中同一篇或同一段
的佚文；第二，必須用原文，不可外加文字；第三，各書所引的
文句雖不盡同，但必須互相銜接，才可以進行拼合。譬如甲書引
1、2，乙書引2、3，才能拼接爲1、2、3。上面所舉的前兩例就
是這樣。第四，各條引文的文句雖然完全不同，但從文義上、邏
輯上可以確定本相連接者，也可以按文義、按邏輯次序進行拼
接。上面所舉的第三例就是。

　　下面我們再舉一個綴合不當的例子。嚴可均《全三國文》卷
三魏武帝《遺令》（原書引文出處皆集中於此段之末，今分注於
有關文句之後）：

　　　　吾夜半覺小不佳，至明日飲粥汗出，服當歸湯。<small>《太平御</small>
<small>覽》卷八五九。</small>吾在軍中持法是也，至於小忿怒、大過失，不
<small>當效也。《文選》卷六〇陸機《弔魏武帝文》。</small>天下尚未安定，未得
<small>遵古。《三國志·魏志·武帝紀》。</small>吾有頭病，自先着幘，吾死之
後，<small>按原文無此四字。</small>持大服如存時，勿遺。<small>《御覽》卷六八七。</small>百
官當臨殿中者，十五舉音，葬畢便除服；<small>《宋書·禮志（二）》。</small>其
將兵屯戍者，皆不得離屯部；有司各率乃職。斂以時服。<small>《三</small>
<small>國志·武帝紀》。</small>葬於鄴之西崗上，與西門豹祠相近，<small>按所引書無</small>

此二句。無藏金玉珍寶。《三國志·武帝紀》。……

這一段綴合之文主要問題在於拼接不當。"吾夜半"數語與"吾在軍中"數語文義不相連貫，原文決非如此。"天下尚未安定，未得遵古也"二句又見《宋書·禮志》，原文作："天下尚未安定，未得遵古。百官臨殿中者十五舉音，葬畢便除服；其將兵屯戍者不得離部。"顯然所謂"未得遵古"，是指不能遵守古代天子諸侯死後行三年之喪的禮制，具體内容就是下句説的百官如何、將兵如何、有司如何。這一段文字本是緊密銜接的，而嚴氏却無端插入"吾有頭病"云云，完全隔斷了原文的邏輯聯繫。又"斂以時服，無藏金玉珍寶"也是《三國志·武帝紀》所引《遺令》中緊接的兩句，嚴氏又於中間插入"葬於鄴之西崗"云云，截斷了文氣。此外，"吾死之後"一語及"葬於鄴之西崗"二語並非佚文所有，而是嚴氏自己添上去的，輯佚也不應如此。（嚴氏此類聯屬不當的例子很多，可參見中華書局影印本《出版説明》。）

五、兼存

有時各書所引佚文雖爲同一篇或同一條，但由於所根據的來源不同，或版本不同，或去取不同，或經過後人删改潤色，因而文字差異很大，或者文句的先後不明，不可勉强拼合，在這種情況下就應當兼存。

上舉魏武帝《遺令》中，"吾夜半"數句，"吾在軍中"數句，以及"吾有頭病"數句，都應當單列爲條。再以《括地志》的三條佚文爲例：

(1)故應城，殷時應國，在父城。《史記·周本紀》"因以應爲太后養地"《正義》引

(2)故應城，因應山爲名，古之應國，在汝州魯山縣東三十里。《左傳》云：邢、晋、應、韓，武之穆也。《史記·秦本紀》"與魏王會應"《正義》引

⑶故應城，故應鄉也，在汝州魯山縣東三十里。《史記·魏世家》"與秦會應"《正義》引

以上三條，在《括地志》原書中顯是一條，但無法拼合，就只能兼存，賀次君《括地志輯校》正是這樣處理的。

　　除了多條並列這種辦法之外，還有一種兼存的辦法，就是以某書所引者爲正文，而以其他書所引者作爲附錄。成篇的文章多用此法。例如陳琳所改寫的《公孫瓚與子書》，《後漢書·公孫瓚傳》所引之文與《三國志·魏志·公孫瓚傳》裴注所引之文，文字相差很大，不可勉強綴合，俞紹初輯《建安七子集》就採取了將後者作爲附錄的辦法。

　　"兼存"之法也不可濫用，當各書所引文字差異不很大，可以歸併或綴合者，還是應該歸併或拼合。近出《吳越春秋輯校彙考》一書，其中所輯此書佚文全部採取兼存的辦法，各書所引均分條並列。按《吳越春秋》一書，歷代流傳淵源各異，版本複雜，各書所引，有時差別極大，輯者採用此法，自有用意；但其中也有不少條文相同相包，或僅一二字之異，全部並列，不但造成文字繁複，而且反而不易看出其流傳派別。

　　六、還原

　　古書徵引佚文，由於行文或體例的需要，常對原文有所增添改動，輯錄時應予考訂，恢復原文的本來面目，增者刪之，改者正之。但必須有確鑿的根據，不可亂改。例如：

　　《太平御覽》卷七引《竹書紀年》："周穆王十七年，西征至崑崙丘，見西王母，王母止之。"按《竹書紀年》一書的體例，是以各代君主爲綱，編年紀事。以周穆王爲例，"穆王"爲題，以下元年、二年……，依次敘事，決不可能每條再重出"周穆王"字樣。所以這一條中的"周穆王"三字是《太平御覽》的編者所加，整理佚文時應去掉。

《史記·田敬仲完世家》《索隱》引《竹書紀年》："齊宣公十五年，田莊子卒。"按《紀年》的體例，春秋、戰國一段以晋、魏紀年（詳後文），此"齊宣公十五年"六字並非原文，而是《索隱》作者司馬貞按原書紀年換算成齊國的紀年。整理此條時應還原爲晋敬公十一年。佚文的文字當作："（十一年），田莊子卒。"列於"晋敬公"題下。

《史記·秦本紀》"初縣頻陽"，《正義》引《括地志》："頻陽故城在雍州同官縣界，故頻陽縣也。"賀次君《括地志輯校》引此條改"雍州"爲"宜州"，其説云："按《舊唐書·地理志》説同官屬宜州，貞觀十七年改屬雍州。《括地志》成於貞觀十三年，當稱'宜州同官縣'，'雍'字是後人改寫。"[1] 按賀説是。後人引用《括地志》，每每將其中的州縣名改爲當時的建制，《括地志輯校·前言》中舉了很多這樣的例子。因此若要輯《括地志》，就須按照貞觀十三年的名稱完全改正過來，孫星衍輯《括地志》就沒有注意到這一點。不獨《括地志》爲然，其他地理書也常常如此。

七、補意

古書徵引佚文有時極簡略，特別是古注引書更爲簡略，甚至只有一兩個字，若作爲佚文單獨輯出，則讀者將莫明其妙。因此要添加必要的文字，以補足文意，或者加注説明。例如：

《史記·衞康叔世家》"悼公五年卒"，《索隱》引《竹書紀年》云："四年，卒於越。"這是説，衞悼公之四年，卒於越。"四年"二字非《紀年》文（因《竹書》不用衞國紀年，見上），佚文實只"卒於越"三字，若不補出"衞悼公"三字，則不知誰卒於越。

范曄《後漢書·酷吏傳·董宣傳》叙董宣之廉潔，卒後唯

---

① 賀次君《括地志輯校》，第33頁。

"有大麥數斛，敞車一乘"。李賢注引謝承《後漢書》曰："有白馬一匹，蘭輿一乘。"如果只錄出這九個字，就不知所云，至少應該在前面補"宣卒後，唯"幾個字，意思才比較明白。近年上海古籍出版社所出周天游輯《八家後漢書》於此條後注云："宣卒，所遺之物唯此。"這也可以。

此類爲補足文意而添加之文，與我們前面説的"補古書"並不是一回事，這裏有幾點需要注意：

第一，此類文字只限於非添加不可者，可加可不加的則不宜加。例如《北堂書鈔》卷九八引謝承《後漢書》："應奉，字世叔，讀書五行俱下，終成名儒。"這一條佚文，文義自明，無需補足，而汪文臺輯本却根據范曄《後漢書》，在"世叔"下添上"少聰明，自爲兒童及長，凡所經履，莫不暗記"十七字。又《藝文類聚》卷九九引謝承書："琅邪董种爲不其令，赤雀乳廳前桑上，民爲作歌頌。"汪氏不知何以刪去"琅邪"二字，却據范曄書《童恢傳》於"董种"下添"琅邪姑幕人"五字。這都是畫蛇添足。

第二，所補之文一般都是採用原引書的本文，也可以自擬，但都必須符合原意，而且應盡可能簡煉。如汪文臺輯謝承《後漢書》卷三《謝弼傳》：

> 建寧中，青蛇見前殿，詔公卿以下陳得失。弼上封事曰："蛇者，陰之所生，龍之類也。龍有鱗，甲兵之符也。《洪範傳》曰：厥極弱時，則有龍蛇之孽。"

按此段，"蛇者……甲兵之符也"二句是范曄《後漢書•謝弼傳》注引謝承書的佚文本身。這之前的幾句是汪氏據范書所補，這幾句是補得好的，既説明了佚文的緣起，也符合原意，而且文字簡煉。"洪範傳曰"以下，也是汪氏據范書所補。這幾句就補得太不應該，因爲這已經超出了補足佚文文意的需要；更重要的是，這幾句是范書所載謝弼上封事的文字，怎麼知道謝承書也如此？
（史家徵引前人之文，常加刪改潤色，所以不同的史書所錄之文
往往不同。）所以這一類爲補足文意而添加的文字也需要慎重，
不能隨心所欲。

又如《史記·魏世家》"秦固有懷、茅"，《正義》引《括地
志》云："在懷州獲嘉縣東北二十五里。"按《正義》引《括地
志》是注釋正文中的"茅"在何處，但過於簡略，孫星衍輯《括
地志》遂誤以爲是注釋"懷"，於是在"在懷州"上妄補"故懷
城"三字，這就完全違背了原意。故懷城自在懷州武陟縣，《括
地志》另有佚文。賀次君輯本指出孫氏之誤，而補入"茅"字，
是正確的。

第三，輯者所添之文，必須與原文分明區別。可以用字號區
別（正文作大字，添補之字作小字），也可以用括號標明，還可
以加注說明。不是一句兩句說得清楚的最好是用注釋，而不直接
補入佚文；直接插入的文字，也要加注說明此爲輯者所補，或據
何書所補。總之，不管用什麼方式，補足文意的文字決不可與原
文混淆。前人有的輯本，自添的文字與原文不別，又不作說明，
如汪文臺輯《七家後漢書》就是如此，這種做法不合於輯佚的規
範。現代人的輯本也還偶有此病，如上條所舉賀次君添入"茅"
字就沒有注明。

編　排

所輯錄的佚文逐條逐篇整理好之後，下一步就是編排。編排
的要求是科學合理。編排的方式可以歸納爲以下幾類：一是按原
書體例編排；二是用輯佚者自定的方式編排；三是以上二者的結
合；四是附錄。

　　若原書體例可考者，要盡可能按原書體例編排，這是編排佚文最重要的一點。輯佚的總目標是再現原書，首先是文字的再現，其次就是體例的再現。如果不顧原書體例，隨意編排，雜亂無章，即使輯錄的佚文很完善，也還算不上一個好的輯本。

　　劉咸炘在《輯佚書糾謬》中舉例説："諸家《後漢書》《晋書》各有體例，何紀何傳，今猶大略可考；而汪氏（按：指汪文臺）、湯氏（按：指湯球）所輯，則只以人名標條，略不考證，反有混易原書體例之嫌，亦大疏也。"[1] 劉咸炘的批評是對的。如汪文臺所輯《七家後漢書》，在清代輯後漢史諸家中還算是比較好的，但它的一個重大缺點就是不顧原書體例。七家《後漢書》之中，有六家是紀傳體，都有紀、有志（華嶠書稱"典"）、有傳，其中有的篇名還可以考見（如華嶠書有《皇后紀》等）。而汪氏輯本，只有志標出《某某志》，紀、傳都只標人名，而不標《某某紀》《某某傳》，不合於史書的體例。甚至以《佛》《執金吾》《北郊》等爲篇題，更是不倫不類。至於張璠《後漢紀》，其書爲編年體，類似袁宏《後漢紀》，按歷帝編年紀事；而汪輯本也同樣以人名爲篇題，就像是紀傳體，可謂畫虎類犬！汪氏並非不知道以上書的體裁，而是不大懂得輯佚應當遵守的規則。今人周天游重輯八家《後漢書》，改正了汪輯本的此類疏失，"凡紀傳體之書依范《書》目爲序"，"張璠《紀》依袁《紀》目爲序"[2]，雖未必完全符合原書的本來面目（因八家書的細目已不可知），但總體是對的。

　　要想按原書的體例編排，就必須認真研究原書的體例（在輯佚的全過程中都要注意原書的體例，但在編排中這一點尤爲重要）。研究原書體例主要靠兩個方面：一是根據有關記載，二是根據現存佚文。

我們試以古本《竹書紀年》爲例。杜預在《春秋經傳集解後序》中說：

> 其《紀年》篇起自夏、殷、周，皆三代王事，無諸國別也。唯特紀晉國，起自殤叔，次文侯、昭侯，以至曲沃莊伯。莊伯之十一年十一月，魯隱公之元年正月也。皆用夏正建寅之月爲歲首，編年相次。晉國滅，獨紀魏事，下至魏哀王之二十年。蓋魏國之史記也。……哀王二十三年乃卒，故特不稱謚，謂之“今王”。

根據這一段話，可知此書爲戰國時魏國的編年體史書。起自夏代，歷殷、周。直到西周末晉殤叔之前，都以歷代中央王朝的王爲綱。從晉殤叔起，按晉國君主紀年；三家分晉之後，則按魏國君主紀年。止於魏哀王（按即魏襄王）之二十年。編年紀事，用夏曆。這就基本上把《竹書紀年》一書的體例説清楚了。不過其中也還有不同的記載，如《史記·魏世家》《集解》引荀勖説：“和嶠云：《紀年》起自黃帝，終於魏之今王。”現今所存的《紀年》佚文有十餘條紀五帝時事，證明和嶠説的“起自黃帝”更爲準確。弄清了《竹書紀年》的體例，輯錄出來的幾百條佚文就容易編排了，朱右曾、王國維正是按上述的體例來編排的。

再以《括地志》爲例。這是一部地理書，從現存的佚文看，它是記載各州縣的地理沿革及山川名勝。此書的佚文很多，如何編排？這裏最重要的就是要弄清楚它是以何時的區劃爲準，各州縣的次序如何。《初學記》卷八州郡部載有此書的一篇《序略》，其中説：“貞觀十年大簿，凡州三百五十八。”以下詳列各州及都督府的名稱。最後説：“凡縣一千五百五十一。至十四年西克高昌，又置西州都護府及庭州並六縣，通前凡三百六十州，依叙之爲十道也。"這實際上就是本書的總綱。清孫星衍輯《括地志》，其缺點首先就在於"他没有認識到《序略》是《括地志》的總綱，三百五十八州是按十道排比，都督府也是常州，與下列各州不皆有隸屬關係"①，因而他在佚文的編排上也就難免有很多錯誤。

體例既明，還需要落實標題、條文歸屬等問題。

關於標題。原書中每個部分或每一篇的標題，凡可考者，都應盡可能使用原文；實在考不出來的，才能參考其他書自擬標題。如上舉杜預談《竹書紀年》的那一段話中提到的夏、殷、周、晋、殤叔、文侯、昭侯、魏、今王等，這些詞都是原書中的標題；在今存的《紀年》佚文中還提到其他君主的名稱，也是原有的標題。像這一類用作標題的文字都要一一細考，充分利用。朱右曾、王國維《古本竹書紀年》輯本中殷商一代的標題作"商"字，今人范祥雍説："案杜預《左傳後序》云'《紀年》篇起自夏、殷、周'，《隋書經籍志》亦作'起自夏、殷、周三代王事'，《晋書·束晳傳》云'夏年多殷'，《文選·六代論》注引《紀年》'殷自成湯滅夏'，皆作'殷'。疑古本《紀年》如此，此當作'殷'。"② 按范説是。這似乎僅僅是一字之異，無關宏旨，但輯佚之體當如此，不可輕忽。

關於條文歸屬。每條佚文都要認真考定其歸屬。有的比較明顯，容易確定歸屬；有的不明顯，就需要研究。例如《竹書紀年》，因爲是編年史，因此每條佚文都要盡可能考證其準確年份或相對年代，否則就没有辦法編排。如《史通·惑經》篇引《紀年》："重耳出奔。"並未標明年代。查《左傳》僖公四年載："重

①　賀次君《括地志輯校·前言》，第 3 頁。

②　范祥雍《古本竹書紀年輯校訂補》，新知識出版社 1956 年版，第 17 頁。

耳奔蒲。”即其事。魯僖公之四年當晋獻公之二十一年。這樣，這一條佚文就可以準確定位了。

又如《太平御覽》卷五三一引袁山松《後漢書》：“天子自洛陽遷都長安。初，長安遭赤眉亂，宮室焚盡，唯有高廟，遂居之。”這一條肯定應編入帝紀，但它並未説明是哪一個皇帝。汪文臺誤認爲是光武帝，因而編入《光武帝》題下；實際上這是漢獻帝被董卓逼迫遷都長安的事，應入《獻帝紀》。

若所輯爲地理書，就應當考明每條佚文該歸入何州、何郡、何縣，這就要懂得地理沿革。如周夢棠輯《元和志》缺卷佚文，將《玉海》卷九九引“夷陵”一條輯入山南道江陵府下，按夷陵縣即今宜昌，爲唐峽州治，當歸屬峽州。《通鑑地理通釋》卷三引“安蜀城”條，周輯本次於峽州夷陵縣下，本不誤；繆荃孫輯本改入峽州宜都縣（今湖北宜都）下，反誤。安蜀城在西陵峽口之南岸，在夷陵縣之西南，與宜都懸隔。

條文的歸屬與我們前面説的“分條”有關。古書中連引不同的條文，輯者誤作一條，則條文的歸屬與編排也必然會發生錯誤。如《史記·范睢蔡澤列傳》“北有甘泉、谷口”，《正義》引《括地志》二條分釋“甘泉”與“谷口”，孫星衍輯本誤合爲一條，編於雍州雲陽縣下。按甘泉在雍州雲陽縣，谷口則在雍州醴泉縣，二條應分屬二縣。

做到了以上幾個方面，就可以對佚文作出比較科學的編排，不同程度地恢復原書的本來面目。

當原書的體例、篇題、條文歸屬等不可考的時候，那就只能根據實際情況、按照比較合理的方式自行編排。比如：

按文體編排。如所輯者爲文集或單篇詩文，這是一種最方便的、也比較合理的編排方式，因此也是最常用的方式。

按寫作年代編排。如鄧廣銘編輯校訂的《辛稼軒詩文鈔存》

就採用這種方式。此法對於學術研究最爲有用，但必須編年準確，因而有時需要進行考證，它要求輯佚者須具有較深的功力。

按內容歸類。如東漢應劭《風俗通義》一書，原書三十卷，今僅存十卷本，爲後人重新編次，清代以來，很多學者都做過輯佚。因其書屬於雜說，原書篇目雖尚可考，但各條佚文屬於哪一篇，大多已不能確定，因此今人吳樹平將所輯的佚文按其內容區分爲二十七部分，這也是一種比較合理的編排方式①。

不論是按原書體例編排，或是按自定的方式編排，都往往會遇到一些條文無法確定歸屬。對於這一類條文，不要勉強塞入，而可以單獨作爲一類編在可歸類的條文後面。例如朱右曾輯《竹書紀年》，對於許多無法確定年代的佚文，也勉強插入可定年代的條文中間，反而淆亂失真。王國維則把這一類佚文作爲"無年世可繫者"另編於後，這就合理得多了。

在編排佚文時，還有兩種情況需要妥善處理。一是古人徵引的佚文並非原文，而是隱括之辭。例如韓愈《黃陵廟碑》："余謂《竹書紀年》，帝王之没皆曰陟。"《晋書•束皙傳》引《竹書》："自周受命至穆王百年。"這都是隱括之語，王國維已指出，但他仍沿襲朱右曾的做法，編入正文，其實作爲附錄更好。二是疑僞之文。對於確已證明爲僞作者，決不可輯入佚文；但若認爲在某方面還有一定價值者，也可以附錄備查。可疑但尚無確證斷定其爲僞作者，則還是可以在正文或附錄中錄存備考，但都需加以説明。

標注出處

輯錄的佚文，每條都應注明出處，這也是輯佚的一條規則。

---

①　吳樹平《風俗通義校釋》，天津人民出版社 1980 年版。

注明出處的作用，一則表明所輯佚文的根據和真實性，二則便於讀者按圖索驥，反查原書，以利於檢查和研究。前代有的輯佚書和帶有輯佚性質的書不注出處（如張溥《漢魏六朝一百三家集》《全唐詩》《全唐文》等），給學者帶來很大的不便，最不可取。

標注出處的要求有兩條：詳明、準確。

詳明：每種書都需注明書名、卷次、篇名，必要時還要注明版本。若佚文不止一個出處，最好能一一詳注（用作底本之書排列在前），如嚴可均輯《全上古三代秦漢三國六朝文》、逯欽立輯《先秦漢魏晉南北朝詩》等均如此，這種做法對校勘和研究有極大的好處。若某條佚文係據多種書拼合而成，則需分別注明出處。有的輯佚書遇到這種情況，仍將所引用的諸書集中注於文末，看不出拼合的痕迹與依據，還是不夠分明。

準確：即所注出處不能有誤。注出處而誤，與不注出處同。而這種毛病相當普遍。如邵晋涵輯《舊五代史》，其所引用的《永樂大典》和《册府元龜》，常常誤注卷次，陳垣先生曾寫過一篇《舊五代史輯本引書卷數多誤例》[①]。汪文臺輯《七家後漢書》，或誤注書名，或誤注卷數，或有書名而無卷次，或脫注出處，此類比比皆是。

以上就是輯佚的基本步驟與方法。

梁啓超曾提出："鑒定輯佚書優劣之標準有四：（一）佚文出自何書必須注明，數書同引，則舉其最先者。能確遵此例者優，否者劣。（二）既輯一書，則必求備。所輯佚文多者優，少者劣。例如《尚書大傳》，陳（壽祺）輯優於盧（文弨）、孔（廣林）輯。（三）既須求備，又須求真。若貪多而誤認他書爲本書佚文則劣。例如

---

　①　陳垣《陳垣學術論文集》第二集，中華書局 1982 年版。

秦（嘉謨）輯《世本》劣於茆（泮林）、張（澍）輯。（四）原書篇第有可
整理者極力整理，求還其書本來面目。雜亂排列者劣。例如邵二
雲（晋涵）輯《五代史》功等新編，故最優。"①

　　這段話大體上概括了輯佚的基本要求，但還不夠完備，可以
重新概括爲：

　　鑒定輯佚書優劣之標準有四：（一）輯録佚文齊備、真實、
無重複者優，漏收、誤收、濫收、重收者劣。（二）佚文文字經
過精心整理，求還原文之本來面目，精確無誤者優，反之則劣。
（三）佚文編排科學合理，力求按原書體例編排者優，不顧原書
體例、雜亂無章者劣。（四）標注佚文出處，詳明、準確者優，
反之則劣。

　　①　梁啓超《中國近三百年學術史》第十四章第五節。

第八章 古籍抄纂

第一節 古籍抄纂的功用

　　所謂古籍抄纂，就是本着一定的宗旨，採取一定的方式，遵循一定的體例，鈔録古籍原文，編纂成書。《四庫全書總目》卷六五《諸史提要》的提要中曾談到宋代有"鈔書之學"。古籍鈔纂就是一種"鈔書之學"。此種抄纂，實質上是在不改動原文的前提下對古籍進行某種形式的改編，包括選編、節編、摘編、匯編、合編等。按照我們在第一章中提出的"古籍整理"的定義，對古書或其他古代文獻的原文進行某種形式的整理加工，以便於讀者閲讀與研究，就是古籍整理。在不改動原文的前提下對古書作某種形式的改編，是符合於這一定義的，因此這也是一種古籍整理。但若像唐李延壽之《北史》《南史》，雖然主要是匯抄南北朝各朝正史之紀傳，但已作了很多删削、增補或改動；宋蕭常、元郝經之《續後漢書》，雖然也採用了陳壽《三國志》的部分舊文，但他們完全是用與《三國志》原書不同的觀點（以蜀漢爲正統）進行重編，而且還用了《三國志》裴注和范曄《後漢書》中的材料。像這樣的重編，實際上是一種創作，已經不屬於古籍整理的範圍。簡而言之，抄書性的改編屬於古籍整理，改寫性的重編則不應屬於古籍整理。

　　古籍之所以需要抄纂改編，是由於以下情況：

　　第一，中國古籍數量巨大，現存者大約十萬種，人們的時間有限，精力有限，條件有限，不可能也不需要全部閱讀。即以一部書而論，有的書部頭很大，幾十萬字，上百萬字，甚至上千萬字，人們也很難全部通讀。

第二，各種古籍的價值與質量並非一律。有的是精華，有的是糟粕；有的重要，有的不重要或不大重要；有的寫得好，有的則寫得不好。即使在同一部書中，也有上述的情況。一般讀者只需要讀其中較重要的、較好的部分，而不必全部閱讀。

第三，古籍中記載的材料，內容十分廣泛，而又極其分散，或散在很多書中，或散在同一書中的很多地方，讀者要想查找某個方面材料，非常困難。

第四，有的古籍雖然寫得很好，但限於體例，其內容割裂零碎，不够醒目，或缺乏可讀性，因而影響了讀者閱讀的興趣與效率。

由於以上種種情況，爲了使讀者能最方便地閱讀最需要閱讀的古籍和古籍中最需要閱讀的內容，查找古籍中需要查找但又很分散的、很不容易查找的材料，或者爲了提高原書的可讀性，就需要通過抄纂對古書作某種形式的改編，將古籍中最重要的、最精采的內容揀選出來，分散的材料按一定的方式集中起來。好比把從地裏拔出來的蔬菜，經過分類、揀選、洗净，剔去腐葉鬚根，或者削皮剝殼，甚至切片切塊等，經過這一系列加工過程，使之成爲更適合消費者需要的净菜。

由此可見，古籍抄纂是爲了順應廣大讀者的需要而產生的，因而反過來，它又能够爲廣大讀者的需要而服務。經過改編的新作，比之於原書，其好處一是更爲精粹，二是更爲集中，既爲讀者提供了很大的方便，又提升了原書的可讀性，所以有時改編本的讀者比原書的讀者更多。這對於古籍的普及、傳統文化的普及有着重要的作用，就是對於專家學者也大有益處。《四庫提要》說："四庫之中，惟子史最爲浩博……或寒門細族，艱於購求，或僻壤窮鄉，限於耳目，則涉覽有所不能遍。或貪多務得，不別瑕瑜，或嗜異喜新，偏矜荒誕，則持擇有所不能精。於是刪纂之學興焉。"① 這段話説明了古籍抄纂的作用。正因此，抄纂古籍成爲古籍整理工作的一個重要方面，歷代有很多學者都從事於這項工作，在現存的古籍和近現代著作中，此類由抄纂古書而成的書籍數以千計，經史子集均有。特別是史部中的史鈔類，子部雜家類中的雜纂之屬，集部中的總集，等等，全部或絶大部分皆屬於抄纂之作。其中的一些著作在中國文化史上曾經發揮過、甚至至今仍然發揮着巨大而深遠的影響，例如《詩經》《文選》《古文觀止》《唐詩三百首》等。這説明了古籍抄纂工作的重要作用，絶不可以其爲抄書而等閒視之。我們今天整理古籍，古籍的抄纂或改編仍然是一項重要的任務。

此種改編，從表面上看來，不過是抄書；但此種抄書可不是原封不動的、依樣畫葫蘆似的簡單的抄書，而是經過了精心策劃，精心篩選，精心組織，精心加工，甚至精心改造。其中已包含着創作的因素，可以説半是鈔録，半是創作。抄書容易，但此種"抄書"並不容易。俗話説"一張膏藥，各人的熬法不同"，這裏邊就大有學問。它除了要求抄纂者要具有一般古籍整理的知識與技能之外，還特別要求抄纂者需有較高的鑒識力與創造力。比如哪些古籍需要改編？用何種方式改編？如果是選編，那麽哪些該選，哪些不該選？如果要分類，那麽該分爲哪些類？如此等等，無不反映出抄纂者的學識、頭腦和眼光。所以它雖然是抄書，但它的確又是一門學問。

以南宋袁樞的《通鑑紀事本末》爲例。《資治通鑑》一書的價值自不待言，但由於它是按年月紀事的編年體史書，若要看某

① 《四庫全書總目》卷一三六《御定子史精華》提要。

年某月發生了什麼大事，一目了然，但同一事件分在不同的年月，如果讀者要想看某一事件的全過程，那就很困難。而且由於篇幅浩繁，記事零散，讀者很難有通讀的興趣，司馬光就曾説過，此書只有王勝之讀了一遍，其餘的人讀數卷就昏昏欲睡。袁樞有鑒於此，在《通鑑》所載的史事中選了二百三十九個大事件，以這些事件爲綱，將《通鑑》有關的記載聯綴起來，各標題目，每一事件首尾完具，脈絡清晰。這樣，讀者若想知道"三家分晉"的本末，只要讀一讀《三家分晉》這一篇就行了；要想了解黄巾起義的情況，只要讀一讀《黄巾之亂》這一篇就可以了。正如趙與懃在爲此書作的序中所説："《通鑑》以編年爲宗，《本末》以比事爲體。編年則雖一事而歲月遼隔，比事則雖累載而脈絡貫聯。故讀《通鑑》者如登高山、泛鉅海，未易遽睹其津厓；得《本末》而閲之，則根榦枝葉，繩繩相生，不待反覆它卷，而瞭然在目中矣。故《本末》者，《通鑑》之户牖也。袁公之爲是書，其殆司馬文正之疏附先後也歟！"正因爲袁樞對《通鑑》的這種別出心裁的改編很有用處，他就在無意之中創造出了一種新的史書體裁——"紀事本末體"，後來學者紛紛仿作，從而形成中國史部書中的一大系列。像這樣的改編，不也是一種很有價值的創造嗎？

第二節　古籍抄纂的方式

抄纂古籍要從爲讀者閲讀與研究提供最大方便的目的出發，根據不同的古籍和古籍中不同材料之體裁與性質，選擇或者創造最適當的方法與方式。由於抄纂的目的與具體做法各有不同或各有側重，古籍抄纂的方式大致可以分爲以下幾種：1. 選編；2. 節編；3. 摘編；4. 匯編；5. 類編；6. 全編；7. 合編；8. 改編。

以上這些抄纂方式彼此之間並不是截然分割的，往往我中有你、你中有我；而且各種抄纂方式往往要與其他古籍整理方式互相配合（如抄纂過程中也要用校勘、標點，有時也需要輯佚；選編可以配合注釋而成爲選注，也可以配合今譯而成爲選譯；等等）。

下面分別就各種方式作簡略論述。

選　編

從古書或其他古代文獻中選取其最精粹的部分，編爲選本，這就是選編。這是抄纂古籍或改編古籍最常用的形式，其作用就是讓讀者只需費最少的時間與精力，就能讀到古籍中最精要的内容。中國最古老的典籍《尚書》《詩經》就是歷史文獻和詩歌的選編。東漢王逸的《楚辭章句》也是一個楚辭的選本而爲之注。梁昭明太子蕭統的《文選》，更是著名的文學作品選集。像這一類古籍的選編本，古往今來不知凡幾。其中又可以細分爲各種各樣的類型，如：

按材料來源分，有的是選自一種書，如《詩經選》《史記選》之類；有的是選自多種書，如《唐宋八大家文鈔》。

按文體分，有的只選一體之文，如《詩經》《元曲選》；有的則選各體之文，如《文選》《五百家播芳大全文粹》。

按類别分，有的專選某一類詩文，如《唐大詔令集》選録唐代詔令，《歷代名臣奏議》選録歷朝奏議，宋孫紹遠《聲畫集》選録唐宋人題畫之詩，明何鏜《古今遊名山記》選録古今名山遊記；有的則選各類詩文，如《文苑英華》等。

按作者分，有的只選一人之文，如《陶淵明詩選》《蘇軾文選》；有的則選多人之文，如《三曹詩選》《蘇門六君子文粹》。

按時代分，有的選某一時代之文，如《唐文粹》《宋文鑑》；

有的則選多個時代之文，如《古詩源》《唐宋名家詞選》。

按地域分，有的只選某一地區作家或有關某一地區之文，如《吳都文粹》《全蜀藝文志》；有的則不限於一個地區，如《詩經》中的《國風》即是。

古籍的選編，功夫主要在一個"選"字，就是說，選文必須精當。關於這一點，我們將在下一節中詳細論述。

節　編

有的古書篇幅太多，不便閱讀，可加删節，這就是節編。節編也需要"選"，這一點與選編相同，但選本是從一種書或多種書中選其精華，節本則只是就一種書削其浮文，存其精要。從整體來說，節本大多仍保留原書的基本格局與次第，讀者從中還可以看到原書的概貌，選本則不一定；但從篇章來說，選本多保留完整的篇章，節本則常加節略。

節錄古籍的起源也很早。劉向《別錄》叙述《左傳》的傳授源流說："左丘明授曾申，申授吳起，起授其子期，期授楚人鐸椒，鐸椒作《鈔撮》八卷授虞卿，虞卿作《鈔撮》九卷授荀卿，荀卿授張蒼。"[1] 這裏所說的"鈔撮"就是節錄，可見先秦就已有古籍節本了。漢代也多有這類節本。如西漢戴德删儒家學者之禮學論文二百四篇爲八十五篇，是爲《大戴禮記》；戴聖又删《大戴禮》爲四十九篇，是爲小戴《禮記》[2]。東漢鄭衆有《春秋删》十九篇；樊儵删定《嚴氏春秋章句》，猶多繁辭，蜀郡張霸復減定爲二十萬言。蜀郡楊終爲校書郎，受詔删《太史公書》爲

---

① 杜預《春秋左氏傳序》《正義》引。

② 參見《漢書·藝文志》。

十萬餘言①。魏晉以後，這類書範圍更廣，數量更多。

又有删節衆書而集爲一編有似叢書者。如三國吳張温的《三史略》係節録《史記》《漢書》《東觀漢記》；梁阮孝緒的《正史削繁》，也是删節各朝正史。其後更有宋吕祖謙《十七史詳節》，直至現代的《二十五史精華》之類。明陸楫《古今説海》則爲説部中的節編叢書。

大抵古今的古籍節編本，以史部之書最多，其次是經、子二部，而集部則幾乎没有，這是因爲史書最宜於節編，詩文則宜選編而不宜節編。

摘　編

摘録古籍中的片斷，如精要的文句，雋永的詞語，新穎的故事等，編次成書，這就是摘編。所採撼之文，不必連貫，因此與節編不同。

此種摘編之書，又大致可以分爲以下幾類：

一是專摘一書。東漢衛颯著《史要》十卷，"約《史記》要言，以類相從"②，就是其中較早的一部。他如宋蘇易簡《文選雙字類要》，洪邁《史記法語》《南朝史精語》，吕祖謙《西漢精華》《東漢精華》，林越《漢雋》，楊侃《兩漢博聞》，清沈名蓀、朱昆田《南史識小録》《北史識小録》，等等，都是摘録一書中鮮華的字句，或新異的事迹。這一類書有的仍依原有次第，有的則分類排纂。

一是摘録同類之書匯爲一編。此類書起於梁庾仲容《子鈔》，

---

① 以上見范曄《後漢書》鄭興、樊宏、張霸、楊終等傳。
② 見《隋書·經籍志》。

取周秦以來諸子之書凡一〇七家，摘其要語，匯爲三十卷。每家或取數句，或一二百言。唐馬總仿之作《意林》，一遵庚目，而摘録更爲精嚴。其後如宋曾慥《類説》，摘録漢代以來百家小説；洪邁《經子法語》，摘録經、子書中之要語；錢端禮《諸史提要》，取諸史之文可資詞藻者，按部採摘，都屬於這一類。

一是摘録群書，集爲叢書。如元陶宗儀《説郛》、佚名《歷代小史》等是。

匯　編

圍繞一定的主題匯録諸書中的有關資料，這就是匯編。匯録資料一般也要經過選擇，但匯編與選編不同，選編的重點在"選"，而匯編的重點在"匯"。匯録資料可以是全録，也可以是摘録；而其摘録也與摘編不同，摘編是以書爲主，按書摘録，而匯編則是以題爲主，分題採摘群書，匯而編之。

匯編之書在中國古籍中數量極多，其匯編的主題與角度也是形形色色，無所不有。下面僅略舉一二，以示一斑：

匯録古今經學著作之序跋論説，如清朱彝尊《經義考》（類似的有謝啓昆《小學考》等）；

匯録六經中的天文記載及後人論説，如宋王應麟《六經天文編》；

匯録歷朝典章制度，是爲各種"會要"（其中有録自一書者，如徐天麟《西漢會要》《東漢會要》等；有録自群書者，如王溥《唐會要》、董説《七國考》、楊晨《三國會要》等）；

匯録帝王興衰的事迹記載，如《群書治要》；

匯録一代君主之詔令，如《唐大詔令集》《宋大詔令集》；

匯録歷朝名臣之奏議，如《諸臣奏議》《歷代名臣奏議》；

　　匯録名臣碑傳，如宋杜大珪《名臣碑傳琬琰集》、清錢儀吉《碑傳集》；

　　匯録有關歷代名人之評論，如《歷代名賢確論》；

　　匯録前賢之嘉言善行，如宋趙善璙《自警編》、元張光祖《言行龜鑒》；

　　匯録異聞軼事，如梁殷芸《小説》《太平廣記》；

　　匯録前代書畫本文及題跋，如明汪砢玉《珊瑚網》、清卞永譽《式古堂書畫匯考》；

　　匯録碑刻之文，如元陶宗儀《古刻叢鈔》、清黄本驥《古志石華》；

　　匯録歷代論書之語，如清倪濤《六藝之一録》；

　　匯録自警之格言，如宋司馬光《徽言》、元吴亮《忍經》；

　　匯録多人之詩文，是爲各種總集；匯録一人之詩文，是爲各種別集；

　　匯録闡明佛法之文，如梁釋僧祐《弘明集》、唐釋道宣《廣弘明集》。

　　又有匯録一書中某一方面的材料，編纂成書者，如明陳禹謨《左氏兵略》，取《左傳》中叙及兵事之文，以次排纂，這也是匯編。

　　總而言之，凡古書中的一切内容能匯録者，都可以匯編。

類　編

　　類編實際上也是匯編的一種，但它與一般的匯編有所不同。一般匯編雖也要作某種形式的分類，但其重點在於匯總，而不在於分類；類編的突出特點則在於"類"，即分門別類地纂録古書中的資料。類編最典型的形式就是類書。

　　所謂類書，就是摘録與匯集群書中各方面的原文材料，分門別類地加以組織編排，以供尋檢的一種工具書。它與一般匯編之書的區別在於：它所包含的内容無所不有，幾乎涵蓋人類社會和自然界的一切領域，或者某一領域中的一切方面；正因此，它的取材範圍較一般匯編之書更爲廣闊，它的分類也較一般匯編之書更爲細密。實際上，類書就是一種百科全書，只不過百科全書是由作者撰寫，而類書則是輯舊文編成。

我國的類書，起於三國曹魏時的《皇覽》，以後歷代都有編纂，尤以南北朝、唐宋、明清三個時期最爲盛行。流傳到今天最爲著名的有《北堂書鈔》《藝文類聚》《初學記》《六帖》《太平御覽》《册府元龜》《玉海》《永樂大典》《古今圖書集成》《格致鏡原》等。

類書可以分爲種種類型，如：

按其學科類別，可分爲綜合性類書與專科性類書。綜合性類書無所不包，如《藝文類聚》《太平御覽》《永樂大典》等。專科性類書則限於某一個領域，如《册府元龜》只收歷代君臣事迹，而不涉及自然事物；《格致鏡原》則只收博物、工藝，而不涉及社會人事。唐《開元占經》爲有關天文占候的類書，《稽瑞》則爲匯録歷代休祥的類書。宋江少虞《皇朝事實類苑》爲有關宋代朝野事迹的類書，陳景沂《全芳備祖》則爲有關花木的類書。《法苑珠林》爲佛教類書，《雲笈七籤》爲道教類書，等等。

按其取材範圍，可分爲兼收各類文獻與各體文章的類書與專收某類文獻或某體文章的類書。前者如《藝文類聚》《太平御覽》《永樂大典》等；後者如明顧起元《説略》專取説部之書，明俞安期《詩雋類函》專取唐代以前之詩，王志慶《古儷府》專取駢體文。

按其徵引體例，可分爲以徵引事類爲主的類書，如《華林遍略》《太平御覽》等；徵引事類又兼收詩文的類書，如《藝文類聚》《初學記》《事文類聚》等；徵引詩文的類書，如《詩雋類函》《古儷府》等；徵引詞彙的類書，如隋杜公瞻《編珠》、清《佩文韻府》等；匯輯圖表的類書，如宋唐仲友《帝王經世圖譜》、明章潢《圖書編》、明王沂《三才圖會》等；綜合各體的類書，如《永樂大典》《古今圖書集成》等。

按其編排方式，可分爲：分類編排的類書，即據引文的内容性質分類，此爲正宗的類書，在類書中數量最多，如《藝文類聚》《太平御覽》等均是。分韻編排的類書，即取其主題詞中的一字（一般爲尾字或首字）分韻，如《永樂大典》《佩文韻府》《駢字類編》等。以數爲綱的類書，如宋王應麟《小學紺珠》，雖仍分天道、地理等大類，然其下係按數目詞語分隸故實，例如"天道類"下分"兩儀""三才""四大"等；仿此而作的還有明張九韶《群書拾唾》、清宮夢仁《讀書紀數略》等①。

大抵類書編纂的程序，都是先匯録舊文，然後按既定的體例分類排比，然後給各個門類、子目加上標題。其擬題之法，除了用一般概括性詞語及原文所含詞語之外，還有編成對偶詞語的，如《初學記》中的"事對"類，明游日章的《駢語雕龍》等。甚至有編爲整篇詩賦的，如唐皮日休《鹿門家鈔》"作五言詩類事"②；宋吳淑的《事類賦》以每一事類撰爲一篇賦，然後在每一句下以注的形式徵引有關故實。

類編還有一種常見的形式，即是就一書或幾種書中的材料加以分類。實際上就是用編類書的方法對古籍進行改編，如南宋沈樞《通鑑總類》、清沈元滄《禮記類編》等（參見本節後文"改編"類）。

---

① 　以上參見胡道静《中國古代的類書》，中華書局 1982 年版。
② 　《通志·藝文略》類書類。

全　編

　　所謂全編，是相對選編而言。選編是有所選擇，全編則是匯輯某一時代、某一類的全部作品，巨細兼收，精粗不論，旨在於"全"。此種全編，一般用於匯録詩文，形成一種"全録性的總集"。

　　從歷史上來看，宋代以前的所有總集，包括《文館詞林》《文苑英華》這樣的大型總集，都是"選録性的總集"。宋代開始有了全録性的總集。如郭茂倩《樂府詩集》，總括歷代樂府，上起陶唐，下迄五代。蒲積中《古今歲時雜詠》匯録古今時令之詩二千七百餘首。洪邁《萬首唐人絶句》，劉克莊《後村詩話》稱其"但取唐人文集雜説，鈔類成書，非必有所去取"。這些書雖未必全，但意在於全，因此已屬於全録性的總集，但都還只限於詩中的某一體或某一類。直到明代後期，開始出現了網羅全部詩文的全録性總集，這就是馮惟訥的《古詩紀》、梅鼎祚的歷代《文紀》，二者分別收録隋代以前的全部詩與文。受其影響，到了清代，編纂全録性總集之風大盛，皇皇巨製，蜂涌而出。由康熙"御定"的即有《全唐詩》900卷，《全金詩》74卷（實爲郭元釪編），《題畫詩》120卷，《歷代賦彙》184卷。乾隆中，李調元編成《全五代詩》100卷。至嘉慶中，又有官修《全唐文》1000卷。同時，嚴可均以個人之力，歷27年，編成《全上古三代秦漢三國六朝文》746卷。道光初，張金吾完成《金文最》120卷。至20世紀，也出了不少這類著作，其中較重要的有唐圭璋《全宋詞》、逯欽立《先秦漢魏晋南北朝詩》等。近二十年，又掀起另一個編纂此類大型詩文全編的高潮，《全宋文》《全宋詩》《全元文》等相繼問世，其他一些也在編纂出版之中。

　　迄今已出的全録性總集大體可分爲四類，即分代分體總集、分類總集、專題總集、地域總集。分代分體總集即以時代爲斷（其中又分通代、斷代兩種），按詩、文、賦、詞、曲等分編。上一段中所舉的都屬於這一類。其中作品的編排都是以作者爲綱，以文從人；作者則或純以年代先後爲序，或按身份分類與按年代編排相結合（如帝王、后妃、宗室、列女、僧道等按身份分類，其他按年代通排）。分類總集是按詩文的内容分類，如明張之象《唐詩類苑》及近年所出《唐詩分類大辭典》即是。專題總集，如歲時詩、題畫詩、詠物詩等。地域總集按地域匯輯，如近年所出《全蜀五代詞》。

合　編

　　合編即抄合同類之書或相關之書爲一書。大致有以下幾種類型：
　　一是抄合同類之書。如劉向編《戰國策》即是。據劉向《戰國策叙録》，西漢之時，國家圖書館中藏有多種記載戰國策士在各國間遊説之辭的書，内容有同有異，名稱也各不相同，"或曰《國策》，或曰《國事》，或曰《短長》，或曰《事語》，或曰《長書》，或曰《修書》"。劉向加以校勘整理，除其重複，匯爲一書，題爲《戰國策》。《漢書·藝文志》所録的書，像這樣合編而成的恐怕不止這一種。後世屬於這一類的如朱子《儀禮經傳通解》，以《儀禮》爲經，而以《禮記》及他書有關之文附於本經之下。又如清沈炳震《新舊唐書合鈔》，以《舊唐書》爲主，以《新唐書》增補；王先謙《新舊唐書合注》，則與沈書相反，正文以《新唐書》爲主。明李清《南北史合注》，合南北八史之文，略加增删改正，大體上仍屬合編，與郝經《續後漢書》之重編有所不同。
　　一是經傳合編。如《周易》，起先只有"經"（即卦辭、爻辭）上下二篇，戰國以後始有説經的"傳"十篇（"十翼"），其

作者並非一人，時代也有先後，本是各自單行。到了西漢，經師
們才將上下經與"十翼"合爲一書，統稱《易經》，所以《漢書
•藝文志》載有"《易經》十二篇"。又如晋代以前，《春秋左氏
傳》本在《春秋》經外單行，至杜預始"分經之年，與傳之年相
附"①，從而合成一書。

　　一是同一書之各家注釋合編。這種辦法盛行於宋代以後。如
《史記》有劉宋裴駰《集解》、唐司馬貞《索隱》、唐張守節《正
義》三家之注，本是各自單行（至今《集解》《索隱》單行本尚
存），宋人將三家注合爲一編。《文選》有唐李善注及吕延濟等五
臣集注，宋代合而爲一，稱爲"六臣注"。《春秋》除左氏、公
羊、穀梁三傳外，宋代胡安國傳亦廣爲流行，元俞皋《春秋集傳
釋義大成》合而爲一，分割四家之注備列於經文之下；明人亦有
《春秋四傳》；清人删去胡傳，稱《春秋三傳》。此外，明余敷中
編《春秋麟寶》，録《左傳》《國語》《公羊》《穀梁》於經文之
下，《左》《國》則録其全，《公》《穀》則除其複。明代又有《左
傳杜林合注》，以杜預、林堯叟注合編。此類諸家注釋合編與集
注不同，後者是擇取前人之注（不一定盡用原文），而以己意折衷，
前者則是照録原書，不參己意（可以加按，但不得與原書相混）。

　　不論哪一種合編形式，都需要作適當的整合，如分割、去
重、删節、衔接等，使幾種書合成爲一個有機的整體。

改　編

　　所謂改編，是就原書之文，而變其體例，別加編次。如宋李
燾《說文解字五音韻譜》取許慎《説文》按《集韻》的韻部重加

---

　　①　杜預《春秋左氏傳序》。

編排，把字書變爲韻書。明周嘉棟《正韻彙編》則取《洪武正韻》按偏旁部首重編，把韻書變爲字書。又明陳與郊《方言類聚》取揚雄《方言》原本，依《爾雅》分爲《釋詁》《釋言》等十六門編排。近年出的《全唐詩類編》將《全唐詩》原來的按作者編排改爲分類編排。這都是全書改編，對原文無所損益。

還有一種是改編時對原文有所取捨。如袁樞《通鑑紀事本末》取《通鑑》中所載重大事件融合貫串，重加編排，將原書之編年體變爲紀事本末體。沈樞的《通鑑總類》則又不同，取《通鑑》中的事迹，仿照《册府元龜》的體例，分爲二百七十一門，這是把編年史書變成了類書。類似的例子還有：宋滕珙《經濟文衡》，取《朱子語録》《文集》，分類編次；明李經綸《禮經類編》，取三《禮》之文，按"曲禮""經禮""制禮"三大類編録，其下又各分門目；清沈元滄《禮記類編》同樣是"割截經文，各依門類"；等等。

此外，在整理古書時，移易原書的章節次第，這也是一種改編。如朱熹的《大學章句》《中庸章句》，《大學》本爲一篇，朱子則分别經傳，顛倒其舊次，《中庸》也不按鄭玄舊注分節。他的《儀禮經傳通解》，對《儀禮》經文也多加分合移易，不按原來的次第。他又作《孝經刊誤》，將《古文孝經》分爲經一章、傳十四章。後人受他的影響，對一些古籍離析章句，改變次第。如元吳澄《孝經定本》、明潘府《孝經正誤》、明姚舜牧《孝經疑問》，明廖紀《中庸管窺》，清任啓運《禮記章句》等。此類改編大都不是經過校勘，確有證據，而是以意爲之，其惡果是變亂古籍，因此不可輕易效法。

第三節　古籍抄纂的要點

上面我們分別略述了古籍抄纂的各種類型。不論哪一種類型，大致都要經過這樣幾道工序：策劃——確定項目；撰例——擬定體例；普查——廣泛查閱有關文獻；鈔録——或是全録，或是選録；編纂——將所録資料按既定體例整理纂合成書。

在抄纂的過程中需特別注意以下幾個要點：選題需適當，體例需合理，搜羅需廣博，選材需精當，録文需準確。

選題需適當

古籍抄纂成敗優劣的首要關鍵在於選題是否適當。而選題是否適當，主要看是否有價值，是否切實可行，是否有創意。

策劃或選擇一個項目，首先應考慮是否有用，用處大不大。換句話說，要看它是否有意義，是否有價值。我們在本書第一章第二節中提出的古籍整理選題的五項價值標準，即學術價值、文藝價值、資料價值、教育價值、實用價值，這幾條標準同樣適用於古籍抄纂的選題。例如康熙中編《全唐詩》，這個選題就具有重大價值。唐代詩歌是中國文學發展史上的一座高峰，是中國古代文化的一所寶庫。但是現存的唐詩數量巨大，而且極其分散，給閱讀者與研究者帶來很大的不便，把它們統統搜羅起來，匯爲一編，無疑是一件功德無量的盛舉。類似的例子不勝枚舉。但前人抄纂的古籍中也有不少沒有意義或意義不大的。如明項篤壽輯《全史論贊》80卷，匯録《史記》至《元史》的論贊。正如《四庫提要》所批評："讀史必先知其事之始末，而後可斷其人之是非。今篤壽惟存其論，使稱善者不知其所以善，稱惡者不知其所以惡，仍於讀史者無益也。"① 像這樣的書就沒有意義。明俞文龍《史異編》，錄諸史所載災祥神怪匯爲一編，這樣的書更沒有意義，也正如《四庫提要》所說："既非占驗之書，又無與學問之事，徒見其好怪而已。"② 又如元吳亮《忍經》，匯集群書論"忍"的格言；明馬嘉松《十可篇》，摘錄子史小說，分爲十篇，曰可景、可味、可快、可鄙、可泯、可坦、可遠、可諧、可嘉、可刪。這一類書意義也不大。明陳禹謨輯《左氏兵略》，取《左傳》敘述用兵之事的文字，以類排纂。當時作者任兵部司務，曾以此書疏進於朝，請敕下兵部梓行，讓九邊將領人手一編。匯錄《左傳》中的軍事資料，以供研究古代軍事史者參考，未嘗不可，但陳禹謨的意思是要用它來指導現代戰爭，其出發點本身就迂謬不達時變，因而此書從它纂輯的目的來說就沒有多少價值。

　　由上面的例子可見，古書或古代文獻資料，有的有價值，有的沒有價值或價值不大，抄纂古籍在選題時就應當有所選擇；縱然是本有價值的古書或古代資料，抄纂的目的或方式不對，也會變成沒有價值。而且，抄纂同一種書，也要考慮採取哪一種方式更爲有用。例如同是抄纂《通鑑》，沈樞的《通鑑總類》採用類鈔的形式將原書所載事跡分割爲二百多門，袁樞的《通鑑紀事本末》則只是取其重大事件分題連綴成編。按《通鑑》一書本是記載歷史大事的編年史書，而不是百科全書。袁樞抓住了原書的要領，將編年改爲紀事本末，使讀者對歷史上幾百樁重大事件的始末一目了然，用力不多而收效很好；而沈樞將史書改爲類書，反使本書的內容割裂餖飣，其用力甚勤，而效果就不如袁樞書。

　　不僅要考慮到價值，還要考慮到可行性。一是資料收集的難

---

① 《四庫全書總目》卷六五。
② 《四庫全書總目》卷六五。

度，一是抄纂者的力量，都得考慮。資料太少不行，有時資料太多也不行。假設有人想編《全清文》，其價值不爲不大，但是行不通，因爲清文太多，而且有很多散在民間，無法收集。

選題還要有創意，有創造才能進步，也才更有價值。袁樞的《通鑑紀事本末》，其設想新巧，前無古人，後啓來者，這就是極好的創意。明徐元太的《喻林》，採摭古書中的譬喻之詞，分類匯爲一編，其書雖有疏略之處，但正如《四庫提要》所説：“自六經以來，即多以況譬達意，而自古未有匯爲一書者，元太是編，實爲創例。其蒐羅繁富，零璣斷璧，均足爲綴文者沾丐之資。”① 這就是創意。其次，受前人的啓迪，爲前人之所未爲，如《全唐詩》之後，有《全×詩》《全×文》，填補各代空白，這也是創意。再次，承前人之舊作，而糾其謬，補其闕，雖不是創意，但也是有所創發。至如明人《説類》《説略》之類，只是牀上叠牀，屋下架屋，了無新意，就不足道了。當然，所謂創意，是以有價值爲基礎的，没有價值的奇想，像前面説的《十可篇》之類，也不足取。

體例需合理

著書都應當有一定的體例，抄纂古籍也要有體例。體例就是抄纂的規則，它體現出抄纂者的宗旨，因此又稱爲“義例”。其中包括抄纂的方式，收録的範圍，選材的標準，編排的原則，版本的選擇，等等。在所有這些方面，首先是要合理，避免體例不當；其次是要嚴謹，避免漫無義例或體例不純。下面舉一些例子。

明李清的《南北史合注》，從其書名可見此書是將李延壽的

---

①　《四庫全書總目》卷一三六。

《南史》《北史》合編而爲之注，但它很多地方改易舊文，又割《宋書》《南齊書》《魏書》《隋書》四史的志，取其事實，散入紀傳之中。這就使此書既不是重編，又不是合編，“遂使《南》《北》二史不可謂之清作，又不可謂之李延壽作，進退無據，未睹其安”①。這就是在抄纂方式上體例不當。

明茅國縉的《晋史删》，節録《晋書》，將原書中的志通通删去，使一代典章無從窺見，而且對原書的紀傳多所分合移徙，如以庾亮入於葛洪傳後，以謝安置於陶回傳後，甚至一傳原文而前後移置，或節録傳中幾句話，移作他傳的注釋，隨心所欲，莫明其妙。這就是在抄纂方式、取材範圍、編排原則等方面都有毛病。

明胡震亨《唐音統籤》，此書廣羅唐代詩歌，成爲清人編《全唐詩》的基礎，洵爲有功；但它收録道教章咒、釋氏偈頌多達二十八卷。章咒偈頌本是宗教活動中所使用的文辭，雖然其中有少數近似詩歌，而實非詩歌，所以後來《全唐詩》將這一部分删去，是很對的。這就是收録範圍的不當。（前兩年有一本《周易古歌考》，將《易經》中有韻的占筮之辭都作爲古代詩歌收集，自認爲是一大發現。有韻之辭不一定是詩歌，正如《老子》之文多有韻，但不能説是詩歌。此書的錯誤正與胡震亨相同。）

嚴可均的名著《全上古三代秦漢三國六朝文》，總的來説，其體例是嚴謹的，但其中也頗有體例不當、體例不純的地方。其《凡例》中有一條：“子書見存者不録，録佚文及佚子書。”書中所收的子書佚文不少，如傅玄《傅子》等。按嚴氏此書爲總集，自古以來總集都只收單篇之文，不收成書的經史子著作。雖然從學術研究的角度來説，輯録子書佚文是很有用的，但從編書的體例來説是不妥當的。奇怪的是，嚴氏書中有的子書收録，有的子

<hr />

① 《四庫撤燬書提要》，《四庫全書總目》附録。

書又不收録，如楊泉《物理論》佚文就沒有收録，這又是自亂其例。此書中不僅收有子書佚文，而且收有史書佚文，如揚雄《蜀王本紀》、崔寔《四民月令》等，嚴氏在《凡例》中未作説明，抄纂古書不能如此隨心所欲。《凡例》中還有一條："屈《騷》見存不録，録宋玉、賈誼以下之擬《騷》。"按"賦"這種文學體裁，其中有純爲詩歌者，有介乎詩歌與散文之間者，歷來的總集別集都作爲"文"收。嚴氏此書既收宋玉以下的賦，爲什麽屈原的賦一篇不收，豈非自相矛盾？這也是收録範圍與取材標準不當。

《永樂大典》一書，其價值自不待言，但若只就其編纂體例來説，恐怕要算得上自有類書以來最糟糕的一部類書。其書以《洪武正韻》爲綱，分韻編排。類書按韻編排，早已有之，未嘗不可，問題在於，"其書割裂龐雜，漫無條理。或以一字一句分韻；或析取一篇，以篇名分韻；或全録一書，以書名分韻"①。由於編排方式的不當，就給查閲此書者帶來很大的困難。

至於像宋楊侃《兩漢博聞》，摘録前後《漢書》中的詞語，既不按原書的次序編排，又不分類編排，雜亂無章，莫明所以；明趙維寰《讀史快編》、明余文龍《史臠》，雜録舊史，毫無章法；明魏顯國《歷代相臣傳》，鈔録諸史宰相列傳，有的入録，有的不入録：此類漫無義例之作，就更不足法了。

體例之中，有一個重要方面，就是分類。幾乎所有抄纂方式都牽涉到分類，匯編、類編尤其如此。分類的目的是將原書雜亂的內容加以條理化，並便於讀者檢閲，因之分類是否合理，直接影響到抄纂的質量。分類問題包含兩個方面：一是門類的區分，二是材料的歸類。門類的區分要科學，材料的歸類要準確。如宋沈樞《通鑑總類》共分二百七十一門，《四庫提要》批評它："所

---

① 《四庫全書總目》卷一三七。

分門目，頗有繁碎。如《賞罰》門外又立《貶責》《功賞》二門，《外戚》門外又立《貴戚》一門，《近習》門外又立《寵倖》一門，《隱逸》門外又立《高尚》一門，《積善》門外又立《陰德》一門者，不一而足。又如安重榮奏請踰分不過驕蹇，乃以此一條別立《僭竊》一門，則配隸不確；東周下迄五代，興廢不一，乃獨取申徹論燕必亡、黃泓論燕必復二條，立爲《興廢》一門，則疏漏太甚。"① 這是分類不當的典型例子。隋柳晉批評《華林遍略》一書，同一事歸入幾類，如引用梁吳筠《詠寶劍詩》"我有一寶劍，出自昆吾溪。照人如照水，切玉如切泥"，《劍》一類盡錄爲劍事，《溪》一類又取爲溪事，《玉》一類又編入玉事②。這也是分類不當，原詩的主題是詠寶劍，所以應統一歸入《劍》類。

搜羅需廣博

這主要是對匯編、類編、全編而言。這幾種抄纂方式的主要目的在於匯集資料，使研究者免於四處尋覓之苦，因而其價值即在於博與全；若搜羅不廣，其價值就要打折扣了。例如《永樂大典》，雖然如前所説，它的編排體例嚴重失當，但它網羅古籍之廣遠在其他類書之上，因而其文獻價值也就遠遠超過一般類書。

所謂搜羅廣博，還有一層意思，就是所收集的資料中有很多出自一般讀者難於見到的稀有的書或稀有的版本。搜羅雖然較廣，但只是一般常見的書，這也沒有多大價值。《太平御覽》之所以資料價值很高，就在於它所直接引用或間接引用的書不但有很多至今已經失傳，就是宋代人也已看不到或很難看到。

---

①　《四庫全書總目》卷六五。
②　見《續談助》卷四引唐杜寶《大業雜記》。

選材需精當

搜羅必須廣博，而選材則必須精當，這不但是對選編、節編、摘編的要求，就是匯編、類編、全編，也需對匯集的材料有所選擇，博中求精。這裏我們着重從選編來討論如何選材。

選材需精當，其實首先是"當"，然後才談得上"精"。選材要得當，關鍵在於選録的宗旨與標準要正確，可以説這是古籍選編的生命。例如明代"後七子"之首的李攀龍，編有一本《古今詩刪》，宋元之詩一首不選。就因爲他承襲李夢陽的復古觀點，認爲"文自西京（西漢），詩自天寶而下，俱無足觀"[①]。根據這種錯誤的宗旨來選詩，其失敗也就可想而知。唐宋詩歌的優劣自可討論，但怎能説宋元之詩一無可取？至少宋代的詩，就其總體水平來説，就遠非明代的詩所能望其項背。

選録標準是否正確，可以從下面五個方面來衡量，即"五性"：思想性、藝術性、重要性、代表性、針對性。

思想性　是説思想内容是否健康。這是選編古籍的基本標準。不論古今，不管什麽人，也不管他承認與否，他在選録古書的時候，心裏都會持有一個"思想性"的標準。孔子説："詩三百，一言以蔽之，曰：思無邪。"可見孔子（姑且認爲是孔子）選詩，他有一個思想性的標準，就是"思無邪"。實際上歷代許多人選編古書（特別是文學作品），也是以這三個字作爲第一標準。問題在於，各人的理解不同，有的理解得正確，有的理解得不正確，因而選編古籍或古代作品的標準也就大相逕庭。

宋代理學家真德秀編過一部《文章正宗》，選録歷代詩文，

---

① 《明史》卷二八七《李攀龍傳》。

其首要標準就是依照"天理人欲"的教條，"以理爲宗"，以"防淫正俗"爲旨，以致將古代很多在他看來涉於"淫亂"的優秀作品概加刪落。顧炎武對此進行了淋漓痛快的批評，他說：

> 孔子刪《詩》，所以存列國之風也。有善有不善，兼而存之。猶上古之太師，陳詩以觀民風，而季札聽之，以知其國之興衰。……世非二帝，時非上古，固不能使四方之風有貞而無淫，有治而無亂也。……選其辭，比其音，去其煩且濫者，此夫子之所謂刪也。後之拘儒，不達此旨，乃謂淫奔之作不當録於聖人之經，是何異唐太子弘謂商臣弑君不當載於《春秋》之策乎！真希元《文章正宗》，其所選詩一掃千古之陋，歸之正旨，然病其以理爲宗，不得詩人之趣。且如《古詩十九首》，雖非一人之作，而漢代之風略具乎此。今以希元之所刪者讀之："不如飲美酒，被服紈與素。"何以異乎《唐》詩《山有樞》之篇？"良人惟古歡，枉駕惠前綏"，蓋亦《邶》詩"雄雉於飛"之義。"牽牛織女"，意仿《大東》；"兔絲女蘿"，情同《車舝》。十九作中，無甚優劣，必以防淫正俗之旨，嚴爲繩削，雖矯昭明之枉，恐失《國風》之義。六代浮華，固當芟落，使徐、庾不得爲人，陳、隋不得爲代，無乃太甚，豈非執"理"之過乎！①

顧炎武的這一看法，很值得選編古代作品者深思。解放以來，當極"左"思潮盛行、"階級鬥爭爲綱"的時候，很多選本把"政治標準"抬高到了不恰當的程度，過分強調"爲當前政治服務"，將"民主性、革命性"作爲選録古代作品的準繩，這實際上是犯了與真德秀類似的錯誤。總而言之，我們認爲選編古

---

　　① 顧炎武《日知録》卷三"孔子刪詩"條，上海古籍出版社1985年集釋本。

籍，思想性不能不講，但必須用辨證的觀點，全面地、歷史地看問題，不可拘執一偏，不可走極端。只要思想内容基本上是健康的，而藝術性等其他方面也是好的，就不可僅以所謂"政治標準"而一律擯之度外；要是這樣，古代作品能入選的真是太少太少了，這其實是變相地抹殺古代優秀的傳統文化。

藝術性　這是選録古代作品（主要是文學作品）的又一條基本標準。古來的一些好的古代詩文選本如《文選》《古文觀止》《唐詩三百首》等之所以能長盛不衰，主要就因爲它們所選出的的確是藝術性較高的精品。解放以來出了很多古典文學選本，絶大多數都是旋生旋滅，其中一個根本原因就在於對藝術性重視不够。過去提"政治標準第一，藝術標準第二"，把藝術標準放到次要的地位，這是不全面的。古人說："言而無文，行之不遠。"藝術性是文藝作品的生命。藝術性平庸的作品，思想内容再好，也是缺乏生命力的。所以我們在選録古代作品時，對藝術性標準決不可有絲毫的忽視。比如有這樣兩篇作品，一篇思想内容很好，但藝術性很差或者平平；另一篇思想内容一般（並非不健康），而藝術性很高。必欲二選其一，該選哪一篇？我們認爲寧選第二篇。舉個例，有一本 1978 年出的唐詩選本，其中杜甫的夔州詩，如《秋興八首》《閣夜》等公認的名篇都没有入選，却選了《負薪行》這一首藝術性比較一般的詩，就因爲《負薪行》寫了"勞動婦女的痛苦生活"。應當説這是不恰當的選擇。

　　掌握藝術性標準，是一件很不容易的事。譬如看戲，同一出戲，不同的人有不同的看法。俗話説：内行看門道，外行看熱鬧。因此要正確評判這出戲的好壞優劣，首先要求評判者必須是内行。評判與挑選古代作品也是如此，它要求選者須有較高的古典文學修養與鑒賞能力。近幾十年出的選本，很多選者缺乏這樣的修養，甚至是外行，其産品的質量也就可想而知了。

重要性　這是説選録古代著作要看它的價值。所謂價值，也就是前面説的學術價值、文藝價值、資料價值、教育價值、實用價值。

代表性　選録古代著作時，應盡可能選擇那些具有代表性的作品，即最能反映某一時代、或某一流派、或某類著作、或某個人、或某種風格的特色的作品。《詩經》之所以堪稱詩歌選本的楷模，其中一個重要的原因就是它所選的詩具有廣泛的代表性。從詩歌體裁來説，有"風"，有"雅"，有"頌"；從詩歌創作方法來説，有"賦"，有"比"，有"興"；從内容來説，它既選録王侯之詩，也選録士大夫之詩，更選録庶民之詩，廣泛反映了當時社會各階層的生活、風俗與思想感情；從地區來説，它選了十五個不同地區的詩歌（"十五國風"），反映了這些地區不同的民風；甚而同樣是戀歌，既有出自男子口吻者，又有出自女子口吻者。真乃五彩繽紛，應有盡有。後世的詩選，没有一種能在這個方面超過《詩經》的。選編古代作品者可以從中得到很大的啓示。

針對性　選編古籍要看對象，不同的對象，除了共通的選擇標準而外，還應有不同的選擇標準。所謂對象，一是選編對象，二是讀者對象。選編各類著作，要根據它的性質與特點來決定選擇標準。例如選編史部之書，應主要看其史實與史料的重要性；選編諸子之書，應主要看哪些最能代表作者的思想；選編文學作品，則應主要看思想性與藝術性。明代有個張墉，編了一部《廿一史識餘》，摘録二十一史佳事隽語，分類排纂，略仿《世説》之體。《四庫提要》批評説："所重乎正史者，在於叙興亡，明勸戒，核典章耳。去其大端而責其瑣事，其去稗官亦僅矣。"[①] 這個批評是對的。於史書中專採隽語佚事，這類著作不少，雖然不

---

① 《四庫全書總目》卷六五該書提要。

可全盤否定，但究非正道。

　　讀者對象不同，選錄的内容、難易、詳略等自應不同，這一點不必多説。

　　這以上説的就是確定正確的選擇標準。標準定了，下一步就是精選，好中選好，精益求精。選本最忌煩蕪，這是由它的目的本身決定了的。試比較宋代的《文苑英華》與《唐文粹》這兩部書。《文苑英華》1000 卷，此書輯集梁末至唐代的文章，其實也是一部選集，但它的宗旨主要在於結集，而非精選，因而卷帙浩繁。後來姚鉉從它所收的唐文中，銓擇十一，編爲《唐文粹》。從資料價值來説，《唐文粹》自然遠遠比不上《文苑英華》；但從精粹來説，從方便一般讀者閲讀來説，《唐文粹》又超過《文苑英華》，因此它反而擁有更多的讀者。正如《四庫提要》所説："由簡故精，所以盛行。"歷來流行最廣的選本，如《古文觀止》《唐詩三百首》之類，無一不是以精取勝。

　　至於節編、摘編、匯編、類編等，在選擇材料時，其取捨的標準與選編並無根本的不同，只是各種抄纂方式在體例上有它自身的特點，因而取捨的角度自不可能完全一律。例如節編，因爲它要適當保存原書的梗概，有的内容若按選本的標準可以拋棄，而節本則不得不收，因而一般説來，節本勢不能如選本之精。如《史記》選本，可以主要從文學的角度來選，只選紀、傳而不必顧及表、志；《史記》節本則應適當收入表、志之文。明茅國縉的《晋史删》，《四庫提要》批評它將《晋書》諸志概行删去，"使一朝制度典章無可考證"；但若是《晋書選》，則不收諸志也不會遭到這樣的批評。又節編之書在删節時還要適當照顧到文意的連貫，而選編一般來説不存在這個問題。還有，選編在選中某一篇之後，可以不再考慮其中一字一句的去取，而節編則常常要考慮這一點。摘編又有所不同，因爲它是摘録片斷，因而在選擇上有更大的自由，特別是摘録詞語，主要是看它是否精粹，是否雋永，是否新異可喜。匯編、類編則主要是看資料的重要性。

録文需準確

不管用哪一種方式整理古籍，都要求引録古書要忠實、準確，抄纂古籍更不能例外。具體的要求是：（一）引書需選擇版本；（二）録文需忠於原文；（三）文字需細加校勘；（四）出處需詳明準確。關於這些，我們在前面輯佚一章中大致都已談到，可以參看。

第九章　古籍整理手段的現代化

隨着科學技術水平的不斷提高，古籍整理手段也在不斷改進，特別是外圍輔助手段已有長足的進步，如將古籍拍成縮微膠片保存，將古籍複印後校點出版，比之傳統的書庫存書、手刻雕印等手段，相去不啻萬里。它有效地改善了古籍的貯存介質，使古籍能夠更長久地保存，更方便地傳播。隨着計算機技術的應用，在古籍檢索、古籍排版、古籍掃描、古籍網絡數據以及數字化古籍圖書館等方面均取得了可喜的成績。可以説，古籍整理已經告別手寫火鑄的時代，步入現代化的行列了。相信在不久的將來，隨着古籍應用軟件的開發日漸增多，利用計算機校勘、標點、翻譯古籍，也將變成現實。

第一節　計算機與古籍整理的關係

隨着計算機技術的不斷發展，計算機在社會科學各領域中的應用也日漸廣泛。有人説："到 21 世紀還不懂計算機，猶如文盲。"這句話很能説明掌握計算機應用技術的迫切性。古籍整理是一門古老的傳統學科，其整理對象是少有人問津的故紙堆，整理者必須是勤勞而又飽學的專家，整理方法則是從收集資料開始，然後將資料歸類，最終憑整理者長年累月獲取的知識對資料進行標點、注釋等。顯然，這是一門離不開專家的學科，它的古老及處處需要人的經驗判斷等特點，決定它與計算機之間存在一定的距離，很難由計算機獨立完成這項工作。但並不是説計算機不能應用於古籍整理研究領域。

古籍整理之目的是對古籍内容的整理加工，使其文獻價值的體現形式能爲現代人所接受。考察古籍的内容，則是由一個個漢字組成的。也就是説，漢字是記録古代文獻信息的符號，通過這些符號即可以實現和計算機的溝通，從而利用這種强大的信息處理工具，實現古籍整理手段的現代化。我們知道，計算機對現代中文文獻的處理，也是通過處理漢字符號而實現的。從道理上講，只要利用現代技術去處理古籍，很容易使古籍整理搭上信息高速公路的快車。可以説，將計算機相關技術引入古籍整理工作中，是實現古籍整理手段現代化的必要條件。

但是，用計算機處理古代文獻，遠比處理現代文獻的難度要大。現代廣泛使用的漢字已經過簡化規範，其所藴含的信息量遠没有古籍中所用的漢字複雜多變。漢字作爲一種語言符號，其字義和字形有確定的一面，也有經歷史積澱而呈現多層次變異的不確定的一面。相對於現代漢語而言，古代漢字中這種變異的因素更爲複雜：一個漢字不僅有更多層次的語義，而且還有遠較繁簡體複雜得多的各種書體和變體。這種不確定因素，給計算機處理古籍帶來較大困難，首先表現在文字信息處理技術方面。文字信息庫、知識結構庫均需重新構建，在此基礎上，才能實現對古籍的自動校勘、標點、翻譯、全文檢索等手段的現代化。

計算機科學和古籍整理是兩個不同門類的學科，但二者是可以合作的。古籍整理藉助於計算機，可以盡快駛上信息高速公路，填平古代與現代之間的鴻溝，使祖先的文化遺産更直接地服務於現實社會；計算機技術應用於古籍整理，可以開拓更廣闊的應用空間，大展身手。因此,古籍整理手段的現代化,需要古籍整理專家和計算機二者密切的合作。其中,古籍整理專家應起到主要的作用,而計算機則作爲輔助手段,爲古籍整理專家提供幫助。

古籍整理手段的更新勢在必行

古籍整理作爲一門學術，已經過幾千年的發展，具備了相對獨立和完整的體系。古籍整理學涉及目録、校勘、版本等多種門類，還要做到"辨章學術，考鏡源流"，這就要求古籍整理專家必須具備文字、音韻、訓詁等方面的專業知識。這門學術包含的知識量、信息量是相當驚人的，從事這項工作的學者，没有多年的積累，决不敢輕易下筆。所以，許多舉世聞名的學者，窮盡畢生精力，也只有少許力作傳世，真是"皓首窮一經"了。面對信息大爆炸、高速度、快節奏發展的現代社會，古籍整理與現實的矛盾越來越大，最突出地表現在以下幾個方面：

知識積累時間長：古時候的學者都是"幼而習之"，即使白髮蒼蒼，也不敢説窮盡一經。有的學者用畢身精力研治一種書，從成千上萬種圖書中收集相關資料，寫下的筆記卡片也成千上萬張，耗時費力，將大量寶貴的時間和智慧都用在了材料積累上。而今天的年青學者，要經過小學、中學、大學的道道關口，要應付知識大爆炸的轟擊，不可能像前代學者那樣，用畢生精力去從事古籍整理事業。在這種情況下，如果再用舊方法去整理古籍，不僅後繼乏人，而且整理的質量也靠不住，還談什麽發展古籍整理事業、弘揚民族文化呢？

成果研製周期長：前代學者校注一部書，動輒要用十年、二十年工夫，甚至耗盡畢生精力，最終還是未完稿。究其原因，大量時間均耗費在收集有關資料上，而且以一人之力，就算從各種渠道將資料匯集起來了，還是有不全的感覺，下筆時依然小心翼翼，唯恐授人以柄。而當今社會要求學者快出成果，多出成果，根本不可能像古人那樣做學問，成果質量不高就可想而知了。

成果出版難度大：古人出書，往往都是自費刻印，刻印數量一般不大。而許多無力刻書的學者，其著作多以稿本、鈔本的方式流傳，失傳的概率極高，給我們留下了深刻的教訓。印刷技術革新以來，古籍的出版已有較大改觀，書籍出版的速度和數量已經遠遠高於從前，但相對於十餘萬種存世古籍而言，已出版古籍的數量還微不足道。而今天面臨經濟大潮的衝擊，出版社多從經濟利益考慮，不願意出版賠錢的古籍整理專書。學者出書，動輒等上十年八年，能够順利出版，已是僥天之幸。一些學者爲了加快出書進程，往往採用協助出版的方式，但這畢竟不是長久之計。因此，出版專書，已經成了困擾古籍整理專家的一道難題。

成果形式太單一：成果形式單一表現在兩個方面，一是成果表現形式的單一，一是成果載體的單一。古籍整理成果，主要内容有古籍校點、校注、輯佚、今譯、編纂等類成果。雖然經過學者嘔心瀝血的辛勤整理，但這些成果在很大程度上是寫給專家看的，其讀者面相當窄小。而且在成果表現方法上多爲文字叙述，缺少圖像和聲音的輔助，顯得呆板而深奧，不利於普及推廣。成果載體主要爲紙張，而且在版式、開本等方面略顯單調，給人以古樸但缺乏活力的感覺。

可以説，古籍整理發展到今天，陳舊的整理方式和單純的書本傳播方式，已經制約了古籍整理的繼續發展。特別是在計算機技術高度發達的今天，網絡和多媒體技術飛速發展，已經爲古籍整理手段的現代化提供了最大的機會。而要充分發揮計算機的作用，最好的方法就是將古籍轉化爲計算機能識別的數字化符號，進而實現古籍整理手段和傳播媒體的現代化。目前數字化的方式有兩種，一種是利用數字化掃描儀或相機將古籍處理爲圖像，可供電腦屏幕顯示以便查閱；一種則是以文本方式錄入電腦，爲檢索、整理及製作圖書、數據庫等提供便利。

　　數字圖像技術的發展，使古籍影像不僅可在電腦屏幕上顯示，而且可以在計算機上進行修復，在網絡上進行傳播，很好地解決了古籍保存與使用的矛盾。在數字化系統中，很容易實現古籍全文與圖像的翻轉對照，對文字復核、版本比勘等大有裨益。此外，OCR光學識別技術的發展，可將古籍轉化爲文本，結合人工校對，可以實現古籍的全文本化，便於檢索與排版及裝入數據庫。通過人工智能技術，可以從圖像文件中自動抽取題名、著者等檢索點，並形成索引，爲建立專題數據庫，以及古籍整理的深加工，提供了巨大的機會。

　　同時，由於相關技術的發展，人們可以建立大型數據庫，將歷代要籍裝入數據庫中，使用者能夠各取所需，可以大大縮短知識累積的漫長歷程，使學者從手抄卡片的勞累中解放出來，從而充分拓展人的智慧空間，發揮人的創造才能，從而使古籍整理在質量、數量方面更上一個臺階。如果利用計算機網絡技術，將各大圖書館所藏古籍數字化後，配上檢索系統，送上網絡運行，那麼學者坐在家中就可翻閱所需書籍，無須像前代學者那樣將大量時間耗費在旅途勞頓中。利用現代化的輔助研究工具，解脱繁重的體力、腦力勞動，充分發揮專家在智能上的潛力，既可加快成果研製速度，又能保證質量；而且在成果完成的同時，排版校對工作也趨於完成，這必將大大加快成果出版的速度。成果體現形式也變得多姿多彩，既可以是傳統的書籍，也可以是電子文本，甚至還可製成具有强大的檢索功能，集文字、聲音、圖像於一體，爲廣大讀者喜聞樂見的多媒體電子讀物，既可以爲專家服務，也能吸引更多的讀者。可以説，隨着網絡和存儲技術的發展，古籍整理這門古老的學科必將焕發青春。

計算機應用在古籍整理中的優越性

　　前面已經談到，計算機能夠在很大程度上解決古籍整理工作面臨的困難，能夠在古籍整理成果的研製，特別是出版與傳播方面，爲古籍整理贏取更多的機會。那麼，在古籍整理的具體項目中，利用計算機技術究竟具有多少優越性呢？

　　下面，先看一些實例。

　　四川大學古籍所在編纂《全宋文》的過程中，曾多次利用手工編製索引，比如作者索引，動用 10 多人，耗時 7 天，才將近萬名作者名單按四角號碼排比成序，製成文件袋，建立了《全宋文》作者檔案，然後鈔寫編目，所用時間累計達 800 多小時。後來，《全宋文》編纂完成後，進入審稿階段，我們用計算機重新編製作者索引，從錄入作者名單、冊次、卷次，到校對、排序，所用時間加起來不超過 30 小時。在排序時利用我們所研製的《中文索引編製系統》，從排序到排版輸出大樣，不到 10 分鐘。

　　又如，劉琳、沈治宏合編的《現存宋人著述總錄》，在收集資料時，靠出差、寫信請各地朋友幫忙等手段，花費了近 10 年。後來又耗時近 5 個月將資料排比歸類，按四角號碼編序，準備交出版社鉛排付印。但因陸續收到的資料還不少，一旦採用鉛排，在排定版式後要重新排索引、添頁碼不說，還將面臨添加新資料推版重排的危險。恰好此時古籍所開始推廣使用微機，於是編者將全部資料輸入數據庫中，並隨時添加，到 1997 年匯總出版時，又補充了數百條資料。最後，將所有資料輸出校對完畢，利用《中文索引編製系統》排序、排版，短短幾天之內即下廠付印。全書分類編排，附有作者、書名四角號碼索引，並附拼音、筆畫檢字索引，使用起來非常方便。

　　從上例可以看出，利用計算機輔助古籍整理，其優越性首先表現在工作效率的大幅提高上。如第二例中，手工編製《現存宋人著述總録》（約 70 萬字）的分類與索引部分，耗時近 5 個月，如果用鉛字排校的話，還約需 3 個月。而採用計算機進行分類、編序與排版，大約 10 天即可全部完成。如果各大圖書館書目、各大類圖書目録都已經建成數據庫的話，編製類似《現存宋人著述總録》一樣的書目，幾天内即可全部完工。可見，利用計算機整理古籍，有助於將人力從繁重的資料收集和分類中解脱出來，大大降低勞動强度，從而提高工作效率。

　　其次，計算機在計算的準確性與惟一性方面，也大大優越於手工，有助於提高古籍整理的質量。比如編筆畫、四角號碼索引時，常常遇到一些字，各種字典的劃分不同，各人的數碼方法也不同，體現了很大的隨意性。而計算機就不同了，一字一碼，嚴格按選定的標準編碼，檢索起來也可靠迅捷得多。

　　再次，計算機在資源共享方面，有巨大的潛能可供挖掘，這將爲古籍整理形式向多元化發展帶來巨大的機會。經過整理的古代文獻資料，以電子文本的形式保存在微機中，可以全方位、多角度地加以利用，使古籍整理成果更好地爲現代化建設服務。比如《全宋文》，如果僅以書本的形式保存，必將受制於各種資料的原始編排方式，要想從軍事、經濟、語言文學、歷史、哲學等多個角度進行資料檢索的話，就很不方便。而面對電子文本的《全宋文》，只需給出一定的指令，就可輕而易舉地將所有資料按類劃分，在數秒鐘之内取得所需資料，便捷、可靠、全面，使你的研究工作更加得心應手。

　　具體地説，應用傳統整理手段可以進行的項目，往往也可利用計算機作爲輔助手段進行整理，從而使整理的效率和質量都有很大的提高。

利用計算機輔助古籍整理的軟硬件

　　計算機系統是由硬件和軟件兩部分組成的，硬件指計算機、掃描儀、打印機等，軟件則指支撐系統運行的平臺以及可供處理古籍圖像及文字的程序等。適用於整理古籍的系統，在硬件方面應具有存貯空間大、處理速度快的基本要求，如以 1TB（固態硬盤）＋16TB（機械硬盤）＋32GB 内存條的條件配置主機存貯器，以應對保存大量古籍影像的需要。而在軟件方面，除了 Windows 等系統軟件之外，還應配置漢字處理軟件及圖像處理軟件，如 WPS Office、Microsoft Office 等辦公軟件及方正書版系統等專業排版軟件等。另外，可配置一臺激光打印機，以備打印校樣之用。

計算機應用常識

　　爲了在古籍整理中充分發揮計算機的作用，從事古籍整理研究工作的學者，有必要盡可能多地了解計算機知識，掌握一些計算機的應用技術。比如對計算機發展情況、工作原理以及計算機的軟硬件構成等，都應該有所了解。以下略作介紹。

　　計算機發展簡史：世界上第一台電子計算機 ENIAC 誕生於 1946 年，由美國賓夕法尼亞大學的 J. P. Eckert 和 John Mauchley 博士研製，所有元器件都採用電子管，被稱爲第一代計算機。它的體積龐大無比，需要 1800 平方米的場地來安置，重達 36 噸，而計算速度僅 5000 次/秒。1958 年，出現了採用晶體管製成的計算機，被稱爲第二代計算機，代表機型有 NCR304 等。1965 年後，又出現了採用集成電路的計算機，如 IBM370 等，號稱第三代計算機。我們今天廣泛使用的計算機，又稱微型計算機或微機，屬於計算機家族中的第四代產品，它採用大規模集成電路（LSI）和超大規模集成電路（VLSI）製成，代表機型爲IBMPC系列。它具有體積小、功能强、價格低等特點，個人和家庭都有條件購買，因此又被稱爲個人計算機或家用電腦。目前，具有人工智能性的第五代計算機，正在研究並逐步投入使用，必將爲古籍整理應用展現更廣闊的前景。

微型計算機的構成：微機系統由硬件和軟件兩部分構成。硬件部分包括主機和外圍設備。軟件部分分爲應用軟件和系統軟件兩大類。系統軟件包括操作系統、程序語言及編譯系統等，它支持應用軟件在微型計算機上的運行、開發和使用。應用軟件是指具有專門功能的軟件，如方正電子出版系統、Excel數據管理系統等。

微機系統的組成如下圖：

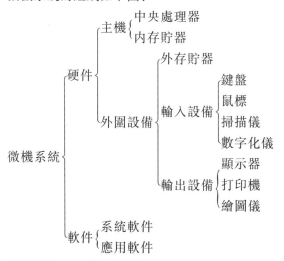

微機硬件由主機和外圍設備組成。最基本的組成部分包括主

機、鍵盤、顯示器、打印機四大件。

　　主機是微機的主要部件，主要由主板、電源、硬盤驅動器、軟盤驅動器、揚聲器和一些電纜連綫及機箱組成，它負責協調微機各部分的工作，保證信息處理能按照規定目的進行。

　　微機的系統主機板是一塊多層印刷電路板，是微機的核心部件之一，它是根據不同的系統總綫結構設計的。常見的總綫結構有：ISA、EISA、VESA 和 PCI 等。不同的總綫結構使微機的性能差異較大。主板上有中央處理器（CPU）、ROM、RAM 和輸入輸出接口電路，另有若干個擴充槽用於插接外部設備。

　　中央處理器（CPU）：它是微機的靈魂，控制微機的計算、處理、輸入和輸出等工作，直接關係到處理速度的快慢。古籍整理工作者在選擇 CPU 時，應當以準確、快捷地處理數據爲原則，選擇已經大量應用、性能可靠的 CPU，如 Intel 公司生產的酷睿系列處理器等，不必追新獵異。

　　内存貯器：簡稱内存。微機系統主板上有兩種存儲器，即只讀存儲器 ROM（Read－Only Memory）和隨機存取存儲器 RAM（Ramdom Access Memory）兩種。ROM 存貯系統信息，只可讀出，不能再寫入信息。RAM 則供用户臨時存取信息，可讀可寫，但斷電後信息會自動消失。RAM 是微機數據的信息交流中心，因此 RAM 容量的大小往往是衡量微機性能的重要指標。現在流行的微機都允許擴充 RAM 的容量。存儲容量的大小是用字節（byte）來表示的，在計算機中，一般把 8 個二進制位稱爲一個字節，通常用一個字節來表示一個存儲單位，1024（即 2^{10}）個字節被定義爲 1 千字節，用 1KB 表示，1024KB 字節被定義爲 1 兆字節，用 1MB 表示，1024MB 字節被定義爲 1 千兆字節，用 1GB 表示。目前個人微機一般配置 8GB—16GB 的内存儲器。

　　外存儲器：又稱爲輔助存儲器，常用的有硬盤、移動硬盤和

U 盤等，可讀可寫，所保存的數據不會因斷電而丢失。隨着網絡技術的發展，目前比較流行的還有網盤或雲盤，提供雲存儲服務，爲移動辦公、信息共享等帶來便利。硬盤一般裝在主機箱中，常用的固態硬盤（SSD）和機械硬盤（HDD）。SSD 采用閃存顆粒來存儲，運行速度很快；HDD 采用磁性碟片來存儲，具有存貯空間大的優點。因此，個人配置的計算機外存貯大多采用 SSD＋HDD 的模式，古籍整理工作者可考慮以 256G 固態硬盤搭配 8TB 機械硬盤，相對經濟適用。另外，可配置 4TB 以上的移動硬盤及 64GB 左右的 U 盤，以便於資料備份及交換之用；還可安裝雲存儲軟件，申請網盤，如百度網盤（BaiduNetdisk-Download）等，以便於下載或上傳資料之用。

鍵盤是主要輸入設備，用户通過它向計算機輸入程序和數據。對古籍整理而言，采用鍵盤輸入數據仍是目前最常用的方式。

使用鼠標輸入則簡化了計算機操作，特別是在 Windows 等環境中，利用掃描識别方式輸入古籍，用鼠標操作就更便捷，輕鬆點擊屏幕上的菜單項即可調用相應的程序軟件。

顯示器、打印機爲主要輸出設備，其作用是把微機處理後的信息顯示或打印出來。古籍整理工作者看着屏幕操作的時間較多，應當選用高清晰度、大尺寸的顯示器（如 24 吋液晶顯示器）。

第二節　計算機在古籍整理中的應用現狀

利用計算機處理古籍，開始於 20 世紀 70 年代末，人們利用電腦編製了一些索引，開發出了專題檢索數據庫。當時有學者對這一新興事業予以探討，如 1988 年，曹書杰發表《古籍整理與電子計算機應用研究的思考》一文①，提出了計算機輔助整理古籍的“機整”的概念，探討了古籍今譯、注釋、訓詁、校勘、輯佚與匯編等方面利用計算機的基本問題。然而，直至 90 年代，人們對利用計算機整理古籍的認識，仍顯模糊，因此才有五花八門的名稱，如“史籍自動化”“古籍電腦化”“古籍自動化”“古籍電子化”等。1996 年，上海圖書館開發“古籍善本全文光盤”，以圖像的形式將館藏善本古籍全文數據録入光盤，附有標引、檢索、查閲等功能，劉煒、陳秉仁在介紹這一工程時，首次提出了“古籍數字化”的術語②。1998 年底，由上海世紀出版集團上海人民出版社、香港迪志文化出版有限公司推出《文淵閣四庫全書電子版》，堪稱古籍數字化的標誌性成果，而負責該工程技術工作的北京書同文電腦技術開發有限公司，不久後即更名“北京書同文數字化技術有限公司”。進入 21 世紀以來，古籍數字化成果逐漸增多，“數字化”的概念逐漸爲學術界所接受。可以説，古籍數字化已成爲古籍整理手段現化代的必由之路。

　　利用數字化技術，終於使古籍搭乘現代技術而高速發展，其成果數量之多，品種之豐富，信息傳播之快捷，都是空前的。原本束之高閣的古籍，通過微機、網絡、光盤、網盤等載體，使古籍研究者坐在家中即可輕鬆查閲。古籍整理的手段，正向着現代化的方向飛速前進。爲實現古籍整理手段的現代化，海内外學者作了不懈的努力。他們的成就主要體現在以下三個方面：

　　（1）對基礎工作的研究，包括對古籍整理適用的字庫、操作

---

①　載《古籍整理研究學刊》1988 年第 1 期。

②　劉煒《上海圖書館古籍數字化的初步嘗試》，《圖書館雜誌》1997 年第 4 期；陳秉仁《古籍善本數字化的嘗試——中國古籍善本查閲系統述略》，《現代圖書情報技術》1998 年第 1 期。

平臺、輸入輸出、校對工具等的研究。

在電腦字庫方面，國標 GB2312 字符集的 6763 個簡化漢字，爲多數中文辦公系統所共有，但用以處理古籍顯然缺字太多。用以處理古籍的字庫，以前應用較多的有我國臺灣地區 BIG5 的 13051 個漢字集，老方正系統的 14000 個繁體漢字字符集，以及"漢字擴展内碼規範（GBK）"的 21886 個漢字、CJK "中日韓大字符集"的 20902 個漢字等。最近，電腦字庫環境有較大改善，湖南愛迪高技術産業公司的華天超大字符集結構字庫，號稱處理 10 萬漢字；全國高等院校古籍整理研究工作委員會的重點項目——全漢字系統的研製工作也即將完成。而目前投入使用的大規模漢字字形庫，有北京中易電子公司構建的 95000 個漢字字形庫，並利用"全漢橋 2000"漢字處理系統進行管理和使用。另外，日本"文字鏡研究會"所建立的"文字鏡字庫"，收字多達 110000 個。而可以同時處理多國文字的 ISO/IEC 10646 國際標準字符集，也漸漸得到學術界的認同。新方正書版 9.11 等系統，除擁有多達 5 萬多漢字的專用字庫外，還有幾十種字庫全面支持 GBK 字庫，輔以功能強大的補字軟件，解決古籍圖書出版，已没有多少難度了。隨着進一步開發的包含 40000 多漢字的 CJK Extension B 字符集的廣泛應用，阻礙歷史文獻資源全球共享的文字壁壘，也可望迅速化解。可以説，困擾古籍數字化工作的字庫瓶頸，正逐步得到解决。

（2）對通用系統的研究。中國社會科學院的古文獻處理系統，擁有 45000 字的字庫，已爲《全唐詩》等數千萬字的歷史文獻建立了數據庫，可進行字句、作者等多項檢索操作；我國臺灣地區"中央研究院"的"中文文獻處理系統"（CTP），具備版本校勘、全文檢索等功能，實用效果良好；北京書同文公司在研製《文淵閣四庫全書電子版》時開發的古籍數字化系統，集掃描、文字識別、校對、全文檢索、標籤、資料管理、查詢工具、打印等功能於一體，而且較好地解決了造字問題，既具有很好的示範意義，也具有很强的實用性。

在校對、輸入輸出等工具開發方面，也有很大進展，如河北大學研製的“古籍繁體漢字識別系統”，已成功地將《續資治通鑑長編》720萬字錄入電腦，識別率達到95％。南京大學古文獻所研製的古籍人名索引自動生成系統，能夠自動抽取文本中經標注的人名，並按四角號碼、拼音、部首、筆畫等排序。此外，還有一些針對特殊文字的輸入輸出和識別而開發的系統，如上海博物館的《中國碑刻信息系統》及甲骨文字形在綫識別系統，南京大學和蘇州大學聯合研製的甲骨文輸入輸出系統，武漢大學研製的甲骨文、篆文、草書、隸書的輸入輸出系統，我國臺灣地區電信研究所研製的“甲骨文翻譯器”等。

（3）在具體的應用研究方面，其成果最終體現爲古籍數字化產品。古籍數字化自起步至今，經過30餘年的發展，在10餘萬種古籍中，實現全文檢索的已超過10000種，以圖像方式數字化，藉助於光盤、網絡傳播的古籍影像資料，保守估計也已超過20000種。而從歷史時限看，宋以前的典籍，絕大部分已經實現數字化。數字化產品作爲最新的古籍整理成果，以嶄新的檢索方式和專題資源匯總方式，爲傳統文化愛好者和研究者提供了最大的便利。

應用研究的範圍較廣，涉及古籍整理的，主要是針對專書專題而開發的檢索系統或研究系統，而對古籍整理手段現代化的研究，比如對古籍版本校勘、文本校對、輯佚、校點、翻譯的研究則顯得薄弱。

針對專書建立大型資料檢索系統，是海內外古籍整理學者重點努力的方向。如深圳大學的《紅樓夢》和《全唐詩》兩個檢索系統，哈爾濱師範大學的《史記》全文檢索系統，南京師範大學的《全宋詞》檢索系統，中國社會科學院的《全唐詩》《十三經》《全唐文》等檢索系統，河北大學的《續資治通鑒長編》史料庫，四川大學的全國省誌宋代人物資料管理系統、宋遼金元文學資料庫以及蘇軾朱熹全集全文檢索系統等。

爲專書研究而開發的研究系統，北京大學計算語言研究所和北京大學古文獻研究所合作研製的《全宋詩》分析系統，首選陸游《劍南詩稿》爲對象，采用全文檢索和超文本技術，具有閱讀、檢索、統計等功能，並通過計算相鄰字的"互信息"等方法進行語料的自動抽詞和建詞典，支持詩文自動注音，并且可以自動判斷詩作的韵脚，爲計算機輔助古詩研究工作提供了十分有益的嘗試。北京師範大學的《説文解字》計算機研究系統，按字形、字義、音韵分別建立了三個數據庫，也爲系統研究《説文解字》提供了方便。

藉助計算機技術編製打印古籍索引，包括書目索引和專題索引，這一類的成果也較多。書目索引有南京圖書館研製的"中國古籍書目機編索引與檢索系統"、廣西大學的類書索引編製系統等。專題索引是針對某一書而編製的詞條或逐字索引。四川大學古籍所研製的《中文索引編製系統》，主要用於編製圖書索引，如辭書類索引或逐字索引，能自動按四角號碼、拼音、筆畫排序，自動編出索引並排好版式。逐字索引有山東社科院的《論衡》逐詞索引、中國社科院和安徽師大合作的《兒女英雄傳》虛詞引得、蘭州大學的《朱子語類輯略》虛詞引得等。

此外，中國科學院心理研究所李家治等人的《機器理解古漢語系統》，以"守株待兔""畫蛇添足"等10個成語爲對象，通過人機對話，將古漢語自動翻譯成現代漢語。盡管這一系統還很難付諸實用，處於嘗試性階段，但其意義却不可小視，可以説是在古籍整理手段的現代化方面進行了十分有益的探索。

在古籍整理手段現代化方面，應用計算機較多的，還有古籍出版的電子化。目前出版社出版古籍，已基本上不用鉛排。盡管沒有專用的古籍整理出版系統，但運用方正電子出版系統和Office Word系統進行古籍排版卻十分普遍。如《全宋文》《中華大典》等大型圖書，即采用方正系統排版。還利用掃描技術，影印出版古籍的，有四川大學古籍所編纂的《諸子集成補編》《續編》《新編》及《易學集成》等。

而利用光盤等介質出版圖形型或文本型電子古籍，並附以適用的檢索系統，以電子出版物的形式推向市場，則在近年有較大發展。其中成績最爲顯著的，應該是北京書同文公司的"文淵閣四庫全書電子版""四部叢刊電子版"及臺北"中央研究院"的"漢籍電子文獻資料庫"。

在古籍整理中運用微機技術的範例，還遠遠不止上述這些。而將數字化後的古籍送上網絡，實現資源共享，更是今後應當重點發展的方向。目前在網絡上可以查詢的古籍系統已有一些，如南京師範大學的《全宋詞檢索系統》等。許多專家建議開闢古籍專用網站，以便讓大家在上面交換信息，提供查詢或下載資料服務，這是一個非常好的建議。網站的設立和資料的不斷擴充，將爲古籍整理的現代化鋪平道路。

古籍數字化

古籍數字化，就是將古代典籍中以文字符號記錄的信息輸入計算機，從而實現了整理、存貯、傳輸、檢索等手段的計算機化。古籍數字化是實現古籍整理手段現代化的基礎，只有將古籍輸入電腦後，才談得上古籍整理手段的更新，以及更具體的應用研究。

　　中國的古籍資源數字化工作起步於 20 世紀 80 年代，而在 90 年代中期以後迅速發展。隨着《四庫全書》《四部叢刊》等 "全文電子版" 等標志性產品的面世，古籍數字化的影響越來越大。人們對古籍資源的特徵以及古籍數字化的原則、方法等都有進一步的探討，從而爲這項工作的開展奠定了良好的基礎。

古籍數字化的方式

　　古籍數字化的方式，主要有三種。一是全文本式，藉助文字符號而實現信息存貯介質的轉換，即古代典籍中的文字信息，通過具體的輸入方法，存入電腦的內外存貯器中。這種轉換的結果是電子文本，是古籍數字化的主要形式。其優點是多方面的，首先是佔用的存貯空間小，一個漢字僅佔 2 個字節的磁盤空間。一套字數近 4000 萬的二十五史，要用 200 本（每本 20 萬字）書籍來保存，而改用光盤（600MB）存貯，一張光盤至少可存貯 7 套二十五史。其次是便於具體的文字處理，如文字的增删移改等操作極爲簡便，還可通過字符實現多功能檢索和段落的重新組合等。再次是信息交換的途徑增多，費用極低。比如通過移動硬盤及網盤等存貯介質可以無限地複製（Copy），而複製的成本幾乎可以忽略不計；通過網絡還可傳送到數千公里外，既省時省力，又花費很少。所以古籍一旦以文本方式存入電腦，就爲使用者帶來巨大便利。其缺點是輸入電腦過程中需耗費較多的資金、人力和時間，如果伴以校點、校注等整理方式，則輸入成本變得很大；而且數字化後，古籍原有的文獻價值雖得以保存，而文物價值卻有所損失，不過無論如何還是利遠大於弊。隨着電腦輸入方法的改進，這種數字化的方式必將更受青睞。

　　二是圖像形式，即通過掃描儀、數據化儀、數碼相機等工具，將古籍原本經數字化後以圖形方式保存到電腦中。這種方式的優點是投入較少，省時省力，而且速度很快，保存了古籍的原版風貌，既使古籍的内容得以完整保存，又使古籍的版本形式得以完美呈現。所以這種方式比較適合於圖書館保存古籍，它將爲讀者特別是異地讀者（通過網絡）使用古籍帶來巨大的方便，也將爲圖書館節省大量的存貯空間，而古籍存貯數量更多，保存時間也更久。缺點是佔用的硬盤空間相對較大，如用文本方式一張光盤可貯存 7 套二十五史，而用圖形方式保存，可能要 10 張光盤才存放得下；並由此帶來傳輸成本變大，網絡費用增加。而且在對古籍内容的檢索、編輯等方面，都遠不如電子文本來得方便。儘管這不是最佳的數字化方法，但却是目前條件下值得提倡使用的方法。用同樣的資金和人力，這種方法將使數字化的古籍數量更多，也將使更多的人受益。而且一旦將圖形轉換爲文本的OCR 技術發展成熟，這些以圖形方式保存的古籍，均可轉換爲文本方式，則可實現全文檢索、字頻統計等功能。

　　三是文本帶圖形式，這種方式綜合了前兩種方式的優點，符合古籍數字化的基本原則，是今後應當提倡和重點發展的方向。目前，採用這一方式數字化古籍的代表作，主要有書同文公司研製的《四庫全書》《四部叢刊》及"中國基本典籍庫（V8.0）"等檢索系統，既有全文數據庫，又有相對應的圖像版本等。

　　此外，古聯（北京）數字傳媒科技有限公司開發的"籍合網"，將中華書局等整理出版的古籍數字化，整合構造了多種數字化產品，提供檢索、下載等服務，並提供綫上整理平臺，頗具特色；上海古籍出版社開發的"匯典·古籍數字服務平臺"，分"典籍整理文獻數據庫""中國地方文獻總庫""出土文獻數據庫""匯編文獻數據庫""絲路文獻數據庫"五大板塊，融專業整理與國學傳習於一爐，目前可供使用的數字化資源已有 3 億多字。二者代表了傳統紙業出版向電子出版轉型的趨勢，做出了十分有益的探索。

關於古籍數字化的原則及數字化古籍的特徵，已有學者開始探討這些問題[①]。對數字化古籍應遵循的原則，有學者提出"保真原則"和"整理原則"相輔而行的想法[②]。所謂"保真"，就是盡可能多地保持古籍原版風貌，具體表現形式是製作古籍圖形版，其優點正是"保真"，而缺點是不便檢索；所謂"整理"，就是要擴大古籍的"資料應用性"，具體表現形式是具有全文檢索功能的數字文本版，其優點是檢索速度快、擴展利用價值多，缺點是可能失真。所謂相輔而行，就是圖形版和文字版間具備相互比照的功能，能够快速準確地進行定位切換。這樣，保持原版風貌的圖形版，儘管附加有放大縮小、增添書籤、改變顏色等功能，其內容仍是"保真"的；文本版因通過文字處理實現數字化，不可避免地會存在校對失誤，以及整理過程中因字體字形規範化處理而帶來的"失真"。古籍整理學者使用文字版時，遇到不放心之處，則可按下"原版"按鈕，與疑誤文字映照的原版圖形即時顯現，以供其定奪。可見，圖形版與文字版相輔相成，取長補短，不失爲古籍數字化的最佳方案，其優越性是印刷版書籍無法比擬的。

當然，如果古籍僅是以電子圖形版的方式實現數字化，則除了閱讀環境的差異外，與印刷版古籍並無太大的差別，並不能充

---

① 李國新《中國古籍資源數字化的進展與任務》，《大學圖書館學報》2002 年第 1 期。

② 李運富《談古籍電子版的保真原則和整理原則》，《古籍整理研究學刊》2000 年第 1 期。

分展現計算機的優勢。因此，數字化古籍應當以電子文本版爲主，以盡量擴展古籍的可利用價值爲開發目標。一個開發得好的數字化古籍系統，應當具備以下特徵：

（一）以全文本爲主，古籍原版映像爲輔。即以漢字編碼的形式將古籍全文存入計算機中，同時提供與文本相互映照的原版圖形，只有這樣，才能最大限度地方便和滿足使用者的需要。

（二）實用便捷的檢索功能。計算機檢索的方式較多，也較複雜，古籍檢索必須考慮到古漢語構詞及語法的特點，以簡便實用爲原則。即在全文檢索的基礎上，除採用最常見的關鍵詞檢索，並輔以條件檢索、組合檢索、模糊檢索外，還應該以屬性檢索作爲重點開發的功能。儘管屬性檢索在檢索詞典的構建方面有一定難度，但這種構建無疑是事半功倍的，將給使用者帶來方便。

（三）具有超文本鏈接功能，能够鏈接插圖、注釋及正文間的相關文字等；提供實用的在綫查閱功能，如歷史地圖，干支紀年與公元紀年的換算，字體、字音、字義的查詢等；利用多媒體技術，提供與文字相匹配的實物圖像，如歷史人物像、衣飾、戰場地形圖等，以及欣賞文學作品時的配樂、插圖等。這些功能的實現，將使人們的閱讀興趣由書本轉向屏幕，在全方位的知識庫中，賞心悅目地完成整個閱讀過程。

古籍數字化的方法

實現古籍數字化，首先應選擇數字化的對象——古籍的版本。在確定版本後，還應調查相同版本的複本情況，應盡量選擇書頁、内容完整者，來進行拍攝或複印，以盡量減少數字化後版面修復、校對的工作量。

其次，還應開發進行數字化的計算機軟件。北京書同文數字化技術有限公司在開發《四庫全書》與《四部叢刊》電子版時，即研製了一整套數字化軟件，包括圖像掃描、切分、處理系統，人工智能手寫識別引擎，將圖像切分並轉換爲漢字，又用校得快、校得準、校得精三種聯機校對軟件，逐字逐句地比對圖像進行校對，最後還請專家進行抽樣檢查，形成比較可靠的電子文檔。進而開發檢索系統，實現全文、分類、書名和著者等多種檢索模式，從而完成了原文圖像與文本數據可以對照切換的宏偉工程，爲古籍邁向現代化做出了極爲有益的嘗試。在成功研發《四庫全書電子版》之後，北京書同文數字化技術有限公司一鼓作氣，又開發了《四部叢刊電子版》，其主要過程與前者相似，即"縮微拍攝，圖像掃描，OCR 識別，軟件聯機無紙校對，XML結構化置標"①。在字庫方面，他們采用了湖南華天信息產業有限公司的 HT＿CJK＋字庫。隨後，他們又用相同的技術流程，相繼開發了《歷代石刻史料匯編》《十通》《康熙字典》《大清五部會典》《大清歷朝實錄》等全文檢索版。並在《文淵閣四庫全書電子版》和《四部叢刊電子版》的基礎之上，延伸開發了《古籍字頻統計工具》（詳情可登錄公司網站 http：//www. unihan. com. cn/）。可以說，書同文公司在古籍數字化領域作出了卓越的貢獻，其數字化的技術，已處於領先的水平。

北京大學開發的"中國基本古籍庫"版光盤也爲人們樹立了一個樣板，該光盤系統在書同文數字化方法之外，有兩點值得借鑒，一是所選典籍，是經權威學者從 10 餘萬種古籍中精心篩選，不同於對現成典籍的數字化，已具有編纂加整理的功效；二是提供一個版本的全文文本之外，又附錄一至兩個古籍版本的圖像信

---

① 《四部叢刊電子版·產品介紹》。

息，對版本校勘及古籍整理具有深遠的意義。

尹小林先生通過構建《國學寶典》數據庫的工作，總結出了古籍數字化的一整套方法，他認爲："古籍電子化是指利用現代計算機技術，對古籍文獻進行科學系統的整理，主要應解決存儲與檢索問題。古籍光盤軟件開發的基本程序是：①選書（確定版本）；②數據規劃（分析數據結構，例如：詩歌、散文、圖錄、書目等數據有不同的結構）；③録入（人工録入或者掃描）；④補字（現有字庫用於古籍整理，缺字較多，造字工作量大）；⑤審校（打印、初校、復校、三校、初審、復審、終審）；⑥標引（篇名、作者、卷數、體裁、段落、圖表，此工作量較大）；⑦軟件編寫（設計邏輯框圖，選擇計算機語言，確定漢字平臺，編寫程序）；⑧數據聯調（掛接數據、圖表、聲音，關聯字典、幫助文件）；⑨軟件測試；⑩界面設計。"

這是録入文本製作數據庫的流程，與書同文的方法有所區別。

對古籍整理工作者來説，許多人面臨的並不是數字化古籍的任務，而是如何更好地利用數字化古籍的成果，提高古籍整理與研究的水平。如果手邊有大量的古籍需要數字化，完全可以委托像書同文那樣的專業公司來進行這項工作。如果有已出版圖書的電子文本或圖像，則可以利用方正德賽（DESI）軟件製成檢索系統。事實上，自 20 世紀 90 年代以來，印刷出版已正式告別"鉛與火"的時代，圖書出版幾乎都采用電腦排版。而利用方正書版排印的古籍，又占了市場的絶大多數，因此，如何合理有效地利用這些資源，也是我們推薦應用方正德賽（DESI）古籍數字化軟件的原因。

北大方正電子有限公司德賽（DESI）數據庫創建及安全發佈軟件組群軟件也可應用於古籍數字化及產品發佈。其組群軟件由製作軟件（Apabi Maker）、OCR 軟件、編輯軟件（Apabi-

Writer)、目錄樹生成軟件（Catalog）、管理引擎（Core）和安全管理引擎（SCore）、文件裝訂軟件（Binder）、打包加密和入庫軟件（PI）、發佈軟件（Portal）、元數據轉換（Exchanger）、全文檢索系統（Retrieval）及閱讀器（Apabi Reader）等組合而成。在用於古籍數字化時，可掛接 64447 字的方正蘭亭超大字庫以及方正新典碼輸入法、方正書版等軟件，用於解決錄入、造字及排版的問題，可有效減少缺字煩惱，還原古籍原版式，並可通過標準接口而安全發佈電子古籍，可做到製作、發佈與版權保護三合一。其工作流程大致如下：

(1) 將古籍字符輸入計算機：掃描古籍，並利用 OCR 進行文字識別；或直接錄入所有文字，生僻字可利用方正典碼輸入。

(2) 校對 OCR 識別或直接錄入的文檔。

(3) 利用書版軟件進行排版，將電子文檔還原成古籍原版式。

(4) 將帶排版格式的電子文檔轉換爲的 CEB 格式並保存。

(5) 與方正德賽 DESi 數據庫創建與安全發佈系統對接（可導入 DOC、PDF、CEB 等格式的文件），實現古籍資源的檢索、下載與再利用等增值服務。

也可直接將掃描生成的古籍圖像文件，利用文件裝訂軟件（Binder）或書版軟件進行組版，然後轉換成 CEB 格式並保存，利用方正德賽 DESI 系統進行發佈。德賽 Retrieval 全文檢索系統支持多庫檢索，但掃描古籍生成的圖像文件，由於 OCR 識別的準確率不高，導致不能準確檢索，是今後亟待解決的問題。

古籍數字化的發展趨勢

目前的古籍數字化系統，具有全文逐字索引、字頻統計、模糊查詢、卡片生成等功能，已經爲從事古籍整理的研究人員提供了巨大的方便，在古籍校注、辭書編纂、古書輯佚等方面發揮了很好的輔助作用。古籍數字化的成果越來越多，已經成爲現當代學者治學的首選輔助工具。不過，盡管成績顯著，但是相對於全部 10 多萬種古籍而言，古籍數字化工作還只是處於初期階段，而且還存在諸多問題，例如，選題重複、分類方法不統一、數字化方式多種多樣等，如果不加以統一規劃，勢必造成很多麻煩。

儘管現在數字化的古籍數量不到總量的 1/5，但選題重複的問題已經凸顯出來，如二十五史檢索系統，即有我國臺灣地區歷史語言所、陝西師範大學、南開大學等多家開發的多種版本；文淵閣《四庫全書》，也有全文版與圖像版等，例如，《國學寶典》《漢籍全文檢索系統》《中國基本典籍庫》《文淵閣四庫全書電子版》等系統中，重復開發的古籍數量更不在少數。明顯缺少統一規劃，既浪費財力物力，也給使用者造成不便。

古籍有其特殊性，其著錄方式有別於現代文獻。當今圖書館著錄古籍，也顯得不統一，傳統的四庫法與中圖法、科圖法、人大法等混用，給館際交流與古籍數字化造成了障礙。

還有就是古籍數字化的字庫問題，因對異形字、避諱字、通假字以及 Unicode 中的漢字編碼處理等方面的功能並不完善，直接影響到數字化產品的檢索功能，反過來也證明現在的檢索系統並不完善①。

目前的古籍數字化，正由資料型向研究型轉化，計算機人工智能技術應用於古籍整理，是其中的關鍵所在。正如李鐸先生所說："古代文獻信息化的重點已由全文檢索轉移到數據分析，開

---

① 　陳力《中文古籍數字化的再思考》，《國家圖書館學刊》2006 年第 2 期。

啓了智能化發展的方向。"① 北京大學李國新教授在《中國古籍資源數字化的進展與任務》一文中，明確提出了"研究支持功能"的觀點，即數字化後的古籍能够提供科學、準確的統計與計量信息，提供與古籍内容相關的參考數據、輔助工具。例如，對古籍字數、字頻、詞頻的統計資料，異體字的匯聚顯示，讀音的自動標注和朗讀，行文風格特點的概率統計，必要的背景知識、參考數據的匯聚，在綫標點斷句工具的配備，不同版本校勘，字典詞典、歷史年表、歷史地圖等研究工具的載入等。"有了這些研究支持功能，不僅可以極大地改善研究者的研究條件，而且還會帶來研究思路、研究方法的變革。"② 李鐸先生主研的"《全宋詩》分析系統"，利用全文資料進行數據分析，例如，對重出詩的提取，窮盡性地提出 5000 首重出詩，是人工無法比擬的，從而解决了總集編纂中難以迴避的重大難題，爲全文檢索系統的轉型作了有益的嘗試。這種轉型，必將帶來研究手段的變革，從而促進古籍整理與傳統文化研究向更科學、更準確的方向發展。王兆鵬教授等構建的"唐宋文學編年地圖"平臺，以"跟着詩人去旅行"的理念，提供作家、地名、詩詞、韻典、詩社、詩詞地圖等多屬性檢索，打造全景全息的唐宋詩人、詞人數據庫，是比較成功的範例。

---

① 李鐸、王毅《關於古代文獻信息化工程與古典文學研究之間互動關係的對話》，《文學遺産》2005 年第 1 期。

② 李國新《中國古籍資源數字化的進展與任務》，《大學圖書館學報》2002 年第 1 期。

古籍内容的檢索

古籍數字化的意義並不在於僅僅提供電子文本，提高閱讀效率，或者加快圖書出版速度，而是爲了更好、更全面地利用古籍中的資料。也就是説，將古籍內容以文本的形式存貯在電腦中後，就該考慮如何利用這些資料。要使資料充分發揮作用，還必須輔以強大便捷的檢索功能，以減少使用者閱讀資料的時間。

查找與檢索

説起查找，並不陌生。普通的編輯系統中都有查找功能，那是藉助字串查找而實現光標定位，從而達到修改或檢讀原文的目的。比如在方正編輯系統中，我們在校樣上發現有兩處"朱熹"誤打成"朱喜"。爲了防止類似錯誤，需將全文中的"朱喜"都檢查一遍。於是調出文件進行編輯，按下"Alt＋F"組合鍵，依照屏幕提示鍵入需要查找的"朱喜"，敲回車確認，電腦開始搜索，很快光標停留在第一處"陶朱喜之"上，此處不誤，不改。按 F3 鍵繼續查詢，找到一處"理學朱喜"、一處"朱喜晦庵"，正是樣稿中校出的錯誤。改正後再按 F3 鍵繼續查詢，又找到一處"朱喜仲晦、張栻南軒"，按前後文義應是"朱熹"之誤，失校。經核定改正後，再按 F3 鍵繼續查詢，電腦報告"没有找到"，則文章中所有的"朱喜"均已找到。如果僅需修改校樣中的錯誤，第一次查詢時鍵入"理學朱喜"，二次查詢時鍵入"朱喜晦庵"，光標可以準確定位在需修改的錯誤處。顯然，用這種查找詞組的方法，指定查找的字串越短，搜索的範圍越寬。有時還可以發現一些相同而失校的錯誤，如在上例查找過程中，共發現四處"朱喜"，一處不能改，兩處校樣指定修改，一處當改而失校。使用這種搜索方式，儘管也可以找到需要的內容，但一次只能查找一個或一組（使用通配符）內容，如果要查找的字詞有成千上萬條，而且要將含有這些字詞的段落匯集起來檢讀，這種檢索方式就不能體現高效率了。當然也可以使用 DOS 命令"FIND"，將要查找字詞所在的一行內容提取出來，但那樣做仍不夠方便，而且提取內容限於屏幕顯示的一行，顯然不夠完整。有沒有辦法既滿足高效的查詢要求，又能自然而然地將資料匯集一處呢？有，那就需要建立全文檢索資料庫。

全文檢索

全文檢索，就是將文獻全文以單個漢字編碼的方式逐一存入計算機中，用自然語言表達檢索課題，藉助於截詞、邏輯等匹配方法，直接對文獻正文中任何一個有意義的詞或短語進行檢索，從而檢出所需文獻的一種方式，具有匯集指定字詞所在段落、加以打印輸出，以及進行字頻統計等功能。一個全文檢索系統，包括檢索程序和文本資料庫兩部分。檢索程序負責管理資料庫，實現文獻檢索與資料整合功能。一個檢索程序既可以與某種古籍文本資料庫組合，構成單獨的全文檢索系統，也可以對應多個古籍文本資料庫，組成大型的全文檢索系統。比如臺灣地區"中央研究院"所開發的多種全文檢索資料庫，都依托於他們自行研製的"中文全文檢索系統"。中文全文檢索系統（CTP）是在 UNIX操作系統下開發的，它的索引功能通過比對字串來實現。比對字串的內容、長度和數量不受限制，一旦指定字串，系統就能將所有文件中匹配的字串都找出來並加索引。CTP 保留了原始文件中如頁碼、行次等版面信息，以及章節段落等文章結構，因此要求在用於索引的文本中預先錄入相應的信息，以便於系統識別。也就是說，只要是添加了"標志"的電腦文本，都可以放進該系統中，從而實現全文檢索的功能。如果有現存的檢索系統，只需根據檢索系統的要求，對電腦文本稍作加工後與檢索系統合併，即可製成全文檢索資料庫。要製作古籍電腦文本，應首先選擇需要建庫的古籍底本，經標點、校勘處理後，將其輸入電腦中，然後打出樣稿進行校對，並在文本中添加必要的標志，如章節、篇題、頁碼等，即形成可供全文檢索系統使用的文本資料。

全文檢索系統一般都提供檢索、閱讀以及字頻統計、輔助研究工具等功能。而檢索則是其核心，如爲方便閱讀而設計的層級式目録檢索，即可與印刷版圖書的章節、段落、卷次等結構一一對應，使用者可以據其調閱正文，也可以根據需要確定檢索範圍。方便閱讀理解原文的輔助研究功能，如公元干支紀年換算、字義字音提示、注釋、文本相關内容鏈接等，也無不與檢索功能掛鈎。因此，檢索功能的强大以及便捷與否，往往決定了檢索系統的命運。目前，全文檢索系統採用的檢索方式，主要有以下幾種：

一是關鍵詞檢索。這是最常見的檢索方式，它指定在文本正文或注釋中查找包含關鍵詞（主題詞）的字段，對其進行標識、統計，並以段落或卷、頁、行等爲單位，將檢索結果進行打印輸出。這種檢索最直接，但其缺點是檢準率不高，因此，關鍵詞檢索又常以邏輯檢索、條件檢索以及模糊檢索等作爲輔助手段，以期達到檢索結果的精準快捷。

二是目録式檢索。這種檢索方式類似於書版的層次目録，對閱讀原文較爲方便。如果輔以多媒體賞析系統等，如採用超文本鏈接技術的全文檢索系統，提供配圖、聲音，以及字音、字義查詢等，則可實現全方位的閱讀。這較之傳統閱讀，無疑更令人賞心悅目，其發展前景是誘人的。

三是屬性檢索。這種檢索方式有助於對古籍的利用與研究，如以“作者”“體裁”“寫作時間”“韻典”以及“文學”“歷史”“哲學”“經濟”“軍事”“法律”等作爲類别屬性，不僅可以多角度地利用全文數據庫中的資料，而且可以迅速地將古籍中同屬性的資料匯聚一起，給研究者帶來很大方便。屬性檢索是一種智能化檢索，是對全文數據庫價值的進一步挖掘和展現，因此在古籍全文檢索系統中，屬性檢索是特別值得深入研究的課題。

古籍全文檢索系統

全文檢索系統自 20 世紀 70 年代問世以來，以其檢索直接、使用方便、檢準性好及可直接閱讀原文等優點，備受關注，發展迅猛。而中文古籍全文數據庫的建設，也自 90 年代以來，有了較快的發展。目前，全文檢索系統一般分單機版和網絡版。單機版多以光盤爲載體，供單用戶使用。網絡版則存放在服務器的硬盤中，供上網用戶聯機檢索。其中比較大型的有以下數種。

一是"文淵閣《四庫全書》全文電子版"。由香港迪志文化出版公司投資，與上海人民出版社合作出版，北京書同文電腦技術開發有限公司主持技術開發。該系統以"景印文淵閣《四庫全書》"爲底本，對 3460 餘種古籍約 7.5 億字進行數字化，並實現全文檢索，分"原文及標題檢索版"（簡稱"標題版"）、"原文及全文檢索版"（簡稱"全文版"）兩個版本。每個版本又分單機版和網絡版。標題版共 165 張數據光盤、1 張程式光盤、1 張贈品光盤，可檢索書名、卷名、卷內標題、作者，可顯示及打印輸出原書頁圖像。全文版共 181 張數據光盤，可檢索正文或注釋中的任意字串（全文檢索），亦可按四庫分類、書名、著者條件進行全文檢索，全文編碼頁還與原文圖像頁一一對應，方便使用者對照。全文版附有古今紀年換算、干支/公元紀年換算、八卦·六十四卦表等知識工具，並藉助於《四庫大辭典》《中華古漢語辭典》等資料，實現了多種資料的超文本鏈接。該系統還利用微軟公司 Single Binary 跨平臺技術，採用 Unicode 之 CJK、CJK－A 字符集，使其能在中、英、日、韓等多種語言的視窗環境中運行，實現了電子出版物的全球化。

　　二是"《四部叢刊》全文電子版"。由書同文數字化技術有限公司研製，分單機版和網絡版。其數字化所依托之字符集，採用Unicode之CJK、CJK－A，可在全球範圍内通用。其檢索方式有全文檢索、著者檢索、書名檢索及分類檢索四種方式，可實現繁簡異中日等漢字關聯檢索。該系統還提供了與正文掛接的多種知識工具，並可實現全文本頁與底本圖像頁的相互對應，方便讀者核校文字。

　　《四庫全書》《四部叢刊》全文電子版的推出，標志着古籍全文檢索系統的建設技術已趨於成熟，其產品的全球化，以及所採用的超文本鏈接、漢字異體關聯檢索技術等，都爲古籍全文檢索系統的研製提供了有益的借鑒。尤其值得注意的是，該産品在研製過程中所採用的數字化技術，即對原圖像進行電腦切分加工，提取單字字迹圖像，再利用清華大學計算機系人工智能研究室研製的手寫體識別引擎（OCR），將每個字迹圖像識別成編碼漢字，再利用他們研製的"校對快""校對準""校對精"三種聯機校對軟件進行校對，最後用人工精校把關，最終完成了兩大叢書的數字化工作，並且建立起了數億字的中文字符——字迹資料庫。這一嘗試表明，通過完善OCR識別技術，將古籍圖像識別成編碼漢字，並非不可能的事情。

　　三是"漢籍電子文獻"（漢籍全文資料庫）。由臺灣"中央研究院"建設，根據該院研究人員的需要而陸續增補，目前已超過1億字，主要有二十五史、十三經、諸子及《藝文類聚》《文獻通考》《朱子語類》《敦煌變文集新書》《文選》、大正新修大藏經、臺灣方志檔案文獻、《文心雕龍》等文獻，並組建成"上古漢語語料庫""人文資料師生版""簡帛金石資料庫"等全文資料庫，可在國際互聯網上使用（網址爲：http://www.sinica.edu.tw/ftms－bin/ftmsw3）。此外，尚在建設中的資料，估計有3億字，包括《全上古三代秦漢三國六朝文》《全唐文》《歷代史料筆記》《明實錄》《清實錄》《宋會要》等大型文獻。該庫採用 BIG5 碼的 13051 個編碼字集，缺字除採用編碼造字外，還使用代表橫連、直連、包含的三個符號"構字式"解決缺字問題①。全文資料庫採用"瀚典"全文檢索系統，可檢索庫中的全部或部分文獻，可一次性地對一個或多個關鍵詞進行檢索，採用邏輯運算符號和括弧確定各詞間的關係，檢索結果可以篇目頁碼及全部段落等方式實現打印輸出，或復製成電腦文本文件。

四是"二十五史"。陝西師範大學歷史系、古籍整理研究所袁林等人建設，共約 4000 萬字。採用 GBK 國家標準字符集，缺字用拼字方法解決。可選擇《二十五史》全部或部分書籍，對正文和注釋中任意字或字串進行檢索，檢索字詞可按邏輯運算符進行聯結，如或運算（＋）、與運算（&）、非運算（－）、同段運算（&&）、同句運算（&&&）等，可對檢索結果進行二次檢索，並對檢索結果選擇標題、全卷、段落等方式進行打印或輸出成純文本。此外，陝西師範大學歷史系、古籍整理研究所還利用同一檢索程序，推出更大規模的中文古籍全文檢索系統，如大藏經檢索系統等。

五是"先秦兩漢一切傳世文獻數字化資料庫""魏晉南北朝一切傳世文獻數字化資料庫""竹簡帛書出土文獻電腦資料庫"（網址爲：http://www.chant.org/scripts/main.asp），由香港中文大學中國文化研究所建立。字集使用 BIG5 碼，缺字用造字方式解決。均可全文檢索。

六是"國學寶典"。由北京國學時代文化傳播有限公司尹小

---

① 參見謝清俊《電子古籍中的缺字問題》，第一屆中國文字學會學術研討會（天津），1996 年。

林等開發，目前已推出 V7.0 版，收書總數達 3000 部，約 5 億漢字，全部採用簡體，可進行逐字索引和多種條件的查詢。其最新書目和研製動態，可通過所主辦的國學網站（網址爲：http://www.guoxue.com/）查得。

當然，古籍全文檢索系統遠遠不止上舉幾例，如河北大學電子與信息工程系、宋史研究所合作研製的《續資治通鑑長編》全文檢索系統，臺灣地區與日本學者分別開發的《大正新修大藏經》檢索系統，也都已投放使用。還有一些供網絡上使用的全文檢索系統，如臺灣地區元智大學羅鳳珠等的"網路展書讀"（網址爲：http://cls.admin.yzu.edu.tw/），含《詩經》《全唐詩》《宋詩》《唐宋詞》等；北京大學中文系李鐸等開發的"全唐詩電子檢索系統"（網址爲：http://chinese.pku.edu.cn/ang/），可檢索唐詩全文，亦可按作者、體裁進行檢索；臺灣成功大學圖書館開發的"甲骨文全文檢索與全文影像系統"（網址爲：http://www.lib.ncku.edu.tw/cgi－bin/ttsweb）。

目前的全文檢索系統雖多，但大多處於單獨開發的狀態之中，服務於既定的文本資料庫，而缺少開放性的、功能强大的公用檢索系統，以致造成程序設計的多次重複勞動。如果有公用的古籍整理平臺提供全文檢索系統，則古籍整理學者僅需製作古籍電腦文本，這更容易發揮他們的特長，使古籍整理現代化的步伐邁得更快。

古籍全文檢索系統的開發儘管已取得十分可喜的成績，但存在的問題也不容忽視，尤其是對屬性檢索功能的開發，還存在不少問題，以致全文檢索往往局限於字面，而對內容相關聯而文字不同的資料不能直接檢索。現在雖也出現了一些採用超文本鏈接技術的全文檢索系統，帶有屬性檢索的人工智能化色彩，如"宋詩研究系統"等，但這樣的系統實在不多，可供實際應用的更少。因此，屬性檢索功能的開發，應是今後古籍全文檢索系統重點努力的方向。

古籍的存貯與傳輸

古代書籍具備既是文獻又是文物的雙重價值，利用現代技術，如何盡量多地保存古籍的價值，也是值得認真研討的課題。

一般來説，古籍的文物價值伴隨着古籍自身而存在，經過整理加工，如標點、校勘、鉛排出版後的古籍，其文物價值必將有所損失。同樣，在古籍數字化的進程中，其文獻價值可以通過標準的文字信息符號來保存，而其文物價值則因文字的規範、載體的變更而大量喪失。有學者建議，在進行古籍數字化工作時，應當將古籍的電子文本和圖像一併保存，構造雙重語料庫。這樣做，確實在提高古籍文獻價值使用效率的同時，也不致使文物價值喪失迨盡，應該是一種比較可行的方法。

事實上，人們早已採用石印、照像還原等方式影印古籍，而且大量的影印本因失真率低、可信度高，普遍受到歡迎。石印古籍的技術目前很少有人使用，而照像的方法還在沿用，一些大圖書館甚至將古籍拍成膠片副本以供閱讀。這樣做儘管有利於保護古籍正本，但對讀者來説，圖書館並未提供多少方便，相反還增加了閱讀的困難。古籍大多藏在大城市大圖書館的事實並未改變，異地學者照樣東奔西走，爲了數十頁甚至一二頁古書，耗財費力地獲取照像複印件，這與現代信息社會的高速發展顯得極不協調。因此，各大圖書館已開始利用計算機改進古籍的收藏與閱讀方式，開發古籍電子圖像庫。

所謂古籍電子圖像庫，則是以光盤或磁盤等介質保存的古籍書版影像，主要供讀者通過計算機和計算機網絡閱讀使用。由於是書籍影像，保存了原書逐卷分頁的版面結構，而未顧及内容，如同在閱讀機上讀膠卷一樣，仍需逐頁翻檢，並不方便。因此可以考慮建立古籍圖像庫的方法，改進閱讀方式。

古籍圖像庫的構建流程，如下圖所示：

古籍善本 → 掃描儀 → 電腦内外存貯器 → 圖像資料庫 → 查詢 → 打印輸出

如圖所示，一個完整的古籍圖像庫，至少要具備掃描、圖像庫、查詢、輸出 4 個模塊。

掃描處理：將古籍逐頁放入掃描儀，通過一些圖像處理系統如 Photoshop 系統和掃描儀連接，選擇適當的掃描分辨率（分辨率越高，圖像越清晰，佔用的磁盤空間也越大。一般古籍可以黑白方式掃描，分辨率可選 72dpi～500dpi 之間；個別彩印本或有彩色圖章者，應用彩色掃描方式，分辨率可選 2dpi～300dpi 之間）後，將古籍逐頁掃描輸入電腦内存。然後在 Photoshop 等圖像處理系統中編輯，調整位置，去除黑點等雜質，在版框外添加標識符，隨後保存到硬盤中。

圖像資料庫：對逐頁存放的圖像資料進行結構化管理，提供圖像添加、查詢、打印輸出等功能。條件成熟時，還可考慮置入 OCR 轉換模塊，提供圖像文件轉換爲文本文件的功能。

查詢：查詢功能主要針對古籍版面和古籍内容而設計。版面查詢界面是以層次結構的方式顯示版本、卷、頁，供使用者定位查找。内容查詢是針對字詞的查詢，如果已將圖像轉換爲文本，查詢自然不成問題；如果仍是圖像方式，則比較困難，這時可考慮設置内容屬性的方法，通過構建關係數據庫來完善查詢功能。查詢的結果指定的圖像資料，供使用者閱讀或打印輸出。

打印輸出：該模塊可將查詢找到的圖像，通過系統連接的打印機輸出，也可採用屏幕輸出方式，進行整版或局部的縮小放大以便閱讀，也可將需要的圖像資料保存到別的位置。

　　古籍圖像庫建成後，儘管可以採用圖像壓縮方式，但其佔用的空間遠比文本大得多，因此不宜長期保存在硬盤中，最好製成光盤，用於銷售或永久保存。隨着電子圖像庫的不斷增加，可以建成嶄新的古籍電子圖書館。那時讀者坐在家中，藉助於網絡，通過查詢電子古籍目錄，即可向電子圖書館索取自己需要的資料，前景可謂一片光明。

古籍索引的編製

　　書籍是我國幾千年文化的載體，裏面有取之不盡的寶藏。我國歷史悠久，文獻浩如烟海，要從中查找所需資料，特別是查找所需古代資料非常困難。索引是讀書治學、收集資料的利器，是當今信息社會必不可少的工具。因此，編製索引，特別是編製古籍索引，是研究中國文化的一項十分重要的工作。儘管電子出版物在國內已開始出現，古籍電腦圖書館也正在加緊構造，但不可否認，在很長一段時期內，古代文獻的主要載體還是書籍，書籍的使用率依然很高。特別是那些經過多次翻印的歷代要籍，更爲廣大學者所收藏和習用。因此，科學地編製圖書索引，提高圖書利用的功效，也有較大的現實意義。

　　編製索引的傳統方法是靠手工完成的。首先根據需要從文獻中摘鈔資料，製成卡片，與原資料核對無誤後，給主題詞編碼（四角號碼，或筆畫碼、拼音碼等），再根據編碼排比卡片，抄成書稿交出版社，出版社再審稿、排版、校對之後才能印行。整個過程漫長枯燥，尤其是編碼、排序工作，既煩瑣又易出錯。採用手工編製一部小書的索引，往往也要耗費巨大的人力和物力。因此除非特別需要，一般研究者是不願意用手工編製索引的。而採用計算機編索引則不同了，除了錄入的工作需人工完成外，編碼、排序，甚至排版都可由計算機完成，節省大量的時間和精力。至於那些已有電腦文本的古籍，僅需從中摘出所需詞條，即可自動生成帶有檢索頁碼、檢索編碼的索引，從而使編製索引的工作簡單易行。一般來講，編製一部 30 萬字的索引，從摘抄卡片到出書，手工需要 1 年左右。而改用計算機操作，僅在建立詞條數據庫和校對時需花費約一個月，而編碼、排序、排版、輸出膠片的工作在 3 小時內即可完成。可見，利用計算機編製索引有着無可比擬的優勢。

古籍出版的電子化

傳統的古籍整理成果，多以書籍爲載體，而書籍的出版以前大多採用鉛字排版技術，在排、校、改諸環節上可以說不勝繁難，令作者、編輯吃盡苦頭。因此，自電腦排版技術問世後，人們很快告別了"鉛與火"的時代，改用電腦排版技術，排、改已變得相當簡單，校樣輸出也相當容易，大大減輕了出版工作強度，縮短了出書時間。如果作者的稿件原本是在電腦上完成的話，就更省事，出版圖書已是舉手之勞。當前應用較多的中文編輯、出版系統，有 WPS 文字處理系統、中文 Office（Word）系統等，這幾種系統目前都依托於 Windows 操作平臺，界面友好，操作簡便，深受使用者歡迎，尤其是 Office（Word）系統在古籍整理工作者中使用的頻率很高。在這裏我們介紹北大方正電子出版系統。

方正電子出版系統的服務對象，雖說主要是現代圖書出版公司，但其書版 6.0、7.0 所擁有的 1.4 萬個繁體漢字、30 多種繁簡字體，以及强大的版面處理功能、造字功能，加上一些專爲繁體竪排而設計的功能，應用於古籍出版也比較方便。新近推出的書版 9.0 系統，運行於 Windows 環境下，不僅兼容 6.0、7.0 版的功能，而且採用 GBK 字庫及 5 萬字的擴展大字符集，在與其他文字處理軟件的兼容性方面也大有改善，因此用於處理古籍更顯方便。

該系統採用 BD 語言輸入排版命令，掌握起來有一定難度。但對古籍出版而言，因版式相對簡單、刻板，所用排版命令並不難掌握，加上排版速度極快，顯然還是利大於弊。更重要的是，作爲專業系統，它已爲全國各出版社照排部所採用，因此以之編排的古籍更易於和出版社接軌，爲圖書出版帶來方便。四川大學古籍所採用方正系統處理古籍近 1 億字，如《全宋文》《中華大典》《諸子集成補編》《續編》《宋會要輯稿》等書，包括重新排版和原件掃描等形式，全部達到出版要求，得益匪淺。而且，書版 6.0、7.0 方正漢字機内碼可以和 BIG5 等内碼互相轉換，也可利用系統提供的功能，直接升級到書版 9.0 的 GBK 字庫，因此用方正系統排版的古籍，並不影響其在網絡傳輸等方面實現資源共享的用途。

北大方正系統由書刊組版系統、圖像掃描系統、交互式圖表軟件、輕印刷和精密照排系統、通訊系統、局域網系統等構成，可以提供編輯排版、圖像處理、網絡傳送排版結果等功能，應用範圍比較廣泛。對古籍整理而言，主要使用書刊組版系統、圖像掃描系統和精密照排系統。而使用最多的首推書刊組版系統，書刊組版由編輯、排版、打印、照排、圖表等模塊組成，其中編輯、排版兩大模塊使用最爲頻繁。

在古籍出版中應用較多的照像影印方式，現在也可採用計算機掃描技術，將古籍或膠片依原版式掃描到電腦中，再用激光打印機輸出白紙校樣，或輸出印刷製版用的膠片或硫酸紙，即可直接付印。

　　用於出版的圖像掃描，一般採用黑白模式，所選掃描分辨率不能太低，否則輸出結果呈鋸齒狀。如按原版大小輸出，掃描分辨率一般不應低於 300dpi。如將原版縮小數倍輸出，分辨率可以適當低些。同時，在設定分辨率後，還應根據古籍版面的質地，如字迹清晰度、墨迹均勻度等，調整掃描黑白對比度，以取得最佳的掃描效果。有時一個版面需要進行多次不同對比度的掃描，通過圖像處理軟件拼合，才能取得滿意的效果。

　　經過掃描、編輯的古籍圖像，應該做到大小相同，文字墨迹均勻，像面雜質較少，方可考慮圖像的輸出處理。在一般圖像處理軟件中也可以進行圖像的打印輸出，但速度較慢，可用排版軟件處理圖像的輸出問題。比如利用方正書版軟件的排版功能，使用圖版處理（TP）命令，可將成千上萬個圖像文件組合在一起，可自動爲每頁圖像添加頁碼、書眉等，然後用激光打印機一次性輸出，速度極快。

第三節　　計算機應用於古籍整理的技術問題

　　計算機在古籍整理中的應用，目前還處於起步階段，許多問題還有待探索，在具體處理古文獻的方法上，還存在各自爲陣的現象，缺少必要的交流與規範。而古籍輸入、通用字庫、專用平臺三個方面存在的問題比較突出，已經引起不少計算機專家和古籍整理專家的注意。

古籍的輸入問題

古籍輸入電腦的問題，可以說是制約古籍整理現代化步伐的瓶頸。對大量的古籍錄入而言，既要講錄入質量，更要講錄入效率。如何多快好省地錄入古籍，是今後應該重點努力的方向。現在，國標簡體漢字的輸入方法已經很多，有西文鍵盤輸入、語音輸入、光學掃描識別輸入等，這些方法大多針對現代漢語用字的特點而開發，往往限於 6763 個簡體漢字，用以錄入古籍，不免縛手縛腳，在字形、字音、字模上都受限制，很不方便。

語音輸入的速度很快，但一用到古籍錄入，雙音字詞立時減少，冷僻怪字接踵而來，既快不起來，質量又太差，不敷實用。

掃描識別輸入應該是今後重點發展的方向，將古籍掃描到電腦中，再通過 OCR 文字識別軟件將之轉換成可供編輯的文本，是一件令人神往的事，也應該是古籍輸入的最佳選擇。

自 20 世紀 90 年代以來，漢字識別技術（漢字 OCR）已付諸實用，對基於國標 2312 的簡體印刷版漢字的識別，準確率可以達到 95%～99%，對規整手寫體漢字的識別率也在 90% 左右。但用以識別古籍，即使是採用印刷體的排印本，其識別率也很低。主要原因是目前較流行的 OCR 識別系統，是針對現代漢語用字的特點開發的，而古籍用字與現代漢語用字存在較大的差異，如字庫的多少、字頻的高低均不一致。比如在古籍中出現頻率很高的"之""其""者"等字，在現代漢語中就不是高頻字；古籍中大量的繁體字、異體字，是簡體字庫中沒有的，OCR 自然難以識別。古籍排版多用豎排，一些字旁綫如表示書名的波浪綫、人名地名的直綫，還有大小字相間、雙行小字混排等，都給識別帶來困難。有鑒於此，一些針對古籍輸入的 OCR 系統也時有閃現，也有一些較成功的例子，如河北大學郭寶蘭先生等人設計了開放式的識別系統，賦予學習功能，能夠根據古籍用字的特點"動態調頻"，對字旁綫的去除採用智能切分法，建立特徵字典處理多個繁體字對應一個簡體字的問題。經過這樣的處理，識別率有很大提高。他們用這套系統錄入《續資治通鑑長編》520卷，僅一個月就完成了。北京書同文數字化技術有限公司在開發《文淵閣四庫全書》圖文版、《四部叢刊》圖文版時，也使用了OCR技術。他們在製作《四庫全書》全文電子版過程中，利用清華大學開發的"多特定人規範手寫識別引擎OCR"，並製作了7000多字的Unicode版本的識別字典，把每個字迹圖像識別成編碼漢字，並給出每個字迹圖像可能對應的10個候選字及相關參數，可以解決90％以上的錄入問題。針對古籍版面的複雜情況，他們研製了一個通用的古籍版面分析軟件（UniSegmentation），將掃描得到的古籍圖像切分爲一個個漢字字符，以便於OCR識別。他們還利用版面分析系統記錄的信息，開發出了"校得快"（對照校對）、"校得準"（類聚校對）、"校得精"（版面校對）三種校對工具。"校得快"用於字迹掃描圖像與識別結果的逐一校對，反復進行一、三校；"校得準"用於二、四校，以交叉校對方法打亂原文順序，把所選頁中同樣的字聚集在一起，連同其所對應的字迹顯示在屏幕上，從而使錯字一目了然；"校得精"用於五校，將原文版面掃描圖像與識別後復原的版面進行頁對頁、行對行的比勘，將文本數據逐字逐句和原文圖像進行對照，實行全面檢校。最後是請專業校對人員對數據作抽樣校對，以保證全文數據的準確性。這一技術在對《四庫全書》進行數字化的嘗試中，無疑取得了成功。那麼對其他版本的古籍，如木刻古籍、鉛印古籍是否適用呢？爲此，他們開發了"木版印刷宋體

OCR 系統”“鉛字印刷宋體 OCR 系統”①，並繼續用這一整套技術對《四部叢刊》進行數字化，也取得了成功。由此可見，經過改進、特製的 OCR 識別系統，是可以較好地完成古籍數字化的輸入任務的。

就目前而言，大量採用的是西文標準鍵盤輸入法。鍵盤輸入漢字，主要是通過對漢字編碼來進行錄入的，編碼方法有形碼、音碼和形音碼，相比之下，比較適合古籍錄入的還是形碼。所謂形碼即字形編碼，就是根據每個漢字或詞的形態而賦予一個代碼。現在通行的形碼中，以王永民先生發明的五筆字型影響最大，使用者很多。但王碼五筆是依國標一二級漢字編碼的，沒有專爲繁體字編碼，錄入時遇到一二級字庫中的繁體字，也要按簡體筆型錄入，而一二級之外的字，則需另外編碼錄入。因此使用五筆字型錄入古籍，有必要對原五筆字型加以改造，增補一二級之外的漢字編碼。比如我們所用的方正電子出版系統，擁有 1.4 萬個漢字，其中僅 6000 多字有五筆字型編碼，其餘的 7000 多字只能用內碼錄入，每錄一字都得翻檢內碼字典，顯然很不方便。於是我們參照五筆字型取碼法，按繁體筆型爲另外 7000 多字編碼，並將所補碼與原有碼合併使用，儘管字碼重複率增高，而且國標一二級漢字按簡體筆型取碼、一二級之外按繁體筆型取碼，顯得不協調，但錄入效率卻顯著提高。我們又根據古漢語中高頻字與現代漢語的差異，對五筆字型原有的一二級簡碼字加以改進（見下表），並輔以若干唐宋時期的常用詞，錄入速度可以達到與錄入現代語文相當的水平。

---

① 張軸材《四庫全書》電子版工程與中文信息處理，http：//www.sikuquanshu.com，2001.3.1。

* `	! 1 今	兩 2 西	Ω 3 又	肆 4 石	木 5 謝	執 6 言	都 7 焉	·8 諸	(9 云	)0 日	一 卷	↙↙	← Backspace
⊢← →⊣	我 q 卿	使 w 人	月 e 有	白 r 日	乎 t 和	亦 y 文	道 u 謂	常 i 不	火 o 爲	這 p 之	《 宋	》 哉	\
Caps Lock	甚 a 其	S 而	奇 d 在	士 f 者	王 g 一	目 h 上	題 j 是	川 k 中	田 l 國	: ；	" '	Enter ⏎
⇧ Shift	土 z 工	編 x 經	騷 c 以	發 v 君	了 b 耳	惜 n 已	山 m 同	吟 ，	辭 。	? /	⇧ Shift
Ctrl		Alt		〈空格鍵〉				Alt		Ctrl

　　在上表中，我們調整了原五筆字型的部分高頻字，如"我""的""主""産""這""工""要""土""發""了""民"，這些字在現代漢語中出現頻率高，而在古漢語中則相對較低，我們分別用"卿""日""文""謂""之""其""而""者""君""耳""已"等字代替。由於古籍中沒有阿拉伯數字、英文符號，所以可以充分利用主鍵盤上的阿拉伯數字、英文字符，將其定義爲古漢語中的高頻字。在録入碼的編定中，可將一些使用頻率較高的字定爲二級簡碼。爲了不妨礙原有簡碼，我們作了一些特別處理，如見（ml）、元（fx）、酒（iu）、口（lo）、○（lin）、齋（yh）、詩（yf）、詞（yl）、至（nm）等。經過這樣的處理，只需一至二鍵即可打出的漢字佔40％左右，大大提高了録入效率，但是也大大增加了記憶量。當然，我們對鍵盤的定義不一定合理，舉這個例子，是爲了説明這種方法的意義，使用者完全可以根據自己的特點重新定義録入鍵盤，達到提高録入效率的目的。

　　現在，已有多種適用於録入古籍的輸入法，早在上世紀90年代，鄭易里先生和鄭瓏女士發明的鄭碼，具有重碼率低、録入字多的特點，它不但適合6763個漢字的輸入，而且在Windows98以後的系統中還能方便地輸入大字符集的20902個漢字。

鄭碼已爲 6 萬個漢字編碼，對於古籍整理而言，應該是一種不錯的形碼。韓國三星集團用鄭碼輸入高麗大藏經，實際應用效果也不錯。使用鄭碼也可以和方正出版系統等掛接，可以方便地輸入方正的 1.4 萬個漢字。由於中文 Windows 平臺的廣泛應用，能夠在平臺支撐下錄入 GBK 字符集漢字的輸入法很多，此外，習慣使用五筆字型錄入法者，可以利用陳虎先生研製的"智能陳橋五筆 5.1 版"錄入 GBK 字符集漢字；方正書版 9.11 掛接的王碼五筆 98 版，也可以錄入。

古籍數字化的字庫問題

漢字是電腦和古籍間"通信"的橋梁，而古籍涉及的漢字（包括異形、變形）數量之多，是現代文獻無法比擬的。據統計，東漢許慎的《說文解字》收錄漢字 9353 個，清朝的《康熙字典》收錄 47035 個，今人所編《漢語大字典》收錄 54678 字，而《中華字海》則收錄 85000 字，是數量最多的。而計算機中文系統中使用最多的漢字庫是國標 GB2312－1980，即國標《信息交換用漢字編碼字符集·基本集》，該字符集含有 6763 個簡化漢字，基本能適應現代簡體文獻的處理要求，但用於對外交流，特別是處理歷史文獻，則顯然不敷應用。1986 年，國家標準局和電子工業部聯合審定通過了國家標準《信息交換用漢字編碼字符集·第二輔助集》和國家標準《信息交換用漢字編碼字符集·第四輔助集》作爲基本集的擴充，共補充漢字 14276 個，加上基本集，總共有漢字 21000 多個。1995 年重新修訂了編碼，命名 GBK 1.0，共收錄 21886 個字符。2000 年 3 月頒佈的國家標準 GB 18030－2000《信息交換用漢字編碼字符集基本集的擴充》，是繼 GB2312－1980 和 GB 13000－1993 之後最重要的漢字編碼標準，國際標準化組織在 ISO 10646－2000 的基本平面（BMP 或 Unicode 3.0,）編入的 27564 漢字，即采用 GB 18030 的標準。其中有 6582 個漢字，又稱擴展 A。同時國際標準化組織還在 ISO 10646－2000 的第二平面擴展了 42711 漢字（又稱擴展 B）。微軟 Office2003 内置的方正超大字符集，即包括上述全部 27564 個漢字以及在第二平面（42711）中選出的 36862 個漢字，連同西文常用字符，形成包含 65531 個字符的超大字符集。現時最新的 GB 18030－2005《信息技術中文編碼字符集》，是 GB 18030－2000《信息技術信息交換用漢字編碼字符集基本集的擴充》的修訂版，共收錄漢字 70244 個。顯然，計算機系統使用漢字庫，在向求全的方向發展。《國家“十一五”時期文化發展規劃綱要》在“重大文化産業推進項目”中列有“中華字庫”工程，旨在建立全部漢字的編碼和主要字體字符集。不過，漢字有多少目前還是未知數，加上篆、隸、楷、行、草等多種書體的存在，要想在電子文本中再現古籍原貌進而實現全文信息檢索，是十分艱難的任務。目前廣泛應用的古籍字庫，仍然以 GBK 爲主，一些專用平臺使用超大字符集，以盡量減少電子文檔中的缺字現象。

電腦字庫的發展，漸趨完善，甚至在電腦屏幕上以全文信息再現古籍，也不是難事。但古籍原書中存在的異體字，轉換成電子文檔後，仍然以異體字的方式呈現，是否應該加以規範，是值得探討的問題。對古籍整理來説，是應該加以規範的，否則只是古籍换了一種載體，還不是真正意義上的整理。如“髮”字，在當今的字庫環境下，用五筆字型或拼音都很容易録入，用《文淵閣四庫全書電子版》檢索（在“全文檢索”框中輸入“發”字），也可以找到很多用例，但由於《漢語大字典》等字書查不到這個字，於是在圖書質量抽檢中被算作錯别字處理。實際上，這都是“發”的異體字，兩字共存於 GBK 字庫中，而在録入時，最先輸出的很可能是"髮"字。這种異體共存而不加規範的簡單處理方式，在檢索等方面均會帶來不便。所以，規範古籍整理專用字庫的工作不僅必要，而且十分迫切，這種規範最好能與古籍整理專用平臺的開發相輔相成。在規範古籍整理專用電腦字庫時，應該考慮以下因素：

1. 全漢字字庫的多級化處理。一般認爲，所謂全漢字字庫，應該有兩方面的含義：一是字數全，包羅典籍和金石碑刻中所有不同寫法的漢字；二是字體多，包羅甲骨文、金文、篆體、隸書、楷書、行書、草書等漢字的各種字體。有了全漢字字庫，對信息交流和原樣保存古籍中的文字信息都是十分有益的。如果是通用的全漢字字庫，其在網絡傳遞上有明顯的優勢，一份沒有缺字的文本，無疑會比時見墨點的文本更令人賞心悅目。但是，字庫越大，耗用的計算機資源就越多，由此帶來的輸入輸出處理困難也越大，而且有些字可能一次也用不上，何況再龐大的字庫也很難真正包羅萬象，將所有漢字一覽無遺，使用者照樣會遇到因字形字體的變異而産生的一些怪字，如錯別字、避諱缺筆字等。所以，構建既要字數全又要字體全的漢字庫，即使電腦方面的技術問題能夠解決，文字研究的工作仍舉步維艱，一時難以求全。

目前字庫研究者們追求的是字數全，即以楷體字爲基準，收羅各種字形不同的漢字。而對甲骨文、篆書等字體，則是作爲特殊漢字庫構建的。即使這樣，構建全漢字信息庫的工程依然十分巨大，不僅有近 10 萬個漢字需要數字化，而且每個漢字在楷體的基礎上，還有宋體、仿宋、黑體等變體，都是古籍整理專用平臺需要使用的字庫。何況對具體使用者來説，這樣龐大的字庫，常用的或能用上的漢字還不到 1/3，將這樣的字庫裝入電腦內存，對資源的浪費是顯而易見的。而且更致命的是，將使漢字的規範問題變得更加複雜，如前例所舉的"髮"字即是。因此，在研製全漢字字庫的同時，還應考慮對字庫的多級化處理，將字庫分爲通用字、次通用字、冷僻字等多個級別，並允許使用者根據具體需要調整常用字庫，以便解決字數全與耗用資源多的矛盾。通用字庫應針對古籍整理的特點，包含古籍中常用的正字，而應將異體字剔除在外，這樣的字庫有 2 萬多個漢字。如果文字學者們能及時審定這樣的字庫，將不僅起到規範漢字的目的，而且也將爲信息交流提供便利，也更能體現今人整理古籍的成果。

2. 對字形的規範化處理。字形處理包括異體字、簡繁字、新舊字形等多個方面，都有必要加以規範。至少應建立一個準確關聯異體字、簡繁字的字典，用以提升古籍全文庫的檢索準確率。而對字形的規範，則是更迫切需要解決的問題。所謂字形是指一個字的筆畫、筆形和結構。由於漢字發展的歷史較長，字形的差異也相當大。從字體上分有甲骨、金文、篆、隸、草、楷、行等體。這些字體又因書法風格的不同而分爲若干字體，如顏、柳、歐、蘇、黃、趙等體，各體的字形也不一致。單是依據楷體轉化而成的印刷字體，也有宋體、仿宋體、黑體、斜體之分。每一字體不僅是書法風格不同，在字形上也存在差異，如“辶”旁，書宋體作“辶”，秀麗體作“辶”，不僅寫法不同，連筆畫也不一樣了（多出一點）。爲了便於漢字信息處理技術的發展，爲信息交流提供方便，有必要對電腦用字的字形加以規範。

電腦用字的字形，一般是以印刷體漢字爲基準的。印刷體字形的規範，在中國內地、臺灣地區、香港特區均有不同的標準，內地 1965 年發佈了《印刷通用漢字字形表》，我國臺灣地區 1981 年發佈了《常用國字標準字體表》，中國香港特區 1986 年發佈了《常用字字形表》。三表中的字形，除了在繁簡字、異體字方面有差異外，在筆形處理上也有分歧。根據商務印書館曹乃木先生的統計，三表在筆形處理上的分歧有 3 種情況：

①筆畫數、筆形相同，但筆畫的長短、連接方式不同。如"寺"字，上半部有的寫作"土"，有的又寫作"士"；再如"全"字，上半部有"人""入"兩種不同寫法；"叉"字上面，有封口和不封口之分等。

②筆畫相同，筆形不同。如"反"字，上面一筆有"一"（橫）、"丿"（撇）兩種寫法；"亙"字、"晉"字，也寫作"亙""晉"。

③筆畫數不同。如"黃"字，也寫作"黄"，多出一筆；"爲"字，也寫作"為"，相差三畫。

因此，根據這些字表製作的電腦字庫，在字形上也存在分歧，顯得極不規範。這種差異不僅直接造成形碼輸入的不便，而且影響了以字形爲準的檢索方式的統一，更給信息交流帶來障礙，也有損於漢字作爲記錄符號的功能。因此，字形的規範工作是十分必要的。

3. 對異體字的處理。異體字相對於正體而言，是指音同義同而寫法不同的漢字，如"异"與"異"、"脚"與"腳"、"吊"與"弔"、"仿佛"與"髣髴""仿彿"等。而對音義有交叉而不全等同的字，一般也視作異體字，其實並不恰當，如人名、地名用字，又如"并"與"並、併、竝"，"冲"與"沖、衝"，"后"與"後"，"余"與"餘"，"谷"與"穀"，"褲"與"袴"等，直接歸範爲正字，不僅不合古籍的用字慣例，而且也容易滋生歧義，因此處理這類字要慎重，不能簡單歸範了事。1952 年頒佈的《第一批異體字整理表》，共整理異體字 810 組，淘汰異體字1055 個，使古籍整理工作者在處理異體字時有規可循，可以説是文字改革史上的一件大事。但該表對一些字的處理尚存疑義，備受質疑，因此在實際工作中未能嚴格照表執行。目前學術界對異體字處理，仍存在兩種截然不同的觀點：一種意見是應該規範，可參照《第一批異體字整理表》及《漢語大字典》所附《異體字表》進行規範；一種意見則是不作處理，照録紙本，一些新整理出版的古籍，也采用這種方式，如《全宋文》等，並未對異體字全部加以規範處理。而古籍數字化成果中頗具影響的《文淵閣四庫全書電子版》《四部叢刊電子版》等，也採用"克隆"紙本的方式，雖説達到了存真的目的，但却因異體字過多而導致字庫缺字，給全文檢索造成困難。因此，在全文文本中進行異體規範，而以數字圖像的方式存真，應當是今後全文檢索系統的發展模式。當然，要進行這樣的規範，有一定的難度，需要有語言文字專家的配合，才能做到正確規範而不致反滋謬誤。

古籍整理專用平臺的開發

古籍整理數字化的前景是樂觀的，但目前制約古籍整理數字化的因素也不容忽視，如古籍整理界缺少公用的計算機支撐環境，各自爲陣，不僅直接導致交流障礙，而且也浪費人力物力，影響古籍整理數字化的進度與質量。因此，古籍整理專用平臺的開發也很有必要。好在這個問題已引起大家的重視，高校古籍整理工作委員會秘書處也曾專門開會研討，北京師範大學更提出了開發古籍整理通用系統的一整套方案。

根據我們多年利用微機輔助整理古籍的經驗教訓，我們覺得所謂"古籍整理平臺"必須區別於普通的中文處理平臺，應該具有"古籍整理專用"的特點。否則，中文處理平臺已經很多，文字録入、編輯修改、全文檢索、排版打印、字頻統計等功能已經相對完備，完全没有必要再搞一套具有同等功能的"古籍整理平臺"，或者爲了個別功能的延伸或完善而開發"平臺"，畢竟用於古籍整理的經費和人力都是很有限的。

我們認爲，"古籍整理平臺"應該解決以下幾個問題：

1. 掃描録入：將古籍用掃描儀或數碼相機攝入電腦中，並且能夠在掃描録入系統中進行編輯修改、放大縮小、旋轉、精密打印等操作；能夠對圖像進行數據庫管理，實現主題内容檢索功能；提供功能强大的 OCR 漢字識別及圖文對照校對軟件，以便在需要的時候，將古籍圖像轉化爲文本，並提供圖文對照等功能。

2. 編輯排版：應當有一個適用於古籍整理的漢字庫，具有古籍中常見字、異體字及某些特殊用字，但字數不宜太多（約 2 萬），應有補字軟件；能够與北大方正等專業出版系統掛接，以利於出版高質量的古籍圖書。

3. 全文檢索功能：能够將普通文本文件直接植入檢索系統中，實現主題詞檢索和全文檢索，並根據檢索要求自動匯集成段的資料。

4. 能够和國際網絡直接聯通，滿足網絡交流的需要。

5. 輔助功能，諸如字頻統計、版本對校等功能。

6. 利用人工智能技術，提供模糊檢索及多屬性檢索功能，使平臺向智能研究系統邁進。

以上六個方面的功能，現有的計算機系統已經可以實現，只是分散在電子出版系統、數據庫系統，以及全文檢索系統、Windows等類系統軟件中，開發專用系統時，可資借鑒。

參考文獻（以撰著時代爲序）

《尚書》　阮元校刻《十三經注疏》本

《周禮》　阮元校刻《十三經注疏》本

《春秋左傳》　阮元校刻《十三經注疏》本

《國語》　上海古籍出版社 1978 年標點本

《史記》　（漢）司馬遷著，中華書局 1959 年標點本

《漢書》　（漢）班固著，中華書局 1962 年標點本

《風俗通義校釋》　（漢）應劭著，吳樹平校釋，天津人民出版社 1980 年版

《三國志》　（晋）陳壽著，（南朝宋）裴松之注，中華書局 1959 年標點本

《華陽國志》　（晋）常璩著，劉琳校注，巴蜀書社 1984 年《華陽國志校注》本

《文選》　（梁）蕭統輯，四部叢刊影印《六臣注文選》本

《何遜集校注》　（梁）何遜著，李伯齊校注，齊魯書社 1989 年版

《水經注釋》　（北魏）酈道元注，文淵閣四庫全書本

《水經注校》　（北魏）酈道元注，上海人民出版社 1984 年標點本

《後漢書》　（南朝宋）范曄著，中華書局 1965 年標點本

《世說新語箋疏》　（南朝宋）劉義慶著，余嘉錫箋疏，中華書局 1983 年標點本

《魏書》　（北齊）魏收著，中華書局 1974 年標點本

《晋書》　（唐）房玄齡等著，中華書局 1974 年標點本

《北齊書》　（唐）李百藥著，中華書局 1972 年標點本

《南史》 （唐)李延壽著,中華書局 1975 年標點本

《括地志輯校》 （唐)李泰著,賀次君輯校,中華書局 1980 年版

《李太白文集》 （唐)李白著,巴蜀書社 1985 年影印北宋蜀刻本

《杜詩詳注》 （唐)杜甫著,(清)仇兆鰲注,中華書局 1979 年標點本

《孟浩然詩集校注》 （唐)孟浩然著,李景白校注,巴蜀書社 1988 年版

《高適詩集編年箋注》 （唐)高適著,劉開揚箋注,中華書局 1981 年版

《資暇集》 （唐)李匡乂著,文淵閣四庫全書本

《舊唐書》 （後晋)劉昫等著,中華書局 1975 年標點本

《北夢瑣言》 （宋)孫光憲著,上海古籍出版社 1981 年標點本

《文苑英華》 （宋)李昉等輯,中華書局 1991 年影印殘宋本、明刻本

《新唐書》 （宋)歐陽修等著,中華書局 1975 年標點本

《舊五代史》 （宋)薛居正等著,中華書局 1976 年標點本

《資治通鑑》 （宋)司馬光著,中華書局 1956 年校點本

《李覯集》 （宋)李覯著,中華書局 1981 年標點本

《范文正公文集》 （宋)范仲淹著,上海古籍出版社 1983 年版

《宋景文集》 （宋)宋祁著,文淵閣四庫全書本

《小畜集》 （宋)王禹偁著,四部叢刊本

《新五代史》 （宋)歐陽修著,中華書局 1974 年標點本

《歸田録》 （宋)歐陽修著,中華書局 1981 年標點本

《徂徠石先生文集》 （宋)石介著,中華書局 1984 年標點本

《臨川先生文集》 （宋)王安石著,四部叢刊本

《蘇軾詩集》 （宋)蘇軾著,中華書局 1982 年標點本

《東坡全集》 （宋)蘇軾著,文淵閣四庫全書本

《夢溪筆談校證》 （宋)沈括著,胡道靜校證,上海古籍出版社 1987 年版

《山谷全書》　（宋）黄庭堅著,清乾隆、光緒刻本

《净德集》　（宋）吕陶著,文淵閣四庫全書本

《龍川别志》　（宋）蘇轍著,中華書局 1982 年標點本

《張耒集》　（宋）張耒著,中華書局 1990 年標點本

《胡宏集》　（宋）胡宏著,中華書局 1987 年標點本

《陳與義集》　（宋）陳與義著,中華書局 1982 年標點本

《石林燕語》　（宋）葉夢得著,中華書局 1984 年標點本

《春渚紀聞》　（宋）何薳著,中華書局 1983 年標點本

《邵氏聞見録》　（宋）邵伯温著,中華書局 1983 年標點本

《邵氏聞見後録》　（宋）邵博著,中華書局 1983 年標點本

《李清照集校注》　（宋）李清照著,王仲聞校注,人民文學出版社
　　1979 年版

《續資治通鑑長編》　（宋）李燾著,中華書局 1995 年標點本

《五燈會元》　（宋）釋普濟編,中華書局 1984 年標點本

《夷堅志》　（宋）洪邁著,中華書局 1981 年標點本

《萬首唐人絶句》　（宋）洪邁編,書目文獻出版社 1983 年標點本

《老學庵筆記》　（宋）陸游著,中華書局 1979 年標點本

《桂海虞衡志校補》　（宋）范成大著,齊治平校補,廣西民族出版社
　　1984 年標點本

《誠齋集》　（宋）楊萬里著,四部叢刊本

《龍雲先生集》　（宋）劉弇著,豫章叢書本

《楚辭補注》　（宋）洪興祖著,中華書局 1983 年標點本

《揮麈録》　（宋）王明清著,中華書局 1962 年標點本

《玉照新志》　（宋）王明清著,上海古籍出版社 1991 年標點本

《遊宦紀聞》　（宋）張世南著,中華書局 1981 年標點本

《泊宅編》　（宋）方勺著,中華書局 1983 年標點本

《晦庵集》　（宋）朱熹著,文淵閣四庫全書本

《皇朝文鑑》 (宋)呂祖謙輯,四部叢刊本

《辛稼軒詩文箋注》 (宋)辛棄疾著,辛更儒箋注,上海古籍出版社
　1995 年版

《宋宰輔編年錄校補》 (宋)徐自明著,王瑞來校補,中華書局
　1986 年版

《朱子語類》 (宋)黎靖德編,中華書局 1986 年標點本

《桯史》 (宋)岳珂著,中華書局 1981 年標點本

《國朝二百家名賢文粹》 (宋)佚名輯,宋慶元三年書隱齋刻本

《五百家播芳大全文粹》 (宋)魏齊賢、葉棻同編,上海古籍出版社
　1987 年版

《慈湖遺書》 (宋)楊簡著,四明叢書本

《後村先生大全集》 (宋)劉克莊著,四部叢刊本

《文山先生全集》 (宋)文天祥著,四部叢刊本

《齊東野語》 (宋)周密著,中華書局 1983 年標點本

《東京夢華錄》 (宋)孟元老著,中華書局 1982 年斷句本

《鄭思肖集》 (宋)鄭思肖著,上海古籍出版社 1991 年標點本

《滹南集》 (金)王若虛著,文淵閣四庫全書本

《歸潛志》 (金)劉祁著,中華書局 1983 年標點本

《宋史》 (元)脫脫等著,中華書局 1977 年標點本

《金史》 (元)脫脫等著,中華書局 1975 年標點本

《水東日記》 (明)葉盛著,中華書局 1980 年標點本

《全蜀藝文志》 (明)楊慎編,綫裝書局 2003 年劉琳、王曉波點校本

《戒庵老人漫筆》 (明)李詡著,中華書局 1982 年標點本

《明史》 (清)張廷玉等著,中華書局 1974 年標點本

《宋詩紀事》 (清)厲鶚編,上海古籍出版社 1981 年校點本

《十國春秋》 (清)吳任臣著,中華書局 1983 年點校本

《顧亭林詩文集》 (清)顧炎武著,中華書局 1959 年標點本

《亭林文集》 （清）顧炎武著，四部叢刊本

《日知録》 （清）顧炎武著，上海古籍出版社 1985 年集釋本

《歸田瑣記》 （清）梁章鉅著，中華書局 1997 年標點本

《戴震文集》 （清）戴震著，中華書局 1980 年標點本

《隨園詩話》 （清）袁枚著，人民文學出版社 1982 年標點本

《四庫全書總目》 （清）永瑢等著，中華書局 1965 年版

《道古堂文集》 （清）杭世駿著，清乾隆四十一年刻光緒十四年汪
　　曾唯修本

《金石萃編》 （清）王昶編，新文豐出版公司 1982 年石刻史料新編本

《廣雅疏證》 （清）王念孫著，上海古籍出版社 1983 年版

《讀書雜志》 （清）王念孫著，江蘇古籍出版社 1985 年版

《經義述聞》 （清）王引之著，江蘇古籍出版社 1985 年版

《不下帶編》 （清）金埴著，中華書局 1982 年標點本

《思適齋集》 （清）顧廣圻著，清道光二十九年刻本

《推十書》 （清）劉咸炘著，成都古籍書店 1996 年影印本

《履園叢話》 （清）錢泳著，中華書局 1979 年標點本

《儆季文鈔》 （清）黃以周著，清光緒二十年刻本

《無邪堂答問》 （清）朱一新著，清光緒二十一年刻本

《兩般秋雨盦隨筆》 （清）梁紹壬著，上海古籍出版社 1982 年標點本

《歷代詩話續編》 （清）丁福保輯，中華書局 1983 年標點本

《章太炎全集》 （近）章炳麟著，上海人民出版社 1982 年標點本

《中國近三百年學術史》 （近）梁啓超著，飲冰室合集本，中華書局
　　1936 年版

《宋代蜀文輯存》 （近）傅增湘輯，民國鉛印本

《詩詞曲語辭匯釋》 （近）張相著，中華書局 1997 年重印本

《偽書通考》 張心澂著，上海書店 1998 年版

《古本竹書紀年輯校訂補》 范祥雍著，新知識出版社 1956 年版

《古書疑義舉例續補》 楊樹達著,中華書局 1956 年版

《目錄學發微》 余嘉錫著,中華書局 1963 年版

《宋詩話輯佚》 郭紹虞輯,中華書局 1980 年版

《論語譯註》 楊伯峻譯註,中華書局 1980 年版

《翻譯漫談》 錢歌川著,中國對外翻譯出版公司 1980 年版

《三曹資料彙編》 河北師範學校中文系古典文學教研組編,中華
　　書局 1980 年版

《陳垣學術論文集》第二集 陳垣著,中華書局 1982 年版

《中國古代的類書》 胡道靜著,中華書局 1982 年版

《古代漢語》 王力主編,中華書局 1982 年版

《尚書譯注》 王世舜譯注,四川人民出版社 1982 年版

《中國歷史要籍介紹及選讀》 高振鐸主編,張家璠副主編,黑龍江
　　人民出版社 1982 年版

《翻譯論集》 羅新璋編,商務印書館 1984 年版

《老子注譯及評介》 陳鼓應著,中華書局 1984 年版

《中國古代科學家傳記選注》 闕勛吾主編,嶽麓書社 1984 年版

《老子新譯(修訂本)》 任繼愈譯著,上海古籍出版社 1985 年版

《八家後漢書輯注》 周天游輯注,上海古籍出版社 1986 年版

《文言今譯教程》 陳蒲清編著,嶽麓書社 1986 年版

《等效翻譯探索》 金隄著,中國對外翻譯出版公司 1989 年版

《翻譯的語言學理論》 J.C.卡特福德著,穆雷譯,旅遊教育出版社
　　1991 年版

後　　記

　　本書最初由四川大學出版社在 2003 年出版。在撰寫與出版過程中，曾得到舒大剛、尹波、李國玲、刁忠民、王蓉貴、胡水雲、文瑜及莊劍等先生的支持與幫助，或收集材料，或校對文字，或審讀書稿，或作電腦處理，謹此再致謝忱！

　　承蒙四川大學 2035 "儒家課題" 經費支持，本書得以在上海古籍出版社再版，更名爲《古籍整理學導論》。我們對原書作了一些修改，添加了一些有關儒學方面的示例，修改和增補了古籍整理手段現代化方面的內容，以期與時俱進。

　　在本書責編的建議下，我們補充了參考文獻。需要説明的是，本書是作者多年積累的成果，一些示例，已記不清當時所據版本了，而且有些錯誤已在後續版本中修正，再舉其例，似嫌牽強。好在本書的撰著，意在指出古籍整理工作者通常易犯的錯誤，爲大家提供一些借鑒，並非刻意針對某人或某出版社，所以對這類例子，我們仍没有刪除或替換，不當之處，還希見諒。

　　在此對本書再版提出修改意見的讀者，表示衷心感謝！對將本書列入再版計劃的上海古籍出版社以及四川大學社科處和舒大剛先生，敬致謝忱！責編黃芬老師不辭辛勞審讀全稿，提出了許多寶貴意見，並致謝忱！